Jugendrechtsberater

Sigrun von Hasseln-Grindel (Hrsg.)

Jugendrechtsberater

Alltag, Schule, Elternhaus: Was ich wissen muss und was ich darf

4. erweiterte Neuauflage

Berliner Wissenschafts-Verlag

Stand der Gesetzgebung: 15.11.2020

Bibliografische Information der Deutschen Nationalbibliothek:
Die Deutsche Nationalbibliothek verzeichnet diese Publikation in der Deutschen Nationalbibliografie; detaillierte bibliografische Daten sind im Internet über http://dnb.d-nb.de abrufbar.

Behaimstr. 25, 10585 Berlin,
E-Mail: bwv@bwv-verlag.de, Internet: http://www.bwv-verlag.de

Layout und Herstellung durch den Verlag
Satz: DTP + TEXT Eva Burri, Stuttgart
Umschlagabbildung: Anatoliy Cherkas/shutterstock
Druck: CPI, Leck
Gedruckt auf holzfreiem, chlor- und säurefreiem, alterungsbeständigem Papier.
Printed in Germany.

ISBN Print 978-3-8305-5066-2
ISBN E-Book 978-3-8305-4230-8

Vorwort der Herausgeberin

Liebe Leserin und lieber Leser!

Endlich ist die lange erwartete 4. Neuauflage des beliebten Jugendrechtsberaters da! Mit dieser Auflage wird die Vielzahl der Themen erstmals auf mehrere Fach-Autor(inn) en verteilt. So konnten Spezialmaterien wie das IT-Recht neu hinzugenommen und, wie das Schulrecht, erweitert werden.

Der Jugendrechtsberater behandelt wieder auf rechtspädagogischer Basis in leicht verständlicher Sprache die wichtigsten Themen von Kindern, Jugendlichen und jungen Erwachsenen auf dem Weg in die Erwachsenenwelt. Haben Kinder Anspruch auf Taschengeld? Ab wann darf man rauchen oder Alkohol trinken? Ab wann einen Ferienjob ausüben? Ab wann ohne Wissen der Eltern zum Arzt?

Der Jugendrechtsberater hilft zugleich Eltern, Lehrkräften, Sozialpädagogen und weiteren Erziehenden (auch mit Migrationshintergrund), sich über das geltende Recht und über Möglichkeiten zu informieren, junge Menschen nach und nach mit unserer demokratischen Rechtsordnung als Teil ihres Lebens vertraut zu machen.

Der Jugendrechtsberater 2020 greift topaktuelle Themen auf: IT- und Internetrecht. Wie können Daten im Internet gelöscht werden? Wie funktioniert Influencer-Marketing? Vorsorgevollmacht und Letztwillige Verfügung über den digitalen Nachlass. Widerrufsmöglichkeiten im Verbraucherrecht, Rechte und Pflichten aus einem Wohnraum-Mietvertrag am Beispiel einer Wohngemeinschaft. Mietendeckel. Mietpreisbremse. Adoption durch gleichgeschlechtliche Eltern. Freistellung vom Schwimmunterricht aus religiösen Gründen; reicht spezielle Schwimmbekleidung (Burkini oder Haschema)? Hobby Drohnen. Grundrechtskollisionen am Beispiel der Corona-Pandemie. Die UN-Kinderrechtskonvention und ihre praktische Bedeutung im Alltag. Migration, Asylbewerbung und Integration auf Augenhöhe.

Schließlich werden wieder heikle Themen angesprochen: Kindesmisshandlung und sexueller Missbrauch durch Erwachsene. Straßenverkehrsdelikte, Drogen-, Gewalt-, Hass-, Internet- und andere Kriminalität. Grundzüge des Jugendstrafverfahrens.

Bad Saarow, im September 2020

Die Herausgeberin
Sigrun von Hasseln-Grindel

Geleitwort

In Schule, Ausbildung und Beruf sind Kinder und Jugendliche mit rechtlichen Bestimmungen konfrontiert. Dies erfahren sie beispielsweise dadurch, dass sie mit den Eltern über die Höhe des Taschengelds diskutieren, in der Schule den Klassensprecher wählen oder einen Vertrag über ihr Handy abschließen wollen. Die Kenntnis der ihnen obliegenden Rechte und Pflichten kann sehr hilfreich dabei sein, das eigene Leben zu organisieren, die eigenen Interessen zu vertreten oder mit auftretenden Problemen sicher umzugehen. Aus diesem Grund brauchen Kinder und Jugendliche sehr früh Zugang zu Wissen über ihre Rechte und Pflichten.

Wie wichtig die Kenntnis von Rechten und Pflichten von Kindern und Jugendlichen ist, habe ich auch persönlich erfahren. Bereits in der Schulzeit engagierte ich mich in der Schülervertretung und bot Seminare über Mitwirkungsrechte in der Schule an. Durch diese Tätigkeit erfuhr ich, wie umfassend die Möglichkeiten sind, die eigene Schule mitzugestalten und welche Rechte Schülerinnen und Schülern tatsächlich zugestanden werden. Beispielsweise regelt der Gesetzgeber, wie viele Hausaufgaben aufgegeben werden können, welche schulischen Leistungen benotet werden dürfen und wie Fehlverhalten von Schülerinnen und Schülern geahndet werden darf. Das Wissen über diese Rechte ist entscheidend dafür, diese wahrnehmen und einfordern zu können. Aus diesem Grund ist das vorliegende Buch ein wichtiger Wegweiser für Kinder und Jugendliche in diesem Bereich.

Der Jugendrechtsberater liefert ein fundiertes und gut recherchiertes Überblickswissen zu rechtlichen Fragen von Kindern und Jugendlichen. Sie erhalten darin einfach verständliche Antworten auf auftretende rechtliche Fragen in Familie, Schule und Beruf. Auch Eltern und Pädagoginnen und Pädagogen können dieses Buch dafür nutzen, sich über rechtliche Belange zu informieren und Unsicherheiten abzubauen.

Die Autorinnen und Autoren haben in der vierten Auflage die Inhalte des Buches auf die aktuelle Rechtslage angepasst und ein eigenes Kapitel zum IT- und Internetrecht ergänzt. Besonders ansprechend wird das Buch durch die Verwendung von vielen alltagsnahen Fragen und Fallbeispielen, mit denen die bestehende Rechtslage transparent und anschaulich vermittelt wird.

Ich wünsche den Leserinnen und Lesern eine anregende Lektüre und auch der vorliegenden Auflage den Erfolg und die Verbreitung, die sie verdient.

Prof. Dr. Dirk Richter
Professor für Erziehungswissenschaftliche Bildungsforschung. Universität Potsdam

Stimmen zu den Vorauflagen des Jugendrechtsberaters

Zur 3. Auflage 2006

Aus dem Vorwort von Ulrike Kahn

„... Der „Jugendrechtsberater" ist zwar für Kinder und Jugendliche geschrieben, jedoch ist er auch für Erwachsenen eine sich lohnende Lektüre. Das Buch bietet nach Lebensweltthemen sortiert eine schnelle, leicht lesbare Orientierung gegen die Unsicherheiten mit und Unklarheiten von Gesetzen, die den Prozess des Erwachsenwerdens von Kindern und Jugendlichen begleiten. Zusätzlich sind bei den meisten Themen auch Fallbeispiele aus der Realität beschrieben, die eine Grundlage für Gespräche und Diskussionen mit Kindern und Jugendlichen bieten, um das eigenen Handeln zu reflektieren und zu analysieren und um zu einem Rechtsverständnis zu gelangen. Dieses Rechtsverständnis beinhaltet nicht nur das Wissen um die Rechte, sondern baut außerdem auf eine Basis von demokratischen Werten auf und ist somit nachhaltige politische Bildung und Demokratie-Lernen. Demokratie als Herrschafts- und Gesellschaftsform setzt Demokratie als Lebensform voraus. Das heißt, dass Demokratie gelernt werden muss, um gelebt werden zu können, denn Demokraten werden nicht geboren.

Dem „Jugendrechtsberater" liegt eine Philosophie zugrunde, die davon ausgeht, dass Kinder und Jugendliche gleichwertige und gleichgestellte Kommunikationspartner von Erwachsenen und anderen Kindern und Jugendlichen sind, dass sich Erwachsene und Kinder und Jugendliche gegenseitig respektieren und ein gemeinschaftliches Zusammenleben zuhause, in der Schule und im außerschulischen Bereich partizipatorisch regeln und dass sie mit anderen Menschen tolerant zusammenleben wollen und können. Es wird aufgezeigt, dass Rechte und Pflichten sich gegenseitig bedingen, d. h., dass Kinder nicht nur Rechte, sondern auch Pflichten haben, die aus den Rechten zwangsläufig im Perspektivwechsel entstehen.

Damit sind Pflichten keine lediglich durch die Erwachsenenwelt gesetzte Normen, sondern logische Konsequenzen aus demokratischen Rechten, die gleichermaßen zu akzeptieren sind.

Nur da, wo Kinder und Heranwachsende noch schutzbedürftig sind, engen Gesetze die individuelle Freiheit von Kindern und Jugendlichen scheinbar ein bzw. gestehen ihnen ein milderes Strafmaß bei Gesetzesübertretungen zu.

Dieser Ansatz korrespondiert mit modernen Ansätzen präventiver Arbeit und der Auffassung von Pädagogik, die zur Entwicklung einer demokratischen Persönlichkeit beiträgt. Die Behauptung, dass „Erziehung Grenzen setzen muss", wird in dem Buch in folgenden Kontext gesetzt:

Nicht die Erziehung des Erwachsenen setzt Grenzen für das Handeln von Kindern und Jugendlichen, sondern die Grenzen werden in einem gesellschaftlichen Zusammenhang definiert, ausgehandelt und sind richtungweisend.

Der „Jugendrechtsberater" ist basis- und lebensnah, niederschwellig und erfahrbar ausgestaltet. Damit erreicht er gleichermaßen die Schülerschaft der gymnasialen Oberstufe als auch Schülerinnen und Schüler in der Grundschule. Er eignet sich als Kompendium zur peer-education. Ältere Jugendliche werden durch die Schule und den außerschulischen Bereich angeregt, jüngeren sowie gleichaltrigen „Bedürftigen" in ihrer jugendeigenen Sprache zu helfen.

Der Jugendrechtsberater bietet konkrete Lebens- und Orientierungshilfe für den heranwachsenden Bürger in einer Demokratie."

Ulrike Kahn, Schulrätin a. D. des Landesinstituts für Schule und Medien (LISUM) Berlin-Brandenburg; Mitglied des Geschäftsführenden Vorstands im Regionalverband Berlin-Brandenburg der Deutschen Gesellschaft für Demokratiepädagogik e. V.

*****

Aus der Rezension von Michael Lemke in: Neue Justiz 11/2006, S. 503

„In meiner Besprechung der 2. Auflage des »Jugendrechtsberater« (NJ 2002, 641) habe ich resümiert, dass es für Sigrun von Hasseln nicht leicht sein würde, die vielfältigen Informationen des Ratgebers aktuell zu halten. Die damit zwangsläufig verbundene Mühe werde damit belohnt werden, dass ihr Ergebnis der beste Jugendrechtsberater bleibe, den es derzeit auf dem deutschen Markt gebe. Dieser Ausblick ist durch die nun erschienene 3. Auflage des Ratgebers vollständig gerechtfertigt worden...

Dies zeigt zugleich auch die Bandbreite derjenigen Fragen, die der Berater beantwortet: Einerseits erklärt die Autorin alle Gesetze, die für Kinder und Jugendliche interessant sind. Das betrifft u. a. Rechte in Schulen und im Elternhaus, innerhalb der Berufsausbildung und des Wehr- und Zivildienstes. ....

Andererseits ist der Jugendrechtsberater eine sich stets lohnende Lektüre nicht nur für Eltern oder sogar Großeltern, sondern auch für Erwachsene, die sich einfach nur informieren wollen, wie die Rechts- und Sachlage um die Rechte von Kindern und Jugendlichen aktuell ausgestaltet ist. Man braucht dies, um die sich derzeit besonders schnell verändernden fortlaufenden Diskussionen über Generationenverträge und den Umgang der Generationen miteinander in den Medien besser verstehen zu können, auch wenn man nicht unmittelbar selbst betroffen ist. So wäre es gut, wenn sich jeder mit einem Blick in das Kapitel »J« über die gesetzlichen Folgen von kindlicher Delinquenz oder von Jugendkriminalität und vor allem über den Ablauf des Jugendstrafverfahrens oder des Bußgeldverfahrens unterrichten würde. Manche allenfalls für den Stammtisch geeigneten Bewertungen in der Öffentlichkeit würden dann ausbleiben oder durch differenzierte Meinungen ersetzt werden.

Die Philosophie des Jugendrechtsberaters ist für denjenigen, der mit der Jugendrechtsbewegung vertrauter ist, klar erkennbar. Sie geht davon aus, »dass Kinder und Jugendliche gleichwertige und gleichgestellte Kommunikationspartner von Erwachsenen und anderen Kindern und Jugendlichen sind, dass sich Erwachsene und Kinder und Jugendliche gegenseitig respektieren und ein gemeinschaftliches Zusammenleben zuhause, in der Schule und im außerschulischen Bereich partizipatorisch regeln und dass sie mit anderen Menschen tolerant zusammenleben wollen und können«, wie Ulrike Kahn eingangs des Buchs schreibt. Dies bedingt die Anerkennung von Rechten, aber auch von Pflichten, jeweils abgestimmt auf das Alter und den Entwicklungsstand des Kindes und des Jugendlichen; eine Philosophie, die im Hinblick auf die Bedrohungen unserer Gesellschaft in der derzeitigen unruhigen und neue Umbrüche bewirkenden Zeit von besonderer Bedeutung ist.

... Umso eher gilt die Anregung des Rezensenten, wonach jeder junge Mensch, der zehn Jahre alt wird, aus diesem Anlass den »Jugendrechtsberater« geschenkt bekommen sollte, weiter."

Ministerial-Dirigent Prof. Dr. Michael Lemke a. D.,
Ministerium der Justiz des Landes Brandenburg

Zur 2. Auflage 2002

Vorwort von Wolf Kahl zur 2. Auflage 2002 und zur 3. Auflage 2006

„In meiner über zwanzigjährigen Tätigkeit nicht nur als Zivil- und Strafrichter, sondern in erster Linie auch als nebenamtlicher Rechtskundelehrer an allgemeinbildenden Schulen und als Rechtsdozent an einer Fachhochschule habe ich immer die Erfahrung gemacht, dass die Rechtskenntnisse von Jugendlichen (bei den meisten Erwachsenen sind da nur vereinzelt Fortschritte auszumachen) im Durchschnitt sehr bescheiden sind. Das ist kein Vorwurf, sondern eine Tatsache. Die Ursache ist in fehlenden Rechtskenntnissen von Eltern und Lehrern zu finden. Woher sollten sie die Kenntnisse auch haben, ging es Ihnen als Kindern und Jugendlichen doch genauso. Die Lehrpläne vernachlässigen die Vermittlung von Rechtsbewusstsein und Rechtskenntnissen; und dies ist nach meiner Ansicht zunehmend verantwortungsloser:

In früheren Zeiten ergaben sich die zu einem geordneten und friedlichen Zusammenleben der Menschen bitter notwendigen Grundprinzipien aus der gemeinsamen Religion, in der jüngeren Vergangenheit aus einer sich Gehorsam verschaffenden Ideologie. So ist es also heute das Recht, in dem die die Gesellschaft verbindenden und sie zusammenhaltenden Wertvorstellungen zusammenfließen. Gleichzeitig hält das Recht die Orientierung an diesen Wertvorstellungen wach, ohne die eine Rechtsordnung nicht lebens- und widerstandsfähig ist, sondern in die Gefahr gerät, zur Herrschaft des Willkürlichen und möglicherweise des Bösen zu entarten (Peter Macke, Rotary und Recht und Freiheit, Rede auf der Konferenz des Rotary-Distrikts 1940 am 10.06.2001 in Brandenburg a. d. Havel). Deshalb ist es gerade in der heutigen Zeit so wichtig, bei der Schaffung von Rechtsbewusstsein und der Vermittlung von Rechtskenntnissen bei Jugendlichen einen Neuanfang einzuleiten. Dazu wird der vorliegende Jugendrechtsberater einen nicht unerheblichen Beitrag leisten, indem er nahezu alle die Jugend bewegenden Rechtsfragen in altersgerechter Sprache formuliert und sie dann verständlich und einleuchtend beantwortet."

Wolf Kahl. Präsident des Brandenburgischen Oberlandesgerichts von 2011–2015

Inhaltsverzeichnis

A. Von Geburt an voller Rechtsschutz

I. Unsere Rechtsordnung schützt die Schwächeren in unserer Gesellschaft

Vor einigen Jahren war ich an einer gemütlichen Kaffeerunde in einem sozialen Stadtteilladen beteiligt. Eingeladen waren Menschen, die arm, gebrechlich, teilweise obdachlos und teilweise Analphabeten waren. Sie kamen, weil es Kaffee, Kuchen, belegte Brötchen, Würstchen und Kartoffelsalat umsonst gab. Dafür nahmen sie in Kauf, mit uns Juristen über Grundlagen unserer Rechtsordnung zu diskutieren.

Auf die Eingangsfrage: „Was halten Sie von unserem Recht?" schimpften die etwa 30 Gäste sofort los: „Unser Recht? Das ist doch das letzte." „Das Recht ist nur ein Machtinstrument der da oben, damit die uns noch besser gängeln können." „Der Scheißstaat tut nichts für uns. Wo bleibt die Gerechtigkeit? Oder ist es gerecht, dass die Regierung meine kleine Stütze kürzt und den Reichen die Silbertabletts unter den Arsch schiebt?" „Wahlen? Soll das ein Witz sein? Ich geh doch nicht zur Wahl. Die da oben sind alle gleich. Vor der Wahl wird alles versprochen und nach der Wahl haben die uns vergessen."

Nachdem sich der Frust der Gäste entladen hatte, wurde über die Frage abgestimmt:

„Wer ist der Meinung, dass das Recht nur ein Machtinstrument der Mächtigen ist?"

Alle Hände schnellten nach oben. Jeder der anwesenden Gäste war dieser Meinung.

Wir Juristen dazu: „Das ist einstimmig. Wir wollen jetzt mal gemeinsam prüfen, ob das Recht wirklich nur für die Mächtigen da ist und dann stimmen wir noch einmal ab. Ok?"

Alle nickten.

Und so begannen wir ein Frage-Antwort-Spiel.

„Wir leben in einem Rechtsstaat. Was heißt das."?

Wir arbeiteten heraus, dass in einem Rechtsstaat jedes staatliche Handeln nur rechtmäßig ist, wenn es vorher in einem Gesetz steht.

Das Gegenteil ist ein Unrechtsstaat. Dort beruhen staatliche Entscheidungen zuweilen auf der Laune Einzelner.

Beispiel: Regierungsmitglied Meier hat sich zu Hause über seine Tochter geärgert, weil diese versehentlich das Birnenkompott auf den Boden hat fallen lassen. Voller Wut ordnet er an, dass die gesamte Birnenernte des Landes zu vernichten sei. In einem Rechtsstaat undenkbar.

Nun wurde allen Kaffeegästen ein Grundgesetz geschenkt. Ein Grundgesetz hatte wohl noch keiner der Gäste je in der Hand gehalten. Weder im Elternhaus, noch in der Schule, noch in der Ausbildung, noch beim Sozial- und Arbeitsamt war ihnen diese wichtige kleine Broschüre überreicht worden. Wir gaben ihnen den Rat, ab jetzt gut auf ihr Grundgesetz aufzupassen. Und diejenigen, die lesen können, sollten denen, die nicht so gut lesen können, immer mal wieder daraus vorlesen. Denn da stehen die wichtigsten Rechte drin, die sie als Bürgerinnen und Bürger – nicht nur – vor „denen da oben" schützen, sondern auch vor anderen Menschen, Vermietern und Firmen.

Wir gingen nun ein paar der Grundrechte durch. Der Text wurde jeweils von einem der Gäste vorgelesen.

Die Gäste wurden immer interessierter und aufgeregter. Da stand also schwarz auf weiß, dass jeder Mensch ein Recht hat, vor unwürdiger Behandlung, vor körperlichen und seelischen Verletzungen, vor Willkür, vor Ungleichheit, vor Freiheitsberaubung, vor Hunger, vor Erfrieren und vor Obdachlosigkeit geschützt zu werden. Und dass es ein Recht auf Hartz IV und Sozialhilfe gibt. Und dass man alles sogar beim Gericht einklagen kann. Und wenn man nicht genug Geld für einen Anwalt und für das Gericht hat, man beim Amtsgericht sogar einen Beratungshilfeschein und einen Antrag auf Prozesskostenhilfe holen kann. Und, und, und …

Nach etwa 2 Stunden sagten wir Juristen:

„Man soll aufhören, wenn es am schönsten ist. Deshalb machen wir für heute Schluss.

Doch wir wollen noch einmal abstimmen.

Wer ist der Meinung, dass das Recht nur ein Machtinstrument der Mächtigen ist?"

Niemand erhob seine Hand.

„Gegenprobe: Wer ist der Meinung, dass das Recht auf der Seite der Schwachen in unserer Gesellschaft steht?"

Nun schnellten alle Hände nach oben.

II. Jeder hat nur so viel Recht, wie er Kenntnis davon hat!

Es war uns gelungen, Menschen, die sich in ihrem Alltag kaum mit dem Recht befassen, davon zu überzeugen, dass unsere Rechtsordnung unter dem Dach des Grundgesetzes eine sehr gute, fortschrittliche Rechtsordnung ist, die die Schwächeren in der Gesellschaft schützt.

Doch warum waren diese Menschen vorher so verbittert, wohl Jahrzehnte gar der Meinung, dass das Recht gegen sie und nur das Machtinstrument der Mächtigen ist?

Ganz einfach: Niemand hatte ihnen Rechtskenntnisse vermittelt. In keinem Elternhaus, in keiner Schule, in keinem Jugendclub. Überall war man der Meinung, dass das Recht nur etwas für die Juristen sei. Dabei leben wir in jeder Sekunde unseres Lebens mitten im Recht. Fast alle menschlichen Beziehungen sind durch das Recht geregelt. Wir wissen es nur meist nicht.

Und natürlich schützt das Recht ganz besonders die Schwächsten in unserer Gesellschaft, die Kinder. Und das nicht erst seit der UN-Kinderrechtskonvention vom 20. November 1989. Vielmehr bestimmt unser Bürgerliches Gesetzbuch seit dem 1. Januar 1900 in

§ 1: Die Rechtsfähigkeit des Menschen beginnt mit der Vollendung der Geburt.

Rechtsfähigkeit heißt, dass man Träger von Rechten und Pflicht sein kann. Ein Recht ist ein Anspruch, den man gegen jemand anderen hat. Eine Pflicht ist ein Anspruch, den ein anderer gegen dich hat. Da schon ein Baby rechtsfähig ist, kann es – vertreten durch seine Sorgeberechtigten – Verträge schließen, einen Unfallverursacher auf Schmerzensgeld und einen Elternteil auf Unterhalt verklagen. Der Säugling haftet als Eigentümer eines Grundstücks, das ihm zur Geburt geschenkt wurde, wenn einem Passanten ein Dachziegel auf den Kopf fällt, auf Schadensersatz und Schmerzensgeld. Ein Mensch kann sogar schon vor seiner Geburt erben und gleich nach der Geburt von denjenigen verklagt werden, die das Testament anfechten.

Und unser Grundgesetz bestimmt auch in

Art. 3 Abs.1: „Alle Menschen sind vor dem Gesetz gleich."

Also auch alle Menschen jeden Alters, egal ob der Mensch 8 Tage, 8 Jahre oder 80 Jahre alt ist.

III. Keine Angst vor Gesetzesfluten

Viele Menschen, auch Erwachsene, die, wie zum Beispiel Lehrkräfte, studiert haben, haben Angst vor dem Recht. Zugegeben: Es gibt so immens viele Gesetze, dass es selbst keinem Juristen gelingen dürfte, einen dauerhaften Pfad durch den Dschungel von Paragrafen, Verordnungen und höchstrichterlichen Urteilen zu schlagen. Denn kaum hätte er alle Hindernisse aus dem Weg geräumt, gäbe es neue Anstrengungen, weil sich schon wieder zahlreiche Gesetze und Verordnungen geändert hätten.

Doch keine Angst: In unserem Recht kommt es hauptsächlich darauf an, die Grundgedanken und die Grundstrukturen unserer Rechtsordnung zu verstehen, weil kein Gesetz und keine Verordnung dazu im Widerspruch stehen darf.

1. Was ist eigentlich Recht?

Recht ist zunächst nichts anderes als die Regelung unseres Zusammenlebens. Vor langer, langer Zeit wurde das Zusammenleben einmal durch zehn Gebote geregelt. Damit sind Menschen bis heute weltweit gut gefahren. Würden die zehn Gebote etwas aktualisiert, etwa Umweltschutz, Gentechnologie und Selbstzerstörungswaffensysteme berücksichtigt, würde sich in den Grundstrukturen Entscheidendes nicht ändern.

2. Gesetze – Variationen der 10 Gebote?

Ebenfalls vor vielen Jahren sagte ein kluger Mensch: „Rund 35 Millionen Gesetze gibt es auf der Welt, um zehn Geboten Geltung zu verschaffen." Dieser Satz ist sehr wichtig, wenn wir uns der Materie Recht nähern wollen. Tatsächlich kommen wir mit wenigen Regeln aus!

3. Die Achtung des Nächsten als Fundament unserer Rechtsordnung schlechthin

Reduzieren wir auch noch die zehn Gebote auf ihre Grundaussage, was bleibt dann?

Die Achtung vor Gott bzw. vor der Schöpfung, dem Leben, der Natur. Und die Achtung des Nächsten.

Die Achtung des Nächsten finden wir wiederum in zahlreichen Kulturen und Rechtsordnungen und in den verschiedensten Gesetzen wieder. Wir brauchen diese Gesetze gar nicht im Einzelnen zu kennen, wenn wir nur wissen, dass die Achtung des Nächsten das Fundament unserer Rechtsordnung schlechthin ist, auf dem alle tragenden Wände, Säulen und sonstigen Gebäudeteile aufbauen. So würde es dem Achtungsgebot gegenüber Rollstuhlfahrern (und damit der UN-Behindertenkonvention) widersprechen, wenn eine Bauordnung den Bau eines öffentlichen Gebäudes erlaubt, das nur über eine mehrstufige Treppe erreichbar ist und keinen barrierefreien Zugang, wie einen Aufzug hat.

4. Unser Gebäude: Der offene, freiheitlich demokratische Rechtsstaat

Fundamente sind oft ähnlich. Trotzdem weiß man noch nicht, wie das Gebäude aussehen soll, das auf diesem Fundament stehen wird. Wird es ein rot verklinkertes Einfamilienhaus, ein weißes Schloss, eine Hundehütte, ein gläsernes Hochhaus, ein ökologischer Massivholz-Bau, ein Kirchenbau, ein Parkhaus, ein Natur-Kindergarten?

Doch hat sich der Architekt bzw. der Bauherr für eine bestimmte Gebäudeart entschieden, hat er damit im Wesentlichen auch den Stil, bestimmte Gebäudemerkmale und die dafür erforderlichen Materialien festgelegt. Nehmen wir an, es soll ein ökologischer Massivholz-Bau entstehen, dann folgt daraus fast automatisch, dass alle Baumaterialien in Grundausstattung, Farben, Fußböden, Art der Fenster, Heizung uvm. ökokompatibel sein müssen, ohne dass dies jedes Mal ausdrücklich betont werden muss.

So ist das auch in Gesellschaft und Staat. Unsere Gesellschaft hat sich als Bauherr dafür entschieden, in einem offenen, pluralen, von kultureller Vielfalt geprägten demokratischen Rechtsstaat leben zu wollen, in der alle Menschen sich gegenseitig achten, gleich und frei sind und wo die eigene Freiheit nur dort endet, wo die Freiheit des anderen beginnt. Dieser Wille wurde im Grundgesetz für alle in Deutschland lebenden Menschen als geltendes Recht umgesetzt.

Daraus folgt automatisch, dass zum Beispiel folgende Gesetze gegen das Grundgesetz verstoßen würden und deshalb von vornherein rechtswidrig bzw. nichtig wären:

- Ein Gesetz, das in Deutschland die Prügelstrafe und Hausarrest bei Kindern erlauben und bestimmen würde, dass Frauen keinen Beruf lernen, keinen Führerschein machen, die Wohnung nur verschleiert und ab 18.00 Uhr gar nicht mehr verlassen dürfen. Denn unser Grundgesetz garantiert die körperliche Unversehrtheit, die Bewegungsfreiheit, die freie Entwicklung der Persönlichkeit, die Gleichheit, die Berufsfreiheit und vieles mehr.
- Ein Gesetz, wonach Kinder erst ab dem 18. Geburtstag erben dürfen. Denn unser Recht schützt Kinder und behandelt sie mit Vollendung der Geburt als gleichwertige und als vollen Umfangs rechtsfähige Menschen.

Man muss also kein Jurist sein, um sich nur aus dem Grundrechtskatalog unseres Grundgesetzes (vgl. Kap. I) herleiten zu können, dass derartige Gesetze keine Gültigkeit entfalten könnten.

IV. Schutz durch Basis-Rechtskenntnisse

Man sieht also, dass man nicht 100.000 Gesetze auswendig lernen muss, um wichtige Rechtskenntnisse zu erwerben und dadurch geschützt zu sein.

Entsprechend ist es das Hauptziel dieses Jugendrechtsberaters, die Prämissen unseres Zusammenlebens als Grundlagen unserer Rechtsordnung so aufzuzeigen, dass schon Kinder und Jugendliche, aber auch ihre Eltern, Großeltern, Erziehende, Lehrkräfte und Ausbilder dafür sensibilisiert werden, im Alltag ein Gefühl für Recht und Unrecht zu entwickeln.

Das schärft ihre Kritikfähigkeit, schützt sie vor skrupellosen Geschäftemachern (auch im Internet), lehrt sie, sich nicht in dunkle Geschäfte und nicht in radikale Gruppen ziehen zu lassen, zeigt ihnen, dass man sich gegen behördliche Bescheide auch mit friedlichen Mitteln zur Wehr setzen kann und zeigt ihnen ihre eigenen Pflichten und damit Grenzen auf.

Denn auch wer seine Pflichten kennt und erfüllt, kommt viel einfacher durchs Leben. Er/sie hat meist mehr Erfolg bei Bewerbungen: ob er/sie sich um eine Wohnung, einen Arbeitsplatz oder um eine(n) Partner(in) bemüht. Stets wird der Person der Vorrang gegeben, die sich gut benehmen kann, weil sie ihre Rechte und Pflichten kennt und danach handelt.

Insbesondere lernen Kinder und Jugendliche, die in Rechtsfragen sensibilisiert sind, sich schneller – zum Beispiel im Internet – zurecht zu finden, wenn sie zu einem Thema mehr wissen möchten.

V. Adäquates Rechtsverhalten – Fairplay und Mediation

Auch wenn man durch Rechtskenntnisse gut gerüstet ist, sollte man lernen, seine Kenntnisse seinem Gegenüber taktvoll zu vermitteln. Sonst gilt man schnell als Rechthaber(in), mit dem/der man nichts zu tun haben möchte. Man kann schon in der Familie lernen, wie harmonisch alles sein kann, wenn man sich verständigt.

1. Duschordnung in der Familie

Das fängt schon morgens in der Familie an. Stürmen morgens alle gleichzeitig unter die Dusche, gibt es eine Überschwemmung und keiner wird richtig sauber. Also regeln die Familienangehörigen, wer wann unter die Dusche darf. Diese Regelung ist nichts anderes als das von gemeinsam von allen Familienmitgliedern gesetzte Recht, an das sich auch jedes Familienmitglied zu halten hat.

2. Fairplay im Alltag reicht meistens

Fairplay heißt häufig das Zauberwort im Sport, am Arbeitsplatz, in den Medien, in der Familie, auf dem Schulhof. Doch was ist Fairplay eigentlich?

Die Grundregel des Fairplays

Was du nicht willst, das man dir tu,
das füg auch keinem andern zu!

Nichts einfacher als das? Wir überlegen uns lediglich, was uns in der jeweiligen Situation kränken, verletzen oder erfreuen könnte und verhalten uns so, dass wir den anderen möglichst nicht kränken.

Automatische Rechtstreue durch Fairplay

Übrigens: Wenn wir diese Regel stets beherzigen, erfüllen wir bereits die Forderung der meisten Gesetze, können uns kaum noch strafbar machen, weil die meisten Strafgesetze den Fairplay-Gedanken enthalten und können auch im Zivilrecht einem anderen kaum Angriffspunkte bieten.

Mit Fairplay sind Meinungs- und kulturelle Unterschiede kein Problem

Meinungsverschiedenheiten können nicht ausbleiben. Viel zu kompliziert ist unsere hochtechnisierte plurale Gesellschaft aus zahlreichen Kulturkreisen. Da lohnt es sich, wenn man seine Argumente ohne Voreingenommenheit austauscht. Mit Fairplay können Differenzen meist friedlich geklärt werden, ohne dass es zum richtigen Streit oder gar Gerichtsverfahren kommt.

Mediation – Konfliktschlichtung unter Anleitung zum Fairplay

In zunehmend mehr Rechtsstreitigkeiten versucht man, sich zunächst friedlich zu einigen. So ist teilweise gesetzlich vorgeschrieben, dass Parteien eines Nachbarstreites erst einen Schiedsmann aufsuchen müssen, bevor sie das Gericht in Anspruch nehmen. In anderen Fällen ist eine Mediation nach dem Mediationsgesetz (MediationsG) vor oder während eines Gerichtsverfahrens vorgesehen. Im Bereich des Familienrechts wird die Art der innerfamiliären Konfliktlösung schon lange praktiziert. Statt gegenseitige negative Emotionen zu schüren, setzen sich die Parteien mit einer neutralen dritten Person an einen Tisch. Jeder listet seine Hauptanliegen auf. Dann versucht man, sich Schritt für

Schritt anzunähern. Meistens reduzieren sich Differenzen auf wenige Punkte, über die im Wege des gegenseitigen Nachgebens verhandelt wird. Auch bei Auseinandersetzungen in Schulen oder in Betrieben hilft die Durchführung eines Mediationsverfahrens oft.

3. Fairplay plus feste Regeln

Es gibt wichtige Fallgruppen, bei denen Fairplay allein nicht ausreicht. Dazu gehören:

- Es werden technische oder sonst sachliche Regelungen oder feste Vereinbarungen zur Verhinderung von Missverständnissen gebraucht.
- Man kann sich mit dem anderen nicht „auf einer Wellenlänge" verständigen.
- Der andere will einen Konflikt nicht friedlich beenden.

4. Fairplay bei der Durchsetzung von Rechten.

Es reicht nicht aus, dass man Rechte und Pflichten nur hat. Man muss sie auch durchsetzen können. Auch diese Möglichkeit gibt es in unserer Rechtsordnung, ohne dass nach Wildwestmanier die Faust oder der Colt benutzt werden muss.

Jeder Mensch, auch das Baby (vertreten durch seine Eltern oder einen Vormund), kann bei Gericht auf Durchsetzung seiner Rechte klagen. So kann man zum Beispiel einen Dieb auf Rückgabe seines Eigentums verklagen. Dies wird vom Gerichtsvollzieher oder von der Gerichtsvollzieherin – manchmal mit Unterstützung der Polizei – beim Dieb abgeholt.

Umgekehrt müssen auch andere ihre Ansprüche gegen dich friedlich durchsetzen, wenn du sie nicht erfüllst. So kannst du im Prozess auf Rückzahlung eines Darlehens von 500 € verklagt werden, das dir ein anderer gegeben hat, wenn du es nicht in der vereinbarten Zeit freiwillig zurückgezahlt hast. Du musst aber nicht befürchten, dass ein Schlägertrupp bei dir „einreitet", um das Geld mit Faustschlägen zu erpressen. Das jedenfalls wäre eine schwere Straftat, die hart bestraft würde.

VI. Übersicht, wo zentrale Rechte und Pflichten in unserer Rechtsordnung geregelt sind

1. Wo sind zentrale Rechte geregelt?

1.1 Menschenrechte aus Regelungen mit Verfassungsrang

Menschenrechte stehen jedem Menschen von Geburt an zu. Sie gewähren jedem Schutz und können von jedermann geltend gemacht werden. Die Menschenrechte haben internationale Geltung. Sie sind u. a. geregelt in:

- Allgemeine Erklärung der Menschenrechte in der UNO-Menschenrechtskonvention vom 10. Dezember 1948
- UN-Kinderrechtskonvention vom 20. November 1989 (Geltung für Kinder bis zur Vollendung des 18. Lebensjahres)
- UN-Behindertenkonvention vom 13. Dezember 2006/3. Mai 2008
- Charta der Grundrechte der Europäischen Union vom 7./8. Dezember 2000
- Grundgesetz der Bundesrepublik Deutschland vom 23. Mai 1949
- Verfassungen der Bundesländer

(Einzelheiten im Kap. I, II, III)

1.2 Rechte aus einfachen Gesetzen

Zahlreiche Rechte stehen einem auf Grund von Gesetzen zu.

- So hat man ein Recht auf Finderlohn, wenn man als Finder den verlorenen Gegenstand zurückbringt.
- Fügt einem jemand einen Schaden zu, hat man ein Recht auf Schadensersatz und eventuell auf Schmerzensgeld.
- Minderjährige oder junge Erwachsene haben das Recht, von ihren Eltern Unterhalt zu fordern, wenn sie sie nicht versorgen.
- Der junge Mensch hat ein Recht auf BAföG, wenn die gesetzlichen Voraussetzungen vorliegen.
- Man hat das Recht, den Führerschein zu machen, wenn man 18 ist und keine Besonderheiten vorliegen.

1.3 Rechte aus Verträgen

Rechte, die ein Mensch hat, ergeben sich nicht nur aus einer Menschenrechtskonvention, aus der Verfassung und aus einfachen Gesetzen. Vielmehr haben fast alle Menschen auch Rechte aus einem Vertrag. Bei einem Vertrag verspricht ein Mensch (z. B. der Vermieter Müller) dem anderen (z. B. dem Mieter Tom) eine Leistung (z. B. die

Nutzung einer Garage) zu gewähren. Dafür verspricht Tom, dem Vermieter Müller als Gegenleistung im Monat 20 € Garagenmiete zu zahlen. Stellt der Vermieter Müller trotz dieses Mietvertrages eigene Geräte in die von Tom gemietete Garage, kann Tom aus seinem vertraglich erworbenen Nutzungsrecht verlangen, dass der Vermieter die Garage für ihn frei macht. (vgl. im Einzelnen, Kap. C Verbraucherrecht. Wichtige Verträge im Detail; insbesondere Kap. C II 1. Wann ist ein Vertragsschluss wirksam?)

2. Wo sind zentrale Pflichten geregelt?

2.1 Menschenpflichten aus Regelungen mit Verfassungsrang

2.1.1 Die sich **automatisch** aus der UN-Menschenrechtskonvention und dem Grundgesetz **bedingenden Grundpflichten.** Den Grundrechten stehen automatisch Grundpflichten gegenüber. So erlegen die Grundrechte auf Freiheit, auf körperliche Unversehrtheit, auf Gleichheit und auf Bildung eines jeden Menschen, z. B. von Leila, dem Staat, vielen anderen Einrichtungen und vielen Menschen die im Verfassungsrang stehenden Menschenpflichten auf, Leila nicht einzusperren, Leila nicht zu schlagen, Leila den gleichen Lohn zu zahlen und Leila eine Schulbildung zu geben.

2.1.2 Sich **direkt aus dem Grundgesetz** ergebende Pflichten sind u. a.:

- die Pflicht zur Verfassungstreue trotz Freiheit der Lehre (Art. 5 Abs. 3 S. 2 GG).
- die Pflicht der Eltern zur Erziehung der Kinder (Art. 6 Abs. 2 GG).
- die Pflicht zum sozialgerechten Gebrauch des Eigentums (Art. 14 Abs. 2 GG). Zum Beispiel dürfen von einem Grundstück keine unzumutbaren Emissionen wie Rauch oder Lärm ausgehen.
- die Steuerpflicht.

2.1.3 Die vom InterAction Council einberufene Kommission hochkarätiger Experten und Vertreter verschiedenster Religionsgemeinschaften und Weltanschauungen im Jahr 1997 gemeinsam erarbeitete **„Allgemeine Erklärung der Menschenpflichten“** definiert in 19 Artikeln wesentliche Verantwortungsbereiche als Kulturen übergreifende Verhaltensempfehlungen für alle Völker und Nationen, jede gesellschaftliche Einrichtung und jedes Individuum in Bezug auf die

- Grundprinzipien menschlichen Verhaltens,
- Gewaltlosigkeit und Achtung vor dem Leben,
- Gerechtigkeit und Solidarität,
- Wahrhaftigkeit und Toleranz,
- gegenseitige Achtung und Partnerschaft
- sowie auf das klare Bekenntnis zur Allgemeinen Erklärung der Menschenrechte.

(vgl. Einzelheiten unter https://www.menschenpflichten.info/)

2.2 Pflichten aus einfachen Gesetzen

Zahlreiche Pflichten ergeben sich aus einer Vielzahl von Gesetzen. So steht dem Recht des Kindes auf Unterhalt seine Pflicht gegenüber, von klein auf im Haushalt zu helfen.

2.3 Pflichten aus Verträgen

Auch Pflichten folgen nicht nur aus Vorschriften mit Verfassungsrang und aus einfachen Gesetzen. Vielmehr haben fast alle Menschen auch Pflichten aus einem Vertrag. Im obigen Beispiel hat Vermieter Müller aufgrund des Garagenmietvertrages die Pflicht, dem Mieter Tom die Garage zur Nutzung zu überlassen. Tom hat wiederum die Pflicht, die vereinbarte Miete von 20 € pro Monat stets pünktlich zu zahlen. (vgl. im Einzelnen, Kap. C Verbraucherrecht. Wichtige Verträge im Detail; insbesondere Kap. C II 1. Wann ist ein Vertragsschluss wirksam?)

3. Wo sind kinderschützende Gegebenheiten geregelt?

3.1 Warum Kinder und Jugendliche trotz ihrer Rechtsfähigkeit noch nicht alles dürfen

Auch wenn ein Mensch von Geburt an alle Rechte und viele Pflichten (z. B. auch eine Erbschaftsteuerpflicht) hat, ist er selbstverständlich noch nicht in der Lage, seine Rechte allein wahrzunehmen und durchzusetzen bzw. seine Pflichten eigenständig zu erfüllen.

3.2 Zum Glück gibt es Gesetze, die Kinder und Jugendliche schützen

Damit der junge Mensch einerseits alle Rechte optimal wahrnehmen kann, andererseits aber vor unberechtigter Inanspruchnahme Dritter geschützt ist, gibt es zahlreiche Vorschriften zu seinem Schutz.

3.3 Gesetzliche Vertreter

Ein Minderjähriger muss sich bis zur Volljährigkeit (18 Jahre) in den meisten Angelegenheiten durch mindestens einen Erwachsenen vertreten lassen. In der Regel sind das die Eltern.

3.4 Jugendschützende Gesetze

Durch spezielle jugendschützende Gesetze wird versucht, Kinder und Jugendliche vor einer Vielzahl von Gefahren in der Welt der Erwachsenen zu schützen. Dazu gehören:

- Das Jugendschutzgesetz (JuSchG; vgl. Kap. H II. Rund um das Jugendschutzrecht Freizeit);
- Der Jugendmedienschutz-Staatsvertrag (JMStV; vgl. Kap. H II. Rund um das Jugendschutzrecht Freizeit);
- Das Jugendarbeitsschutzgesetz = Gesetz zum Schutz der arbeitenden Jugend (JArbSchG; vgl. Kap. G III. Ferien- und andere Jobs);
- Die Kinderarbeitsschutzverordnung = Verordnung über den Kinderarbeitsschutz (KindArbSchV; vgl. Kap. G III. Ferien- und andere Jobs);
- Das Sozialgesetzbuch VIII (SGB VIII, Kinder- und Jugendhilfe; vgl. Kap. I, III Die UN-Kinderrechtskonvention und ihre praktische Bedeutung im Alltag);
- Vorschriften aus dem Strafgesetzbuch bei Verletzung von Fürsorgepflichten, von Kindesmisshandlung und das Sexualstrafrecht;
- Das Jugendgerichtsgesetz (vgl. Kap. L, V. Der junge Mensch vor dem Jugendrichter).

Auch in zahlreichen anderen Gesetzen, etwa dem Straßenverkehrsgesetz, wird auf die Belange von Kindern und Jugendlichen Rücksicht genommen.

3.5 Jugendschützende Vorschriften greifen nur, solange Jugendschutz notwendig ist

Jugendschützende Vorschriften sind nur zum Schutz, nicht zum „Gängeln" der Jugend da. Sobald ein Kind oder Jugendlicher einen Teilbereich seines Lebens selbst verantwortlich in die Hand nehmen kann, darf man ihm nicht mehr „reinreden"; allerdings muss er auch alleine für die Folgen aufkommen.

Es ist oft aber nicht leicht zu entscheiden, wann ein Mensch die notwendige Reife hat. Das Bürgerliche Gesetzbuch bestimmt nur, dass ein Mensch mit 7 Jahren beschränkt geschäftsfähig ist (§ 106 BGB) und für einen Teil der Schäden haftet, die er anrichtet (§ 828 Abs. 3 BGB). Außerdem bestimmt § 2 BGB, dass ein Mensch mit 18 Jahren volljährig ist.

In der schwierigen Zeit zwischen dem 7. und dem 18. Lebensjahr wird oft eine Einzelfallbeurteilung erfolgen müssen, es sei denn, es gibt feste Bestimmungen, wie im Jugendschutzgesetz.

3.6 Der Mensch muss seine Persönlichkeit so früh wie möglich frei entfalten können

Je früher der Mensch in der Lage ist, Entscheidungen, die seine Person betreffen, selbständig zu treffen, umso sicherer wird er bei der Beurteilung anderer Fragen. Selbstverständlich soll schon der Dreijährige seine Kleidung und seine Zimmereinrichtung auswählen, wenn keine sachlichen Gründe (zu teuer, Witterung zu kalt usw.) entgegenstehen.

Haarefärben, Piercing, Tätowierung & Co. Können Eltern das verbieten?

In vielen Haushalten toben oft harte Kämpfe, wenn Kids plötzlich anfangen, sich wie in der Horror-Show zu kleiden und zu schminken, oder sich gar beim Piercing oder beim Tätowierer anmelden. Auch wenn sie dafür Taschengeld sparen oder jobben, verbieten viele Eltern ihren Kindern diesen „Blödsinn". Dürfen sie das?

Das kommt darauf an. In Fällen dieser Art konkurrieren zwei Rechtsphären. Einerseits hat jeder junge Mensch ein Recht auf möglichst frühzeitige freie Entfaltung seiner Persönlichkeit. Andererseits sind die Eltern im Rahmen der Personensorge verpflichtet, Schaden von ihren Kindern abzuwenden. So wird in jedem Fall zu prüfen sein, ob das Kind durch die „neue Mode" echten Schaden erleiden oder sich schlicht nur blamieren kann. Typische Beispiele:

Grundsätzlich sollten Eltern hinnehmen, wenn sich der 7-jährige Tobias einen Ohrring setzen oder die 8 Jahre alte Naja ihre Haare grün färben lassen will. Allerdings müssen sie – eventuell nach Rücksprache mit dem Hausarzt – prüfen, ob ihr Kind zu Allergien neigt und ob das Piercing- bzw. Haarstudio ein anerkannter, sauberer Handwerksbetrieb ist, in welchem das Infektionsrisiko möglichst ausgeschaltet wird. Das gleiche gilt, wenn die 12-jährige Anna sich einen Nasenring und eine Kette von der Nase zu den Ohren einziehen lassen, oder die 14 Jahre alte Emilia ein Piercing am Bauchnabel vornehmen lassen will.

Anders wenn die 9-jährige Rhea violetten Nagellack und Lippenstift auftragen, ihre langen Haare dauerwellen und rot färben lassen, sowie Minirock, Strapse, Netzstrümpfe und Stöckelschuhe anziehen will. Auch wenn kein direkter gesundheitlicher Schaden zu befürchten ist, müssen die Eltern ihrer kleinen Lolita so einen Aufzug verbieten, um das Kind vor frühen sexuellen Übergriffen zu schützen und um eine sexuelle Fehlentwicklung zu verhindern.

Möchte sich der 11 Jahre alte Tim eine Glatze scheren lassen, sollten Eltern ihn gewähren lassen. Haare wachsen wieder.

Will der 13 Jahre alte Kyler Springerstiefel und Bomberjacke anziehen und sich darüber hinaus mit rechten Symbolen „schmücken", gilt: Da das Tragen von rechten Symbolen strafbar ist, müssen Eltern dies ihrem Sohn verbieten. Soll mit dem Tragen der übrigen Ausrüstung eine rechte Gesinnung nach außen getragen werden, müssen Eltern dringend mit ihrem Spross reden, denn er ist möglicherweise auf dem Weg in eine Gewaltszene, aus der er nicht mehr herauskommt. Sie sollten den Umgang ihres Sohns überprüfen und eine Beratung in einer Jugendeinrichtung anstreben.

Möchte sich die 15-jährige Jeanette Fett von Bauch und Oberschenkel absaugen oder die 17-jährige Verona ihren Busen vergrößern lassen, sollten Eltern ihre Zustimmung verweigern, wenn nicht eine von einem Arzt festgestellte medizinische Indikation vorliegt. Das gleiche gilt, wenn sich der 16 Jahre alte Sinan den Namen seiner Freundin auf den Arm tätowieren lassen will. In diesen Fällen überwiegt deutlich das gesundheitliche Risiko, das nicht aus einer Laune heraus aufs Spiel gesetzt werden darf.

VII. Übersicht. Was darf man konkret mit wie vielen Jahren? Wann haftet man? Wann kann man bestraft werden?

1 Als Kind zwischen Vollendung des 7. Lebensjahres und Beendigung des 13. Lebensjahres

Merke: Ab Sieben zahlst du, das ist hart,
für angericht'en Schaden fast jeder Art.

Mit sieben Jahren

- ist das Kind beschränkt geschäftsfähig.
- ist das Kind bedingt deliktsfähig. Es haftet ab jetzt, wenn es Schaden anrichtet, soweit es einsichtsfähig ist. Ausnahme: fließender Straßenverkehr.
  Beispiel: Ein Achtjähriger weiß, dass der Spiegel zertrümmert, wenn er mit dem Ball dagegen schießt; er weiß aber noch nicht, dass die in der Küche von Erwachsenen liegen gelassenen Tabletten, die er seinem Freund gegen Kopfschmerzen gegeben hat, tödlich sein können (vgl. i. einzelnen Kap. C 3 Schadenswiedergutmachung).

Mit zehn Jahren

- hat das Kind ein Anhörrecht in Fragen seiner Religionszugehörigkeit; es muss im Streitfall vom Vormundschaftsgericht zu Fragen seiner Religion gehört werden.
- erhält das Kind einen Ausweis mit Passbild.

- haftet das Kind, wenn es im (fließenden) Straßenverkehr schuldhaft einen Unfall verursacht.

Mit zwölf Jahren

- ist der Minderjährige beschränkt religionsmündig. Das Kind hat ein Mitbestimmungsrecht, wenn seine Religionszugehörigkeit geändert werden soll.

2. Als Jugendlicher zwischen Vollendung des 14. Lebensjahres und Beendigung des 17. Lebensjahres

Am 14. Geburtstag hört man auf, ein Kind zu sein. Man ist nun ein Jugendlicher. Ab jetzt hat man mehr Rechte und mehr Freiheiten. Aber – wie sollte es auch anders sein – auch mehr Pflichten. Wenn man Schaden anrichtet, wird man fast wie ein Erwachsener zur Rechenschaft gezogen.

> Merke: Baust du Mist mit vierzehn,
> musst du vor dem Strafrichter steh'n

Mit vierzehn Jahren

- wird das Kind zum Jugendlichen.
- beginnt die strafrechtliche Verantwortung der Minderjährigen; sie sind ist bedingt strafmündig.
- können Minderjährige gegen ihren Willen nicht adoptiert werden (§ 1746 BGB). Sie haben jetzt ein eigenes Beschwerderecht in Vormundschaftssachen.
- sind Jugendliche religionsmündig; sie entscheiden allein, zu welcher Religion sie sich bekennen wollen
- können Minderjährige bedingt Modellflugzeuge und kleinere Drohnen auf einem dafür zugelassenen Modell-Flugplatz starten.

Mit fünfzehn Jahren

- dürfen Jugendliche einen Ferienjob für vier Wochen annehmen.
- dürfen Minderjährige eine Lehrstelle oder eine leichte Arbeit annehmen, wenn sie nicht mehr vollzeitschulpflichtig sind.
- können Minderjährige in die Jugendvertretung des Betriebsrates gewählt werden.

Mit sechzehn Jahren

- beginnt die Eidesmündigkeit; d. h. der Richter kann von einem Jugendlichen verlangen, dass er schwört, als Zeuge vor Gericht die Wahrheit gesagt zu haben (= Eid).
- beginnt in einigen Bundesländern das Recht zur Wahl des Landtages (z. B. in Niedersachsen).
- dürfen Jugendliche auch ohne Begleitung einer erziehungsbeauftragten Person eine Disco oder eine Gaststätte bis 24 Uhr besuchen. Dazu gehören aber nicht Nachtbars und ähnliche Betriebe.
- können Jugendlichen eine Prüfbescheinigung zum Führen eines Mofas sowie eine Fahrerlaubnis für die Klassen A1, M, S, (div. Leichtkrafträder), L und T (Zugmaschinen) erteilt werden (§§ 5, 6,10 FeV).
- dürfen Jugendliche eine Tanzveranstaltung bis 24 Uhr ohne Begleitung eines Erziehungsberechtigten besuchen.
- dürfen Jugendliche leichte alkoholische Getränke erwerben (z. B. Bier und Wein).
- dürfen Jugendliche in der Öffentlichkeit rauchen.
- sind Jugendliche beschränkt testierfähig; sie können selbständig ein öffentliches Testament errichten.
- sind Jugendliche ehefähig; sie können heiraten, wenn der/die Partnerin volljährig ist und Vormundschaftsgericht und Eltern zustimmen (Möglichkeit der Ehemündigkeitserklärung).
- muss jeder einen Personalausweis oder einen Pass besitzen.

Mit siebzehn Jahren

- können Jugendlichen die Fahrerlaubnis der Klassen B (Pkw) und BE (Anhänger) erteilt werden. Bis zur Vollendung des 18. Lebensjahres dürfen sie nur in Anwesenheit eines mindestens 30 Jahre alten Erwachsenen das Fahrzeug im Verkehr führen (Begleitetes Fahren; § 48 a FeV).

3. Am 18. Geburtstag, dem ersehnten Tag der unbegrenzten Möglichkeiten

Mit Vollendung des 18. Lebensjahres wird der Mensch in unserer Rechtsordnung volljährig und damit erwachsen. Er ist dann kein Jugendlicher mehr. Das bedeutet, dass er ab jetzt alle Rechte hat, die ein Erwachsener hat, aber auch alte Pflichten. Letzteres ist manchmal hart.

- Der 18-Jährige ist voll geschäftsfähig, das heißt, er kann Kauf-, Miet- oder Kreditverträge selbständig und ohne Zustimmung des gesetzlichen Vertreters abschließen. Die daraus resultierenden Verpflichtungen müssen erfüllt werden.
- Mit 18 kann man die Schulform selbst wählen und sich selbst Entschuldigungen schreiben.
- Der 18-Jährige ist voll testierfähig. Die Testierfähigkeit ist eine Unterart der allgemeinen Geschäftsfähigkeit. Der 18-Jährige kann ab jetzt auch ein eigenhändiges Testament errichten (§ 2247 Abs. 4 BGB).
- Der 18-Jährige ist voll prozessfähig. Er besitzt die Fähigkeit, Prozesshandlungen selbst oder durch selbstbestellte Vertreter wirksam vorzunehmen und entgegenzunehmen.
- Der 18-Jährige ist überall wahlberechtigt. Das bedeutet, dass er wählen darf (aktives Wahlrecht) und wählbar ist für den Gemeinde- oder Stadtrat, für den Kreistag, den Landtag und den Bundestag sowie für den Betriebs- und Personalrat (passives Wahlrecht).
- Mit 18 Jahren beginnt der freiwillige Wehrdienst für junge Männer und Frauen. Sie können auch Freiwilligendienst leisten.
- Ab 18 Jahren darf die Fahrerlaubnis der Klassen A (bei stufenweisem Zugang), B, BE, C, C1, CE und C1E erteilt werden. Die Fahrerlaubnis der Klassen D, D1, DE und D1E darf erst mit 21 Jahren, die der Klasse A bei direktem Zugang mit 25 Jahren erteilt werden (§ 10 FeV).
- Der 18-Jährige ist unbeschränkt ehemündig; er kann ohne Zustimmung des gesetzlichen Vertreters heiraten.
- Mit 18 darf man in jeden Kinofilm, in jede Nachtbar.
- Mit 18 darf man hochprozentigen Alkohol kaufen und verzehren.
- Der 18-Jährige ist voll deliktsfähig. Das bedeutet, dass er in allen vom Gesetz vorgesehenen Fällen vollen Umfangs Schadensersatz leisten muss.
- Nur im Strafrecht kann der 18-Jährige manchmal noch mit Milde rechnen. Er wird bis zur Vollendung des 21. Lebensjahres als Heranwachsender behandelt. Das bedeutet, dass der Richter Jugendrecht anwendet, wenn der Heranwachsende zur Zeit der Tat in seiner „sittlichen und geistigen Entwicklung noch einem Jugendlichen gleichstand“ oder es sich nach Art oder Umfang der Tat um eine typische Jugendverfehlung handelte, wie zum Beispiel beim Fahren mit einem frisiertem Mofa.

B. Recht zu Hause – Rund um Elternhaus & Co.

Junge Leute werden in unterschiedlichen Umgebungen groß. Die meisten Kinder und Jugendlichen wachsen im Elternhaus bei ihren leiblichen Eltern, bei Adoptiveltern oder bei einem leiblichen Elternteil auf. Viele leben auch in Pflegefamilien, bei Großeltern oder anderen Verwandten, bei einem Vormund, in einem Internat oder einem Wohnheim. Wo auch immer sie aufwachsen: Stets bestehen gegenseitige Rücksichtnahmepflichten. So haben sich Eltern und Kinder gegenseitig Beistand zu leisten und sind der Rücksicht schuldig (§ 1618 a BGB).

Teil B 1: Familien- und Kindschaftsrecht

I. Begriffe: Was sind „Eltern", „Adoptiveltern", „Pflegeeltern" ...?

1. Eltern

Mutter eines Kindes ist die Frau, die es geboren hat (§ 1591 BGB).

Vater eines Kindes ist der Mann, der zum Zeitpunkt der Geburt mit der Mutter des Kindes verheiratet ist, der die Vaterschaft anerkannt hat oder dessen Vaterschaft gerichtlich festgestellt ist (§ 1592 BGB).

2. Adoptiveltern

Adoptiveltern sind nicht die leiblichen Eltern eines Kindes, sondern Personen, die ein Kind wie ein leibliches Kind angenommen haben. Zwischen Adoptiveltern und Kind entsteht ein richtiges Eltern-Kind-Verhältnis. Über die Adoption entscheidet auf Antrag der (späteren) Adoptiveltern das Vormundschaftsgericht. Zur Adoption ist die Einwilligung des Kindes erforderlich. Ist es geschäftsunfähig oder noch keine 14 Jahre alt, erteilt der gesetzliche Vertreter (z. B. Vormund) die Einwilligung, ansonsten das Kind selbst mit Zustimmung des gesetzlichen Vertreters. Erforderlich ist außerdem die Einwilligung der leiblichen Eltern, die notfalls auch durch ein Gericht ersetzt werden kann. Erfolgt dies nicht, kann eine Adoption auch später im Erwachsenenalter erfolgen.

Durch die Adoption erlangt das Kind die Rechtsstellung eines ehelichen Kindes des Annehmenden. Es wird daher nicht nur mit seinen Adoptiveltern, sondern auch mit deren Eltern, Geschwistern und anderen Verwandten verwandt.

Es erhält Familiennamen, Staatsangehörigkeit und Wohnsitz der Adoptiveltern und alle Rechte und Pflichten eines ehelichen Kindes. So wird es z. B. seinen neuen Verwandten gegenüber erbberechtigt, aber auch unterhaltspflichtig – und umgekehrt werden die neuen Verwandten ihrerseits dem Kind gegenüber erbberechtigt und unterhaltspflichtig. Gleichzeitig erlöschen alle bisherigen Verwandtschaftsverhältnisse und die daraus folgenden Rechtsbeziehungen, denn das Kind soll nicht zur selben Zeit zwei Familien angehören.

Etwas anders ist die Situation, wenn Erwachsene adoptiert werden. Hier entsteht eine familiäre Bindung nur zwischen der annehmenden Person sowie dem „Kind", nicht jedoch zu den Verwandten der annehmenden Person. Auch die familiären Bande zur Ursprungsfamilie werden nicht beeinträchtigt; der Adoptierte hat dann seine Herkunftsfamilie mit Rechten und Pflichten und Rechte und Pflichten gegenüber dem annehmenden Elternteil.

Ausnahmsweise kann auch ein bereits erwachsenes Kind nach § 1772 BGB mit den Wirkungen der Minderjährigenadoption angenommen werden. Dies kann dann erfolgen, wenn ein „Eltern-Kind-Verhältnis" besteht und nicht überwiegende Interessen der leiblichen Eltern entgegen stehen.

Beispiel: Sophie lebt nach der Scheidung der Eltern mit der Mutter und deren neuem Partner. Der leibliche Vater hat wenig Kontakt, aber zahlt regelmäßig und pünktlich den Kindesunterhalt. Eine Adoption während der Minderjährigkeit war nicht angedacht.

Als Sophie volljährig ist, soll eine Adoption mit den Wirkungen der Minderjährigenadoption durchgeführt werden, bei der sämtliche Bindungen zum Vater und dessen Familie gekappt würden.

In einem derartigen Fall hat z. B. das OLG Brandenburg (Brandenburgisches OLG, Beschluss v. 27.1.2017, 10 UF 48/16) entschieden, dass die Kappung der Bindung gegen den Willen des Vaters nicht erfolgt, da dessen unterhaltsrechtliche Interessen dem entgegenstünden. Der Vater zahlte selbst über viele Jahre Unterhalt und hat entsprechend auch einen grundsätzlichen Anspruch gegen die Tochter, der dann durch das Erlöschen der Verwandtschaft verloren ginge.

3. Adoption durch gleichgeschlechtliche Eltern

Gleichgeschlechtlichen Paaren war es bis vor kurzem rechtlich unmöglich, die Ehe miteinander einzugehen. Auch Adoptionen fremder Kinder waren nur schwer möglich. Nunmehr besteht die Möglichkeit, dass gleichgeschlechtliche Paare nicht nur das leibliche Kind des jeweils anderen Partners, sondern ebenfalls fremde Kinder adoptieren.

Eine völlige Gleichstellung mit heterosexuellen Paaren besteht noch nicht, jedoch ist zu erwarten, dass hier eine weitere Angleichung erfolgen wird.

4. Pflegeeltern

Pflegeeltern sind Personen, bei denen sich ein Minderjähriger unter 16 Jahren für einen bestimmten Zeitraum außerhalb des Elternhauses in Familienpflege befindet.

Die elterliche Sorge bleibt bei den leiblichen Eltern. Diese haben auch weiterhin über alle Belange des Kindes mitzubestimmen. Allerdings können diese, wenn sie das Kind für längere Zeit in Familienpflege geben und schlecht erreichbar sind (z. B. bei längerem Auslandsaufenthalt) beim Vormundschaftsgericht beantragen, dass der Pflegeperson bestimmte Rechte und Pflichten übertragen werden. Dann hat die Pflegeperson die Rechte und Pflichten eines Pflegers und kann zum Beispiel über die Durchführung einer Operation entscheiden.

5. Pfleger

Das Vormundschaftsgericht kann für *einzelne* Angelegenheiten, auf die sich die elterliche Sorge normalerweise erstreckt, einen Pfleger bestellen (§§ 1909, 1630 BGB). Liegt eine Pflegschaft vor, so ist die elterliche Sorge *in diesem Bereich* beschränkt.

Das kann der Fall sein, wenn die Eltern oder der Vormund rechtlich oder tatsächlich gehindert sind, bestimmte Angelegenheiten für das Kind zu erledigen. Das kann durch Krankheit, Abwesenheit oder Interessenwiderstreit gegeben sein. Beispiele sind eine Erbauseinandersetzung zwischen dem Kind und den es vertretenden Eltern, ein Mietvertrag zwischen dem Kind und seinen Eltern.

6. Vormund

Ein Vormund kann bestellt werden, wenn beide Eltern nicht mehr leben oder beiden das Sorgerecht durch das Gericht entzogen wurde. Dies kann bei Gefährdung des Kindeswohls erfolgen (§ 1666 BGB), ist aber nur das letzte Mittel, das angewandt werden darf.

Wenn das körperliche, geistige oder seelische Wohl des Kindes oder sein Vermögen durch missbräuchliche Ausübung der elterlichen Sorge (z. B. Misshandlung, sexueller Missbrauch, Unterlassung von Unterhaltszahlungen, Drogen- oder Trunksucht, Zuhälterei), durch Vernachlässigung des Kindes (Unterlassen jeglicher Versorgung, Duldung des Herumtreibens), durch unverschuldetes Versagen der Eltern (z. B. bei Geisteskrankheit) oder das Verhalten eines Dritten (z. B. sexueller Missbrauch durch Lebensgefährten der Mutter) gefährdet ist (§ 1666 BGB).

7. Gesetzliche Vertreter unbegleiteter minderjähriger Flüchtlinge

Für unbegleitete minderjährige Flüchtlinge muss, da ja die elterliche Sorge durch die eigenen Eltern nicht ausgeübt werden kann, ein Vormund oder eine Pflegerin bzw. ein Pfleger bestellt werden. Hierüber entscheidet das Familiengericht, das bei dem örtlich zuständigen Amtsgericht eingerichtet ist.

Eine Vormundschaft besteht in der Regel bis zur Volljährigkeit. Dabei richtet sich die Volljährigkeit nach dem deutschen internationalen Privatrecht (Art. 24 EGBGB) am Recht im Herkunftsland des Minderjährigen und nicht am deutschen Recht.

Tritt also nach diesem Recht die Volljährigkeit erst nach Vollendung des 18. Lebensjahrs ein, wie etwa in Togo (Volljährigkeit mit 21), endet die Vormundschaft auch erst zu diesem Zeitpunkt.

II. Über die Abstammung

1. Welche rechtliche Bedeutung hat die Abstammung im persönlichen Bereich?

1.1 Namensrecht

Sind die Eltern miteinander verheiratet, erhält das Kind den Ehenamen seiner Eltern (§ 1616 BGB).

Führen die Eltern keinen Ehenamen und steht ihnen die elterliche Sorge gemeinsam zu, dann müssen die Eltern gegenüber dem Standesbeamten angeben, welchen von beiden Namen das Kind führen soll (§ 1617 BGB).

Beispiele: Theas Mutter heißt „Nüßlein", Theas Vater „Mager".

Haben die Eltern sich auf den Ehenamen „Mager" geeinigt, heißt Thea mit Nachnamen auch Mager.

Hat jeder seinen Namen, müssen sie dem Standesbeamten sagen, ob Thea nun „Nüßlein" oder „Mager" heißen soll.

Führen die Eltern keinen Ehenamen und steht die elterliche Sorge nur einem Elternteil zu, so erhält das Kind den Namen, den dieser Elternteil im Zeitpunkt seiner Geburt führt (§ 1617a BGB).

Eine Namensänderung ist in Deutschland nur möglich, wenn ein wichtiger Grund vorliegt (§ 3 NamÄndG). Wenn z. B. nach einer Scheidung Theas Mutter wieder „Nüßlein" heißen möchte, so kann sie dies tun, Theas Name wird aber „Mager" bleiben.

1.2 Staatsangehörigkeitsrecht

Ein Kind erwirbt mit der Geburt die deutsche Staatsangehörigkeit, wenn mindestens ein Elternteil – Mutter oder Vater – die deutsche Staatsangehörigkeit besitzt.

Sind die Eltern nicht verheiratet und ist nur der Vater deutscher Staatsangehöriger, dann erhält es die deutsche Staatsbürgerschaft, wenn die Vaterschaft nach deutschem Recht wirksam festgestellt ist (§ 4 Abs. 1 Staatsangehörigkeitsgesetz = StAG).

Nach § 4 Abs. 3 StAG erhalten Kinder von Ausländern durch ihre Geburt in Deutschland auch dann die deutsche Staatsangehörigkeit, wenn ein Elternteil von ihnen zu diesem Zeitpunkt seit mindestens 8 Jahren rechtmäßig in Deutschland lebt und ein unbefristetes Aufenthaltsrecht besitzt. Diese Kinder müssen sich grundsätzlich mit Vollendung des 21. Lebensjahres zwischen der deutschen und der ausländischen Staatsangehörigkeit der Eltern entscheiden, die sogenannte Optionspflicht. Diese Verpflichtung, zwischen mehreren Staatsangehörigkeiten wählen zu müssen, wurde jedoch sehr stark beschränkt, sodass in vielen Fällen keine Wahl getroffen werden muss (Hinweise dazu kann man über die Internetseiten des Auswärtigen Amtes erhalten).

1.3 Wohnsitz

Wohnen die Eltern zusammen, teilt das minderjährige Kind den Wohnsitz der Eltern.

Sind die Eltern getrennt oder geschieden und üben beide Eltern nach der Trennung das Sorgerecht gemeinsam aus, entscheiden sie im Idealfall gemeinsam, wo das Kind seinen Wohnsitz hat. Können Sie sich nicht einigen, sollte zunächst beim Jugendamt um Vermittlung gebeten werden.

Wenn dann immer noch keine Einigung möglich ist, muss ein Gericht entscheiden, wer die Entscheidung über den Aufenthalt des Kindes hat (Aufenthaltsbestimmungsrecht).

Können Eltern vorübergehend für das Kind nicht sorgen, sind sie gestorben oder liegen sonstige besondere Gründe vor, lebt das Kind bei demjenigen, der das Recht erhalten hat, für es zu sorgen (§ 11 BGB).

Das kann auch eine Unterbringung nach dem SGB VIII (Kinder- und Jugendhilfe) sein.

2. Das Recht auf Kenntnis von der eigenen Abstammung

Die meisten Menschen wissen, wer ihre leibliche Mutter und ihr leiblicher Vater sind. Nicht immer aber kennen Kinder ihre Herkunft.

Jedes Kind hat ein Recht darauf, zu wissen, wer seine Mutter und wer sein Vater ist.

Welche Gründe im Einzelfall für das Verschweigen der biologischen Eltern maßgeblich sein mögen: Entscheidend ist, dass ein Kind fast immer wissen will, von wem es biologisch abstammt. Und dazu ist es berechtigt, sei die Wahrheit auch noch so schmerzlich. Es gehört zur grundgesetzlich garantierten Würde eines jeden Menschen, Kenntnis über alles erlangen zu dürfen, was die eigene Person betrifft. Selbstverständlich steht dabei das „Recht auf Kenntnis der Abstammung" bzw. das „Recht auf biologische Wahrheit" an oberster Stelle.

Was tun, wenn sich die Mutter weigert, den Namen des leiblichen Vaters bekannt zu geben?

Aus dem Recht auf Kenntnis von der Abstammung folgt ein höchstpersönlicher Auskunftsanspruch des Kindes. Es kann seine Adoptiveltern und seine Mutter sogar auf Auskunft verklagen! Weigert sich etwa die Mutter eines nichtehelichen Kindes, den Namen des Vaters zu nennen, kann das Kind mit Hilfe eines Pflegers, der ihm vom Amtsgericht – Vormundschaftsgericht – bestellt wird, die Mutter auf Benennung des leiblichen Vaters verklagen. Ihre Intimsphäre muss dabei zurücktreten. Eine solche Auskunftsklage kann das „Kind" selbst dann noch erheben, wenn es erwachsen ist. Dann braucht es keinen Pfleger mehr, sondern kann direkt beim Amtsgericht Klage erheben.

Unterhaltsrechtliche und erbrechtliche Bedeutung

Die Kenntnis vom leiblichen Vater hat auch für die Geltendmachung von Unterhaltsansprüchen sowie von Erb- und Erbersatzansprüchen entscheidende Bedeutung.

III. Welche Rechte und Pflichten haben Eltern?

Zu den Elternrechten gehören das Erziehungs- und das Sorgerecht. Eltern sind ihren Kindern gegenüber unterhaltspflichtig (s. u. IV).

Die sog. elterliche Sorge (§ 1626 BGB) für das Kind umfasst

- die Sorge für die Person (Personensorge),
- die Sorge für das Vermögen (Vermögenssorge),
- die Vertretung des Kindes.

1. Die Personensorge

Zur Personensorge gehören das Recht und die Pflicht, das Kind zu pflegen, zu erziehen, zu beaufsichtigen und seinen Aufenthalt zu bestimmen (§ 1631 BGB). Weiterhin gehören dazu unter anderem

- das Recht der Vornamensgebung,
- das Recht der Aufenthaltsbestimmung,
- das Recht, einen Herausgabeanspruch gegenüber Dritten geltend zu machen und Umgang zu bestimmen,
- das Recht der Festlegung einer Religion,
- die Förderung von besonderen Fähigkeiten und Neigungen
- das Recht und die Pflicht, die Ausbildung (Schulbesuch, Lehre) zu bestimmen und sie zu überwachen,
- das Recht und die Pflicht, über die Gesundheit des Kindes zu wachen und es zu notwendigen ärztlichen Behandlungen und Operationen zu bringen,
- das Recht und die Pflicht, das Kind angemessen zu erziehen (s. ausführlich unten: „Das Erziehungsrecht und seine Grenzen").

2. Die Vermögenssorge

Die Vermögenssorge umfasst das Recht und die Pflicht der Eltern, für das Vermögen des Kindes zu sorgen, also alles zu tun, um das Vermögen des Kindes zu erhalten und zu vermehren. Meist verfügen Kinder noch nicht über größeres Vermögen, jedoch gibt es für besondere Fälle Schutzvorschriften.

Bei nicht alltäglichen, im Gesetz benannten Rechtsgeschäften z. B. Verträge über Grundstücke, Schiffe, oder zum Abschluss eines Kreditvertrages, brauchen die Eltern die Genehmigung des Vormundschaftsgerichts (§ 1643 BGB).

Minderjährigenhaftungsbeschränkung

Beispiel: Führen Eltern für ihr Kind mit Genehmigung des Vormundschaftsgerichts ein Handelsgewerbe und resultieren aus der Führung dieses Gewerbes Schulden, beschränkt sich die Haftung des Kindes auf den Bestand des bei Eintritt der Volljährigkeit vorhandenen Vermögens des Kindes (§ 1629 a BGB). Das war früher anders. Da musste ein Kind manchmal ein Leben lang unbegrenzt Schulden abtragen, wenn Eltern das Geschäft in die Verschuldung getrieben haben.

3. Die Vertretungspflichten

Die elterliche Sorge umfasst auch die Vertretung des Kindes (§ 1629 BGB). Das bedeutet: Weil ein Mensch nicht in der Lage ist, von Geburt an alle seine Rechte und Pflichten allein wahrzunehmen und durchzusetzen, hat man von Gesetzes wegen Personen bestimmt, die die Angelegenheiten eines jungen Menschen als dessen gesetzlicher Vertreter so lange für ihn wahrnehmen, bis er dazu selbst in der Lage ist. Das sind in der Regel die Eltern.

4. Sorgeberechtigte und Vertreter in besonderen Fällen

- Sorgeberechtigt sind die **Eltern** (Mutter und Vater im Sinne des Abstammungsrechts) und **Adoptiveltern**. Die Eltern müssen nicht miteinander verheiratet sein. Allerdings müssen Eltern, die bei der Geburt des Kindes nicht miteinander verheiratet sind, eine gemeinsame Sorgeerklärung abgeben oder heiraten. Geschieht dies nicht, hat die Mutter die elterliche Sorge allein (§ 1626 a BGB).
- Der **nichteheliche Vater** kann aber einen Antrag auf Übertragung des gemeinsamen Sorgerechts stellen, dem in der Regel stattzugeben ist, sofern dies nicht dem Kindeswohl widerspricht.
- Bei **Trennung der Eltern** soll das Sorgerecht weiterhin gemeinsam ausgeübt werden. Es kann auf Antrag eines Elternteils diesem übertragen werden, wenn der andere zustimmt. Ist das nicht der Fall, muss das Gericht entscheiden, ob vom Normalfall, dass beide Eltern die elterliche Sorge weiter gemeinsam ausüben abgewichen wird, da die Alleinsorge für das Wohl des Kindes am besten ist (§ 1671 BGB). Dabei ist der Wille des Kindes zu prüfen und wird mit zunehmendem Alter immer bedeutender.
- Sind **Eltern vorübergehend nicht in der Lage**, für das Kind zu sorgen, z. B. nach einem Unfall oder wegen Krankheit, wird dem Kind ein Pfleger bestellt.
- **Stirbt ein Elternteil**, ist der Überlebende vertretungsberechtigt und sorgeberechtigt. Der nichteheliche Vater muss das – sofern er nicht bereits mitsorgeberechtigt ist – erst beantragen.
- **Sterben beide Eltern**, werden dem Kind vom Gericht ein Pfleger und/oder ein Vormund bestellt.
- Personen- und Vermögenssorge bei **unbegleiteten, minderjährigen Flüchtlingen**.
  Minderjährige, die ohne ihre Eltern oder andere Sorgeberechtigte nach Deutschland einreisen, sollen nach § 42a SGB VIII vorläufig in Obhut genommen werden.

In dieser Zeit hat das Jugendamt die Pflicht und das Recht, alle erforderlichen Rechtshandlungen durchzuführen, muss dabei aber das Kind einbeziehen und den mutmaßlichen Willen des nicht anwesenden Sorgeberechtigten angemessen berücksichtigen.
Das Jugendamt muss von Amts wegen tätig werden und umgehend die Bestellung eines Vormundes durch das Familiengericht veranlassen.
Diesem obliegt dann die Wahrnehmung der Personen- und Vermögenssorge des Kindes.

Was tun, wenn der Vormund einem sinnvollen Vertrag nicht zustimmt?

Man kann als Minderjähriger zum Vormundschaftsgericht gehen oder, wie im nachstehenden Musterbrief, einen schriftlichen Antrag stellen und bitten, die Zustimmung des Vormundes zu ersetzen (§ 113 Abs. 3 BGB).

Sopie-Marie Mechtersheim, Kasselerstr. 3, Salzgitter
An das Amtsgericht
Vormundschaftsgericht
Salzgitter

Salzgitter, den

Antrag auf Ersetzung der Ermächtigung nach § 113 Abs. 3 BGB

Ich bin 16 Jahre alt. Da meine Eltern vor drei Jahren bei einem Verkehrsunfall ums Leben gekommen sind, habe ich einen Vormund. Name und Anschrift sind:

Herbert Hellweg, Kasselerstr. 10, Salzgitter.

Letzte Woche war ich überglücklich, für diese Spielsaison einen Schauspielvertrag mit unserem Theater erhalten zu haben. Ich darf in insgesamt drei Stücken eine Rolle spielen. Proben sind nachmittags; Aufführungen ab und zu abends. Meine Schule wird nicht beeinträchtigt. Wir fahren auch nicht auf Tournee. Ich kann mit dem Geld meinen Englandurlaub im nächsten Jahr finanzieren.

Obwohl alles so gut ist, stimmt mein Vormund dem Vertrag nicht zu. Wahrscheinlich ist er böse, dass seine Tochter die Rolle nicht bekommen hat.

Ich beantrage deshalb, die Ermächtigung meines Vormundes zum Abschluss des Vertrages mit dem Schauspielhaus zu ersetzen.

Den Vertrag füge ich in Ablichtung bei.

Sopie-Marie Mechtersheim

IV. Das Unterhaltsrecht

1. Die Unterhaltspflicht (§ 1601 BGB)

Eltern müssen ihre Kinder unterhalten. Leben die Kinder im Elternhaus, erfüllen Eltern ihre Unterhaltspflicht dadurch, dass den Kindern ausreichend Unterkunft und Verpflegung im Rahmen der finanziellen Möglichkeiten gewährt wird.

2. Wie läuft das mit dem Unterhalt, wenn junge Leute zu Hause ausziehen?

Vielen Jugendlichen geht der „Stress" mit ihren Eltern so auf den „Geist", dass sie von zu Hause ausziehen möchten. Das ist jedoch nicht so einfach. Denn Eltern sind keineswegs gezwungen, den Unterhalt auf das Konto ihres Kindes zu überweisen. Sie können, solange ihr Kind unverheiratet ist, bestimmen, dass das Kind zu Hause wohnt und isst; selbst wenn das Kind volljährig ist (§ 1612 Abs. 2 BGB).

3. Die Änderung der Unterhaltsbestimmung

Die Eltern können ihre Leistung so bestimmen, dass sie dem Kind anbieten, zu Hause zu wohnen und da weiter versorgt zu werden. Diese Bestimmung wird dann wirksam; auf die Belange des Kindes muss aber Rücksicht genommen werden.

Wenn dennoch eine Geldzahlung eingeklagt würde, müsste das zuständige Familiengericht zunächst entscheiden, ob die Bestimmung wirksam ist und auf die Belange des Kindes Rücksicht genommen wurde. Ist das nicht der Fall, würden die Eltern zur Zahlung verpflichtet.

Es ist in derartigen Fällen immer eine Würdigung aller Umstände vorzunehmen.

Von deutschen Gerichten wurden nachstehende Fälle entschieden (nachzulesen im BGB-Kommentar Palandt zu § 1612, RN *12*).

Danach ist die Bestimmung nicht unangemessen, wenn:

- familientypische Streitigkeiten über Mithilfe und Rücksichtnahme im Haushalt bestehen,
- nur der Wunsch nach Begründung eines eigenen Hausstandes besteht, wenn dafür nicht besondere Gründe vorliegen,
- der Wunsch nach innerer Lösung vom Elternhaus besteht,
- das nicht übermäßige Heranziehen zur häuslichen Arbeit vorliegt,
- gelegentliche Wortentgleisungen erfolgen,

- selbst eine tiefgreifende Entfremdung besteht, wenn sie durch ein rücksichtsloses oder provozierendes Verhalten des Kindes verursacht worden ist,
- allgemeine familiäre Spannungen bestehen.

Die Bestimmung wurde als nicht angemessen gesehen in folgenden Fällen:

- wenn die tägliche Fahrzeit zum Studienort 3 Std betragen würde,
- wenn die Notwendigkeit eines auswärtigen Studiums wegen Fehlens der gewählten Fachrichtung am häuslichen Studienort vorläge,
- bei körperlicher Züchtigung,
- bei fehlender Toleranz gegenüber der sich vom streng katholischen Elternhaus unter dem Einfluss des Freundes emanzipierenden Tochter,
- bei Nichtakzeptieren des Freundes der erwachsenen Tochter,
- oder
  bei unangemessenen Überwachungsmaßnahmen der Eltern.

4. Zur Unterhaltshöhe

Grundsätzlich haben die Eltern einen „angemessenen Unterhalt“ zu zahlen (§ 1610 BGB). Er umfasst den gesamten „Lebensbedarf“ einschließlich der Kosten einer angemessenen Berufsausbildung. Die Unterhaltsberechnung ist insbesondere in der Ermittlung der für eine Berechnung erforderlichen Werte kompliziert, weshalb eine vollständige Berechnung durch Fachleute (Rechtsanwälte, Jugendamtsmitarbeiter) vorgenommen werden sollte.

4.1 Unterhaltsrechtliche Leitlinien und Tabellen

Um sich selbst einen groben Überblick verschaffen zu können, helfen Tabellen und Leitlinien, die in regelmäßigen Abständen von den Oberlandesgerichten für ihren Bezirk – jeweils aktualisiert – herausgegeben werden. Man kann diese Tabellen und Leitlinien auf den Internetseiten des jeweiligen Oberlandesgerichts seines Bezirkes einsehen und ausdrucken. Häufig werden die Tabellen sogar bei Änderungen in den Tageszeitungen abgedruckt.

4.2 Einkommensabhängiger Unterhaltsanspruch

Die Höhe des Unterhaltsanspruches ist in der Regel vom Einkommen und von der gesellschaftlichen Stellung der Eltern abhängig (§ 1615 c BGB).

4.3 Unterhaltspflicht gegenüber minderjährigen Kindern

Dabei sind Eltern einem minderjährigen Kind gegenüber bis an die Grenze ihrer finanziellen Leistungsfähigkeit zum Unterhalt verpflichtet. Sie haben eine sogenannte „gesteigerte Erwerbsobliegenheit", das heißt, sie sind auch verpflichtet voll zu arbeiten und gegebenenfalls sogar eine Nebentätigkeit auszuüben, um das Existenzminimum ihrer Kinder sicherzustellen.

Volljährige Kinder, die noch zuhause wohnen und sich in der allgemeinen Schulausbildung befinden, werden als sogenannte „privilegierte Volljährige" unterhaltsrechtlich wie Minderjährige behandelt.

4.4 Unterhaltspflicht gegenüber volljährigen Kindern

Wenn ein Kind volljährig wird, muss es sich selbst um seinen Unterhaltsanspruch kümmern. Es geht dann nicht mehr, dass z. B. die Mutter als Erziehungsberechtigte den Anspruch des Kindes gegen den Vater geltend macht und durchsetzt. Ab Volljährigkeit müssen auch beide Eltern im Verhältnis ihrer Einkünfte gemeinsam den Unterhaltsanspruch decken.

Es besteht eine Unterhaltsverpflichtung nur dann, wenn ein Kind eine Ausbildung (Schule, Lehre, Studium) absolviert. Ist das nicht der Fall, besteht vom Grundsatz her kein Anspruch. Es wird jedoch häufig ein Anspruch für die Zeit zwischen Schulabschluss (Bsp. Mitte Juni) und Beginn der Lehre/des Studiums (1.8. oder 1.9. oder 15.10.) gewährt, wenn diese Zeit unvermeidlich ist.

Einem volljährigen Kind gegenüber können Eltern ihren angemessenen, den sog. großen Selbstbehalt geltend machen.

4.5 Volljährige Kinder mit eigenem Haushalt oder auswärtiger Unterbringung

Ist ein unterhaltsberechtigtes Kind volljährig und führt einen eigenen Haushalt oder studiert auswärts, wird für den Lebensbedarf des Kindes meistens ein fester Betrag angesetzt. So ist z. B. nach den unterhaltsrechtlichen Leitlinien des Oberlandesgerichts Düsseldorf (Stand 1.1.2020) als angemessener Unterhaltsbedarf eines Studierenden, der nicht bei seinen Eltern oder einem Elternteil wohnt, in der Regel mit 860 € anzusetzen. Auf diesen Bedarf sind Kindergeld, Ausbildungsvergütung und BAföG-Leistungen in vollem Umfang anzurechnen.

Dieser Betrag muss von den Eltern aber nur gezahlt werden, wenn sie auch das entsprechende anzurechnende Einkommen haben (= Jahresnettoeinkommen jeglicher Art geteilt durch 12, abzüglich z. B. berufsbedingter oder außergewöhnlicher Aufwendungen bei Krankheit und Gebrechlichkeit, Kosten einer zusätzlichen Altersvorsorge) und ihnen der Selbstbehalt verbleibt. Der notwendige Eigenbedarf/Selbstbehalt beträgt nach der Düsseldorfer Tabelle gegenüber minderjährigen, unverheirateten Kindern und gegenüber volljährigen, unverheirateten Kindern bis zur Vollendung des 21. Lebensjahres, die im Haushalt der Eltern oder eines Elternteils leben und sich in der allgemeinen Schulausbildung befinden, derzeit bei nicht erwerbstätigen Unterhaltspflichtigen monatlich 960 €, und beim erwerbsfähigen Unterhaltspflichtigen 1.160 € monatlich. Hierin ist ein Anteil für Wohnkosten von 380 € enthalten. Der Unterhaltsverpflichtete muss also versuchen, Wohnkosten in diesem Rahmen zu halten. Gelingt das nachvollziehbar nicht, kann der Selbstbehalt ggf. erhöht werden.

Der angemessene Eigenbedarf, insbesondere gegenüber anderen volljährigen Kindern, beträgt in der Regel mindestens monatlich 1.400 €. Darin ist eine Warmmiete bis 480 € enthalten.

Reicht das anzurechnende Einkommen abzüglich des Selbstbehaltes der Eltern dann nicht aus, um daraus den Lebensbedarf aller vorrangig Unterhaltsberechtigten entsprechend der unterhaltsrechtlichen Leitlinie zu bestreiten, liegt ein sog. Mangelfall vor, der in der Regel eine komplizierte Berechnung durch Fachleute (Mitarbeiter des Jugendamtes, Rechtsanwälte) erforderlich macht.

Sind die Einkommensverhältnisse der Eltern außergewöhnlich gut, können sie dagegen zu höheren Unterhaltsleistungen herangezogen werden.

5. Wie lange müssen Eltern Unterhalt zahlen?

5.1 Dauer der Ausbildung

Die Eltern sind verpflichtet, ihren Kindern eine deren Neigungen und Fähigkeiten entsprechende Berufsausbildung zu finanzieren, solange sie nicht ihren eigenen angemessenen Unterhalt gefährden. Je begabter und strebsamer ein Kind, desto höher ist sein Ausbildungsanspruch.

Eltern müssen auch dann bis zum Ende der Ausbildung den „angemessenen Unterhalt“ nach den oben aufgeführten Grundsätzen finanzieren, wenn sie sich einverstanden erklärt haben, dass das Kind eine solche Ausbildung macht.

Sie brauchen keine übermäßigen Opfer zu erbringen. Hat ein Jugendlicher die Schule grundlos abgebrochen („Null-Bock-Haltung“ oder schlechte Noten), sind Eltern nicht verpflichtet, dem Kind durch die Finanzierung teurer Nachhilfe oder Internate nachträglich zum Abitur zu verhelfen.

Der ewige Student ist ebenfalls nicht zu finanzieren. Überschreitet ein Student die Regelstudienzeit, müssen Eltern je nach Einzelfall allenfalls noch im geringen Umfang weiterzahlen; z. B. wenn sich ihr Kind mitten im Examen befindet. Nach erheblicher Überschreitung der Regelstudienzeit (4 Semester) schulden sie keinen Unterhalt mehr.

Während eines sog. Parkstudiums besteht kein Unterhaltsanspruch.

5.2 Müssen Eltern eine zweite Berufsausbildung oder ein Zweitstudium finanzieren?

Grundsätzlich Nein. Das Kind ist dann nämlich nicht mehr außerstande, sich selbst zu unterhalten. Es gibt Ausnahmen. Einige Beispiele:

5.3 Die Weiterbildung

Von einer Weiterbildung oder gestufter Ausbildung wird gesprochen, wenn ein sachlicher und zeitlicher Zusammenhang zwischen den verschiedenen Ausbildungsstufen besteht. Fachhochschulausbildung bzw. praktische Ausbildung und Studium müssen derselben Berufssparte angehören oder jedenfalls so zusammenhängen, dass das eine für das andere eine fachliche Ergänzung, Weiterführung oder Vertiefung bedeutet oder dass die Fachschul- oder praktische Ausbildung eine sinnvolle Vorbereitung auf das Studium darstellt (BGH NJW 1989, 2253 = FamRZ 1989, 853/5). Die Weiterbildung setzt das Bestehen des vorangehenden Abschlussexamens voraus. Der fachliche Zusammenhang wurde bejaht für eine Bauzeichnerin, die ein Architekturstudium durchführen wollte (BGH, FamRZ 1989, 853) und für einen Ausbildungsgang, der mit einer Kfz-Lehre begann und mit Fachoberschule für Technik und danach mit einem Maschinenbaustudium fortsetzt (OLG Düsseldorf FamRZ 1990, 1387). Verneint wurde eine Weiterbildung in folgenden Fällen:

- Finanzinspektorin – Psychologiestudium (BGH FamRZ 81, 344);
- Industriekaufmann – Medizinstudium (BGH FamRZ 91, 1044);
- Speditionskaufmann – Studium der Rechtswissenschaften (BGH FamRZ 91, 1472).

Merke: Ein Anspruch gegen die Eltern auf Finanzierung einer derartigen Weiterbildung besteht aber nur, wenn die erste Berufsausbildung nicht fähigkeitserschöpfend war **und** die Eltern finanziell leistungsfähig sind.

Zwingende Gründe

Für eine zweite, ganz neue Berufsausbildung (Berufswechsel) kann Unterhalt nur gefordert werden, wenn zwingende Gründe dies erfordern. Das kann der Fall sein,

- wenn der Erstberuf aus gesundheitlichen Gründen nicht ausgeübt werden kann (z. B. Allergie);
- wenn der Unterhaltsberechtigte dem Beruf nicht mehr gewachsen ist (z. B. nach einem Unfall);
- wenn die erste Berufsausbildung qualitativ erheblich unter den Neigungen und Fähigkeiten des Kindes liegt (z. B. Ausbildung zum Maurer bei einem Musikgenie);
- wenn der Erstberuf nur erzwungenermaßen (z. B. mein Sohn muss Metzger werden) gewählt wurde.

Wer erteilt Rat?

Junge Erwachsene haben bis zur Vollendung des 21. Lebensjahres Anspruch auf Beratung und Unterstützung bei der Geltendmachung von Unterhalts- oder Unterhaltsersatzansprüchen durch das Jugendamt (§ 18 Abs. 4 SGB VIII).

V. Hilfen durch das Jugendamt

Das Jugendamt wird auf kommunaler Ebene eingerichtet, um die Aufgaben der Kinder- und Jugendhilfe nach dem 8. Sozialgesetzbuch wahrzunehmen.

Es soll Eltern und Kinder beraten und sie unterstützen.

Beispielhaft folgen einzelne Themen, mit denen man sich an das örtliche Jugendamt wenden kann.

- Jugendarbeit, Jugendsozialarbeit und erzieherischer Kinder- und Jugendschutz,
- Angebote der Jugendarbeit, der Jugendsozialarbeit und des erzieherischen Kinder- und Jugendschutzes,
- Hilfe zur Erziehung und ergänzende Leistungen,

Hilfe für seelisch behinderte Kinder und Jugendliche und ergänzende Leistungen,

Hilfe für junge Volljährige und Nachbetreuung.

Weitere Aufgaben sind

- die vorläufige Inobhutnahme von ausländischen Kindern und Jugendlichen nach unbegleiteter Einreise,

- die Mitwirkung in Verfahren vor den Familiengerichten, in denen das Jugendamt nicht die Eltern, sondern das Kind im Blick hat und
- die Mitwirkung in Verfahren nach dem Jugendgerichtsgesetz, also bei Jugendstrafsachen.

Teil B 2: Erbrecht. Wenn Kinder und Jugendliche erben

1. Was dürfen Minderjährige, wenn der Erbfall eintritt?

Bei der gesetzlichen Erbfolge (keine testamentarische Verfügung vorhanden) erbt der überlebende Ehegatte gemeinsam mit den Kindern und bildet dadurch eine Erbengemeinschaft.

Ist nur ein Kind vorhanden, erben der überlebende Elternteil und das Kind je ½, vorausgesetzt, es gibt keinen Ehevertrag mit Gütertrennung. Sind mehrere Kinder vorhanden, ist die Hälfte entsprechend der Anzahl der Kinder aufzuteilen und es erscheint im beantragten Erbschein die entsprechende Erbquote. Der überlebende Ehegatte vertritt das minderjährige Kind als Sorgeberechtigter (§ 1629 BGB). Sollte zum Nachlass ein Grundstück gehören, so kann auf Grund von Interessenkollision der überlebende Ehepartner nicht gleichzeitig für das Kind handeln, sondern in diesem Fall muss ein Vormund oder Pfleger vom Familiengericht bestellt werden.

Damit soll verhindert werden, dass der Sorgeberechtigte bei einer Erbauseinandersetzung oder beim Verkauf eines Grundstücks oder der Auflösung von Konten nicht übervorteilt wird.

Stirbt die geschiedene Mutter und hinterlässt ein minderjähriges Kind und ein volljähriges Kind, so erben sie nach der gesetzlichen Erbfolge zu je ½. Liegt ein Testament vor, bestimmt sich die Erbfolge nach dem letzten Willen. Da beide Kinder gleichanteilige Erben sind, muss für das minderjährige Kind ein Vormund vom Familiengericht bestellt werden, auch um auszuschließen, dass das volljährige Kind ein sogenanntes Insichgeschäft abschließt, die Anteile des minderjährigen Kindes auf sich selbst überträgt. Das Familiengericht wird immer eine sogenannte Kontrolle übernehmen. Das heißt, dass die Entscheidungen und Erklärungen des Vormundes der familiengerichtlichen Genehmigung bedürfen.

Der Minderjährige kann also darauf vertrauen, dass seine Interessen wahrgenommen werden. Voraussetzung ist hierfür, sich an das Gericht zu wenden, um diesen Prozess in Gang zu setzen. Das Jugendamt kann beigezogen werden.

Gehört ein Grundstück zum Nachlass und beabsichtigt der überlebende Ehepartner den Verkauf und sind minderjährige Kinder vorhanden, achtet bereits der Notar darauf, dass sämtliche Erklärungen des minderjährigen Miterben der familiengerichtlichen Genehmigung bedürfen.

2. Was tun, wenn der Minderjährige nur Schulden erbt?

2.1 Die Ausschlagung der Erbschaft für den Minderjährigen

In diesem Fall kann der Sorgeberechtigte die Erbschaft innerhalb von sechs Wochen ab Kenntnisnahme von dem Erbfall (Tod des Erblassers) für das Kind ausschlagen.

2.2 Die Formalien rund um die Erbschafts-Ausschlagungserklärung

Die Ausschlagung muss entweder direkt beim Nachlassgericht oder vor einem Notar erfolgen. Die Ausschlagung bedarf der familiengerichtlichen Genehmigung.

Eine einfache schriftliche Erklärung, dass die Erbschaft ausgeschlagen wird, reicht nicht aus. Hier ist das Beurkundungserfordernis vom Gesetzgeber vorgeschrieben. Sollte die Ausschlagung nur handschriftlich erklärt und an das Nachlassgericht geschickt werden, ist sie unwirksam.

Zuständig für die Beurkundung der Ausschlagungserklärung ist immer das Nachlassgericht des letzten Wohnsitzes des Erblassers (§ 343 FamFG). Um die Frist einzuhalten, kann die Ausschlagung auch bei dem Gericht erklärt werden, in dessen Bezirk der Erbe, also das minderjährige Kind seinen Wohnsitz hat. Dieses Gericht schickt dann die Erklärung an das zuständige Nachlassgericht.

Die Beurkundung kann von einem Notar oder vom Nachlassgericht vorgenommen werden. Der Notar erhebt auf seine Gebühren die Umsatzsteuer, das Nachlassgericht nicht.

2.3 Schadensersatzpflicht von Eltern, wenn sie versäumen, für ihr Kind ein überschuldetes Erbe auszuschlagen

Sollte der Elternteil davon wissen, dass die Schulden beim Eintritt des Todes überwiegen und verabsäumen, für das minderjährige Kind die Erbschaft innerhalb der Sechs-Wochenfrist auszuschlagen, ist er dem Kind gegenüber schadenersatzpflichtig (§ 1664 BGB), weil er „die Sorgfalt, die er in eigenen Angelegenheiten anzuwenden pflegt", nicht beachtet hat.

Sollte das minderjährige Kind Schulden von Großeltern oder anderen Verwandten erben und beide Eltern sich nicht darum kümmern, so haften sie als Gesamtschuldner.

3. Uneinigkeit der gemeinsamen sorgeberechtigten Eltern

Können sich Eltern, die gemeinsam sorgeberechtigt sind, nicht einigen, weil z. B. das minderjährige Kind nach den Großeltern auf Grund eines Testamentes erben soll, muss derjenige Elternteil, der die Ausschlagung möchte, zunächst ausschlagen und beim Familiengericht beantragen, dass ihm das alleinige Entscheidungsrecht (§ 1628 BGB) übertragen wird. Das Familiengericht wird dann über die Wirksamkeit der Ausschlagung entscheiden. In diesem Fall ist die Ausschlagungsfrist gehemmt bis zur endgültigen Übertragung der alleinigen Entscheidungsbefugnis. Die Uneinigkeit der Sorgeberechtigten über die Annahme der Erbschaft durch den Minderjährigen kann, sofern oben genanntes Vorgehen beachtet wird, nicht zum Nachteil des Minderjährigen führen.

Dieser Fall ist denkbar, wenn die Eltern in Scheidung leben.

4. Auskunft über Bestand des Nachlasses

Die Eltern oder der überlebende Elternteil haben zum Schutz des Minderjährigen die Verpflichtung, dem Familiengericht ein Vermögensverzeichnis vorzulegen, jedoch nur, wenn der Wert 15.000,00 € übersteigt. Wird ein Vormund oder ein Pfleger vom Familiengericht eingesetzt, ist es dessen Pflicht, ein Vermögensverzeichnis anzufertigen.

Auskunft über den Umfang des Nachlasses muss immer der Erbschaftsbesitzer oder überlebende Ehegatte oder der Miterbe erteilen. Er darf Informationen (über Bankguthaben, Grundstücke oder ähnliches) nicht zurückhalten. Es gibt jedoch keine Pflicht zur Vorlage von Belegen (z. B. Überweisungen vom Bankkonto).

Sollte die Auskunft verweigert werden, kann sich der Minderjährige an das Familiengericht wenden. In diesem Fall wird ein Vormund/Pfleger bestellt, der die Interessen des Minderjährigen wahrnimmt und gegebenenfalls den Auskunftsanspruch gerichtlich einklagt.

5. Minderjährige als Mitglied einer Erbengemeinschaft

Ist der Minderjährige Mitglied einer Erbengemeinschaft und gehört zum Nachlass ein Grundstück, das verkauft werden soll, so ist vom Familiengericht ein Pfleger für diese Veräußerung zu bestellen, da Interessenkollision mit den übrigen Erben oder mit dem Sorgeberechtigten besteht. Der für das minderjährige Kind entfallende Anteil am Kaufpreis wird auf ein Konto überwiesen, über dessen Verfügung der Minderjährige mit dem 18. Lebensjahr selbst verfügen kann.

Ist der Elternteil Mitglied der Erbengemeinschaft, liegt ein Vertretungsverbot nach §§ 1795, 181 BGB vor, und es muss immer ein Pfleger für das Verfügungsgeschäft vom Familiengericht bestellt werden.

Die Erklärungen über die Veräußerung bedürfen der familiengerichtlichen Genehmigung.

Analog ist zu verfahren, wenn Konten zum Nachlass gehören, die aufgelöst werden sollen.

In diesen Fällen darf der Sorgeberechtigte, der Miterbe ist, nicht für den Minderjährigen handeln. Sind mehrere Minderjährige Mitglied der Erbengemeinschaft, so muss für jeden Minderjährigen ein eigener Pfleger bestellt werden.

6. Haftungsbeschränkungen des Minderjährigen

Der Minderjährige ist nach der gesetzlichen Haftungsbeschränkung des § 1629 a BGB insofern geschützt, dass er bei Eintritt der Volljährigkeit (18. Geburtstag) nur mit dem zu diesem Zeitpunkt vorhandenen Vermögen für die Verbindlichkeiten haftet. Allerdings ist nach den Regelungen zur Dürftigkeitseinrede die dreimonatige Frist zu beachten. Der Minderjährige muss innerhalb von drei Monaten nach Vollendung des 18. Lebensjahres die Auseinandersetzung verlangt haben. Auf den Zeitpunkt der Vollziehung kommt es dann nicht an. Innerhalb von drei Monaten muss die Auseinandersetzung nicht vollzogen sein, auch gegenüber den übrigen Miterben muss die Erklärung abgegeben werden, dass nur das vorhandene Vermögen haftet. Das bedeutet, dass das danach erworbene Vermögen nicht der Haftung unterliegt (Haftungsbeschränkung).

7. Enterbung des Minderjährigen aufgrund des sog. Berliner Testaments und Geltendmachung von Pflichtteilsansprüchen

Nach dem sogenannten Berliner Testament, nachdem sich die Eltern zunächst als gegenseitige Erben einsetzen und bestimmen, dass die Kinder erst nach dem Tode des zuletzt Versterbenden erben, sind die Kinder mit Eintritt des ersten Erbfalls (Tod eines Elternteils) enterbt.

In diesem Fall stehen den Kindern Pflichtteilsansprüche zu, die jedoch der Verjährung unterliegen. Der Pflichtteil beträgt die Hälfte des gesetzlichen Erbteils (falls zwei Kinder vorhanden sind, ½ von jeweils ¼, mithin 1/8) und verjährt innerhalb von drei Jahren ab der Kenntnis von dem Vorhandensein des Testamentes. Der Pflichtteilsanspruch ist ein Geldanspruch und muss gefordert werden.

Beratend steht hier das Jugendamt zur Verfügung und in diesem Fall ist es erforderlich, dass das Familiengericht einen Vormund oder Pfleger einsetzt, der die Interessen des Minderjährigen wahrnimmt und vom überlebenden Elternteil den Pflichtteilsanspruch geltend macht und durchsetzt.

8. Braucht man immer einen Erbschein?

Den Erbschein erteilt das für den letzten Wohnsitz des Verstorbenen zuständige Nachlassgericht und bedarf eines Antrages (näheres bitte unter Ziffer 2).

Gehören Grundstücke zum Nachlass und liegt kein notarielles Testament vor, ist der Erbschein als Erblegitimation zwingend, das ergibt sich aus dem Gesetz.

Gibt es ein handschriftliches Testament und bestehen keine begründeten Zweifel an der Richtigkeit des Testaments, ist eine Bank nach einem Urteil des BGH (Az. XI ZR 440/15) verpflichtet, die Konten auch ohne Erbschein freizugeben.

9. Was tun, wenn Eltern Teile des Erbes ihres Kindes für sich verbrauchen?

Hat ein Minderjähriger den Verdacht, dass seine Eltern Geld von Omas geerbtem Sparbuch abheben und es sogar für eigene Zwecke verbrauchen, sollte er sich schnellstens an das Jugendamt wenden. Bestätigt sich der Verdacht, kann Eltern die Vermögenssorge entzogen werden. Das gilt auch, wenn Eltern mit dem Vermögen eines Minderjährigen Spekulationsgeschäfte machen und es dabei aufs Spiel setzen.

10. Was tun, wenn ein Kind einen Hund erbt und die Eltern ihn nicht behalten wollen?

Hier haben die Eltern zwar das letzte Wort. Man sollte aber vorher vernünftig folgende Fragen klären: Ist das Tier charakterlich o. k.? Braucht das Kind das geerbte Tier unbedingt als neuen Freund? Ist die Wohnung groß genug? Wer füttert und striegelt das Tier und führt es regelmäßig aus? Wer bezahlt die Futterkosten? Gibt es schon ein anderes Tier oder kleine Kinder im Haushalt, für die das neue Tier eine Gefahr wäre? Gibt es eine gute Möglichkeit, das Tier in der Nähe unterzubringen, wo das Kind das geliebte Tier besuchen kann?

Kann eine Einigung nicht erzielt werden, sollte ein Vermittlungsgespräch mit einer Person geführt werden, zu der alle Beteiligte Vertrauen haben. Das kann auch ein(e) Psychologe/in, ein(e) Pastor(in) oder ein(e) Mitarbeiter(in) des Jugendamts sein.

Teil B 3: Erziehungsmaxime des 21. Jahrhunderts im pädagogischen Alltag und im Recht

I. Eltern und Kinder heute ein Dream-Team?

Die meisten Kinder sind ihren Eltern schnell in technologischen Fragen überlegen. Sie sprechen häufig mehr Sprachen als ihre Eltern und lernen in der Schule mehr Stoff als ihre Eltern je gelernt haben. Werden sie von ihren Eltern dann wie kleine Dummchen behandelt und mit unsinnigen Ge- und Verboten belegt, kommt es schnell zu einer Schieflage und zu einem gestörten Eltern-Kind-Verhältnis. Wie aber soll Erziehung im 21. Jahrhundert funktionieren?

1. Prügelstrafe und Hausarrest waren vorgestern

Immer wieder höre ich von Eltern: „Was soll ich denn machen, wenn das Kind nicht gehorchen will? Es soll doch ein anständiger Mensch werden. Deshalb muss ich ihm ab und zu eine Ohrfeige geben. Wie soll ich das Kind denn sonst erziehen? Meine Eltern haben mich früher auch mal übers Knie gelegt oder eine Ohrfeige gegeben. Sie haben mir auch Stubenarrest aufgebrummt. Das hat mir nicht geschadet. Von diesem ganzen antiautoritären Quatsch halte ich gar nichts."

Diese Eltern wissen oft nicht, dass sie die durch Schläge und durch Freiheitsentzug in ihrer Kindheit erlittenen Demütigungen noch heute wie einen Stempel auf ihrer Seele tief in sich tragen, was vielleicht dazu führt, dass sie in einer Beziehung oder am Arbeitsplatz schnell alles auf sich beziehen, sich schnell verletzt und gedemütigt fühlen, und sich in ihrem Bestreben, alles richtig zu machen, um gelobt und geliebt zu werden, so maßlos überfordern, dass sie schneller – bis hin zum Burnout – erkranken. Um derartige Fehlentwicklungen zu verhindern, hat der Gesetzgeber das sog. Züchtigungsrecht schlichtweg verboten.

> Kinder haben gemäß § 1631 Abs. 2 BGB ein Recht auf eine gewaltfreie Erziehung. Körperliche Bestrafungen, seelische Verletzungen und andere entwürdigende Maßnahmen sind unzulässig. Eltern machen sich mit jeder Ohrfeige wegen vorsätzlicher Körperverletzung nach § 223 StGB strafbar, die jeweils mit Freiheitsstrafe bis zu fünf Jahren oder mit Geldstrafe bestraft wird. Prügeln sie mit einem Latsch, einem Gürtel oder einem sonstigen Gegenstand, wird jeder Fall als gefährliche Körperverletzung nach 224 StGB mit einer Freiheitsstrafe von sechs Monaten bis zu zehn Jahren bestraft. Stubenarrest wird als Freiheitsberaubung gemäß § 239 StGB mit Freiheitsstrafe bis zu fünf Jahren oder mit Geldstrafe bestraft.

2. Nachhaltige Erziehungsansätze im 21. Jahrhundert

Wie aber kann man Kinder zu lebenstüchtigen, friedfertigen, verantwortungsbewussten, durchsetzungsfähigen und motivierten Mitgliedern der Gesellschaft erziehen? Auf jeden Fall kommt man in der Kindererziehung gänzlich ohne Gewalt aus. Eine erfolgreiche Methode ist die Rechtspädagogik[1], deren Fundament wiederum die Reformpädagogik in dem von dem Pädagogen Wolf-Dieter Hasenclever geprägten ökologischen Humanismus ist. Bringt man Kindern von Geburt an die Liebe, Achtung und Aufmerksamkeit entgegen, die ihnen von Gesetzes wegen zusteht, bezieht sie so früh wie möglich in Entscheidungsprozesse in Familie, Kindergarten, Schule und Sportverein ein, sensibilisiert man sie darüber hinaus für die Belange von anderen, für Kranke, Alte und Behinderte, für andere Kulturen und Gebräuche, Tiere, Natur und Umwelt, lehrt sie, dass sie das, was sie kaputt machen, wieder heil machen müssen, dass umgekehrt ein Dritter ihnen Schaden ersetzen muss, wenn er ihnen etwas kaputt macht, führt sie dosiert an neue Technologien heran und überträgt ihnen Verantwortung in Familie, Kindergarten und Schule, so wird man, wenn die Kinder gesund entwickelt sind, Menschen aufwachsen sehen, die offen, höflich, hilfsbereit und motiviert sind, sich generell eigenverantwortlich in Familie, Schule und Gesellschaft einzubringen.

3. Eltern noch immer als liebevolle Vorbilder erfolgreich

Zur Erreichung dieser Erziehungsziele brauchen Eltern viel Liebe und Kraft. Eine wichtige Kraftquelle ist die Unterstützung durch ihre Kinder selbst. Ist ihnen diese gewiss, erspart das viele zeit- und nervenaufreibende Auseinandersetzungen. Kinder werden ihre Eltern aber nur dann unterstützen, wenn sie sich geliebt fühlen und zu den Eltern Vertrauen haben.

Noch heute gilt: „Erziehung ist Liebe und Vorbild", wie dies ein Mitarbeiter des Schweizer Pädagogen Johann Heinrich Pestalozzi vor rund 200 Jahren lehrte. Da Kinder in den ersten Jahren fast alles durch Nachahmen lernen, hängt ihr Verhalten in erster Linie davon ab, wie sich ihre Eltern verhalten.

Dazu gehören **„Bitte", „Danke" und „Entschuldigung" sagen** und auch sonst höfliches und rücksichtsvolles Benehmen. Haben Kinder das von Geburt an verinnerlicht, müssen sie später keinen teuren Benimmkurs belegen.

1 Sigrun v. Hasseln (HG), Rechtspädagogik. Von der Spaß- in die Rechts- und Verantwortungsgesellschaft, 2006

Anklopfen, bevor man als Elternteil das Zimmer des 2-Jährigen betritt.

Das Kind wird auch stets anklopfen, bevor es ein Zimmer betritt und ein Leben lang so beibehalten, ohne dass jemals ein Wort darüber gesprochen wurde. Schon gilt das Kind bei jeder Bewerbung als höflich.

Als Eltern die Intimsphäre ihrer Kinder achten

Sobald Kinder dem Wickelalter entwachsen sind, haben sie Anspruch auf Achtung ihrer Intimsphäre. Sie haben also einen Anspruch darauf, die Badezimmertür abzuschließen, wenn sie duschen, sich umkleiden oder die Toilette benutzen wollen.

Ausnahmen gelten dann, wenn Eltern den begründeten Verdacht haben, dass ihre Kinder Drogen oder Alkohol konsumieren, medikamentensüchtig, krank oder verletzt sind. Das gleiche gilt, wenn der Verdacht besteht, dass Kinder eine Straftat begangen haben und Beutestücke unter der Kleidung tragen. In diesen Fällen müssen sich Eltern von dem Zustand ihrer Kinder überzeugen.

Als Eltern das Briefgeheimnis ihrer Kinder achten

Grundsätzlich macht sich strafbar, wer unbefugt einen verschlossenen Brief oder ein anderes verschlossenes Schriftstück, das nicht zu seiner Kenntnis bestimmt ist, öffnet, oder sich über den Inhalt des Schriftstücks sonst wie Kenntnis verschafft. Man kann mit Freiheitsstrafe oder mit Geldstrafe bestraft werden (§ 202 StGB). Auch Eltern sollten sich von Anfang an strikt daran halten, das Postgeheimnis ihrer Kinder zu achten. Ist ihnen der Absender unbekannt, sollten sie die Post mit den Kindern zusammen öffnen; ihnen dabei erklären, dass Post leider nicht immer von netten Menschen kommt. Haben Eltern den Verdacht, dass Post von Absendern kommt, die das Kind ins Drogenmilieu oder in sonstige schmutzige Geschäfte ziehen möchten, müssen sie sogar im Rahmen ihrer Personensorge die Post ihres Kindes öffnen, um dieses möglichst vor Schlimmerem zu bewahren.

4. Eltern heute auch als liebevolle Coaches

Kinder akzeptieren ihre Eltern schnell, wenn sie ihre Eltern als Coaches sehen, die den Auftrag haben, ihre Kinder lebenstüchtig zu machen; vergleichbar mit einem Sporttrainer, dessen Schützlinge ihn engagiert haben, um sie zum Erfolg zu führen. Das dafür notwendige Vertrauen werden Kinder ihren Eltern am ehesten entgegen bringen, wenn Eltern mit ihnen – jeweils altersgerecht – offen die Erziehungsziele und -methoden besprechen. Können Kinder nachvollziehen, warum sie bestimmte Filme noch nicht sehen, bestimmte Diskotheken nicht aufsuchen, bestimmte „Freunde“ meiden und sich nicht dem Marken-Kaufzwang oder dem Drogenkonsum hingeben sollen, werden sie ihren Eltern mehr Vertrauen entgegenbringen.

Statt Coaching: Zeugnisterror zu Hause

Leider gibt es viele Eltern, die Ihre Kinder ständig zu Spitzenleistungen antreiben und ihre Missbilligung auf oft übelste Weise zum Ausdruck bringen, wenn ihr Kind mal nicht mit der geforderten Note oder dem erwarteten Zeugnis nach Hause kommt. Ob Taschengeldkürzung, Stubenarrest, Streichung der Ferienfahrt, Fernsehverbot, „Donnerwetter", Missachtung durch Nichtsprechen oder gar Schläge, vor kaum etwas schrecken manche Eltern zurück, wenn das Kind nicht die erwarteten – teilweise utopischen – Leistungen nach Hause bringt.

Hohe Selbstmordraten: Nicht umsonst schnellt in den Zeugnisausgabetagen die Selbstmordrate von Kindern und Jugendlichen rapide an.

Schlachtplan. Wer zu den bedauerlichen Kindern gehört, sollte bereits vor der Zeugnisausgabe mit der Lehrkraft sprechen und mit dieser einen „Schlachtplan" entwickeln. Eine gute Lehrkraft wird die Eltern zu einem Gespräch bitten. Sollte das nichts bewirken, muss das Jugendamt eingeschaltet werden. Denn wenn deine Eltern schon vor der Zeugnisvergabe so uneinsichtig sind, dann könnten sie unberechenbar sein, wenn das Zeugnis wirklich kein Vorzeigeobjekt ist. Dem darf der junge Mensch nicht ausgeliefert sein.

Zeugnisse und elterliche Gewalt. Was steckt dahinter?

Es darf sich nicht vor jeder Zeugnisausgabe und womöglich vor jeder Klassenarbeit ein häusliches Psychodrama abspielen! Man muss deshalb fragen, warum Eltern mit einer derartigen „gewaltigen" Verbissenheit wollen, dass ihr Kind Bestnoten liefert. Erst wenn das herausgefunden wird, kann möglicherweise in Zukunft Ruhe einkehren. Wir können hier nicht Ursachen klären. Vielleicht helfen bereits einige Denkansätze:

- Vielfach stehen ehrgeizige Eltern nicht auf der Sonnenseite des Lebens und wollen, dass es ihre Kinder besser haben.
- Viele Eltern haben zu wenig Selbstbewusstsein. Sie trachten nur danach, „was wohl die Leute sagen". Es ist natürlich ein Trauerspiel, wenn sie ihr eigenes Selbstbewusstsein am Notenspiegel ihrer Kinder aufhängen. Leider opfern sie damit nicht nur ihre eigene Identität – die verliert, wer sich nur danach richtet, was andere meinen – viel schlimmer ist, dass sie auch das Glück ihrer Kinder aufs Spiel setzen, indem sie diese wie Marionetten zu Höchstleistungen in Bereichen antreiben, in denen sie unbegabt sind.

– Es gibt allerdings auch Eltern, die haben stinkfaule Kinder und spüren eine gewisse Machtlosigkeit und Wut, wenn sie erleben, wie die schönsten Begabungen brach liegen, mitgegebene Fähigkeiten nicht genutzt werden und ein Scheitern vorprogrammiert ist, wenn diese dann einen Beruf ergreifen müssen, der sie ständig unterfordert und damit frustriert.

Vielleicht kann hier auf beiden Seiten etwas gearbeitet werden. Gewalt darf jedenfalls nicht ausgeübt werden.

5. Rechte und Pflichten von Kindern im gemeinsamen Haushalt nach dem Gesetz

Die Erziehung zur Verantwortung heißt, Kinder so früh wie möglich teilhaben zu lassen und in alle anfallenden Aufgaben einzubinden.

5.1 Haben Kinder Anspruch auf Taschengeld?

Ja! Zwar sucht man im Bürgerlichen Gesetzbuch noch vergeblich eine Vorschrift, die einen einklagbaren Anspruch des Kindes auf Taschengeld ausspricht. Ein Kind, das auf Taschengeld klagt, kann sich aber auf die Vorschrift § 39 Abs. 2 Satz 3 SGB VIII (Kinder- und Jugendhilfe) analog berufen. Zwar handelt es sich dabei um einen Taschengeldanspruch für Kinder und Jugendliche, die Leistungen zum Unterhalt im Rahmen der Hilfe zur Erziehung durch das Jugendamt erhalten. Da aus dem Gleichheitsgrundsatz des Art 3 Grundgesetz aber folgt, dass Kinder nicht ungleich behandelt werden dürfen, muss ein Gericht, wenn das Kind auf Taschengeld klagen würde, ihm auch einen solchen Anspruch zusprechen.

Außerdem hat man als Kind/Jugendliche(r) von Gesetzes wegen „ein Recht auf Förderung der Entwicklung und auf Erziehung zu einer eigenverantwortlichen und gemeinschaftsfähigen Persönlichkeit“ (§ 1 SGB VIII, Kinder- und Jugendhilfe). Zu einer solchen Persönlichkeit kann man in einer Gesellschaft, in der das Geld eine so große Rolle spielt wie bei uns, nur gefördert werden, wenn man den zunehmend eigenständigen Umgang mit Geld lernt. Eltern oder sonstige Erziehungsberechtigten und -verpflichteten haben deshalb dafür zu sorgen, dass Kinder und Jugendliche regelmäßig kleine Geldbeträge erhalten, um zu lernen, damit zu wirtschaften.

Manche Eltern sagen: „Du bekommst doch alles. Du brauchst doch nicht auch noch Taschengeld.“ Oder: „Wenn du etwas haben willst, brauchst du es nur zu sagen. Da machen wir den Quatsch mit dem Taschengeld nicht mit.“ Darauf braucht man sich als Kind nicht einlassen, sondern kann Taschengeld verlangen.

Was kann ein Kind tun, wenn es kein Taschengeld bekommt?

Zunächst mit den Eltern reden. Sollte man trotzdem kein Taschengeld erhalten und sich die Eltern stur weigern, überhaupt Taschengeld zu zahlen, dann sollte man sich an das Jugendamt der eigenen Stadt, Abteilung Jugendhilfe, Erziehungsberatung wenden. Diese Möglichkeit eröffnet dir § 8 SGB VIII (Kinder- und Jugendhilfe), dich als Kind oder Jugendlicher ganz allein „in allen Angelegenheiten der Erziehung und Entwicklung an das Jugendamt zu wenden". Das Jugendamt hat dann die Aufgabe, sich mit deinen Eltern über das Taschengeld zu unterhalten. Es kann ihnen sogenannte „Erziehungsberatung" anbieten (§ 28 SGB VIII).

Wie oft und wie viel Taschengeld können Kinder verlangen?

Die gezahlten Beträge sind unterschiedlich hoch. Es gibt aber auch unterschiedliche Regelungen darüber, was davon finanziert werden muss. Manche Kinder und Jugendlichen müssen ihre gesamten Schulhefte davon kaufen; andere erhalten das Geld zur freien Verfügung.

Das Ministerium für Soziales, Gesundheit, Jugend, Familie und Senioren in Schleswig-Holstein hat mit Wirkung zum 1. Januar 2020 folgende monatlichen Taschengeldbeträge festgesetzt:

Alter des Kindes	Höhe in €
4 und 5 Jahre	7,00
6 und 7 Jahre	12,00
8 und 9 Jahre	16,00
10 und 11 Jahre	23,00
12 und 13 Jahre	37,00
14 und 15 Jahre	55,00
16 und 17 Jahre	75,00

Gut ist es, wenn sich Eltern derselben Klasse in etwa absprechen, damit die Unterschiede in der Klasse nicht zu groß sind.

Was dürfen Minderjährige mit ihrem Taschengeld machen? (Taschengeldparagraf)

Wenn man regelmäßig Taschengeld zur freien Verfügung erhält, kann man damit fast alles machen, was Spaß bringt. Man kann es sparen, man kann es aber ebenso für Süßigkeiten, Zeitschriften, DVDs, Klamotten, Friseur und Makeup ausgeben. Durch den sog.

Taschengeldparagrafen (§ 110 BGB) hat der Gesetzgeber den Minderjährigen Schutz vor ständiger Bevormundung durch Eltern und andere Erziehungsberechtigte gegeben.

Gibt es Ausnahmen? Ja.

- Haben Eltern das Geld nur für den Erwerb eines bestimmten Gegenstandes gegeben, z. B. eines Notenheftes oder eines Notebooks, dann darf man als Minderjähriger von diesem Geld nichts anderes kaufen!
- Halten deine Eltern die Zeitschrift für jugendgefährdend, dürfen sie einem für die Zukunft verbieten, diese Zeitschrift zu kaufen.
- Das gleiche gilt, wenn man versprochen hat, von dem Geld nicht mehr diese Zeitschrift oder keine Cola zu kaufen. Wenn man sich an solche Versprechungen nicht hält, haben die Eltern das Recht, das Taschengeld zu kürzen oder vorzuschreiben, was der Minderjährige damit anfängt.

Können Eltern ihren Kindern verbieten, Taschengeld für bestimmte Dinge auszugeben?

Ja. Eltern können und müssen ihren Kindern untersagen, ihr Taschengeld für Dinge auszugeben, die verboten oder gefährlich sind, oder wo ihr Kind Kontakt zu Leuten bekommt, die es aus Profitsucht auf die schiefe Bahn bringen wollen. So müssen Eltern verbieten, Waffen, Drogen, Alkohol, Filme mit einer Altersfreigabe ab 18 Jahre und ähnliches zu kaufen, Geld für unsolide Lotterien hinauszuwerfen, Geld für Spielautomaten und Kinofilme über 18 Jahre auszugeben, Geld an bestimmte Leute auszuleihen usw.

Können Eltern ihren Kindern das Taschengeld entziehen?

Ja. Eltern haben im Rahmen ihrer Personensorge das Recht und die Pflicht, angemessene Erziehungsmaßnahmen durchzuführen. Dazu kann auch der Entzug des Taschengeldes gehören.

5.2 Hilfspflichten von Kindern im Haushalt und im Garten

Muss ein Kind im Haushalt helfen?

Ja! Ein Kind ist, solange es dem elterlichen Haushalt angehört und von den Eltern erzogen oder unterhalten wird, verpflichtet, in einer seinem Entwicklungsstand, seinen Kräften, und seiner Lebensstellung entsprechenden Weise den Eltern in ihrem Hauswesen und in ihrem Geschäft Dienste zu leisten (§ 1619 Bürgerliches Gesetzbuch = BGB).

So kann ein Fünfjähriger schon mal Staub putzen. Ein Siebenjähriger muss sein Zimmer ordentlich halten und hin und wieder Staub saugen. Ein Achtjähriger kann den Tisch abräumen, den Hof fegen und Papa den Schraubenkasten halten, wenn dieser für die Familie die Garderobenleiste befestigt. Ein Neunjähriger kann den Hund ausführen, ½ Stunde Telefondienst und kleinere Einkäufe erledigen. Eine Zehnjährige kann am Sonntag das Frühstück zubereiten und einen Kuchen unter Aufsicht backen. Eine Zwölfjährige kann kleine Büroarbeiten, z. B. Briefmarken aufkleben oder stempeln, verrichten. Eine Fünfzehnjährige wird schon mal einen Tag den gesamten Haushalt „schmeißen" können, damit Mutter und Vater auch mal einen Erholungstag haben.

Geld kann das Kind für diese Tätigkeiten nicht verlangen. Aber: Wer fleißig zu Hause mithilft, erwirbt eine Menge Pluspunkte. Er darf am Wochenende vielleicht zunehmend länger aufbleiben, darf schon mal eine Erwachsenensendung im Fernsehen mit ansehen und kann vor allem stolz darauf sein, dass er so zum Gelingen der häuslichen Ordnung beiträgt.

Was passiert, wenn der Sprössling streikt, weil ihm Hausarbeit „zu blöd" ist?

Dann haben auch die Eltern das Recht zum teilweisen Streik! Schließlich regelt das Bürgerliche Gesetzbuch das Zusammenleben in der Familie wie eine Art gegenseitigen Vertrag, also einem gegenseitigen Leistungsversprechen, bei dem jeder sein Versprechen nur erfüllen muss, wenn auch der andere sein Versprechen erfüllt. Das heißt: Eltern müssen für ihre Kinder zwar stets den notwendigen Unterhalt sicherstellen. Sie sind aber nicht verpflichtet, ihr Kind mit Luxus (Markenklamotten, Multimedia-Anlagen, Handy, Flugreisen, Auto) zu verwöhnen, wenn dieses seinerseits so gut wie nichts zum Zusammenleben beiträgt.

Besser ist also: Jeder hilft ein wenig. Dann gibt es keinen Stress!

II. Unzulässige Erziehungsmethoden und Straftaten von Erziehungsberechtigten

1. Nicht alle Eltern sind vorbildlich

Eltern sind auch nur Menschen! Die meisten Eltern meinen es mit ihren Kindern gut. Es kommen nur manchmal so viele Schwierigkeiten auf ein oder beide Elternteile zu, dass das ganze Weltgefüge auseinander zu fallen scheint. Manche Eltern kennen selbst leider nichts anderes, als dass man angeschrien und geschlagen wird und setzen das Verhalten der eigenen Eltern an ihren Kindern fort.

2. Rund um Verletzung der Unterhaltspflicht sowie der Fürsorge- oder Erziehungspflicht (§§ 170, 171 StGB)

2.1 Unterhaltspflichtverletzung

Manche Eltern kümmern sich nicht um den Unterhalt ihrer Kinder. Weder gewähren sie ihnen Unterkunft und Verpflegung, noch zahlen sie Unterhalt. Sie machen sich damit strafbar.

Wenn die Mutter vom Unterhalt des Vaters Schnaps kauft und das Kind hungern muss

Auch das gibt es leider. Da hilft nur eines: Als betroffenes Kind muss man sich sofort an das Jugendamt wenden!

2.2 Verwahrlosung

Viele Eltern sind mit der Erziehung ihrer Kinder überfordert. Andere haben leider tatsächlich kein Interesse an der Entwicklung ihrer Kinder. Manche Eltern leben selbst am Rand der Gesellschaft und wissen es nicht besser.

2.3 Vernachlässigung der Schulpflicht

Wenn sich Eltern nicht darum kümmern, ob ihre Kinder tatsächlich in der Schule sind, verletzten sie ihre Aufsichtspflicht und verstoßen auch gegen das Schulgesetz, was geahndet werden kann.

2.4 Wenn Eltern verlangen, dass Kinder auf den Strich gehen oder Straftaten begehen

Leider gibt es Familien, in denen Kinder von ihren Eltern auf den Strich oder zum Stehlen geschickt werden. Sie sind dann überall wie kleine Mäuse tätig; im dichten Einkaufsrummel lassen sie hier und da etwas aus den Geschäften mitgehen und versuchen, an die Brieftaschen und Geldbörsen von Kunden zu kommen. Meistens sind sie nicht älter als 13, da man ja erst ab 14 strafmündig ist. In solchen Fällen versucht die Erziehungshilfe des Jugendamtes, eine Pflegefamilie für die Kinder zu finden.

3. Körperverletzungsdelikte. Wenn Eltern gewalttätig werden. Brüllen, Schütteln, Ohrfeigen, Treten, Faustschläge

3.1 Abgeschaffte Prügelstrafe in Deutschland und Züchtigungsrecht anderer Kulturen

Es wurde bereits oben darauf hingewiesen, dass es in Deutschland keine Prügelstrafe mehr gibt, sondern dass jede Ohrfeige mindestens den Tatbestand der einfachen Körperverletzung (§ 223 StGB) erfüllt.

Was aber ist, wenn der Minderjährige einer Kultur angehört, wo das Züchtigungsrecht vorgeschrieben ist? Wird der Minderjährige in Deutschland geschlagen, gilt deutsches Recht. Wenn er also von einem Elternteil geschlagen wird, wird dieser Elternteil bestraft.

3.2 Die ständige Angst von Kindern vor elterlicher Gewalt

Der achtjährige Hannes erzählt: „Vor ein paar Tagen hat mein Vater mal die Wohnung geputzt. Da bin ich mit meinen Straßenschuhen durchgegangen. Ich hatte vergessen, dass noch Erde in den Ritzen war. Mein Vater ist ausgerastet, weil nun wieder alles schmutzig war. Er hat mich mit beiden Händen hochgehalten, geschüttelt und so furchtbar angebrüllt, dass ich dachte, mein Trommelfell platzt. Dann hat er mich gegen die Wand geworfen und weiter gebrüllt. Als ich wieder stand, hat er mir einen festen Tritt in mein Hinterteil gegeben, der unheimlich wehgetan hat. Während der ganzen Zeit hat er so laut weitergebrüllt, dass ich dachte, die Wände stürzen ein. Ich wusste nicht, was ich machen sollte. Es war niemand da. Ich habe unheimlich Angst vor meinem Vater."

Der Vater von Hannes ist unberechenbar. Hannes muss sofort mit einer vertrauten Person sprechen oder sich an das Jugendamt wenden. Ist das Jugendamt nicht erreichbar, darf er auch die Polizei anrufen.

3.3 Eltern schlagen oft aus Überforderung

Eines sollte man als Kind bedenken: Eltern schlagen ihre Kinder meistens nicht aus Hass oder aus Lieblosigkeit, sondern aus reiner Überforderung. Gerade alleine erziehende Mütter oder Väter, die schon am Rande ihrer körperlichen und seelischen Kräfte durch die Sicherung des täglichen Unterhalts stehen, sind oft hilflos dem Lärm, Geschrei und manchmal aufsässigen Verhalten ihrer Kinder ausgesetzt. Sie wollen den Kindern oft Vater oder Mutter ersetzen und scheitern dabei kläglich. Oft ist der Anlass gering, der das berühmte Fass zum Überlaufen bringt. Da reicht es aus, dass sich der zwölfjährige eine Tasse Kakao auf den Sonntagsanzug schüttet und die 14-Jährige darüber ein hysterisches Gelächter anfängt und ihre Mutter als alte „Spießerin" beschimpft. Wen wundert es, wenn Mutter explodiert und zuschlägt.

3.4 Man kann als Kind auch seinen Eltern helfen!

Sollte man nach reiflicher Überlegung zu dem ehrlichen Ergebnis kommen, dass die Eltern oder ein Elternteil eigentlich nur überfordert sind, kann man als Kind vielleicht mithelfen, etwas an dem Zustand zu ändern.

Ganz wichtig ist es für Eltern in dieser Situation, wenn sie merken, dass die Kinder erkannt haben, was sie eigentlich leisten und dass sie völlig erschöpft sind. Wenn Eltern verständnisvolle Kinder haben, ist meist schon die Hälfte gewonnen. Wenn sich die Kinder dann auch noch darum bemühen, im Haushalt etwas klar Schiff zu machen und nicht gerade das Radio auf volle Lautstärke drehen, wenn Mutter oder Vater von der Arbeit zurückkommt, dann ist das bereits eine große Erleichterung für alle. Außerdem hilft es sehr, wenn Kinder nicht ununterbrochen irgendetwas fordern. Überlastete Eltern lassen sich dadurch in einen vermeintlichen Stress setzen, immer noch nicht alles gut genug gemacht zu haben.

Manchmal gelingt es durch kleine Kurskorrekturen, dass Schläge und das Zusammenbrüllen in der Familie auch ohne Hilfe von Außenstehenden aufhören.

Wenn nicht, muss man sich als Kind an das Jugendamt oder an andere Stellen, wie z. B. die Polizei oder die Staatsanwaltschaft wenden.

3.5 Kein Pardon, wenn Eltern im Suff zuschlagen!

Ganz anders sieht es aus, wenn ma von einem oder beiden Eltern regelmäßig geschlagen wird, wenn sie betrunken sind oder schreckliche Freunde eingeladen haben, die man angeblich stört. Dann darf man nicht einen Moment zögern, sich dem Jugendamt oder einer gemeinnützigen Einrichtung, wie dem Kinderschutzbund, anzuvertrauen.

3.6 Indizien für Kindesmisshandlung

Die jungen Menschen, die dieses Buch lesen können, sind auch in der Lage, sich Hilfe suchend an den Jugendnotdienst oder an eine andere Stelle zu wenden, wenn sie misshandelt werden. Anders ist es, wenn Säuglinge oder kleine Kinder brutalen Eltern ausgeliefert sind!

Anzeigepflicht zum Schutz von kleinen Kindern

Bemerken Nachbarn, Kinder und Jugendliche, dass andere, insbesondere auch jüngere Kinder misshandelt werden, haben sie die Pflicht, ihren Verdacht einer Lehrerin, dem Jugendamt oder der Polizei mitzuteilen.

Hier einige Merkmale, aus denen sich ein Verdacht auf Kindesmisshandlung (§ 225 StGB) ergeben kann[2].

(1) Hinweise aus der Art der Verletzungen

- Blaue Flecken (Hämatome), Striemen und Narben im Gesicht, an den Wangen, oder um den Mund herum (besonders bei Säuglingen), sowie im Brustbereich und auf dem Bauch;
- Hämatome am Gesäß oder an der Rückseite der Oberschenkel;
- Verletzungen in der Mundregion, wie eine Platzwunde an den Lippen, oder Verbrennungen der Mundschleimhaut, die durch gewaltsames Füttern und zu heiße Nahrung zustande kommen. Ein Riss des oberen Lippen-Bändchens ist meistens Ausdruck dafür, dass das Kind zum Schweigen gebracht werden sollte oder gewaltsam gefüttert wurde.
- Verbrennungen. Kreisförmige Verbrennungen im Handteller, unter der Fußsohle, am Bauch können durch Zigaretten zugefügt sein. Große runde Verbrennungen am Gesäß entstehen meist dadurch, dass Kinder auf die heiße Herd- oder Ofenplatte gesetzt werden; besonders als Strafe für Einnässen oder Einkoten (Auch durch Pressen des Kindes gegen Heizkörper).
- Verbrühungen durch Eintauchen des Kindes in heißes Wasser;
- Striemen sind fast immer Misshandlungssymptome und können als Schlagspuren manchmal sogar Hinweise auf die verwendeten Gegenstände geben (Doppelstriemen bei Gürteln).
- Kratz- und Bisswunden.

2 Aus: Gewalt gegen Kinder, Grundlagen für das Fallmanagement in der Kinderarztpraxis; Nds., 1998. Kindesmisshandlung, Erkennen und Helfen, Hrsg. v. Bundesministerium f. Familie u. Senioren, Ausg. 1993; Praxis der Rechtsmedizin für Mediziner und Juristen, Hrsg. B. Forster, 1986, S. 488 ff. Das hat sich leider auch im Jahr 2020 nicht geändert.

(2) Hinweise aus der Umgebung

- Stundenlanges Alleinlassen von Säuglingen und Kleinkindern;
- Starkes Abschirmen des Kindes bei Hausbesuchen;
- Auffällige Isolierungshaltung der Familie und des Kindes (Kind ist nie draußen, keine Außenkontakte etc.);
- Mangelnde Inanspruchnahme medizinischer Versorgung (Kinderarzt, Säuglingsfürsorge, Impfungen etc.);
- Verdächtig häufiges Fehlen in Schule, Kita etc.;
- Gehäufte Krankenhausaufenthalte, auch anlässlich banaler Erkrankungen;
- Hinweise darauf, dass eine Verletzung oder andere Symptome durch Misshandlung bedingt sein könnten.

(3) Hinweise aus dem Verhalten des Kindes

- Das Kind ist „hergerichtet", z. B. nach einem Unfall frisch angezogen und gebadet;
- es liegt ein deutlicher Pflegemangel und/oder eine deutliche Entwicklungsverzögerung des Kindes vor;
- das Kind ist deutlich unterernährt;
- das Kind hat zusätzlich Verletzungen, die von den Eltern nicht berichtet wurden;
- es besteht ein Widerspruch zwischen tatsächlichen Befunden bzw. dem Verhalten des Kindes und der Sicht der Eltern bzw. Klagen der Eltern;
- psychisches Verhalten misshandelter Kinder: außergewöhnliche Ängstlichkeit, schreckhaft, nervös, sehr provozierend oder übermäßig gehorsam, stark abweisend oder sofort anklammernd, apathisch, depressiv („frozen watchfulness");
- Einnässen, Einkoten, Essensverweigerung, Erbrechen;
- Sprachstörungen.

4. Straftaten gegen die sexuelle Selbstbestimmung

Wenn Eltern ihr Kind zum Pornofotografen schicken.

Wende dich sofort an den Jugendnotdienst, die Polizei oder an das Jugendamt!

Sexueller Missbrauch. Wenn sich Erziehungsberechtigte an ihren Schützlingen vergehen

Weder Eltern, noch ein Opa, ein Onkel, eine Tante, ein Lehrer oder wer sonst auch immer haben das Recht, dich gegen deinen Willen anzufassen, zu küssen oder gar dein Glied oder deine Scheide in irgendeiner Form zu berühren, zu streicheln, zu küssen, daran zu manipulieren oder sie gar mit ihren eigenen Geschlechtsteilen zusammenzubringen. Ebenso wenig darf von dir verlangt werden, dass du die Geschlechtsteile anderer berührst.

Du kannst darauf bestehen, deine intimen Körperteile stets selbst zu waschen. Allerdings solltest du das dann in regelmäßigen Abständen tun.

Wirst du in diesem Bereich massiv bedrängt, wird gar Gewalt angewendet oder du sonst nicht in Ruhe gelassen, stimmt etwas nicht. Besonders verdächtig ist es, wenn die Person von dir Stillschweigen über sein oder euer Tun verlangt und unangenehme Folgen für den Fall androht, dass du das „Geheimnis" verrätst. Ein Mensch, der nichts Verbotenes tut, hat auch nichts zu verschweigen. Bist du unsicher, ob bei euch alles mit rechten Dingen zugeht, musst du dich unbedingt jemandem anvertrauen. Das kann deine Großmutter, eine Lehrerin, euer Hausarzt, deine Pastorin oder sonst eine Vertrauensperson sein. Arzt und Pastor dürfen deinen Eltern nichts von dem Gespräch erzählen. Das gehört zur ärztlichen Schweigepflicht (§ 203 StGB) bzw. zur priesterlichen Verschwiegenheitspflicht.

Findest du keine Vertrauensperson, wende dich an das Jugendamt deiner Stadt. Du kannst schon an der Pforte sagen, dass du zur Sachbearbeiterin möchtest, die für sexuellen Missbrauch zuständig ist. Ihr kannst du in aller Offenheit die Situation schildern. Sie kann dir weiterhelfen. Außerdem gibt es spezielle Organisationen, an die man sich wenden kann. Welche Einrichtung am eigenen Wohnort Hilfe leistet, erfährt man auf dem Internet-„Hilfeportal Sexueller Missbrauch" des Unabhängigen Beauftragten für Fragen des sexuellen Kindesmissbrauchs des Bundesfamilienministeriums unter https://www.hilfeportal-missbrauch.de/startseite.html (Hilfetelefon 0800–22 55 530; kostenfrei & anonym).

Solltest du allerdings vergewaltigt, mit Gewalt zu sexuellen Handlungen gezwungen oder geschlagen worden sein, kannst du dich auch an die Polizei oder an die Staatsanwaltschaft wenden.

Keine falsche Anschuldigung

Zeige die Tat bei der Polizei oder bei der Staatsanwaltschaft nur an, wenn du wirklich sexuell missbraucht wurdest! Leider gibt es in jedem Jahr Fälle, in denen Kinder und Jugendliche ihre Eltern, Väter, Verwandte, Bekannte oder den großen Unbekannten zu Unrecht der Vornahme von sexuellen Handlungen bis hin zur Vergewaltigung bezichtigen, wie ich bei meiner früheren Tätigkeit als Jugendstaatsanwältin wiederholt festgestellt habe. Die Person, die angezeigt wird, kann auf Grund der Aussage ins Gefängnis kommen, ihren Arbeitsplatz, ihr gesellschaftliches Ansehen und noch viel mehr verlieren.

Falsche Verdächtigung ist übrigens strafbar. Verbüßt ein anderer auf Grund einer falschen Verdächtigung Haft, ist der/die Anzeigende wegen Freiheitsberaubung dran. Das ist eine schlimme Straftat!

III. Was tun bei Trennung oder Scheidung der Eltern?

Zu Hause ist es kaum auszuhalten. Die Eltern streiten um jede Kleinigkeit, liefern sich vielleicht Gewalttätigkeiten, Alkoholexzesse, Eifersuchtsszenen und Selbstmorddrohungen. Kommt es zur Trennung oder Scheidung, werden Kinder künftig nur mit einem Elternteil zusammenleben. Wer als Kind das 14. Lebensjahr vollendet hat, kann meist wählen, zu welchem Elternteil er möchte. Auch jüngere Kinder werden vom Richter gefragt, ob sie lieber mit dem Vater oder mit der Mutter zusammenleben möchten. Das Gericht muss dem Wunsch des Kindes aber nicht folgen. Es wird genau prüfen, ob das Kind beeinflusst oder gar unter Druck gesetzt wurde, und ob es eine möglichst genaue und realistische Vorstellung von seinem künftigen Alltag hat.

1. Für wen soll man sich als Kind oder Jugendliche(r) entscheiden?

Wenn man als Kind oder Jugendliche(r) vor einer solchen Entscheidung steht, sollte man diese in Ruhe vorbereiten. Man sollte sich von niemanden beeinflussen lassen! Es geht darum, was für **den eigenen** Lebensweg das Optimale ist. Am besten nimmt man sich ein großes weißes Blatt und legt wie im nachstehenden Muster eine Positivliste und eine Negativliste an. Die führt man immer bei sich und trägt immer etwas ein, wenn einem etwas einfällt. Irgendwann kommt der Zeitpunkt, an dem man sich entscheiden kann. Die Liste sollte man zum Gericht mitnehmen. Dann kann man dem Richter oder der Richterin genau erklären, warum man sich für das Zusammenleben mit dem einen Elternteil und nicht für den anderen entschieden hat.

2. Die Positiv- und die Negativliste

Die Negativliste	**Muss ich das bei meiner Mutter befürchten?**		**Muss ich das bei meinem Vater befürchten?**	
Womit ich im Leben nicht klarkomme	**ja**	**nein**	**ja**	**nein**
Er/Sie hat mir mit Schlägen, Selbstmord, Enterbung oder Liebesverlust gedroht, wenn ich mich bei Gericht nicht für sie/ihn entscheide.				
Er/Sie erzählt, was für ein Schwein der andere Elternteil ist.				
Er/Sie trinkt viel Alkohol.				
Er/Sie kann nicht mit Geld umgehen. Deshalb haben wir oft nichts zu essen.				
Er/Sie schreit wegen Nichtigkeiten rum.				
Er/Sie schlägt mich.				
Er/Sie hat laufend neue Intimpartner.				
Ich kann den neuen Partner nicht ausstehen.				
Er/Sie sieht mich überhaupt nicht, wenn der neue Partner da ist				
Die Kinder des neuen Partners werden bevorzugt.				
Er/Sie verspricht viel, hält aber kaum ein Versprechen.				
Er/Sie macht zwar Riesengeschenke, ist dann aber wieder verschwunden.				
Er/Sie lässt mich nachts allein.				
Den ganzen Tag ist niemand zu Hause. Ich bin ein Schlüsselkind.				
Ich muss weit weg ziehen und verliere meine Freunde.				
…				

Die Positivliste	Mutter		Vater	
Was für mein Leben wichtig ist	**ja**	**nein**	**ja**	**nein**
Ich liebe meine Mutter/meinen Vater mehr.				
Ich habe mehr Vertrauen zu meiner Mutter/meinen Vater.				
Er/Sie versteht Spaß, hat immer Verständnis und bespricht mit mir meine Sorgen.				
Er/Sie schreit nicht und schlägt nicht.				
Was sie/er verspricht, das hält sie/er.				
Wenn ich nachts Angst habe, darf ich mich an das Elternteil kuscheln.				
Er/Sie lässt mich nachts nicht allein.				
Ich finde den neuen Partner meiner Mutter/meines Vaters sympathisch.				
Meine Geschwister wollen zu dem Elternteil.				
Ich muss nicht umziehen, bleibe in meiner Schule, in meinem Verein und behalte meine Freunde.				
Ich darf meine Freunde nach Hause mitbringen.				
....				

Bei allem Schmerz: Trotz Trennung bleiben einem beide Eltern erhalten. Man sieht einen Elternteil lediglich nicht mehr so oft. Die Trennung der Eltern kann auch für einen selbst die Chance sein, in einer friedlicheren Atmosphäre leben zu können. Außerdem wird man früher reif als andere und kann andere in Lebensfragen beraten.

Hinweis: Ergänzende Ausführungen findet man in **Kapitel I III „Die UN-Kinderrechtskonvention und ihre praktische Bedeutung im Alltag“** von Frau Prof. Dr. Gerda Simons.

C. Verbraucherrecht. Wichtige Verträge im Detail. Schadenswiedergutmachungspflichten. Schulden

Dieses Kapitel behandelt zunächst das Vertragsrecht. Im Vertragsrecht vereinbaren zwei oder mehr Personen eine Leistung und eine Gegenleistung, wobei jeder sein Versprechen nur erfüllen muss, wenn auch der andere dieses Versprechen erfüllt. Paul und Karim besprechen auf dem Schulhof, dass Paul am Nachmittag sein Trikot an Karim als Eigentum überlässt und dieser ihm dafür 10 € zahlt. Beide haben damit einen Kaufvertrag geschlossen. Beiden ist klar, dass Paul die 10 € nicht erhält, wenn er Karim das Trikot nicht überlässt.

In unserem Recht besteht Vertragsfreiheit. Man kann also einen Vertrag schließen

- mit **W**em man will,
- über **W**as man will,
- **W**ann man will,

und kann die Bedingungen individuell vereinbaren.

Hat einer der Vertragspartner eine große wirtschaftliche Übermacht (z. B. Amazon), gibt es zum Schutz des Kunden Sonderregelungen im Verbraucherrecht (vgl. unten).

Außerdem hat der Gesetzgeber besonders häufig vorkommende Vertragstypen mit teilweise verbindlichen Bestimmungen so geregelt, dass möglichst wenig Streit aufkommt. Dazu gehören der Kaufvertrag (§§ 433–480 BGB), der Mietvertrag (§§ 535 – 597 BGB), der Werkvertrag (§§ 631–651 m), der Schenkungsvertrag (§§ 516–534 BGB), der Dienst- und der Arbeitsvertrag.

Generell bestehen Grenzen der Vertragsfreiheit, wenn der Vertrag anfechtbar ist, z. B. bei Übervorteilung durch arglistige Täuschung oder bei Verstoß gegen ein gesetzliches Verbot (z. B. Drogenhandel).

I. Das Verbraucherrecht

Bevor wir uns mit dem Verbraucherrecht etwas genauer beschäftigen, ist es notwendig zu klären, was eigentlich ein Verbraucher ist.

Weiterhin werden in diesem Beitrag wichtige Begriffe, die immer wieder auftauchen und die man kennen sollte, kurz erläutert.

Schließlich werden einige typische Verbraucherverträge vorgestellt und auf wichtige Inhalte dieser Verträge kurz eingegangen.

1. Wichtige Begriffe im Verbraucherrecht

Verbraucher

Jeder Mensch, ob jung oder alt, benötigt für sein Leben Produkte (z. B. Lebensmittel, Bahnticket, Hotelübernachtung usw.), die er nicht selbst besitzt oder herstellen kann und/oder will. Er muss sie sich also irgendwie beschaffen. Er lässt sich diese Dinge entweder schenken oder muss sie in einem Supermarkt oder einem anderen Geschäft, online oder offline einkaufen. Anschließend nutzt er sie, in welcher Form auch immer. Anders ausgedrückt, er verbraucht oder konsumiert diese Produkte. Wenn man Produkte verbraucht, ist man ein Verbraucher.

Basierend auf dem Recht der Europäischen Union wurde der Begriff des Verbrauchers im deutschen Zivilrecht erstmals durch die sogenannte große Schuldrechtsreform im Jahre 2001 im Bürgerlichen Gesetzbuch (BGB) definiert. Das Gesetz definiert einen Verbraucher wie folgt: *„Verbraucher ist jede natürliche Person, die ein Rechtsgeschäft zu Zwecken abschließt, die überwiegend weder ihrer gewerblichen noch ihrer selbständigen beruflichen Tätigkeit zugerechnet werden können."* (§ 13 BGB)

Geschäftsfähigkeit

Das Gesetz geht davon aus, dass jeder Mensch vom Grundsatz her geschäftsfähig ist. Eine Ausnahme besteht für Minderjährige, d. h. also Kinder und Jugendliche vor dem 18. Lebensjahr. Das Gesetz bestimmt, dass es für Minderjährige, je nach Alter des Minderjährigen und Art des Rechtsgeschäfts, einen Einwilligungsvorbehalt der Eltern gibt. Je nach Art des Rechtsgeschäfts kommt das Rechtsgeschäft erst dann zustande, wenn die Eltern dem mündlich oder schriftlich zugestimmt haben.

Wenn der 16-jährige Maurice einen Lehrvertrag abschließt, dann wird dieser Vertrag erst wirksam, wenn auch seine Eltern den Vertrag unterschrieben haben.

Geht Maurice nach der Unterzeichnung des Vertrages in eine Pizzeria und kauft sich etwas zu essen, dann ist dieser Vertrag sofort wirksam.

Angebot

Von einem Angebot im juristischen Sinne spricht man, wenn jemand ein Produkt anbietet. Ein Angebot kann sich an alle (z. B. ein Supermarkt) oder nur an bestimmte Personen oder Personengruppen (z. B. ein Spezialgeschäft für Musiker) richten.

Denkbar ist schließlich, dass im Rahmen eines Gesprächs zwischen zwei Personen, (z. B. Kilian dem Tristan) ein Angebot unterbreitet wird.

Rechtsgeschäft

Was ist nun ein Rechtsgeschäft? Es gibt eine ganze Reihe unterschiedlicher Rechtsgeschäfte, die auch zu verschiedenen Folgen führen. Ein Rechtsgeschäft ist ein Tun oder Unterlassen. Im Ergebnis eines solchen Tuns oder Unterlassens kommt es dann zu einem Rechtsgeschäft. An dieser Stelle soll es aber nur um zweiseitige Rechtsgeschäfte gehen, die dann zu einem Vertragsschluss oder aber zu einer Beendigung des Vertrages führen. Ist auf wenigstens einer Seite ein Verbraucher beteiligt, so spricht man von einem Verbrauchervertrag.

Ein solches Tun oder Unterlassen kann dabei mündlich, schriftlich, aber auch durch ein schlüssiges Handeln erfolgen. Ein schlüssiges Handeln muss aber von einer Nichtreaktion oder auch Schweigen unterschieden werden.

Ein Beispiel für ein Tun:

Thomas fragt Cedrik, ob er nach der Party mit Klaus im Auto mitfahren könne. Dies bejaht Cedrik.

Ein Beispiel für ein Unterlassen:

Lars arbeitet im Unternehmen von Katharina und möchte in ein anderes Unternehmen wechseln und hat auch schon einen neuen Arbeitsvertrag unterschrieben. Der Arbeitsvertrag sieht vor, dass Lars den Vertrag mit einer Frist von vier Wochen zum Monatsende kündigen kann. Lars vergisst den Vertrag rechtzeitig zu kündigen. Der Vertrag mit Katharina wird daher nicht rechtzeitig beendet.

Ein Beispiel für ein schlüssiges Handeln ist das Einsteigen in einen Bus oder Zug. Damit gibt man zu erkennen, dass man mit Bus oder Zug fahren möchte. Dies bedeutet aber auch, dass man bereit ist den Preis für die Bus- oder Bahnfahrt zu bezahlen oder ihn bereits bezahlt hat, wie beispielsweise, wenn man eine Monatskarte für den Bus gekauft hat.

Schweigen oder die Nichtreaktion auf ein Angebot bedeuten in aller Regel Ablehnung des Angebots. Ein Beispiel für eine Nichtreaktion ist Folgendes: Samuel sieht Philip, hält an und fragt Philip ob er ihn mit zur Party nehmen soll. Philip reagiert auf das Angebot nicht und geht einfach weiter.

Einseitige Willenserklärung

Dies ist ein einseitiges Tun oder Unterlassen, um ein Rechtsgeschäft für die Zukunft zu begründen oder zu beenden. Ein Beispiel wäre Folgendes: Maya fragt Carsten, ob er sie zum Einkaufen mitnimmt. Dies bejaht Carsten und beide fahren in den Supermarkt.

Vertrag

Als Vertrag wird ein mehrseitiges Rechtsgeschäft bezeichnet. Dies bedeutet, dass mindestens zwei Personen sich etwas versprechen, etwas zu tun oder zu unterlassen.

Es gibt befristete und unbefristete Verträge. Ein befristeter Vertrag endet, wenn er erfüllt worden ist. Ein Beispiel dafür ist das erfolgreiche Bestehen der Prüfung bei Beendigung einer Berufsausbildung.

Denkbar ist aber auch, dass ein Vertrag nur für eine bestimmte Zeit geschlossen wird. In diesem Fall endet der Vertrag allein mit dem Erreichen des Zeitpunkts der vereinbart worden ist. Ein Beispiel für einen solchen Vertrag ist der Kauf einer Kinokarte für die Filmvorführung um 20 Uhr. Damit kann dann der Inhaber der Kinokarte ausschließlich die Vorstellung um 20 Uhr besuchen.

Ein unbefristeter Vertrag endet dadurch, dass ein Vertragspartner gegenüber dem anderen Partner erklärt, dass er den Vertrag nicht länger erfüllen will. Dies kann eine Kündigung oder eine Aufhebung eines Vertrages sein. Ein Beispiel dafür ist ein unbefristeter Arbeitsvertrag.

Aufhebung

Auf Veranlassung eines Partners einigen sich beide Partner darauf, den Vertrag zu einem bestimmten Zeitpunkt zu beenden.

Kündigung

Ein Partner erklärt gegenüber dem anderen Partner, dass er den Vertrag beenden will. Man unterscheidet dabei eine fristlose Kündigung oder eine fristgemäße (ordentliche) Kündigung. Eine fristlose Kündigung eines Vertrages bedeutet, dass derjenige der die Kündigung erklärt, den Vertrag sofort beenden möchte. Dazu ist aber ein wichtiger Grund notwendig.

Es empfiehlt sich immer, neben dem Ausspruch der fristlosen Kündigung des Vertrages zugleich auch für den Fall, dass die fristlose Kündigung unwirksam ist, eine ordentliche Kündigung auszusprechen, denn ob tatsächlich ein wichtiger Grund vorliegt, der zum Ausspruch einer fristlosen Kündigung berechtigt, wird oft erst später in einem Gerichtsverfahren geklärt.

Im Normalfall ist in jedem Vertrag eine Frist zur Beendigung des Vertrages, die Kündigungsfrist, vereinbart. Möchte ein Vertragspartner den Vertrag fristgemäß beenden, muss er dies gegenüber dem anderen Partner erklären, also die Kündigung aussprechen.

Eine Kündigung sollte immer, auch wenn es nicht ausdrücklich im Vertrag vereinbart wurde, schriftlich erfolgen. Als Nachweis dafür, dass man den Vertrag durch eine Kündigung beendet hat, empfiehlt es sich, die Kündigung per Einschreiben mit Rückschein zu versenden und sich selbst eine Kopie des Schreibens aufzuheben.

Wichtiger Grund

Das Vorliegen eines so genannten wichtigen Grundes für die Beendigung eines Vertrages ist in aller Regel die Voraussetzung, um einen Vertrag fristlos kündigen zu können. Ein wichtiger Grund bedeutet, dass es einem Vertragspartner nicht länger zuzumuten ist, dass er noch länger an dem Vertrag festhält. An das Vorliegen eines solchen wichtigen Grundes werden aber hohe Anforderungen gestellt.

Ein Beispiel:

Antje hat eine Wohnung gemietet und stellt nach dem Einzug in die Wohnung fest, dass das Haus in dem die Wohnung liegt wegen Einsturzgefahr gesperrt wurde und abgerissen werden muss. Sie erklärt gegenüber dem Vermieter die fristlose Kündigung des Mietvertrages, da sie die Wohnung nicht nutzen kann und für den Fall, dass die fristlose Kündigung nicht wirksam sein sollte, auch die ordentliche Kündigung des Vertrages.

Widerruf

Entgegen einer weit verbreiteten Ansicht können Verträge durch Verbraucher nicht einfach widerrufen werden. Es gilt der Grundsatz „Vertrag ist Vertrag".

Dies gilt aber nicht, wenn zwischen den Vertragspartnern ausdrücklich vereinbart wurde, dass der Vertrag durch den Verbraucher innerhalb einer bestimmten Frist widerrufen werden kann, der Verbraucher minderjährig war und seine Eltern dem Vertrag nicht zustimmen oder ein Vertrag über das Internet oder das Telefon geschlossen worden ist.

Eine weitere Möglichkeit zum Widerruf des Vertrages besteht dann, wenn der Verbraucher z. B. im Schwimmbad oder bei einer privaten Party einen Vertrag abgeschlossen hat. In diesen Fällen bestimmt das Gesetz, dass der Verbraucher den Vertrag widerrufen kann. Ein solcher Widerruf muss in aller Regel schriftlich gegenüber dem Vertragspartner erklärt werden und bedeutet, dass beide Vertragspartner die jeweils empfangenen Leistungen zurückzugeben haben, also der Käufer die erhaltene Ware und der Verkäufer das Geld. Der Vertrag wird also rückabgewickelt.

Ein Vertragswiderruf ist für den Verbraucher aber grundsätzlich dann nicht möglich, wenn er die Ware in Benutzung genommen hat. Er kann sie zwar ausprobieren, darf sie aber nicht benutzen. Bestimmte Waren, wie beispielsweise Unterwäsche, darf man aus Hygienegründen auch nicht auspacken oder ausprobieren.

Wenn nicht ausdrücklich im Vertrag anders geregelt, beträgt die Widerrufsfrist einheitlich **14 Tage** und zwar ab dem Zeitpunkt des Vertragsschlusses.

Wurde der Vertrag im Internet oder am Telefon geschlossen, so beginnt die Frist erst mit der Anlieferung der Ware und der schriftlichen Belehrung des Verbrauchers über seine Widerrufsmöglichkeiten zu laufen. Dies gilt aber nicht, wenn zwischen dem Verbraucher und dem Vertragspartner ausdrücklich vereinbart wurde, dass der Vertragspartner sofort mit der Ausführung des Auftrages des Verbrauchers beginnen soll und die vereinbarte Leistung auch bereits erbracht hat.

Für die Rechtzeitigkeit eines Widerrufs kommt es allein darauf an, dass der Verbraucher den Widerruf spätestens am letzten Tag der Frist absendet. Der Verbraucher muss dies auch nachweisen können. Es empfiehlt sich also dringend, den Widerruf per Einschreiben mit Rückschein abzusenden und eine Kopie der Widerrufserklärung aufzuheben. Eine Begründung muss der Widerruf nicht enthalten.

Gewährleistung/Garantie

Jeder Käufer einer Ware ist natürlich daran interessiert, dass der gekaufte Gegenstand lange hält. Allerdings kann es schon passieren, dass doch einmal ein gekaufter Gegenstand kaputt geht. Deshalb sieht das Gesetz bestimmte Mindestfristen für die Haltbarkeit von gekauften Gegenständen, die Gewährleistung des Verkäufers, vor. Daneben gibt es auch noch die freiwillige Garantie des Herstellers der Ware.

Wurde ein Vertrag über eine Neuware von einem Verkäufer mit einem Verbraucher abgeschlossen, so beträgt die Mindestgewährleistung zwei Jahre, gerechnet ab dem Tag des Kaufs bzw. des Erhalts der Ware.

Kauft der Verbraucher hingegen einen gebrauchten Gegenstand, so beträgt die Mindestfrist für die Gewährleistung ein Jahr, ebenfalls ab Erhalt der Ware.

Es ist grundsätzlich nicht zulässig, dass der Verkäufer in einem Vertrag mit einem Verbraucher die Gewährleistung ausschließt.

Dies ist nur möglich, wenn sowohl der Verkäufer als auch der Käufer Verbraucher sind. Ein Beispiel wäre, wenn Frank seinen zehn Jahre alten Pkw an Max verkauft. Dann können beide vereinbaren, dass Frank für den Pkw keine Gewährleistung übernimmt. Dies sollte aber schriftlich vereinbart werden.

Zeigt sich in den ersten sechs Monaten nach dem Kauf der Ware ein Defekt, der als Mangel bezeichnet wird, so wird vermutet, dass die Ware bereits am Tage des Kaufs diesen Mangel hatte. Es ist dann Sache des Verkäufers zu beweisen, dass die Ware zum Zeitpunkt des Kaufs keinen Mangel hatte.

Zeigt sich nun innerhalb der Gewährleistungsfrist ein Mangel, so hat der Käufer zunächst das Recht, vom Verkäufer die Mangelbeseitigung zu fordern. Kann der Mangel nicht beseitigt werden, so kann der Käufer entweder vom Vertrag zurücktreten oder aber den Preis mindern und die mangelhafte Ware behalten.

Für Lebensmittel und andere leicht verderbliche Produkte gelten eigene Regeln, die aber hier nicht weiter ausgeführt werden.

2. Beispiele für typische Verbraucherverträge

Es ist hier nicht möglich, alle Verbraucherverträge vorzustellen, da es eine Vielzahl von Vertragsgestaltungen gibt. Im Folgenden werden wichtige Vertragstypen kurz vorgestellt und welcher wesentliche Inhalt in den Verträgen vorhanden sein sollte.

Wichtige Verträge an denen sehr häufig Verbraucher beteiligt sind:

2.1 Der Ausbildungsvertrag

Benjamin hat gerade die Schule beendet und möchte den Beruf eines Schuhmachers erlernen. Auf seine Bewerbung hin bekommt er die Einladung zu einem Vorstellungsgespräch bei einem Schuhmachermeister. Im Ergebnis dieses Bewerbungsgesprächs unterschreibt Benjamin einen **Ausbildungsvertrag, häufig auch Lehrvertrag genannt**. Da Benjamin noch minderjährig ist, müssen den Vertrag auch seine Eltern unterschreiben, damit er wirksam wird. Ein Ausbildungsvertrag sieht in der Regel auch eine Probezeit von bis zu sechs Monaten für den Ausbildungsbetrieb und den Auszubildenden vor. Wenn der Ausbildungsbetrieb oder der Auszubildende innerhalb dieser Zeit feststellen, dass sie nicht „zueinander“ passen, kann der Vertrag meistens mit einer Frist von 14 Tagen durch eine Kündigung beendet werden. Ein Ausbildungsvertrag kann in der Regel nach Beendigung der Probezeit durch den Ausbildungsbetrieb nicht mehr ordentlich gekündigt werden. Dies ergibt sich aus dem Berufsbildungsgesetz. Wichtiger Inhalt eines Ausbildungsvertrages sind der Beginn der Ausbildung zu welchem Beruf, die Dauer der Ausbildung, die Höhe der Vergütung und die Zahl der Urlaubstage. In manchen Verträgen wird auch vereinbart, dass der Auszubildende z. B. auch ein Gesundheitszeugnis oder ein polizeiliches Führungszeugnis vorzulegen hat. Ein Ausbildungsvertrag kann nicht mündlich oder über das Internet gekündigt werden.

2.2 Arbeitsvertrag

Julia hat Medizin studiert und bewirbt sich in einem Krankenhaus als Ärztin. Das Bewerbungsgespräch verläuft für Julia positiv und sie unterschreibt einen schriftlichen **Arbeitsvertrag** mit dem Krankenhaus. Wichtige Punkte, die in einem Arbeitsvertrag geregelt werden sollten sind der Beginn des Arbeitsverhältnisses, der Urlaubsanspruch, Kündigungsfristen und der vereinbarte Lohn bzw. Gehalt. Häufig werden in einem Arbeitsvertrag auch bestimmte Formerfordernisse, z. B. innerhalb welcher Frist Ansprüche gegen den Arbeitnehmer oder Arbeitgeber geltend gemacht werden können, vereinbart. Solche Fristen müssen beachtet werden, denn andernfalls können wichtige Ansprüche verloren gehen. Auch in einem Arbeitsvertrag wird üblicherweise eine Probezeit von bis zu sechs Monaten vereinbart. In dieser Zeit kann das Arbeitsverhältnis meistens mit einer Frist von 14 Tagen durch eine Kündigung beendet werden. Auch in Arbeitsverträgen wird manchmal vereinbart, dass ein polizeiliches Führungszeugnis oder ein Gesundheitszeugnis vorzulegen sind. Wichtig ist, dass ein Arbeitsvertrag nicht mündlich oder über das Internet gekündigt werden kann.

2.3 Mündlicher Kaufvertrag

Julius geht zu einem Fleischer und möchte dort für seine Grillparty Würstchen und ein paar Steaks kaufen. Auf die Frage der Verkäuferin, was er denn haben möchte, gibt Julius seine Bestellung auf. Diese Erklärung von Julius, dass er bestimmte Dinge beim Fleischer kaufen möchte, ist eine Willenserklärung, denn er möchte ja von der Verkäuferin Ware für seine Party haben. Die Verkäuferin packt Julius seine Ware zusammen und sagt ihm, wie viel er bezahlen soll. Die Ansage der Verkäuferin zum Kaufpreis ist ebenfalls eine Willenserklärung. Julius bezahlt seine Würstchen und Steaks, erhält den Kassenbon und verlässt den Laden. Juristisch gesehen hat Julius eben einen **mündlichen Kaufvertrag** abgeschlossen.

2.4 Schriftlicher Kaufvertrag

Laurenz möchte sich ein Auto kaufen und sucht dazu das örtliche Autohaus von Herrn Müller auf. Dort lässt er sich vom Verkäufer verschiedene Modelle zeigen und entscheidet sich dann für einen fabrikneuen Pkw. Der Verkäufer erklärt Laurenz, dass er jetzt einen Vertrag vorbereiten wird, der dann vom Verkäufer und von Laurenz unterschrieben werden muss. Mit den Unterschriften ist ein **schriftlicher Kaufvertrag** zustande gekommen. In diesem Vertrag wird genau festgehalten, welches Auto mit welcher Ausstattung Laurenz erhalten soll, wie hoch der Kaufpreis ist und wie lange Herr Müller eine Gewährleistung für das neue Auto übernimmt.

2.5 Schriftlicher Mietvertrag

Lydia und Peer sind seit langem befreundet und möchten nun in eine gemeinsame Wohnung ziehen. Sie wenden sich an Nora, die bereit ist, den beiden eine Wohnung zu vermieten. Da ihnen die Wohnung sofort gefällt, unterschreiben sie auch gleich einen **schriftlichen Mietvertrag** mit Nora. In dem Mietvertrag werden die Größe und Lage der Wohnung beschrieben, ab wann das Mietverhältnis beginnt, es wird die Höhe der Miete vereinbart und welche Pflichten die Vertragspartner haben. Es werden befristete und unbefristete Mietverträge unterschieden. In manchen unbefristeten Mietverträgen wird auch vereinbart, dass der Vertrag innerhalb einer bestimmten Frist nicht ordentlich gekündigt werden kann. Bis zu einem Zeitraum von vier Jahren ist dies zulässig.

2.6 Kreditvertrag bzw. Darlehensvertrag

Selin und Sven wollen aus ihrer Wohnung ausziehen und sich ein Haus kaufen. Da sie aber nicht so viel Geld haben, um das Haus zu bezahlen, suchen sie vorher ihre Bank auf und fragen dort, ob ihnen die Bank das Geld für das Haus leihen wird. Da Selin und Sven beide arbeiten gehen und auch schon Geld für den Hauskauf angespart haben, ist die Bank bereit, ihnen das noch fehlende Geld zu leihen, umgangssprachlich auch Kredit genannt. Zwischen der Bank sowie Selin und Sven wird dann ein schriftlicher **Kreditvertrag, oft auch Darlehensvertrag** genannt, abgeschlossen. Wesentliche Bestandteile eines Darlehensvertrages sind die Höhe der Darlehenssumme, die Laufzeit des Vertrages, die Höhe der Zinsen, die für das Darlehen an die Bank zu zahlen sind, sowie Widerrufsmöglichkeiten des Verbrauchers.

2.7 Grundstückskaufvertrag

Anschließend haben Selin und Sven einen Termin bei Fynn, der sein Haus verkaufen möchte. Da den beiden das Haus und der Garten gefällt, werden sie sich schnell mit Fynn einig und vereinbaren gleich einen Termin bei einem Notar, um das Haus zu kaufen. Im deutschen Recht ist es vorgeschrieben, dass u. a. für Verträge über Grundstücke eine Beurkundung durch einen Notar erforderlich ist, damit der Vertrag auch wirksam ist. Der Notar liest Fynn, Selin und Sven den Vertrag vor, auf den sich die drei geeinigt haben, den sie dann anschließend unterschreiben. Erst mit der Unterschrift des Notars unter diesen Vertrag ist ein wirksamer **Grundstückskaufvertrag**, also über das Haus und den Garten, zustande gekommen. Wichtige Bestandteile eines Grundstückskaufvertrages sind die genaue Bezeichnung, Beschreibung und Lage des Grundstücks, die

Höhe des Kaufpreises und bis wann er zu zahlen ist sowie ob der Verkäufer eine Gewährleistung übernimmt oder nicht.

2.8 Der Widerruf des im Internet geschlossenen Vertrages

Simone bestellt im Internet für ihr Bad einen neuen Schrank. Der Schrank wird dann auch durch eine Spedition geliefert. Beim Auspacken stellt Simone fest, dass ihr der Schrank doch nicht gefällt, sie packt ihn wieder ein und schickt den Schrank an den Händler zurück. Gleichzeitig erklärt sie gegenüber dem Internethändler den **Widerruf** des Kaufvertrages, indem sie die unterschriebene schriftliche Erklärung per Post und Einschreiben im Rückschein an den Händler versendet. Der Widerruf des im Internet geschlossenen Vertrages bedarf **keiner Begründung**. Simone schreibt: „Hiermit widerrufe ich den am ... zwischen uns geschlossenen Vertrag über den Kauf eines Schranks. Der Schrank wurde heute geliefert und ich schicke ihn gleich zurück."

II. Im Detail. Rechte und Pflichten aus einem Kaufvertrag. Oliver (17) kauft ein gebrauchtes Mountain-Bike

1. Wann ist ein Vertragsschluss wirksam?

Der 17 Jahre alte Oliver Schmidt hat 350 € gespart und möchte ein gebrauchtes Mountain-Bike kaufen. In den Ebay Kleinanzeigen findet er ein Angebot über 320 €. Der 40-jährige Christoph Marquardt aus derselben Stadt bietet sein gebrauchtes Mountain-Bike zum Kauf an, weil er sich zu alt fühlt und ab jetzt Golf spielen möchte. Oliver besichtigt das Fahrzeug.

1.1 Der Vertragsschluss: Angebot + Annahme = Vertrag

Der Verkäufer Christoph teilt Oliver mit, dass das Mountain-Bike zwei Jahre alt ist, kaum gefahren wurde, keinerlei Mängel habe und 320 € kosten soll.

- Oliver sagt daraufhin zum Verkäufer: „Dieses Mountain-Bike kaufe ich." (= Angebot)
- Der Verkäufer Christoph sagt: „In Ordnung." (= Annahme)

Damit ist zwischen Oliver und Christoph ein Kaufvertrag über das Mountain Bike zum Preis von 320 € zustande gekommen.

1.2 Der Vertrag ist schwebend unwirksam, weil Oliver minderjährig ist

Christoph erfährt beiläufig, dass Oliver erst 17 Jahre alt und damit nur beschränkt geschäftsfähig ist. Das bedeutet, dass der soeben geschlossene Vertrag erst wirksam werden kann, wenn Olivers Eltern zustimmen. Bis dahin ist der Vertrag „schwebend unwirksam“ (§ 108 BGB). Oliver möchte nicht, dass Christoph bei seinen Eltern anruft, um den Vertrag genehmigen zu lassen. Denn er weiß, dass seine Eltern gegen den Kauf eines „gefährlichen“ Mountain-Bikes sind.

Alternative 1. Ratenzahlung:

Oliver hat nur 100 € in bar dabei. Damit möchte er das Mountain-Bike anzahlen. Das restliche Geld möchte er am kommenden Tag bringen und dann das Mountain-Bike abholen.

In diesem Fall ist der Vertrag schwebend unwirksam. Da Ratenzahlung vorgesehen ist, fällt er nicht unter den Taschengeld-Paragraf (110 BGB). Oliver braucht die Genehmigung seiner Eltern (§ 108 BGB).

Alternative 2. Barzahlung in einer Summe. Gilt der Taschengeldparagraf?

Oliver hat den Kaufpreis i. H. v. 320 € in bar dabei. Fällt der Kauf jetzt unter den Taschengeld-Paragraf (110 BGB)?

Jein: Normalerweise darf ein Verkäufer auf die Gültigkeit eines Vertrags vertrauen, wenn der Jugendliche einen Gegenstand des täglichen Lebens, z. B. eine jugendfreie Musik-CD sofort bar bezahlt. Beim Kauf eines Mountain-Bikes kann der Verkäufer aber nicht unbedingt davon ausgehen, dass der 17-jährige die generelle Zustimmung seiner Eltern hat, von seinem Ersparten auch ein Mountain Bike zu erwerben. Der Verkäufer sollte sich absichern und die Genehmigung von Olivers Eltern einholen.

Alternative 3. Verkäufer Christoph verkauft das Mountain-Bike an einen Dritten

Olivers Eltern sind nicht sofort zu erreichen. Dem Verkäufer Christoph werden von einem weiteren Interessenten 350 € geboten. Christoph ruft bei Oliver an und teilt ihm mit, dass er das Mountain-Bike nun an einen anderen Käufer veräußert. Darf Christoph das?

Ja, nach § 109 BGB.

Alternative 4. Olivers Eltern genehmigen den Vertragsschluss

Olivers Eltern können erreicht werden und stimmen dem Mountain-Bike Kauf ihres Sohnes zu.

In diesem Fall ist ein wirksamer Kaufvertrag zwischen Christoph und Oliver zustande gekommen.

Alternative 5. Was wäre, wenn Oliver vorgetäuscht hätte, schon volljährig zu sein?

Hätte Oliver dem Verkäufer Christoph beim Abschluss des Vertrages seine Volljährigkeit glaubhaft vorgetäuscht und hätten seine Eltern den Vertrag nicht genehmigt, wäre Oliver trotz fehlender Geschäftsfähigkeit zur Zahlung des vereinbarten Kaufpreises verpflichtet. Denn dann würde Oliver gemäß §§ 823 Abs.1 BGB i.V.m. § 263 StGB, 828 Abs.3 BGB aus einer Straftat (Betrug) haften. Entsprechend hatte auch das Amtsgericht Frankfurt/M. (AZ 32 C2910/09–49). einen Minderjährigen zur Zahlung von rund 1.400 € verurteilt, der bei Vertragsabschluss vorgespielt hatte, volljährig zu sein, und als ihm die Rechnung präsentiert wurde, sich darauf beriefen, minderjährig zu sein.

2. Welche vertraglichen Hauptleistungs-Pflichten haben Verkäufer und Käufer, wenn der Vertrag wirksam ist?

2.1 Pflicht des Verkäufers zur Übergabe des Mountain-Bikes und Verschaffung des Eigentums

Für den Verkäufer ergibt sich aus dem Kaufvertrag die Pflicht, Oliver das Mountain-Bike zu übergeben. Außerdem muss er ihm das Eigentum daran verschaffen. Er darf ihm also kein Mountain-Bike geben, das in Wirklichkeit noch einem anderen gehört.

2.2 Pflichten des Käufers zur Zahlung des Kaufpreises – Recht auf Quittung

Aus dem Abschluss des Kaufvertrages folgt für Oliver die Pflicht, 320 € zu zahlen. Er kann jetzt nicht mehr zurück; bzw. es sich nicht mehr anders überlegen.

Sobald er den Kaufpreis gezahlt hat, hat er dem Verkäufer gegenüber das Recht, eine Quittung zu verlangen. Damit hat er den Nachweis, dass er den Kaufpreis gezahlt hat und das Mountain-Bike ihm gehört.

3. Wann ist ein Vertrag anfechtbar und deshalb unwirksam?

Ein Vertrag ist nicht nur dann unwirksam, wenn Eltern die Genehmigung zu einem bereits geschlossenen Vertrag eines Minderjährigen verweigern (§ 108 BGB). Vielmehr gibt es auch Gründe, warum ein Vertrag angefochten werden kann und deshalb unwirksam ist. Das ist der Fall bei:

1. Arglistiger Täuschung (§ 123 BGB)
2. Drohung (§ 123 BGB)
3. Sittenwidrigkeit (§ 138 Abs. 1 BGB)
4. Wucher (§ 138 Abs. 2 BGB)

5. Verstoß gegen ein gesetzliches Verbot (§ 134 BGB)
6. Verstoß gegen Formvorschriften (§ 125 BGB)
7. Vertragsschluss unter Alkohol oder Drogen (§ 105 Abs. 2 BGB)

Ist ein Vertrag unwirksam, ist er auch nicht mehr einzuhalten. Beide Vertragspartner geben sich die gewährten Leistungen gegenseitig zurück.

3.1 Arglistige Täuschung (§ 123 BGB)

Das gebrauchte Mountain-Bike, das Verkäufer Christoph an Oliver verkauft hat, ist nicht, wie er erklärt hatte, erst zwei Jahre alt und kaum benutzt, sondern wurde schon zwölf Jahre lang durch halb Europa gefahren. Sein Wert beträgt allenfalls 20 €. Das Alter und die Intensivnutzung stellt ein Fahrradfachmann fest.

Oliver kann den Vertrag, vertreten durch seine Eltern, wegen arglistiger Täuschung anfechten:

Muster: Anfechtung wegen arglistiger Täuschung

Sehr geehrter Herr Marquardt,

im Namen unseres minderjährigen Sohnes Oliver Schmidt fechten wir hiermit den zwischen Ihnen und unserem Sohn Oliver geschlossenen Kaufvertrag über das gebrauchte Mountain-Bike wegen arglistiger Täuschung an.

Sie haben unserem Sohn erklärt, das Bike sei erst zwei Jahre alt und kaum benutzt. In Wahrheit ist es mindestens zwölf Jahre lang intensiv genutzt worden. Sein Wert beträgt allenfalls 20 €. Das Alter und die Intensivnutzung stellte ein Fahrradfachmann fest.

Wir fordern Sie auf, den gezahlten Kaufpreis in Höhe von 320 €, die Kosten für das Gutachten in Höhe von 50 € und sowie Kosten für weitere Aufwendungen in Höhe von 30 € binnen einer Woche auf das Konto unseres Sohnes Oliver Schmidt, IBAN: DE … zu zahlen.

Außerdem fordern wir Sie auf, nach Eingang des Geldes das Mountain-Bike bei uns abzuholen. Sollte das Geld nicht fristgemäß eingegangen sein, werden wir gegen Sie bei der zuständigen Polizeidienststelle Strafanzeige wegen Betruges erstatten.

Hochachtungsvoll

Elvira und Harald Schmidt

Weitere Beispiele:

- Melin ersteigert im Internet über Ebay ein „fabrikneues Notebook". Das Mindestgebot betrug nur 90 €. Begründung für den günstigen Preis: Der Eigentümer habe das Gerät nur ausgepackt. Dann sei er bei einem Motorradunfall ums Leben gekommen. Das Gerät macht bei Lieferung einen tollen Eindruck. Drei Wochen später streikt es. Ein Freund stellt beim Öffnen fest, dass nur das Gehäuse „fabrikneu" war. Ansonsten handele es sich um eine alte Kiste.
- Leon verkauft seine Lautsprecher für 50 € an Elias. Er gaukelt ihm vor, dass er von seinem Onkel neue bekommt. In Wahrheit will er sie nur loswerden, weil sie beim letzten Wolkenbruch draußen waren und keinen sauberen Klang mehr produzieren.
- Die Verkäuferin verspricht, dass die Jeans in der Waschmaschine nicht einläuft, obwohl sie genau weiß, dass die Hose nach dem ersten Waschen nur noch halb so groß ist.
- Der Händler verkauft einer Kundin eine Wurst, obwohl er weiß, dass das Haltbarkeitsdatum überschritten ist.
- David kauft von einem Kumpel ein gebrauchtes Mofa. Er sagt David nicht, dass er das Mofa frisiert hat, so dass es seine Zulassung verloren hat, und es nur deshalb verkauft, weil ihm die Rückbaukosten in den Originalzustand zu teuer sind.
- Handel mit gestohlenen Sachen. Enno hat gähnende Leere in seinem Geldbeutel und verkauft heimlich die Uhr seiner Mutter an einen Bekannten für 35 €. Der Bekannte wird deshalb betrogen, weil er kein Eigentum an der Uhr erhält. Die Mutter von Enno bleibt weiterhin Eigentümerin und kann die Uhr von dem Bekannten zurückfordern. Der Bekannte kann die 35 € von Enno zurückfordern.

3.2 Drohung (§ 123 BGB)

Wir sind nicht mehr im Wilden Westen, wo so mancher Vertrag nur unterschrieben wurde, weil man den Pistolenlauf an der Schläfe spürte.

Haben in unserem Mountain-Bike Fall Olivers Eltern dem Kaufvertrag nur zugestimmt, weil der Verkäufer Christoph ihnen angedroht hatte, sie solange einzusperren, bis sie zugestimmt haben, können diese – sobald die Gefahr vorbei ist – den Vertrag genauso anfechten, wie bei der arglistigen Täuschung. Wenn es hart auf hart kommt, müssen sie aber beweisen, bedroht worden zu sein.

3.3 Sittenwidrigkeit (§ 138 Abs. 1)

„Ein Rechtsgeschäft, das gegen die guten Sitten verstößt, ist nichtig" sagt das Gesetz.

In unserem Mountain-Bike Fall würde der Verkäufer statt Geld von Oliver bestimmte Liebesdienste verlangen.

3.4 Wucher (§ 138 Abs. 2 BGB)

„Nichtig ist insbesondere ein Rechtsgeschäft, durch das jemand unter Ausbeutung der Zwangslage, der Unerfahrenheit, des Mangels an Urteilsvermögen oder der erheblichen Willensschwäche eines anderen sich oder einem Dritten für eine Leistung Vermögensvorteile versprechen oder gewähren lässt, die in einem auffälligen Missverhältnis zu der Leistung stehen"

Wenn Christoph das Mountain-Bike für 320 € an den unerfahrenen Oliver verkauft hat, obwohl es nur noch einen Wert von 20 € hatte, könnte der Kauf auch wegen Wuchers angefochten werden.

Weiteres Beispiel: Vermietet jemand an einen Ausländer, der kaum deutsch spricht und der offensichtlich noch nicht lange in Deutschland ist, ein 15 qm großes Kellerloch für 1.000 € Monatsmiete, dann ist das Wucher und verstößt gegen die guten Sitten. Ein solcher Vertrag ist nichtig (§ 138 BGB).

3.5 Verstoß gegen ein gesetzliches Verbot (§ 134 BGB)

Beispiele:

- Ein Händler verkauft einem zehnjährigen Kind Schnaps.
- Ein Zirkusunternehmer beschäftigt 14-jährige zum Auf- und Abbau des Zirkuszeltes.
- Ein Dealer verkauft Drogen.

Hier braucht man den Vertrag erst gar nicht anfechten. Er ist und bleibt nichtig, egal ob beide Vertragspartner etwas anderes wollen. Sind hier Beträge geflossen, müssen diese allerdings zurückgezahlt werden. Der Schnapsverkäufer und der Dealer müssen das Geld zurückgeben; sie haben das Geld ohne Rechtsgrund erhalten.

Eine Ausnahme gilt für den 14-Jährigen: Hat dieser schon gearbeitet, wäre es unbillig, wenn er seinen Lohn wieder zurückzahlen müsste. Schließlich hat der Zirkusdirektor durch die Arbeit des 14-Jährigen eine Leistung erlangt. Auf diese Leistung hatte er an sich keinen Anspruch.

3.6 Verstoß gegen Formvorschriften (§ 125 BGB)

Es reicht nicht immer aus, einen mündlichen Vertrag zu schließen. In Ausnahmen sind Schriftform oder notarielle Beurkundung erforderlich.

Die meisten Verträge sind wirksam, wenn sie mündlich abgeschlossen werden. Das gilt auch für den Kaufvertrag in unserem Mountain-Bike-Fall und sogar für umfangreichere Rechtsgeschäfte. Ein mündlicher Vertragsschluss kann jedoch dann problematisch sein, wenn Schwierigkeiten auftreten und man in Beweisschwierigkeiten kommt. Für solche Fälle ist man besser durch die schriftliche Fixierung eines Vertrages gesichert. Das kann sogar auf einem Zeitungsrand oder einem Bierdeckel geschehen. Auch Christoph und Oliver hätten ihren Kaufvertrag auf einen Bierdeckel oder auf einen Zeitungsrand schreiben können.

Beispiel: Schuldanerkenntnis auf dem Bierdeckel

Johann hat in der Disco nicht genug Geld dabei. Streckt ihm Stefan 10 € für Getränke vor, könnte er auf einem Bierdeckel bestätigen: „Ich schulde Stefan Müller 10 €, München, den ....., Unterschrift Johann Meyer." Zahlt Johann die 10 € ein paar Tage später an Stefan, muss dieser ihm den Bierdeckel herausgeben. Denn es handelt sich um eine Urkunde, aus der sonst nochmals 10 € verlangt werden könnten.

Schriftlich abgefasst und unterschrieben müssen zum Beispiel sein:

- Verbraucherdarlehensverträge (§ 492 BGB)
- Verbraucherfinanzierungsleasingverträge (§ 500 BGB)
- Teilzeit- Wohnrechteverträge (§ 484 BGB)
- Bürgschaftserklärung (§ 766 BGB)

Die elektronische Form ist jeweils nicht zulässig. Zulässig ist die elektronische Form bei der Kündigung von Wohnraummietverträgen (§ 568 BGB).

Schriftform – ohne elektronische Form – erfordern auch das

- Schuldversprechen (§ 780 BGB) und das
- Schuldanerkenntnis (§ 781 BGB)

Werden diese schenkungshalber gegeben, müssen sie, ebenso wie ein Schenkungsversprechen notariell beurkundet werden (§ 518 BGB). Der notariellen Beurkundung bedürfen auch Grundstücksverträge (§ 313 BGB).

Was passiert, wenn die gesetzlich vorgeschriebene Form nicht eingehalten wird? Dann ist der Vertrag nichtig (§ 125 BGB). Das bedeutet: alles ist so, als sei der Vertrag niemals abgeschlossen worden. Bereits gewährte Leistungen sind gegenseitig zurückzugeben.

Wenn die Vertragspartner weiterhin den Vertrag wollen, können sie den Vertrag immer noch nachträglich schriftlich bestätigen oder notariell beurkunden lassen. Wenn jedoch der eine von dem Vertrag nichts mehr wissen möchte, hat der andere schlechte Karten.

3.7 Vertragsschluss unter Alkohol oder Drogen (§ 105 Abs. 2 BGB)

War jemand bei Abschluss des Vertrages betrunken, gilt alles das, was er in diesem Zustand gesagt oder unterschrieben hat, nicht. Egal, ob er ein Schuldanerkenntnis oder einen Ratenkreditvertrag unterschrieben hat. Das Problem: Der Betroffene muss nachweisen, dass er wirklich „blau" war. Denn nur dann, wenn man wirklich „sternhagelvoll", also volltrunken war, kommt man später von seinen Verpflichtungen los.

4. Was ist bei Mängeln?

Oliver hat Pech. Schon auf der Fahrt nach Hause bricht völlig unvermutet der Lenker infolge eines Materialfehlers.

Alternative 1: Zum Glück nichts weiter passiert

Oliver hat Glück im Unglück. Es ist ihm kaum etwas passiert. Er ist nur sauer und schiebt das Mountain-Bike sofort zu Christoph zurück. Dieser fällt aus allen Wolken. Das ist ihm noch nie passiert. Was kann Oliver verlangen?

Nach § 437 Nr. 1 BGB kann Oliver fordern:

- **Reparatur (= Einbau eines neuen Lenkers) oder**
- Lieferung eines neuen Fahrrades

Alternative 2: Olivers Schutzengel war unaufmerksam

Oliver stürzt auf Grund des unvermuteten Bruchs des Lenkers mitsamt dem Mountain-Bike genau auf die Fahrbahn und wird von einem Auto erfasst. Er wird so schwer verletzt (schwere Schädelhirnverletzungen), dass er acht Monate im Krankenhaus verbringen und insgesamt ein ganzes Jahr aussetzen und seine soeben begonnene Ausbildung als Zimmermann unterbrechen muss. Vermutlich muss er gar umschulen. Er hat dadurch einen Verdienstausfall von 15.000 €. Sein Mountain-Bike ist völlig kaputt.

Kenntnis des Verkäufers vom Mangel

Es stellt sich durch Zufall heraus, dass der Verkäufer Christoph das Mountain-Bike selbst erst einige Wochen zuvor gekauft hatte und mit diesem kurz nach dem Kauf einen Bruch des Lenkers erlebt hatte. Auf seine Reklamation beim Hersteller hatte dieser ihm geschrieben, dass die Untersuchung des Mangels bei Mountain-Bikes dieses Typs noch nicht abgeschlossen sei. Bis zur Klärung der Angelegenheit würde zwecks Vermeidung von Risiken empfohlen, das Mountain-Bike dieses Typs zu wechseln. Christoph hatte aber nicht abwarten wollen, sondern über E-Bay einen gebrauchten Lenker bestellt.

Welche Ansprüche kann Oliver jetzt geltend machen?

Der Händler Christoph hat arglistig gehandelt. Zwar stand noch nicht fest, dass die gesamte Serie von Lenkern einen Mangel hatte, es war aber damit zu rechnen. Darüber hätte Christoph den Käufer Oliver und dessen Eltern aufklären müssen.

Oliver stehen deshalb – neben anderen Ansprüchen – vor allem Schadensersatzansprüche wegen Nichterfüllung zu (§ 437 Nr. 3 BGB). Er hat u. a. Anspruch auf:

Wertersatz für ein gleichwertiges neues Mountain-Bike	320 €
Wertersatz für beschädigte Kleidung	250 €
Fahrkosten seiner Angehörigen zum Krankenhaus für acht Monate	800 €
Schmerzensgeld	25.000 €
Verdienstausfall	15.000 €
Insgesamt	41.370 €

Eventuell kommen noch Kosten für eine Umschulung und weiterer Verdienstausfall dazu.

Die Heilbehandlungskosten, die in Höhe einiger hunderttausend Euro angefallen sind, wird sich Olivers Krankenkasse direkt vom Verkäufer Christoph holen.

5. Was ist, wenn das Mountain-Bike gestohlen war?

Nehmen wir an, der Lenker war in Ordnung. Aber es stellt sich heraus, dass die ganze Partie von Mountain-Bikes gestohlen war, was aber auch Christoph als Verkäufer nicht wusste. Muss Oliver das beachten? Schließlich hat er seinen Kaufpreis bezahlt.

Ja, Oliver muss das beachten und das Mountain-Bike gleich zurückbringen. Oliver hat an dem gestohlenen Fahrrad nämlich kein Eigentum erworben. Es liegt ein sog. Rechtsmangel vor. Es kommt nicht darauf an, ob der Verkäufer Christoph oder Oliver das beim Kauf gewusst haben. Man kann an gestohlenen Gegenständen grundsätzlich kein Eigentum erwerben!

Ist Oliver damit sein Gespartes insgesamt los?

Nein. Denn er hat aus dem Mountain-Bike-Kaufvertrag weiterhin den Eigentumsverschaffungsanspruch gegen den Verkäufer. Da Christoph diesen nicht erfüllt hat, kann Oliver vom Vertrag zurücktreten und, wenn Christoph den Rechtsmangel kannte, Schadensersatz wegen Nichterfüllung geltend machen (§ 323 BGB; 325, 276 BGB). Dann muss ihm der Verkäufer Christoph den Kaufpreis zurückzahlen und eventuelle Kosten ersetzen.

6. Überblick über die Sach- und Rechtsmängel-Haftung beim Kauf einschließlich Mangelfolgeschäden

Überblick über die Sachmängelhaftung beim Kauf

Art des Mangels	**Sachmangel § 434 BGB**		
Was ist passiert?	Fahrradkette reißt wegen Materialfehlers		
Wie hatte sich der Verkäufer bei der Kaufvertragsverhandlung verhalten?	Verkäufer kannte Mangel nicht	Der Verkäufer hat – die Materialgüte garantiert oder – den Materialfehler aus Fahrlässigkeit oder aus Vorsatz nicht gekannt oder ihn arglistig verschwiegen	
Die Haftung folgt aus	§ 437 Nr. 1 und Nr. 2 BGB		
		Zusätzlich § 437 Nr. 3 BGB i. V. m. §§ 440, 280, 281, 283, 311a BGB und § 284 BGB	
Fahrradkäufer hat wahlweise	**1) Nacherfüllung (§ 439 BGB)** > Beseitigung des Mangels (= Reparatur) oder > Lieferung einer mangelfreien Sache		
Anspruch auf	**2) Rücktritt** (= Rückgängigmachung des Kaufvertrages) oder **3) Minderung** (Herabsetzung des Kaufpreises)		
	Voraussetzungen: > Erfolglose Fristsetzung zur Leistung oder zur Nacherfüllung (Ausn. Verkäufer verweigert Nacherfüllung od. Reparatur ist nicht möglich) oder > 2 untaugliche Nachbesserungsversuche	Bei Verschulden keine Fristsetzung erforderlich	
		4) Schadensersatz oder **5) Ersatz vergeblicher Aufwendungen** (§ 284)	
Verjährung	2 Jahre	2 Jahre	3 Jahre bei Arglist

Überblick über die Haftung für Mangelfolgeschäden und Rechtsmängel beim Kauf

Art des Mangels	**Mangelfolgeschaden**		**Rechtsmangel** **§ 435 BGB**
Was ist passiert?	Fahrradkäufer stürzt vor ein fahrendes Auto u. wird schwer verletzt; 1 Jahr Verdienstausfall		Fahrrad gehört nicht Verkäufer. Es war gestohlen.
Wie hatte sich der Verkäufer bei der Kaufvertragsverhandlung verhalten?	Verkäufer kannte Mangel nicht; Haftung nur ausnahmsweise, wenn Verkäufer besondere Belehrungspfl. versäumt	Verkäufer hat Materialgüte garantiert oder Materialfehler gekannt und ihn arglistig verschwiegen	Er haftet auf jeden Fall. Es kommt nicht darauf an, ob der Verkäufer wusste, dass das Fahrrad gestohlen war, weil der Fahrradkäufer ohnehin kein Eigentum am gestohlenen Fahrrad erwerben kann.
Die Haftung folgt aus	§§ 280, 276, 281, 282 BGB (= sog. positive Vertragsverletzung)		§ 323 BGB §§ 325, 276 BGB
Fahrradkäufer hat wahlweise Anspruch auf	**Schadensersatz**		**Rücktritt vom Vertrag** (§ 323 BGB) + **Schadensersatz bei Verschulden** (§§ 325, 276 BGB)
Verjährung	2 Jahre	3 Jahre	2 Jahre (bei Arglist 3 Jahre) ab Kenntnis

III. Im Detail: Rechte und Pflichten aus einem Schenkungsvertrag

Kindern, Jugendlichen und jungen Erwachsenen werden häufig Geschenke gemacht. Unkompliziert ist es meist, wenn Großeltern, Tanten oder Freunde der Eltern Kindern und Jugendlichen Bargeld schenken. Das hat für Kinder nur rechtliche Vorteile.

Ansonsten sollte man bei Schenkungen vorsichtig sein: Das in den §§ 516 – 534 BGB geregelte Schenkungsrecht ist kompliziert.

1. Wirksamkeit des Schenkungsversprechens

Die Schenkung ist ein Vertrag (§ 516 BGB). Der Schenker verspricht dem Schenkungsempfänger, ihm einen Gegenstand, ein Bezugsrecht oder eine Immobilie aus seinem Vermögen unentgeltlich zuzuwenden. Das Schenkungsversprechen ist nur gültig, wenn es notariell beglaubigt wurde (§ 518 BGB).

Beispiel 1: Nenn-Onkel Karl-Heinz verspricht Oliver in einem Brief, ihm zum 18. Geburtstag sein kostbares, drei Jahre altes Mountain-Bike zu schenken.

Alternative 1: Onkel Karl-Heinz stirbt drei Tage vor Olivers 18. Geburtstag. Oliver legt den Erben den Brief seines Onkels vor. Diese weigern sich, Oliver das Mountain-Bike auszuhändigen. Da das Schenkungsversprechen nicht notariell beglaubigt wurde, geht Oliver leer aus.

Alternative 2: Onkel Karl-Heinz stirbt nicht, sondern bringt Oliver das Mountain-Bike zu dessen 18. Geburtstag mit. Dann ist die Schenkung wirksam; die fehlende notarielle Beglaubigung geheilt.

Beispiel 2: Moritz hat sich jahrelang rührend um seinen schüchternen Freund Jens gekümmert. Jens Vater ist reich.

Alternative 1: Er verspricht, Moritz zu seinem 16. Geburtstag ein Mofa zu schenken, weil dieser seinen etwas schüchternen Sohn in der Vergangenheit zu allen Veranstaltungen mitgenommen und sich auch sonst nett um ihn gekümmert hat. Als Moritz ein halbes Jahr später seinen 16. Geburtstag feiert, hat Jens Vater sein Versprechen nicht eingehalten. Was kann Moritz tun?

Nichts. Ein Schenkungsversprechen ist nur dann gültig, wenn es notariell beurkundet wurde (§ 518 BGB). Moritz kann also nur versuchen, an den guten Willen von Jens Vater zu appellieren. Stellt der sich stur, muss Moritz das versprochene Mofa vergessen.

Alternative 2: Jens Vater hat Moritz das Mofa für den Fall versprochen, dass dieser seinen Sohn auch bis zu seinem (Moritz) Geburtstag weiter betreut.

Jetzt liegt der Fall anders. Jens Vater hat Moritz jetzt keine Schenkung, sondern eine Vergütung für die Betreuung seines Sohnes versprochen. Die beiden haben damit einen Dienstvertrag (§ 611 BGB) geschlossen. Inhalt: Betreuung des Sohnes für sechs Monate gegen Bezahlung mit einem Mofa. Ein solcher Vertrag bedarf zu seiner Gültigkeit nicht der Form. Moritz hat einen einklagbaren Vergütungsanspruch erworben. Sicherheitshalber sollte eine solche Vereinbarung von seinen Eltern genehmigt werden. Auch ohne Genehmigung muss Jens Vater Moritz nun das Mofa geben, wenn Moritz Jens vereinbarungsgemäß zu allen Veranstaltungen mitgenommen und sich in dem vereinbarten Umfang um ihn gekümmert hat.

2. Kann man die Annahme der Schenkung verweigern?

Ja. (§ 516 Abs. 2 BGB).

Beispiel 1: Amelie wird ein Selbstfindungsticket geschenkt

Wenn Tante Hannah ihrer 19-jährigen, lebenslustigen Nichte Amelie zum Abitur einen vierwöchigen, teuren Aufenthalt in einem tibetanischen Kloster schenkt, damit sie „ihr wahres Ich" kennen lernt, muss Amelie, die lieber mit ihrem Freund Strandurlaub auf den Balearen erleben möchte, diese Reise nicht annehmen. Vielmehr kann sie ihrer Tante das Buchungsticket zurückgeben.

Beispiel 2: Tobias wird Ferienhaus in Spanien geschenkt

Der 18 Jahre alte Tobias erhält eine notarielle Schenkungsurkunde, aus der sich ergibt, dass ihm ein guter Freund aus reichem Haus ein Ferienhaus in Spanien schenkt, wo beide sehr romantische Stunden erlebt haben. Tobias lehnt die Schenkung ab. Er fürchtet Spannungen mit der Familie seines Freundes sowie Aufwand und Kosten für den Erhalt dieses Ferienhauses.

Beispiel 3: Yasmin wird eine renovierungsbedürftige Altbaueigentumswohnung in Berlin geschenkt

Der minderjährigen Yasmin wird von ihren Eltern mit notarieller Schenkungsurkunde eine große vermietete Altbaueigentumswohnung in Berlin Grunewald geschenkt. Dies sollte im Rahmen der vorweggenommenen Erbfolge geschehen, um den zehnjährigen Freibetrag von 400.000 € gemäß § 16 Abs. 1 Nr. 1 ErbStG (Erbschaftsteuer- und Schenkungssteuergesetz) auszuschöpfen und so Steuern zu sparen. Yasmin ist unschlüssig, ob sie diese Schenkung annehmen soll, denn sie weiß, dass sie hier als Vermieterin in die Pflicht genommen werden kann. So müsste sie als Mitglied einer Eigentümergemeinschaft auf ihre Kosten das Dach mit renovieren, wenn es bei den Mietern reinregnet oder wenn die Gefahr besteht, dass Passanten von herabfallenden Ziegeln getroffen werden.

Da die Schenkung für Yasmin nicht nur vorteilhaft ist (§ 107 BGB) und ihre Eltern sogar gemäß § 1643 BGB vom Familiengericht die Genehmigung für diese Schenkung brauchen, wartet Yasmin ab, was die Richter meinen. Diese genehmigen die Schenkung, weil sie in der Schenkung einer vermieteten Immobilie trotz möglicher Sanierungspflichten keinen rechtlichen Nachteil sehen.

3. Wann braucht man als Minderjähriger bei Schenkungen die Zustimmung des gesetzlichen Vertreters?

Als Minderjähriger benötigt man die Zustimmung seines gesetzlichen Vertreters, wenn man durch die Schenkung nicht nur Vorteile hat. Diese Bestimmung ist im Interesse der Minderjährigen getroffen worden, um sie vor unvorteilhaften Auswirkungen ihrer Handlungen zu schützen, die sie auf Grund ihres Alters noch nicht überblicken können.

Das kann bereits im Kleinen anfangen: Nicht immer sind Eltern begeistert, wenn Verwandte und Freunde ihre Kinder mit Geschenken überhäufen; so etwa, wenn Kindern und Jugendlichen Süßigkeiten, Spielzeuge, ein Fahrrad oder gar ein Tier geschenkt werden. Auch wenn derartige Geschenke nicht immer rechtlich nachteilig sind, sollte man als Schenkender mit den Eltern Einvernehmen erzielen.

- Manche Eltern möchten nicht, dass ihre Kinder Süßigkeiten essen, sei es, weil sie bestimmte Vorerkrankungen haben, sei es, dass die Eltern ihre Kinder einfach gesund ernähren wollen.
- Manche Spielzeuge sind gefährlich: Zu kleine Teile können Kleinkinder verschlucken und daran ersticken. Größere Kinder können sich an Spielgeräten verletzen, die zwar preiswert aber nicht TÜV abgenommen waren; so etwa an einer Rutsche, die nicht vernietet ist.
- Auch das Fahrrad zum 15. Geburtstag kann zwar gut gemeint sein, aber dazu führen, dass der Jugendliche damit einen schweren Unfall erleidet.
- Wird ein kleiner Hund geschenkt, ist das am Anfang sicherlich niedlich. Doch muss mit den Eltern abgeklärt werden, ob der Hund in die Familienstruktur passt, ob es medizinische, hygienische oder platzmäßige Ausschlussgründe gibt. Zudem muss geklärt sein, wer Hundesteuer und Hundehalterhaftpflichtversicherung zahlt. Wenn Eltern einen solchen Hund nicht in der Wohnung dulden, hat man als Kind den Eltern gegenüber keinen Anspruch darauf, in der gemeinsamen Wohnung einen Bello halten zu dürfen.

4. Haftung des Schenkers

Beispiel: Onkel Otto hat Lisa nicht nur ein Pferd versprochen, sondern auch tatsächlich ein Pferd geschenkt. Einem geschenkten Gaul schaut man nicht ins Maul. Was aber, wenn er Lisa abwirft und sie erhebliche Verletzungen erleidet?

Haftet der Schenker, hier Onkel Otto? Der Schenker hat nur Vorsatz und grobe Fahrlässigkeit zu vertreten (§ 521 BGB). Ist Onkel Otto Pferdekenner und hat gewusst oder hätte bei einem etwas schärferen Blick erkennen können, dass das Pferd zum Reiten ungeeignet ist, muss er Schadensersatz und Schmerzensgeld leisten; Lisa also ihre Krankenkosten, Kleidungsschaden usw. ersetzen.

Kann Onkel Otto aber mal gerade ein Pferd von einer Kuh unterscheiden und ist ihm dieser Gaul als besonders ausgeglichen aufgeschwatzt worden, haftet er nicht.

IV. Im Detail: Rechte und Pflichten aus einem Wohnraum-Mietvertrag am Beispiel einer Wohngemeinschaft in Berlin

Das Mietrecht über Wohnraum am Beispiel Wohngemeinschaft

Basti, Hannah und Lea sind nach Berlin gekommen um zu studieren. Sie haben großes Glück und finden eine Dreizimmerwohnung, die sie gerne gemeinsam mieten würden, da keiner alleine in der Lage ist, die gesamte Miete zu zahlen.

1. Die Miethöhe

Über die Miethöhe haben sie sich informiert, den Mietenspiegel angeschaut und mit der verlangten Miete verglichen. Was ist noch wissenswert?

1.1 Mietendeckel

In Berlin gibt es das Gesetz zur Mietenbegrenzung im Wohnungswesen, (**MietenWoG Bln**). Der sog. **Mietendeckel** wurde am 30.01.2020 vom Berliner Abgeordnetenhaus beschlossen und ist am 23.02.2020 in Kraft getreten. Bei **Neuvermietung ab dem 23.02.2020** ist es per Gesetz verboten, eine höhere als die **eingefrorene Miete** zu nehmen. Diese ist die Miete, die zum Stichtag, dem 18.06.2019 vereinbart war. Bei einer Neuvermietung zwischen **Stichtag** und Inkrafttreten des Gesetzes ist es die zu 23.02.2020 vereinbarte Miete. Vor Vertragsabschluss müssen Vermieter den zukünftigen Mietern die Höhe und deren Berechnung unaufgefordert mitteilen. Bei Redaktionsschluss bestand über die Wirksamkeit des Gesetzes noch Rechtsunsicherheit. Es wird daher davon abgesehen, hier weiter zu erläutern. Im Bedarfsfall sollten sich Wohnungssuchende bei den örtlichen Mietervereinen Rat holen.

1.2 Mietpreisbremse

In **Gebieten mit einem angespannten Wohnungsmarkt** kann durch Rechtsverordnung für die Dauer von höchstens fünf Jahren angeordnet werden, dass die Miete **bei**

Vertragsabschluss auf maximal zehn Prozent über dem Vergleichsindex betragen darf. Die entsprechenden Rechtsverordnungen gelten längstens fünf Jahre. Spätestens Ende 2025 treten sie außer Kraft. Der Mieter einer nach dem 01.04.2020 angemieteten Wohnung kann die gesamte ab Beginn des Mietverhältnisses zu viel gezahlte Miete **zurückfordern**, wenn er den Verstoß gegen die Mietpreisbremse in den ersten 30 Monaten nach Beginn des Mietverhältnisses rügt. In vielen Städten Deutschlands sind solche Rechtsverordnungen erlassen worden. Informiert euch dazu bei eurer Gemeinde oder entsprechenden Webseiten im Internet.

1.3 Freie Vereinbarung

In allen Gebieten, in denen es keine Mietenbegrenzungsgesetze/Verordnungen gibt, ist die Miethöhe bei Mietbeginn frei vereinbar.

2. Die Mietvertragsparteien

Der Vermieter diskutiert mit den Studenten die Möglichkeiten der Anmietung: Wer wird Mieter der Wohnung?

2.1 Wer ist Hauptmieter bei einer WG?

Der Zweck, eine Wohnung gemeinsam zu bewohnen, verbindet die drei zu einer Gemeinschaft, einer sogenannten **BGB-Gesellschaft** (§ 705 ff. BGB). In Erfüllung dieses Zweckes könnten **alle drei** einen Mietvertrag als Gesellschaft mit dem Vermieter abschließen. Dann stehen alle drei in der Verpflichtung die Miete zu bezahlen und die mietvertraglichen Verpflichtungen einzuhalten. Für den Vermieter hat das den Vorteil, dass er jeden einzelnen für die volle Miete in Anspruch nehmen kann. Aber natürlich immer nur einen. Es ist Sache der drei, sich über die Mietzahlung im Verhältnis untereinander zu einigen. Ohne Regelung werden die Kosten zu gleichen Teilen verteilt (§ 706 BGB).

2.2 Wechsel der Mietvertragsparteien

Der Vermieter weist darauf hin, dass, wenn einer ausziehen wolle, das Mietverhältnis insgesamt gekündigt werden müsse, um ihm gegenüber von der Verpflichtung zur Zahlung der Miete frei zu werden. Die **Mithaftung** des ausgezogenen Mieters bliebe so lange bestehen, bis der Mietvertrag mit ihm beendet wird! Ist das richtig?

Grundsätzlich ja, bei einer **Mietermehrheit** kann der Vermieter frei entscheiden, ob er einen einzelnen Mieter aus dem Vertrag entlässt und an dessen Stelle einen neuen aufnimmt. In diesen Fall müssen sich alle Beteiligten auf den konkreten Wechsel einigen.

Aber bei einer **Wohngemeinschaft** besteht diese **Entscheidungsfreiheit dann nicht,** wenn der **Mietvertrag** mit der (nichts rechtsfähigen) **Wohngemeinschaft als solcher** geschlossen wurde, die nach außen erkennbar als solche in Erscheinung getreten ist, und nicht mit den einzelnen WG-Mitgliedern! Hier haben die **WG-Mitglieder** einen Anspruch darauf, dass **einer von ihnen** aus dem Vertrag **entlassen** wird und eine **zumutbare Person anstelle** des **Ausscheidenden** in den Vertrag **eintritt** (LG Frankfurt, Urteil vom 02.10.1990 – 2/11 S 208/90).

3. Die Mietsicherheit

Lea plant in Berlin zu leben und will sichergehen, dass sie auch nach dem Studium in der Wohnung verbleiben kann. Der Vermieter erklärt, dass er einen Mietvertrag mit ihr alleine nur abschließen würde, wenn die Eltern für die Mietzahlungen bürgen. Basti und Hanna könnten als Untermieter (§ 540 BGB) in der Wohnung wohnen. Leas Vater ist mit einer Bürgschaft einverstanden.

3.1 Die Elternbürgschaft

Sie ist eine **Bürgschaft** nach dem § 551 Abs. 1 BGB. In **Höhe von höchstens drei Nettokaltmieten** haften die Bürgen für nicht bezahlte Verbindlichkeiten, die aus Mietrückständen, Nebenkosten, Reparaturen von Schäden oder auch der Renovierung der Wohnung nach Auszug entstehen.

Der § 551 Absatz 1 BGB gilt jedoch nicht für den Fall, dass die Eltern freiwillig von sich aus eine sogenannte Elternbürgschaft für alle Forderungen aus dem Mietverhältnis übernehmen (Urteil des BGH vom 07.06.1990–IX ZR 16/90). In diesem Fall haften Sie für die Mietzahlungen während der gesamten Mietdauer.

3.2 Barkaution

Der Vermieter könnte sogar zusätzlich eine **Barkaution** vereinbaren. Bei dieser muss die erste Rate mit Beginn des Mietverhältnisses und damit regelmäßig vor dem Einzug gezahlt werden. Die weiteren Raten sind in den beiden darauffolgenden Monaten mit der Mietzahlung fällig. Der Vermieter muss die Mietsicherheit getrennt von seinem Vermögen aufbewahren, verzinsen und darf nach Beendigung des Mietverhältnisses für Forderungen aus dem Mietverhältnis nur auf sie zurückgreifen, wenn die Forderung unstreitig besteht oder rechtskräftig festgestellt ist.

3.3 Mietkautionsversicherung

Neben der Mietsicherheit in Bar (Kaution) und Bürgschaft wäre auch eine **Mietkautionsversicherung** vereinbar (§ 551 BGB). Allerding darf bei der Vereinbarung mehrerer Formen von Mietsicherheiten insgesamt gesehen der zulässige Betrag drei Nettokaltmieten nicht überschreiten (Urteil des BGH vom 07.06.1990–IX ZR 16/90).

3.4 Auskunftsrecht des Vermieters

Hanna muss ihr Studium selbst finanzieren. Ihre Eltern wollen keine Bürgschaft abgeben. Lea vertraut Hanna, die ihr Belege ihres Einkommens vorlegt.

Achtung beim **Auskunftsrecht** des Vermieters: Vor dem Abschluss eines Mietvertrags müssen Interessenten oft viele Fragen beantworten. Nicht alle sind berechtigt und ein bisschen schummeln schadet bei diesen nicht. **Berechtigte Frage müssen allerdings wahrheitsgerecht beantwortet werden**, insbesondere solche, die die **Zahlungsfähigkeit** des Interessenten betreffen. Bei falschen Angaben kann das Mietverhältnis wegen erheblicher Vertragsverletzung fristlos gekündigt werden (LG Lüneburg Az.: 6 S 1/19).

Schließlich werden sich alle einig. Der Hauptmietvertrag wird von Lea und dem Vermieter unterzeichnet, die Freunde als Untermieter eingetragen, die Eltern unterschreiben eine Bürgschaftserklärung und Lea schließt mit Sebastian und Hanna Untermietverträge ab, alles wie vorgeschrieben schriftlich.

4. Das Untermietverhältnis

Hanna verliebt sich und will ihren Freund in ihr Zimmer mitwohnen lassen. Ist sie dazu berechtigt? Müssen Lea und Sebastian dem Zuzug von Hannas Freund zustimmen?

4.1 Ist die Aufnahme einer weiteren Person in die WG zustimmungspflichtig?

Nur die Aufnahme von Kindern oder Eltern ist nicht zustimmungsbedürftig. **Grundsätzlich ist jede Überlassung von Räumen/Aufnahme von Personen in der gemieteten Wohnung Untervermietung. Die Untervermietung steht unter einem Erlaubnisvorbehalt** (§ 540 BGB). Lea ist hier Vermieterin und hat das „Sagen". Solange durch die Aufnahme eines **Lebenspartners** keine Überbelegung der Wohnung entsteht und in dessen Person keine besonderen Umstände vorliegen, die das Wohnen mit ihm unzumutbar machen, kann der Vermieter hiergegen keinen Einspruch erheben. Es besteht ein Anspruch auf Erlaubnis (§ 553 Abs.1 Satz 1 BGB, Urteil des AG Fürth, vom 28.06.1990, AZ 1 C 713/90). Die Untermieter haben kein Mitspracherecht. Alle mögen Hannas Freund und er wird freundlich aufgenommen. Achtung: Da eine weitere Person nunmehr in der Wohnung wohnt, muss Lea dies auch ihrem Vermieter mitteilen. Aus den vorgenannten Gründen kann auch er seine Zustimmung nicht verweigern.

4.2 Muss Vermieter einer Untervermietung zustimmen?

Leas Studium ermöglicht ihr einen Auslandsaufenthalt für ein Semester. Dies möchte sie gerne nutzen. Was kann sie tun?

Lea kann auch ihr Zimmer untervermieten, solange ihre Sachen in der Wohnung verbleiben! Hierzu benötigt sie zwar die Zustimmung des Vermieters. Dieser muss diese Zustimmung aber erteilen, da Lea mit ihrem Wunsch des Auslandsaufenthalts (**vorübergehende Abwesenheit**) **ein berechtigtes Interesse** hat, auch ihren Raum vorübergehend zu vermieten (§ 553 Abs. 1 BGB) (BGH, Urteil v. 11.6.2014, VIII ZR 349/13). Nach ihrer Rückkehr, muss sie dann wieder einziehen.

4.3 Zeitmietvertrag

Sie kann mit dem Zwischenmieter für die Zeit ihrer Abwesenheit einen **Zeitmietvertrag** abschließen (§ 575 BGB). Das Gesetz erkennt drei Gründe an.

1: Der Vermieter will nach Ablauf der Mietzeit die Wohnung selbst nutzen.
2: Er plant, die Wohnung abzureißen oder das Haus komplett umzubauen, sodass man die Wohnung nicht mehr nutzen kann.
3: Er möchte die Wohnung für seine Angestellten nutzen.

Beim Zeitmietvertrag muss sich der Mieter an die vereinbarte Laufzeit halten. **Eine ordentliche Kündigung ist nicht möglich.** In diesem muss Lea den Grund der Abwesenheit anführen und den Vertrag zwingend **schriftlich abschließen.** Anderenfalls gilt das Mietverhältnis als auf unbestimmte Zeit abgeschlossen. Eine Verlängerung kann in Betracht kommen, wenn sich der **Befristungsgrund** verschiebt. Hierüber kann sich der Mieter vier Monate vor Ablauf der Mietzeit informieren. Antwortet der Vermieter nicht binnen Monatsfrist, kann der Mieter Verlängerung auf unbestimmte Zeit verlangen. Gleiches gilt, wenn der Grund überhaupt entfällt. Der Mieter kann aber zum vereinbarten Zeitpunkt ausziehen.

4.4 Kündigung eines unmöblierten Zimmers durch den Untermieter

Das Zusammenleben der nunmehr vier Leute stellt sich dennoch schwieriger als gedacht dar, sodass Hanna mit ihrem Freund schließlich ausziehen möchte. Wie lange ist ihre Kündigungsfrist?

Hanna kann ihren Untermietvertrag unabhängig von der Dauer des Mietverhältnisses mit der allgemeinen **gesetzlichen Kündigungsfrist für Mieter von drei Monaten** (weil ihr das **Zimmer unmöbliert**, leer, übergeben worden war) und ohne Angabe von Gründen beenden. Die Kündigung muss spätestens am dritten Werktag eines Monats beim Vermieter eingegangen sein (§ 573c BGB).

4.5 Wechsel des Untermieters

Lea findet schnell den neuen Mieter Jens für das Zimmer, in welchem Hanna die zuvor von ihr eingebrachten Möbel gegen eine Abstandszahlung belassen hat. Muss Lea eine neue Untermieterlaubnis einholen?

Ja, der Vermieter hat einen Anspruch darauf, dass er weiß, wer in seinen Räumen wohnt. Eine Untermieterlaubnis gilt immer für den jeweiligen Untermieter.

4.6 Kündigung des Hauptmietverhältnisses wegen unerlaubter Untervermietung

Lea vergisst eine neue Untermieterlaubnis zu beantragen. Kann der Vermieter nun das Mietverhältnis wegen Vertragsverletzung infolge unberechtigter Untervermietung fristlos kündigen?

Grundsätzlich Ja, § 553 BGB! Die Untervermietung war nur für Hanna erlaubt. Aber: Im vorliegenden Fall wäre eine Kündigung jedoch rechtsmissbräuchlich, da der Vermieter von vornherein wusste, dass er eine Wohnung mit Untermieterlaubnis mit voraussichtlich wechselnden Untermietern vermietet. Der Vermieter darf die Erlaubnis zur Untervermietung in diesem Fall **nur verweigern, wenn in der Person des potentiellen neuen Untermieters ein wichtiger Grund zur Ablehnung vorliegt** (§ 553 I, 2 BGB). Hanna hat einen Anspruch auf Erlaubnis der Untervermietung (§ 553 Absatz 1 Satz 1 BGB). In diesen Fällen reicht es, wenn der Hauptmieter den Vermieter dem Wechsel des Untermieters noch anzeigt.

4.7 Schadenersatz und außerordentliche Kündigung des Mieters bei Verweigern der Zustimmung

Verweigert der Vermieter **unberechtigter Weise** die Untermieterlaubnis, kann der Mieter **Schadensersatz** verlangen (§ 280 Abs. 1 BGB i. V. m. § 553 Abs. 1 Satz 1 BGB), wenn er in Höhe der ihm entgangenen Untermieteinnahmen einen Schaden erleidet (BGH 11.06.2014 Az. VIII ZR 349/13).

Lehnt der Vermieter aber die Erteilung der Untermieterlaubnis generell ab, ist der Mieter zur **außerordentlichen Kündigung** berechtigt, ohne einen konkreten Untermietinteressenten vorzuschlagen (BGH 15.11.2006 Az. XII ZR 92/04).

4.8 Untermietzuschlag und Steuer

Der Vermieter kann seine Zustimmung zum Untermietvertrag von einem angemessenen **Untermietzuschlag** abhängig machen, wenn ihm die Überlassung der Mietsache an den Untermieter andernfalls nicht zuzumuten ist (§ 553 Abs. 2 BGB).

Erwirtschaftet Lea aus der Untervermietung Gewinn, muss sie diesen versteuern. Der Freibetrag aus gelegentlicher Untervermietung beträgt zurzeit 520 € pro Jahr.

4.9 Kündigung eines möbliert überlassenen Zimmers

Jens, der Nachfolger in Hannas Zimmer, bekommt schon nach kurzer Zeit seinen Traumstudienplatz in München und will so schnell wie möglich dort hin. Mit welcher Frist kann er kündigen?

Bei der Vermietung eines **möblierten Zimmers innerhalb der Vermieterwohnung** gilt, sofern der Wohnraum nicht zu dauerndem Gebrauch für eine Familie oder eine auf Dauer angelegte Lebensgemeinschaft überlassen ist (§ 549 Abs. 2 Nr. 2 BGB):

Die Kündigungsfrist **für beide Parteien beträgt zwei Wochen** zum Monatsende.

Die Kündigung eines möblierten Zimmers muss **spätestens am 15. eines Monats** der anderen Seite zugehen. Der Mietvertrag endet dann zum Ablauf des gleichen Monats! Geht die Kündigung erst nach dem 15. bei der anderen Seite ein, dann wirkt sie erst zum Ende des folgenden Monats (§ 573c Absatz 3 BGB). Lea und Jens werden von dieser, beiden zustehenden, Kündigungsmöglichkeit profitieren. Weder Hauptmieter noch Untervermieter müssen einen Kündigungsgrund nennen. Generell zu beachten ist, dass der Vermieter **mehr als die Hälfte der für eine Haushaltsführung erforderlichen Einrichtungsgegenstände** gestellt hat (AG Köln, WuM 1971 u. a.) damit dieses Kündigungsprivileg greift.

5. Die Betriebskostenabrechnung

Als der Vermieter die Betriebskosten abrechnet, stellt sich heraus, dass der Untermietvertrag nicht alle in der Abrechnung aufgelisteten Kosten beinhaltet. Basti will sich an den Betriebskosten nicht beteiligen. Was kann Lea tun?

Zunächst sollte Lea überprüfen, welche Kosten ihr eigener Hauptmietvertrag ihr aufbürdet, denn Basti hat Recht: **Nur die im Vertrag übertragenen Kosten darf der**

Vermieter abrechnen. Das gilt auch für den Untermietvertrag. Ist im Vertrag Bezug genommen worden auf die **Betriebskostenverordnung**, dann kann der Vermieter alle Kosten umlegen, die dort genannt sind. Lea hatte nur die Kosten für den Stromverbrauch, die Heizung und Wasserverbrauch geregelt. Basti besteht auf dieser Regelung und will nicht kulant sein und weitere Anteile für Müllabfuhr, Versicherung, Winterdienst, Grundsteuern etc. zahlen.

6. Die Kündigung durch den Vermieter

Das Freundschaftsverhältnis ist nun zerrüttet. Wie und mit welcher Frist kann Lea (als Vermieterin) Basti kündigen?

Für die Kündigung durch den Vermieter gilt grundsätzlich:

6.1 Die ordentliche Kündigung

Eine **ordentliche Kündigung** des Vermieters bedarf zu ihrer Wirksamkeit immer einer Berechtigung. Der Kündigungsgrund muss in der Kündigung genannt werden. Die Kündigung ist nur in Schriftform wirksam! (§ 573 Abs. 1 BGB)

§ 573 Abs. 2 BGB nennt beispielhaft drei Gründe für ein berechtigtes Interesse des Vermieters an der Kündigung:

1. **Vertragspflichtverletzungen durch den Mieter**
2. **Eigenbedarf des Vermieters**
3. **Wirtschaftliche Verwertung des Vermieters**

Die **Fristen sind** sie je nach Dauer des Mietverhältnisses **gestaffelt**, mindestens jedoch gilt eine Frist von drei Monaten (§ 573c BGB).

6.2 Die fristlose – außerordentliche – Kündigung

§ 543 BGB regelt berechtigte Interessen zur **fristlosen – außerordentlichen – Kündigung**. Es handelt sich um Fälle der **schuldhaften Vertragsverletzung**. Häufigster Kündigungsgrund ist die **nicht erfolgte oder verspätete Mietzahlung**. Es sei daher an dieser Stelle auf § 556 b Abs. 1 BGB hingewiesen: *„Die Miete ist zu Beginn, spätestens bis zum dritten Werktag der einzelnen Zeitabschnitte zu entrichten.* Die Voraussetzungen dieser fristlosen Kündigungsmöglichkeiten sind vielfältig und kompliziert. In jedem Fall sollte bei Eingang einer fristlosen Kündigung schnellstens ein Rechtsanwalt/eine Rechtsanwältin aufgesucht werden.

Sonderfälle bilden der Tod des Mieters und die Zwangsversteigerung – ohne Begründung kann hier mit einer Frist von drei Monaten gekündigt werden – und die Untervermietung.

6.3 Die Kündigungsfristen bei der Untervermietung

Die Kündigungsfristen bei der Untervermietung können variieren:

6.3.1 Hat der **Hauptmieter ein berechtigtes Interesse** (etwa Eigenbedarf) an der Kündigung eines Untermieters, gilt die gesetzliche Kündigungsfrist von **mindestens drei Monaten**. Die Kündigungsfrist für den Vermieter verlängert sich nach fünf und acht Jahren seit der Überlassung des Wohnraums um jeweils drei Monate (§ 573c BGB).

6.3.2 Hat der **Hauptmieter kein berechtigtes Interesse** an der Kündigung, ist die gesetzliche Frist von **mindestens sechs Monaten** einzuhalten.

6.3.3 Das **untervermietete Zimmer ist möbliert:** Der gesetzliche Kündigungsschutz für Wohnraummietverhältnisse gilt nicht. Der Hauptmieter kann seinem Untermieter spätestens am **15. eines Monats zum Ende des Monats** kündigen (§ 573 c Abs. 3 BGB, § 549 Abs. 2 Nr. 2 BGB).

6.3.4 Bei der Kündigung eines **leer vermieteten Zimmers** kann der Vermieter, also unsere Lea, ohne einen Kündigungsgrund kündigen. In dem Kündigungsschreiben ist lediglich anzugeben, dass die Kündigung auf die § 573a (2) BGB beruht. **Die Kündigungsfrist verlängert sich allerdings um drei Monate** (§ 573a (1) BGB).

6.4 Räumungsklage

Zieht Basti nach erfolgter Kündigung und nach Ablauf der Kündigungsfrist nicht aus, darf Lea nicht einfach das Wohnungsschloss austauschen und die persönlichen Gegenstände vor die Wohnungstür stellen. Sie muss eine **Räumungsklage beim zuständigen Amtsgericht,** in dessen Bezirk sich die Mietwohnung befindet, erheben. Erst nach Erlass eines Räumungsurteils kann sie einen **Gerichtsvollzieher** beauftragen. Dieser darf dann allein das Zimmer räumen. Dieser allein darf auch die Schlösser austauschen.

7. Mietmängel

Nach einer Weile stellt Lea fest, dass sich im Bad Schimmel in den Deckenecken angesiedelt hat. Was kann Lea tun?

Gemäß § 535 Absatz 1 BGB übergibt der **Vermieter** die Mietsache an den Mieter in einem geeigneten Zustand und ist **verpflichtet, den geeigneten Zustand während der**

Mietzeit zu erhalten. Nachteilige Abweichungen des tatsächlichen Zustandes der Mietwohnung von dem vertraglich geschuldeten Zustand **sind Mängel** (§ 536 I BGB).

Mängel im Mietrecht können äußere Einflüsse (z. B. Baulärm) oder innere Einflüsse (z. B. Feuchtigkeit, Heizungsausfall) sein.

Anspruch auf Beseitigung bei erheblichen Mängeln

7.1 Mängelanzeige

Soweit sie erheblich sind, hat der Mieter einen Anspruch auf Beseitigung (§ 535 Abs. 1 S. 2 BGB).

Der erste und wichtigste Schritt ist es, dem Vermieter den **Mangel anzuzeigen.**

Unterlässt der Mieter dies, verliert er seinen Mietminderungsanspruch, seinen Anspruch auf Schadenersatz oder außerordentliche Kündigung. Wird der Mangel nicht angezeigt, kann sich der Mieter **schadenersatzpflichtig** machen (536 c BGB).

7.2 Mängelbeseitigungsverlangen

Schimmel kann gesundheitsgefährdend sein, der Gebrauch der Mietsache ist nicht unerheblich beeinträchtigt. Lea muss dies dem Vermieter mitteilen und Abhilfe (**Mangelbeseitigung**) verlangen. Gleichzeitig kann sie die Miete mindern. Der Vermieter muss dem Mangel beseitigen.

Mit- oder Alleinverschulden des Mieters?

Vorher wird er jedoch prüfen lassen, was die Ursache für den Mangel ist. Hat der Zwischenmieter z. B. die Wäsche bei geschlossenem Fenster im Bad trocknen lassen und liegt die Schimmelursache im falschen Lüftungsverhalten, dann liegt **Mieterverschulden** vor. Lea muss sich das Verhalten ihrer Untermieter anrechnen lassen, den Schaden selbst beseitigen und hat auch kein Recht auf Mietminderung.

7.3 Fristsetzung zur Mangelbeseitigung

Sollte der Vermieter nicht tätig werden, muss Lea eine Frist zur Mangelbeseitigung setzen und nach Fristablauf die Mängel selber beseitigen lassen und den Vermieter dann mit den Kosten belasten. Sie könnte alternativ einen Vorschuss einklagen, aber auch die Mangelbeseitigung selbst.

7.4 Mängelbeseitigung durch den Mieter und Geltendmachung von Aufwendungsersatz gegenüber dem Vermieter

Die Ursache des Schimmelbefalls liegt in baulichen Mängeln, und der Vermieter macht nichts. Welche Rechte hat Lea?

Der Mieter ist in einer misslichen Lage, wenn der Vermieter einen Mangel nicht entfernt. Unter den Voraussetzungen des § 536a Abs. 2 BGB kann der Mieter Mängel selbst beseitigen und Ersatz der hierfür erforderlichen Aufwendungen verlangen.

Voraussetzung ist danach, dass sich der Vermieter mit der Beseitigung des Mangels in Verzug befindet. Dies ist so, wenn er trotz Mahnung (§ 286 Abs. 1 S. 1 BGB) die notwendigen Mängelbeseitigungsmaßnahmen nicht veranlasst, ohne sein Vertretenmüssen ausschließen zu können (§ 286 Abs. 4 BGB).

8. Mietminderung

Neben der Mangelbeseitigung besteht ein gesetzliches sofort greifendes **Recht auf Mietminderung** (§ 536 BGB). Über die Höhe der Mietminderung kann sich Lea in Mietminderungstabellen informieren, die sie im Internet finden kann. Diese beruhen auf ausgeurteilten Fällen und geben Prozentsätze an. Lea sollte dann verständig ihren Fall mit diesen vergleichen. Die Unterstützung durch einen örtlichen Mieterverein oder einen Rechtsanwalt kann hier angebracht sein. Der Minderung ist die Nettokaltmiete zugrunde zu legen.

Aber Achtung: Unberechtigte Mietminderung ist Grund zur Kündigung! Kann der Mieter die berechtigte Minderung nicht beweisen oder mindert er zu hoch, handelt er fahrlässig vertragsverletzend. Erreicht der Mietrückstand zwei Monatsmieten kann der Vermieter fristlos wegen Zahlungsverzug ordentlich wegen Vertragsverletzung kündigen. Der Mieter sollte daher die Mietzahlungen unter den Vorbehalt der Rückforderung stellen und eine gerichtliche Klärung seiner Minderungsansprüche herbeiführen (LG Berlin, Urteil v. 3.3.20, Az. 67 S 212/19).

Was ist, wenn der Wasserhahn tropft?

Die Kostentragung für bestimmte Reparaturen können mit der sogenannten Kleinreparaturklausel auf den Mieter abgewälzt werden. Wirksam (!) geht das nur, wenn die Höhe klar beschränkt ist und sich allein auf häufig vom Mieter genutzte Bestandteile der Wohnung bezieht.

9. Schönheitsreparaturen und andere Pflichten des Mieters bei Beendigung des Mietverhältnisses

Nach fünf Jahren ist Leas Studium beendet. Sie bekommt ein Jobangebot in Köln und möchte die Wohnung loswerden.

Lea muss als Vermieterin zunächst die Kündigungsfristen gegenüber ihren Untermietern beachten (s. o.). Ihr eigenes Mietverhältnis ist mit einer Frist von drei Monaten kündbar.

Lea schaut sich nun den Mietvertrag gründlich an. Welche Pflichten hat sie bei Beendigung des Mietverhältnisses?

9.1 Wer trägt die Schönheitsreparaturen beim Auszug?

Viele Mietverträge sehen vor, dass der Mieter verpflichtet ist, die Schönheitsreparaturen zu tragen. Hier gibt es viele Formulierungen, die der Überprüfung durch die Rechtsprechung nicht standgehalten haben. Eine neueste Entscheidung des Bundesgerichtshofes geht dahin, dass sich Mieter und Vermieter die Schönheitsreparaturen teilen müssen, wenn hierzu keine Vereinbarungen getroffen wurden, z. B. weil die vereinbarten Klauseln unwirksam waren und die Wohnung nicht renoviert übergeben wurde (BGH, Urteil v. 8.7.20, Az. VIII ZR 163/18 und VIII ZR 270/18).

Leas Mietvertrag enthält eine Klausel, der zufolge die Schönheitsreparaturen, soweit nötig, durchzuführen sind. Da die Durchführung von Schönheitsreparaturen vom Zustand der Wohnung abhängig ist und Lea eine renovierte Wohnung übernommen hatte, ist diese Klausel zulässig.

Die Rechtsprechung zu unzulässigen Klauseln kann man im Internet erkunden. Ausführungen in diesem Abriss des Mietrechts würden den gegebenen Rahmen sprengen.

9.2 Was gehört zu den Schönheitsreparaturen?

Zu den Schönheitsreparaturen gehört das Streichen der Fußböden, Decken und Wände, sowie der Türen, der Eingangstür nur innenseitig, und der Fenster außer den Außenanstrich.

9.3 Kann der Vermieter verlangen, dass der Mieter einen Fachbetrieb beauftragt?

Die Arbeiten müssen fachgerecht sein, d.h. jedoch nicht, dass ein Fachbetrieb auch beauftragt werden müsste. Soweit Lea und ihre Freunde in der Lage sind, dies ordentlich ohne Kleckse und Laufnasen zu bewerkstelligen, kann sie sich selbst an die Arbeit machen. Dabei sollten Dübellöcher und auch sonstige Schäden, die während des Gebrauchs der Mietsache durch sie oder ihre Untermieter entstanden sind, beseitigt werden. Das kommt Lea billiger, als der Schadenersatzanspruch des Vermieters, wenn dieser deswegen eine Fachfirma beauftragt.

9.4 Was heißt „besenrein"?

Die Verpflichtung zur „besenreinen" Rückgabe der Mietwohnung beschränkt sich auf die Beseitigung grober Verschmutzungen (BGH Urteil vom 28.06.2006, Az.: VIII ZR 124/05). Demnach muss Hanna lediglich grobe Verschmutzungen wie etwa Spinnenweben oder Essensreste entfernen.

V. Schadenswiedergutmachungspflicht

1. Haftung schon mit sieben Jahren

„Ihr könnt mir gar nichts, ich bin erst 12!" Stimmt das? Nein! Wer Schaden anrichtet und mindestens sieben Jahre alt ist, hat ihn wieder gutzumachen, wenn er etwas dafür kann; sog. „beschränkte Deliktsfähigkeit". Ob man das Hinterrad eines Fahrrades verbiegt, in der Straßenbahn Sitze aufschlitzt, eine Hauswand beschmiert, einen Buswarteunterstand als Toilette benutzt, einen Polizeieinsatz zu Unrecht provoziert, mit dem Fahrrad oder dem Skateboard ein parkendes Auto beschädigt, Raubkopien aus dem Internet herunterlädt, den Hund nicht anleint und er einen Menschen beißt, eine DVD im Laden klaut oder dem Freund beim Spielen versehentlich einen Pfeil ins Auge schießt: Fast immer kann man schon als siebenjähriges Kind zur Kasse gebeten werden. Dazu folgende weitere Beispiele für die Haftung Minderjähriger:

- Schwere Körperverletzung und Sachbeschädigung im Klassenzimmer durch einen 7-Jährigen: Benny (7) schubst im Klassenzimmer seinen Mitschüler Justin aus Wut sehr heftig mit dem Gesicht gegen die Fensterscheibe. Diese zersplittert und Glasteile schneiden sich so unglücklich in Justins Augen, dass dieser sein Augenlicht verliert. Benny haftet Justin auf Zahlung von Schadenersatz (Krankenhausaufenthalte, Operationen, Blindenhund, lebenslange Rente usw.) und Schmerzensgeld sowie der Schule auf Ersatz der Fensterscheibe. Ein Betrag von

1 Mio. € kommt da schnell zusammen. Benny wird ein Leben lang für Justin zahlen müssen. Außerdem kann er mit einer Schulstrafe belegt werden. Kinder, die mehrmals durch Straftaten auffallen, können nach § 34 SGB VIII (Kinder- u. Jugendhilfe) in einem Heim untergebracht werden. Das einzige: Benny ist noch nicht „strafmündig", kann also jetzt noch nicht vom Straf- bzw. Jugendrichter bestraft werden. Die Tat wird aber bei der Staatsanwaltschaft als „schwere Körperverletzung" (§ 226 StGB) registriert.

- Die siebenjährige Anna haut dem gleichaltrigen Frido beim Spielen den Spaten so fest auf den Kopf, dass dieser mit einer Gehirnerschütterung ins Krankenhaus eingeliefert werden muss. Auch sie muss alle Heilungskosten tragen. Die Krankenkasse meldet sich schnell bei Anna.
- Der achtjährige Niklas tritt im Schulhof gegen das Fahrrad von Dirk und beschädigt es. Natürlich muss er Dirk die Fahrradreparatur bezahlen.
- Durch Urteil des Oberlandesgerichts Hamm vom 28. Januar 2016 (I-4 U 75/15 juris) wurde ein Kind zu Schadensersatz in Höhe von insgesamt 1.290 € sowie zur Unterlassung unter Androhung eines Ordnungsgeldes von bis zu 250.000 €, ersatzweise Ordnungshaft, verurteilt (§ 97 Abs. 2 Satz 1 UrhG i. V. m. § 828 Abs. 3 BGB). Der Junge hatte im Alter von 11 Jahren mehrfach Raubkopien von Spielesoftware über das Notebook seines Vaters heruntergeladen, obwohl er von seinen Eltern immer wieder die ausdrückliche Anweisung erhalten hatte, auf gar keinen Fall Spiele, Musik, Filme oder gar PC-Programme aus dem Internet herunterzuladen oder das Internet entsprechend zu nutzen.
- Die neunjährige Mareike und der zehnjährige Julian werfen mit Steinen Straßenlaternen und Lampen in der Schule kaputt. Klar, dass sie die Reparaturkosten zahlen müssen.
- Das Verwaltungsgericht Aachen hat durch Urteil vom 20. Januar 2020 (6 K 292/18, juris) entschieden, dass der Gebührenbescheid einer Behörde des Landes Nordrhein-Westfalen i. H. v. 38.919 € gegen einen Minderjährigen rechtmäßig war. Der Minderjährige musste die bei vier verschiedenen Polizeieinsätzen entstandenen Personalkosten zahlen, die er durch die Ankündigung von Amokläufen per E-Mail veranlasst hatte.
- Zahlen müssen Minderjährige auch, wenn sie so heftig durch das Klassenzimmer „toben", dass dabei Blumenvasen, Stühle oder gar Bänke beschädigt werden.
- Die zehnjährige Corinna spielt heimlich an Papas Notebook, obwohl er ihr das verboten hat. Versehentlich kippt ihr ein volles Glas Milch auf die Tastaturflä-

che, die schnell in das gesamte Gehäuse eindringt und das Notebook schrottreif macht. Klar, dass Corinna ihrem Vater jetzt ein neues Notebook kaufen muss. Sparbuch, Sparschwein müssen eingesetzt und der Rest durch Taschengeldeinbehalt langsam verdient werden.

- Der achtjährige Manuel wirft dem gleichaltrigen Andy einen Pflasterstein gegen den Kopf. Dieser erleidet Verletzungen. Andy muss die Arzt- und Arzneimittelkosten, die Kosten für den Krankenwagen und eventuell das Krankenhaus zahlen.
- Die elf Jahre alten Freunde Philipp und Hannes machen beim Indianerspielen ernst. Obwohl ihnen Eltern, Lehrer und überhaupt alle Erwachsenen immer wieder verboten haben, Streichhölzer zu benutzen, zünden sie zwei Indianerpfeile an und werfen sie auf das Gegnerzelt, das sofort Feuer fängt und in Flammen aufgeht. Wenn sie Glück haben, können sich Florian und Hannes, die im Zelt sitzen, sofort befreien, so dass „nur" die gesamte Ausrüstung abbrennt, die Philipp und Hannes bezahlen müssen. Nicht auszudenken, wenn sich die anderen nicht mehr bei dem sofort brennbaren Material befreien können und sterben oder wenn sich die Zelte im Wald befinden und es zu einem Waldbrand kommt, bei dem alle ums Leben kommen.
- Das Oberlandesgericht Koblenz hat einen 11-Jährigen zur Zahlung eines Schmerzensgeldes von 12.500 € verurteilt. Dieser hatte eine Getränkeflasche mit Trockeneis gefüllt und verschlossen, so dass sich ein Überdruck bilden konnte. Als sein 15 Jahre alter Kumpel diese von der Straße wegholen wollte, damit keine Kinder gefährdet würden, explodierte die Flasche und verletzte ihn schwer (OLG Koblenz, Urteil vom 18.3.2004, AZ 5 U 1134/03).
- Der 12 Jahre alte Micha führt entgegen des Verbots der Eltern den Schäferhund aus. Dieser reißt sich los, springt ein kleines Kind an, das auf die Straße fällt und von einem Auto angefahren wird.
- Der 12 Jahre alte Klaas wirft aus „Jux" eine brennende Wunderkerze achtlos nach links. Diese trifft Maja im Gesicht. Sie erleidet eine Brandverletzung, die eine so hässliche Narbe hinterlässt, dass eine gesichtschirurgische Maßnahme durchgeführt werden muss.
- Die 13-jährige Nicole lässt beim Babysitten den Säugling für einen Moment aus den Augen. Dieser erleidet eine schwere Gehirnerschütterung beim Sturz von der Wickelkommode. Nicole muss die Heilungskosten und Schmerzensgeld zahlen.
- Der 15-jährige Simon gibt der 11-jährigen Tanja eine Pille Ecstasy, damit sie besonders gut tanzen kann. Tanja wird mit einem Kreislaufkollaps ins Krankenhaus eingeliefert. Simon muss Heilbehandlungskosten und Schmerzensgeld zahlen.

2. „Haftungsprivileg" im Straßenverkehr. Haftung meist erst mit zehn Jahren

Unterläuft einem als Kind im Straßenverkehr fahrlässig oder vorsätzlich ein Fehler, haftet man meist „erst", wenn man zehn Jahre alt ist (§ 828 Abs.2 BGB). Denn im Straßenverkehr sind die Verhältnisse für ein Kind oft unüberschaubar. Geschwindigkeiten sind schwer einzuschätzen; ein Kind unter zehn Jahren kann oft noch nicht das Gesamtverkehrsgeschehen mit etwaigen Abbiege- und Überholvorgängen erfassen. Beispiele:

- Jutta läuft an ihrem 10. Geburtstag trotz roter Fußgängerampel über die Straße, weil sie noch den Schulbus bekommen möchte. Der Vorfahrt berechtigte Autofahrer weicht ihr aus, stößt mit einem entgegen kommenden Fahrzeug zusammen. Beide Fahrer werden schwer verletzt. Einer wird immer im Rollstuhl sein müssen. Jutta wird alle Kosten und dem Rollstuhlfahrer ein Leben lang eine Rente zahlen müssen. Wäre der Unfall einen Tag vorher passiert, würde Jutta noch nicht haften.
- Der zehnjährige Emre fährt mit seinem neuen Rennrad mit „Affenzahn" eine Oma auf dem gemeinsamen Rad/Fußweg „über den Haufen". Er muss alle Heilungskosten und wahrscheinlich Schmerzensgeld zahlen.
- Der elfjährige Niklas springt beim Fangen-Spielen aus Unachtsamkeit plötzlich hinter einem Auto auf die Fahrbahn und verursacht einen schweren Verkehrsunfall. Hier muss er sich zumindest ein Mitverschulden anrechnen lassen und haftet für die entstandenen Schäden mit.

3. Vorsicht: wenn parkende Autos beschädigt werden, haften auch Sieben- bis Neunjährige!

Das „Haftungsprivileg", also dass im Straßenverkehr erst gehaftet wird, wenn man zehn Jahre alt ist, gilt nicht, wenn sich im Einzelfall die „typische Überforderungssituation des Kindes durch die speziellen Gefahren des motorisierten Verkehrs nicht realisiert" hat; die Verhältnisse im Straßenverkehr für das Kind nicht unüberschaubar waren. Dann haftet es auch ab Vollendung des siebenten Lebensjahres. Beispiele:

- Der 9 Jahre alte Beklagte, sein Zwillingsbruder und ein Klassenkamerad führten auf der Fahrbahn ein Wettrennen mit Kickboards durch. Obgleich der Beklagte im Umgang mit einem Kickboard geübt war, stürzte er aus Unachtsamkeit. Sein Kickboard prallte gegen den ordnungsgemäß am rechten Straßenrand geparkten

Pkw des Klägers. Der Neunjährige wurde zur Zahlung des am Pkw entstandenen Sachschadens in Höhe von 1.904,16 € nebst Prozesskosten verurteilt. Begründung: „Kinder in der Altersgruppe des Beklagten wissen, dass sie sich so zu verhalten haben, dass ihr Kickboard nicht gegen einen parkenden Pkw prallt und diesen beschädigt. Es ist ihnen auch möglich und zumutbar, dieses Spielgerät so zu benutzen, dass eine solche Schädigung vermieden wird. Die danach gebotene Sorgfalt hat der Beklagte missachtet, indem er im Wettrennen mit seinem Bruder und einem Freund so schnell fuhr, dass er stürzte und sein Kickboard führungslos mit dem Pkw des Klägers zusammenstieß." (BGH Urteil vom 30.11.2004, AZ VI ZR 335/03, abgedruckt in BGH Report 2005, 357–360)

- Die 9 Jahre alte Beklagte und ihre Spielkameraden fuhren mit ihren Fahrrädern zwischen parkenden Fahrzeugen hindurch. Dabei verlor die Beklagte aus Unachtsamkeit das Gleichgewicht, kippte mit ihrem Fahrrad um und stieß gegen den parkenden Pkw des Klägers. Die Neunjährige wurde zur Zahlung des dadurch entstandenen Sachschadens in Höhe von 727,37 € nebst Prozesskosten verurteilt (BGH Urteil vom 30.11.2004, AZ VI ZR 365/03, abgedruckt in NJW 2005, 356–357).
- Ein weiterer 9-Jähriger stieß mit seinem Fahrrad versehentlich gegen den ordnungsgemäß am Straßenrand parkenden Pkw des Klägers, der dadurch beschädigt wurde. Der 9-Jjährige wurde zur Zahlung der Reparaturkosten in Höhe von 715,74 € nebst Prozesskosten verurteilt (BGH Urteil vom 21.12.2004, AZ VI ZR 276/03, abgedruckt in DAR 2005, 150–152).

4. Wenn mehrere Schaden anrichten

Wer muss den Schaden ersetzen, wenn der achtjährige Markus von dem älteren Ronnie angestiftet wurde, gegen das Fahrrad von Dirk zu treten oder wenn noch drei oder zehn andere gegen das Fahrrad getreten haben?

Gesamtschuldnerische (Allein-)Haftung (§ 830 BGB)

Dann zahlt Markus nicht etwa nur 1/4 oder 1/10 sondern den gesamten Schaden allein, wenn Dirk es so möchte. Der Geschädigte kann sich nämlich einen Schädiger aussuchen und von diesem den gesamten Schadensersatz verlangen, auch wenn dieser nur einen minimalen Anteil des Schadens angerichtet oder sogar nur Schmiere gestanden und aufgepasst hat, dass keiner die Bande beim Zerstören des Fahrrades beobachtet.

Ausgleichspflicht der Gesamtschuldner (§ 426 BGB)

Markus kann sich zwar später im Innenverhältnis an die anderen Schädiger halten. Das ist oft aber nicht viel versprechend. Häufig streiten sie den Tatbeitrag ab oder haben nichts.

Kann man zusammen mit den Eltern haften?

Ja. Eine solche gemeinsame Haftung mit den Eltern kommt immer dann in Betracht, wenn Eltern oder andere Aufsichtspflichtige (Vormund, Erzieher, Kindermädchen, Krankenhaus für die aufgenommenen Kinder, Lehrer einer Privatschule usw.) zu dem Zeitpunkt, in dem das von ihnen zu betreuende Kind Schaden angerichtet hat, ihre Aufsichtspflicht verletzt haben. Nach § 832 BGB ist „derjenige, der kraft Gesetzes oder kraft Vertrags zur Führung der Aufsicht über eine minderjährige Person verpflichtet ist", zum Ersatz des Schadens verpflichtet, den diese Person einem Dritten widerrechtlich zufügt.

Beispiel: Das OLG Köln verurteilte einen elf Jahre alten Jungen und seine Mutter zur Zahlung von 70.000 € Schmerzensgeld. Der Junge hatte beim Spiel mit einem Wurfpfeil („Dart-Pfeil") auf dem Spielplatz einem siebeneinhalbjährigen Jungen versehentlich im linken Auge getroffen. Seine Mutter hielt sich zu dieser Zeit in ihrer Wohnung auf, von der aus der Spielplatz zum Teil einsehbar war (OLG Köln, Urt. v. 5.5.1993 – 11 U 5/93-r+s 1994, 297).

5. Wie kann ein(e) Minderjährige(r) Schadensersatz und Schmerzensgeld geltend machen, wenn er/sie geschädigt wird?

Beispiel: Verletzungen durch Stoß vom Fahrrad auf die Straße

Malte wurde von seinem Kumpel Michael vom Fahrrad gestoßen. Er kann diesen – am besten in Gegenwart von Zeugen – erst mündlich freundlich auffordern, ihm seinen Schaden zu ersetzen. Reagiert Michael darauf nicht, dann kann er ihn schriftlich – eventuell per Einschreiben/Rückschein – zur Zahlung von Schadensersatz und Schmerzensgeld auffordern.

Absender: Malte Stein, Goethestr., Cottbus

An
Michael Kappus
Berliner Straße 70
Cottbus

Cottbus, den

Hi Michael,
ich bin total enttäuscht von dir. Ich dachte immer, du bist ein fairer Typ. Da muss ich mich wohl getäuscht haben.
Zunächst einmal war es wirklich nicht cool, dass du mich am 7. April ...... gegen 11.00 Uhr während der Fahrt auf der Marktstraße vom Fahrrad gestoßen hast. Um ein Haar wäre ich vom Auto überfahren worden. Du hast mir den Tag versaut. Statt mit meiner Clique unseren Sonntags-Kneipenbummel zu machen, musste ich mich im Krankenhaus zusammenflicken lassen und habe den Rest des Tages mit furchtbaren Kopfschmerzen im Bett zu Hause verbracht. Immerhin hatte ich eine leichte Gehirnerschütterung. Auch die Wunden am Knie schmerzten und überhaupt tat alles weh. Eine Woche war ich krankgeschrieben und konnte nicht zur Schule gehen. Am Dienstag und Mittwoch konnte ich keine Nachhilfe geben. Da sind mir insgesamt 60 € durch die Lappen gegangen.
Ich habe dich vor genau zehn Tagen gebeten, mir die Schäden zu ersetzen. Nichts geschah. Ich fordere dich jetzt noch einmal auf, mir bis zum 1. Juni ..... 903 € auf mein Kto. Nr. ... bei der Kreissparkasse Cottbus (IBAN...) zu überweisen. Der Betrag setzt sich aus folgenden Positionen zusammen:

Reparatur Fahrrad	296 €
Reinigung Jacke	26 €
Ersatz f. kaputte Jeans	95 €
Reparatur Brille	58 €
Ersatz für 2 CDs Ava Max	34 €
Verdienstausfall Nachhilfe	60 €
Ärztliches Attest	20 €
Taxikosten Krankenhaus bis Wohnung	14 €
Schmerzensgeld	300 €
	Summe = 903 €

Sollten 903 € nicht bis zum 1. Juni ....auf meinem Konto sein, werde ich einen Anwalt einschalten.
Außerdem werde ich gegen dich bei der Polizei Cottbus Strafanzeige erstatten und Strafantrag stellen.
Malte

Hat jemand einem anderen vorsätzlich einen Sachschaden zugefügt oder mindestens fahrlässig eine Körperverletzung, muss er sich in der Regel auch vor dem Strafrichter verantworten (s. u. Kap. L. Strafrecht).

6. Haftpflichtversichert? Die Existenzversicherung des jungen Menschen

Jeder junge Mensch sollte seine Eltern fragen, ob sie haftpflichtversichert sind. Wenn nicht, sollte man seine Eltern solange „nerven", bis sie eine Privathaftpflichtversicherung abgeschlossen haben und sich die Versicherungspolice von ihren Eltern zeigen lassen.

Denn: Eine Haftpflichtversicherung schützt auch Kinder und Jugendliche vor möglichem Existenzverlust in der Zukunft.

Man sollte sich die Versicherungsnummer notieren. Dann kann man die Versicherung sofort informieren, wenn man mal ohne Eltern weit weg ist und einen Schaden verursacht hat.

Beispiele: Man hat einer Dame aus Versehen eine Tasse Kakao über ihren weißen Ledermantel gegossen; man ist im Supermarkt gegen einen Berg mit Gurkengläsern gelaufen und hat den Bruch des Tages veranstaltet oder man spielt Tarzan, das Seil reist und man landet ausgerechnet in Nachbars gläsernen Orchideenhaus. Wie wichtig eine Haftpflichtversicherung ist, zeigt der Fall des armen Kai, der mit über 100.000 € Schulden ins Leben startet.

Keine Haftpflicht zahlt für Kais jugendlichen Übermut

Der 15 Jahre alte Kai lebt in armen Verhältnissen. Seine Eltern können mit ihrem geringen Einkommen kaum die siebenköpfige Familie ernähren. Er selbst hat kein Einkommen. Natürlich war bisher kein Geld für eine Haftpflichtversicherung übrig.

Nun aber ist Kai als Radfahrer das passiert, was fast jedem anderen auch passieren könnte. Er raste – mit Walkman im Ohr – bei Dunkelheit mit hohem Tempo und ohne Beleuchtung die Hauptstraße entlang. In diesem Moment überquerte Opa Wilhelm die Hauptstraße, nachdem er sich nach beiden Seiten vergewissert hatte, dass kein Fahrzeug nahte. Als er die Straße schon fast ganz überquert hatte, wurde er plötzlich von Kais Fahrrad erfasst, das er wegen der fehlenden Lichter nicht hatte sehen können. Opa Wilhelm wurde schwer verletzt und musste fünf Wochen stationär im Krankenhaus behandelt werden. Der Junge haftet zu 100 %, weil er kein Licht am Rad hatte und auch zu schnell gefahren war. Zweifellos ist er auch vollen Umfangs einsichtsfähig.

Hätten seine Eltern eine Haftpflichtversicherung abgeschlossen, wäre der Fall für Kai wohl damit ausgestanden gewesen, dass er Opa Wilhelm ab und zu im Krankenhaus besucht und ihm etwas mitgebracht hätte.

Für Kai aber ist alles anders. Er wird vollen Umfangs zur Kasse gebeten. Nicht von Opa Wilhelm. Der hat so viel Verständnis und verzichtet sogar auf Schmerzensgeld, um dem Jungen die Zukunft nicht zu verbauen. Aber die Krankenkasse von Opa Wilhelm. Sie kennt kein Pardon und verlangt von Kai im Wege des Rückgriffs die gesamten Krankenhaus- und Behandlungskosten in Höhe von etwa 54.000 €.

Das Gericht muss verurteilen

Das Gericht kommt nicht umhin, Kai zur Zahlung der vollen Summe zu verurteilen. Gesetz ist Gesetz. Auch wenn es dem Richter noch so leid tut.

Zinsen und Zinseszins

Für Kai kommt alles noch schlimmer: Es bleibt nicht bei den 54.000 €. Auf die Summe muss er mindestens 4 % Jahreszinsen zahlen. Außerdem muss Kai die gesamten Prozesskosten in Höhe von 13.575,55 € tragen. Würde er gegen das Urteil Berufung einlegen, würden sich diese Kosten nochmals mehr als verdoppeln. Prozesskostenhilfe? Die bekommt Kai deshalb nicht, weil er den Prozess verloren hat. Im Laufe der Jahre wird sich diese Summe mit Prozesskosten und Zinsen vermutlich so erhöhen, dass Kai sein Berufsleben mit einem Schuldenberg von über 100.000 € beginnen muss, der eventuell mit Gehaltspfändungen beginnt und keine Familiengründung zulässt.

Alle Eltern sollten versuchen, ihrem Kind ein solches Los zu ersparen.

VI. Vorsicht Schulden

1. Vermögens- und Schuldenbilanz am 18. Geburtstag

Mit dem 18. Geburtstag wird der Mensch volljährig. Damit können sich entscheidende Faktoren im Hinblick auf den Vermögensstatus ändern. Es findet eine Zäsur der Vermögensverhältnisse statt.

1.1 Ab sofort: Kein Schutz mehr beim Abschluss neuer Verträge

Sobald am 18. Geburtstag die Stunde 0.00 Uhr geschlagen hat, entfällt der Schutz des § 108 BGB, wonach ein vom Minderjährigen abgeschlossener Vertrag nur mit Genehmigung des gesetzlichen Vertreters wirksam werden konnte; wie etwa ein Mobilfunkvertrag, ein Kaufvertrag im Online-Handel, ein Vertrag mit dem Fitnessstudio oder gar ein Darlehensvertrag, zu der es zusätzlich der Zustimmung des Vormundschaftsgerichts bedurfte.

Jeder neue Vertrag, den der junge Mensch jetzt schließt, ist unerbittlich gültig. Nun gilt es also, besonders gut aufzupassen, damit man nicht schnell Schulden anhäuft.

1.2 Schulden aus der Vergangenheit, die der 18-jährige gemäß § 1629 a BGB auf sein vorhandenes Vermögen beschränken kann (Beschränkung der Minderjährigenhaftung)

Nicht immer funktioniert die – i. d. R. von den Eltern und weiteren Vertretern ausgeübte – Vermögenssorge für das Kind optimal. Damit das volljährig gewordene Kind nicht mit einem riesigen Schuldenberg in die Zukunft startet, den es nicht verursacht hat, soll es zum Zeitpunkt des 18. Geburtstages die Möglichkeit erhalten, die Haftung für Verbindlichkeiten, die seine Eltern ihm gegenüber im Rahmen ihrer gesetzlichen Vertretungsmacht durch Rechtsgeschäft oder eine sonstige Handlung begründet haben, auf den Bestand des bei Eintritt der Volljährigkeit vorhandenen Vermögens zu beschränken. Das soll dem (bisher) Minderjährigen ermöglichen, die Volljährigkeit schuldenfrei zu beginnen.

Wichtig! Die Haftungsbeschränkung des § 1629 a BGB wirkt jedoch nicht „automatisch", sondern muss als sog. Einrede erhoben werden. Für den Fall, dass sich der volljährig Gewordene auf die Beschränkung seiner Haftung beruft, folgt gelten die Vorschriften über die beschränkte Erbenhaftung nach §§ 1990, 1991 BGB.

Zur ersten Abwehr folgendes Musterschreiben:

Absender: Peter Müller, Berlin, ...

Datum

An
Empfänger
Per Einschreiben/Rückschein

....

Sehr geehrte Damen und Herren,

mit (Rückforderungs-)Bescheid vom ...... haben Sie mich aufgefordert, einen Betrag in Höhe von .... €. an Sie (zurück) zu zahlen.

Gegen diesen Bescheid/diese Mitteilung erhebe ich gemäß § 1629 a BGB die Einrede der Beschränkung der Minderjährigenhaftung.

Die Voraussetzungen liegen vor. Ich bin am .... 18 Jahre alt geworden und besitze keinerlei Vermögen.

Bitte bestätigen Sie binnen eines Monats ab Zugang dieses Schreibens, dass Sie diese Forderung gegen mich nicht weiterverfolgen werden!

Mit freundlichen Grüßen

Peter Müller

Da das ein kompliziertes Verfahren ist, wird Betroffenen empfohlen, sich im Übrigen beim Amtsgericht einen Beratungshilfeschein zu besorgen und damit einen Rechtsanwalt aufzusuchen, der weiterführende Schritte prüft.

Folgende Schulden kann der 18-Jährige auf den Bestand seines bei Eintritt der Volljährigkeit vorhandenen Vermögens zu beschränken:

1.2.1 Schulden aus Rechtsgeschäften, die für das Kind begründet wurden

Das sind

- Verbindlichkeiten aus Rechtsgeschäften, die Eltern in Ausübung ihres Personensorgerechts und sonstige vertretungsberechtigte Personen für das Kind eingegangen sind. Dazu können auch Rückzahlungsansprüchen von Ämtern gehören; z. B. wenn Eltern Sozialleistungen für das Kind erhalten hatten und das Amt später feststellt, dass es Überzahlungen gegeben hat So muss nach dem Urteil des Bundessozialgerichts vom 18.11.2014 (B 4 AS 12/14 R) ein junger Volljähriger Leistungen nach dem SGB II (Hartz IV), welche er als Minderjähriger zu Unrecht erhalten hat, nur bis zur Höhe des bei Eintritt seiner Volljährigkeit vorhandenen Vermögens an das Jobcenter erstatten (s. Musterschreiben).

- aus Geschäften, zu denen die Eltern die Genehmigung des Vormundschaftsgerichts erhalten hatten.
- Verbindlichkeiten aus Rechtsgeschäften, die der Minderjährige gemäß §§ 107, 108 oder § 111 BGB mit Zustimmung seiner Eltern vorgenommen hatte.

Ausgenommen sind Verbindlichkeiten aus einem eigenen Erwerbsgeschäft sowie aus Rechtsgeschäften, die allein zur Befriedigung seiner persönlichen Bedürfnisse dienten.

1.2.2 Schulden durch Erbschaft

Hat ein Minderjähriger Schulden (z.B. vom Großvater) geerbt und wurde von den Eltern versäumt, das Erbe für das Kind gemäß § 1944 Abs. 1 BGB innerhalb von sechs Wochen auszuschlagen, muss das Kind damit rechnen, dass die Gläubiger des Großvaters noch viele Jahre versuchen, ihre Forderungen von ihm als Enkel einzutreiben. Dagegen schützt auch die Einrede der Minderjährigenhaftung gemäß § 1629 a BGB.

1.3 Schulden die dem/der 18-Jährigen in voller Höhe „erhalten bleiben"

Es leuchtet sicher sofort ein, dass die Minderjährigen-haftungsbeschränkung des § 1629 a Abs. 1 BGB dann nicht anwendbar ist, wenn der Minderjährige die Ursachen für diese Schulden selbst durch unerlaubte oder deliktische Handlungen i.S.d. §§ 823 ff. BGB gesetzt hat. Zudem ist er über die §§ 828 und 829 BGB bereits ausreichend geschützt.

Ebenso wenig kann die Minderjährigenhaftungsbeschränkung eingreifen, wenn der/die 18-Jährige für ein eigenes Kind gesetzlichen Unterhalt zu zahlen hat (§§ 1600 ff. BGB) und dann, wenn ein anderer Ansprüche auf Herausgabe seines Eigentums hat. Z.B. hat Joshua ein altes Gemälde vom Freund seines Vaters im Besitz, das aber dessen Sohn gehört (§§ 985, 812 BGB).

2. Junge Schuldner zwischen Schadensersatzpflichten und Must-haves

Es haben erschreckend viele junge Menschen – teilweise – hohe Schulden.

Selbst Minderjährige, die einen gewissen Schutz vor Verschuldung haben, weil ihre gesetzlichen Vertreter dem Abschluss von Verträgen zustimmen müssen (§ 108 BGB) und die beim Eintritt in die Volljährigkeit bei bestimmten Schulden die Einrede der Haftungsbeschränkung nach § 1629 a BGB geltend machen können (s.u.), haben oft schon mehrere zehntausend € Schulden. Diese stammen aus Schadensersatzverpflichtungen (auch aus Verkehrsunfällen (s. o.), Bußgeldern, Geldstrafen, Anwalts- und Gerichtskosten, Unterhaltsforderungen eigener Kinder, Forderungen für abgeschlossene Verträge unter falscher Alters- oder Namensangabe u. v. m.).

Mit dem Eintritt in die Volljährigkeit scheint es bei vielen jungen Menschen aber keine Konsumgrenzen mehr zu geben. Sie wollen schließlich dazu gehören: Ob Klamotten, ob Styling, ob Elektronik, ob Wohnungseinrichtung, ob Fahrzeug, ob Ausgehen, ob Reisen, ob Shopping und Konsum überhaupt. Schnell haben sie in der Glitzerwelt der Überangebote vergessen, dass ihr halbes Monatseinkommen schon für die Miete drauf geht und dass noch Versicherungen und ein Bankkredit bedient werden müssen.

Es dauert oft nicht lange, bis sich Miet- und andere Schulden aufgebaut haben. Das geht auch Mira so. Wird Miras Kreditvertrag wegen Nichtzahlung vorzeitig gekündigt, erfolgt sofort ein Eintrag in die SCHUFA (= Schutzgemeinschaft der Banken für allgemeine Kreditsicherung. www.schufa.de). Steht Mira da erst einmal drin, kann sie Ärger mit anderen Gläubigern bekommen; z. B. kann ihr Dispositionskredit sofort gekündigt werden.

3. Mahn- und Vollstreckungsbescheid, Klage, Versäumnisurteil

Wenn Mira nicht mehr in der Lage ist, alle Verbindlichkeiten pünktlich zu erfüllen, dann können ihre Gläubiger in Höhe ihrer Forderungen bei Gericht jeweils einen Mahn- und Vollstreckungsbescheid (§§ 688, 699 ZPO) oder mittels einer Klage (§ 253 ZPO) ein Versäumnisurteil (§ 330 ZPO) gegen Mira als Schuldnerin erwirken.

Wäre Mira minderjährig, wäre noch zu beachten, dass Schriftstücke, die ihr zugestellt werden sollen, wie etwa ein Mahn- und ein Vollstreckungsbescheid, nach § 170 ZPO an den gesetzlichen Vertreter zuzustellen sind. Eine Zustellung an die nicht prozessfähige Person, also an die Minderjährige, wäre unwirksam. Von manchen Gerichten wird dazu aber entschieden, dass dann, wenn der gesetzliche Vertreter der/s Minderjährigen das Schriftstück, etwa die Klageschrift, aber erhalten haben, der ursprüngliche Zustellungsmangel gem. § 189 ZPO geheilt worden ist.

Generell gilt: Um weitere Kosten zu sparen, sollte man sich gegen eine bei Gericht geltend gemachte Forderung nur wehren, wenn man meint, dass sie nicht berechtigt ist. Wenn es irgendwie möglich ist, sollte man versuchen, die Forderung zu begleichen, damit es nicht erst zum Vollstreckungsbescheid oder zum Versäumnisurteil kommt.

4. Wenn der Gerichtsvollzieher mit dem Kuckuck kommt

„Kuckuck, kuckuck" ruft's aus dem Wohnzimmer

Auf Grund des Vollstreckungsbescheides oder des Versäumnisurteils kann der Gerichtsvollzieher – bei einem Minderjährigen in Anwesenheit eines gesetzlichen Vertreters – vollstrecken. Das bedeutet, er darf aus dem Zimmer bzw. der Wohnung des Schuldners, hier Mira, wertvolle Gegenstände nehmen – etwa eine kostbare Erbuhr – und sie verwerten, also verkaufen. Den Erlös erhält der Gläubiger. Er kann Gegenstände, z. B. einen wertvollen Eichenschrank oder ein Klavier, auch erst nur pfänden, also seinen Kuckuck draufkleben und später versteigern, wenn Mira bis zum Versteigerungstermin nicht gezahlt hat.

5. Gehaltspfändungen

Meistens reicht das, was der Gerichtsvollzieher an wertvollen Sachen in der Wohnung findet nicht aus, um die Ansprüche der Gläubiger zu erfüllen. Das hängt schon damit zusammen, dass fast alles auf Pump unter Eigentumsvorbehalt gekauft ist, die Gegenstände also Dritten gehören. Handelt es sich um Gegenstände, die dem Gläubiger selbst gehören, können diese natürlich vom Gerichtsvollzieher mitgenommen werden. Hat Mira zum Beispiel bei der Firma „Junges Wohnen" ein Sofa gekauft, aber den Kaufpreis nicht bezahlt, dann kann der Gerichtsvollzieher, der im Auftrag der Firma die Kaufpreisforderung vollstrecken soll, das Sofa mitnehmen, jedenfalls dann, wenn es von der Firma unter Eigentumsvorbehalt geliefert wurde.

Ist der Gläubiger nicht vollständig befriedigt, kann er das Gehalt von Mira durch einen sogenannten Pfändungs- und Überweisungsbeschluss (§§ 829, 835 ZPO) pfänden. Darin wird der Arbeitgeber angewiesen, Mira als Schuldnerin nur noch den sog. nicht pfändbaren Teil ihres Lohnes auszuzahlen (vgl. §§ 850 – 850 i ZPO) und den Rest an den Gläubiger abzuführen. So etwas macht immer einen schlechten Eindruck beim Arbeitgeber. Außerdem hat dieser dadurch eine Menge Verwaltungsaufwand und Ärger. Häufig versuchen Arbeitgeber, derartige „Kandidaten" schnell wieder los zu werden.

6. Eidesstattliche Versicherung und Schuldnerverzeichnis

Sind alle Vollstreckungsversuche erfolglos, ist bei Schuldnerin Mira also nichts zu holen, kann sie auf Antrag des Gläubigers – eventuell nach Verhaftung – zur Abgabe der eidesstattlichen Versicherung gezwungen werden (§ 899 ff. ZPO). Mira offenbart beim Amtsgericht anhand eines Vermögensverzeichnisses, welche Vermögensgegenstände und Forderungen sie hat und gibt diese Erklärung an Eides statt ab. Ist Mira noch nicht 18, muss ein gesetzlicher Vertreter die Erklärungen in ihrem Namen abgeben. Es folgt ein Eintrag in das Schuldnerverzeichnis des Amtsgerichts. Miras Name wird erst gelöscht, wenn sie alle dort eingetragenen Forderungen erfüllt hat oder drei Jahre verstrichen sind. Über das Bestehen oder Nichtbestehen einer bestimmten Eintragung ist jedermann auf Antrag Auskunft zu erteilen (§ 915 ZPO).

7. Verbraucherinsolvenz und Restschuldbefreiung.

Die Insolvenzordnung gibt jedem redlichen Schuldner, hier also auch Mira, eine zweite wirtschaftliche Chance im Leben. Mira muss also nicht in jedem Fall ihr Leben lang einen riesigen Schuldenberg vor sich herschieben. Vielmehr kann ein Schuldner von seinen Restschulden befreit werden, wenn er sich fünf, in besonderen Fällen drei Jahre lang sehr anstrengt, Schulden abbaut und keine neuen Schulden macht.

Wie Restschuldbefreiung im Einzelnen funktioniert, erfährt man bei einer anerkannten Schuldnerberatungsstelle.

Erste Informationen erhält man auch als Download im Internet vom Bundesministerium der Justiz (www.bmj.de, Stichwort: Restschuldbefreiung).

8. Haften Eltern für die Schulden ihrer Kinder?

Grundsätzlich nein, es gibt aber Ausnahmen.

So ist meist zu prüfen, ob Eltern ihre Aufsichtspflicht (§ 832 BGB) verletzt haben. Haben sie den Autoschlüssel vor ihrem 10jährigen Sohn nicht sicher weggeschlossen und holt sich dieser in der Nacht den Autoschlüssel, unternimmt eine Spritztour und verursacht einen schweren Unfall im Straßenverkehr mit Schwerverletzten und großen Sachschäden, werden die Eltern aus dem Gesichtspunkt der Aufsichtspflichtverletzung für alle Schäden mithaften.

Achten Eltern nicht darauf, was ihr Sprössling am Computer „treibt" und lädt dieser verbotenerweise fremde Software runter, meldet sich zu diversen kostenpflichtigen Internetportalen an, bestellt Online unter Angabe der Personalien der Eltern und schließt noch einen teuren Handyvertrag ab, haften die Eltern ebenfalls aus dem Gesichtspunkt der Aufsichtspflichtverletzung für alle Kosten. Ausnahme: Sie können nachweisen, dass sie ihrem Sohn eindringlich verboten haben, den Computer zu nutzen.

Haben sie als Allein- oder Mitschuldner einen Handy-, Kredit- und Leasing-Vertrag ihres Kindes unterschrieben, haften sie für alle Kosten, die in diesem Zusammenhang entstehen, auch für Telefongebühren, die ihre Tochter vertelefoniert. Besser ist es deshalb, wenn der/die Minderjährige stets auf Guthabenbasis, also mit einer Prepaid-Karte telefoniert, bei der die Gebühren bereits vorher bezahlt werden.

Ebenso haften Eltern, wenn sie sich für einen Miet- oder sonstigen Vertrag verbürgen.

9. Spezial: Schuldenfalle Leasing. Das dicke Ende kommt am Schluss.

Finger weg vom Leasing! Nur dann, wenn man sich als junger Mensch richtig ausbeuten lassen will, sollte man einen Leasingvertrag schließen. Ein Leasingvertrag ist ein besonders ausgestalteter Mietvertrag. Manchmal wird man durch Werbung angelockt, in der es heißt:

„Für nur 99 € im Monat können Sie das Superauto des Jahres fahren. Günstiger geht es nicht!" Erst informieren, bevor man einen Fahrzeug-Finanzierungsleasingvertrag abschließt!

Nehmen wir an, der Autohändler bietet dem 20 Jahre alten Mike einen gebrauchten BMW für 24.750 € an. Mike kann den Kaufpreis nicht bezahlen. Er hat jetzt vier Möglichkeiten:

- Er verzichtet auf ein Auto. Radfahren ist gesünder und billiger.
- Mike wickelt deinen Onkel aus Amerika solange um den Finger, bis dieser ihm endlich das Auto schenkt.
- Mike kauft das Auto und bittet eine Bank, ihm den Kaufpreis darlehensweise vorzustrecken. Die Bank ist einverstanden, da Mikes Lieblingstante gegenüber der Bank bürgt. Mike zahlt das Darlehen in Raten an die Bank zurück. Er wird nach Tilgung des Darlehns Eigentümer des Fahrzeugs und kann es fahren, bis es wegen Altersschwäche zur Fahrzeugverwertung kommt. Reparaturen führt er nur aus, wenn er es für richtig hält und sein Geldbeutel es zulässt.
- Mike least, also mietet das Auto. Leasing ist aber keine gewöhnliche Miete. So mietet man das Fahrzeug nicht vom Kfz-Händler, sondern man bittet ein Leasingunternehmen, den BMW von dem Händler zu kaufen und an diesen den gesamten Kaufpreis zu bezahlen. Kommt das Leasingunternehmen dieser Bitte nach, wird es Eigentümer des Fahrzeugs. Nun kann man als sog. Leasingnehmer wiederum den BMW von dem Leasingunternehmen (= Leasinggeber) für einen bestimmten Zeitraum, meist zwei oder drei Jahre mieten, also leasen. Nach Ablauf der Leasingzeit wird das Fahrzeug von dem Leasingunternehmen verkauft. Wird dabei nicht der zu Vertragsbeginn kalkulierte Restwert erzielt, muss man als Leasingnehmer die Differenz zwischen kalkuliertem Wert und erzieltem Preis tragen.

Schon daran kann man schon ablesen, dass das Leasingunternehmen das Auto nicht aus Menschenfreundlichkeit kauft, um es ausgerechnet an Mike für 99 € im Monat zu vermieten. Es muss sich enorme Gewinnmöglichkeiten ausgerechnet haben, natürlich auf Kosten des Mieters, also des Leasingnehmers.

9.1 Was muss der Kunde insgesamt blechen?

Es klingt zwar toll, wenn man für die Nutzung eines tollen Autos nur 99 € im Monat zahlen soll. Davon sollte man sich aber nicht beeindrucken lassen, sondern prüfen, wie viel einem die Autonutzung unter dem Strich kostet. Denn stets ist für Überlassung des Autos ein beinahe festes Leasingentgelt zu zahlen, das der Anbieter lediglich so gut aufteilt, dass es der Kunde nicht gleich merkt. Zum Leasingentgelt gehören regelmäßig:

- Eine sog. „Mietsonderzahlung" bei Vertragsbeginn, die i. d. R. zwischen 6.000 € und 12.000 € oder höher liegt. Solange diese auf die späteren Raten angerechnet wird, so dass die Einzelraten niedriger sind, ist das o. k. Das muss aber ausdrücklich im Vertrag stehen.
- Die Summe der während der Vertragsdauer regelmäßig zu erbringenden, vereinbarten Leasingraten. Die Höhe einer Leasingrate kann also mitbestimmt sein von der Höhe der Mietsonderzahlung und von der Höhe des kalkulierten Restwertes, wozu wir unten kommen.
- Alle Zahlungen, die der Leasingnehmer bei Vertragsende zu leisten hat.
- die Abschlusszahlung bei kündbaren Verträgen, also solchen ohne feste Laufzeit.
- den Restwertausgleich bei Verträgen mit fester Laufzeit.

Weiterhin hat der Kunde zu tragen:

- Beiträge für eine Vollkaskoversicherung;
- Alle Wartungs- und Reparaturkosten während der Leasingzeit;
- Kosten für die Feststellung des Fahrzeugzustandes am Vertragsende. Oft fallen Gutachterkosten an, die allein dem Leasingnehmer „aufgebrummt" werden (auch wenn es nicht zulässig ist).
- Schlussinstandsetzungskosten bei der Rückgabe, die fast regelmäßig anfallen. Wann ist ein Fahrzeug bei der Rückgabe wirklich so, dass es – unter Berücksichtigung des vereinbarten Kilometerlimits – der normalen Abnutzung entspricht? Hat das Fahrzeug eine kleine Beule, eine Schramme an der Stoßstange oder einen Colafleck auf dem Sitz, wird es auf Kosten des Leasingnehmers instand gesetzt. Da kommen schnell ein paar tausend € zusammen.

9.2 Das Restwertrisiko oder: „Die weitere Bombe" bei Vertragsende.

Die große Unbekannte ist bei einem Leasinggeschäft, ob man nach Verwertung des Fahrzeugs noch eine Nachzahlung von einigen tausend € leisten muss, oder mit einem halbwegs blauen Auge aus der Geschichte kommt. Das Leasingunternehmen hat zu Vertragsbeginn einen sog. Restwert kalkuliert, also geschätzt, wie viel das Fahrzeug nach zwei oder drei Jahren noch wert ist. Kann der geschätzte Preis nicht erzielt werden, muss der Leasingnehmer nachzahlen. Wird mehr als der geschätzte Preis erzielt, erhält der Leasingnehmer 75 %, der Leasinggeber 25 %.

Sind die Monatsraten nur ganz klein, richt' dich auf'n dickes Ende ein.

Je höher der kalkulierte Restwert, umso niedriger ist zwar die monatliche Rate, aber umso höher kann die Nachzahlung sein.

Ist der Restwert hoch geschätzt, sind die monatlichen Leasingraten vergleichsweise niedrig, da Miete an sich nur den Wertverlust ersetzen soll, der zwischen Anschaffung und Rückgabe des Fahrzeugs entsteht (+ Finanzierungskosten + Bearbeitungsgebühren + … + … + … + …).

Umgekehrt wird es schwer werden, das Fahrzeug nach drei Jahren für einen Preis zu verkaufen, der einem sehr hoch angesetzten Restwert entspricht, zumal sich der Leasinggeber meist nicht sonderlich bemüht und wartet, bis nun der Käufer kommt, der den Traumpreis zahlt. Warum auch. Die Differenz bekommt er von seinem Leasingnehmer.

Ist der Restwert dagegen niedrig angesetzt, wird es vergleichsweise einfach, bei der Verwertung mehr als den kalkulierten Restwert zu erzielen.

An dem sehr vereinfachten Beispiel in der Tabelle soll gezeigt werden, wie abhängig die Höhe der Monatsraten und das Ergebnis der Verwertungsabrechnung von der Höhe des kalkulierten Restwertes sind.

Weitere Einzelfragen sprengen den Umfang dieses Jugendrechtsberaters. Es gibt auch andere Vertragsmodelle. Bei weiteren Fragen hilft oft der Verbraucherverband. Allerdings sind nur wenige Berater in der Lage, die juristischen Fallstricke, die ein Leasingvertrag beinhalten kann, und auf die wir hier nicht eingegangen sind (z. B. was ist nach einem Verkehrsunfall?), wirklich zu durchschauen. Auch ein Buch wird nur bedingt helfen, weil man einfach große juristische Vorkenntnisse benötigt.

Tipp: Es gibt nur einen sicheren Rat: Im Zweifel lieber nein zum Leasing!

Monatliche Belastung und Restwertausgleich bei kalkuliertem		
	hohem Restwert	niedrigem Restwert
Preis BMW gebraucht	24.750 €	24.750 €
kalkulierter Restwert nach 3 Jahren	18.000 € (= hoher Restwert)	9.000 € (= niedriger Restwert)
Differenz Neupreis/kalk. Restwert	6.750 €	15.750 €
Zu zahlende Gesamt-„Kalt"miete: (+ Finanzierungskosten pp., die hier nicht berücksichtigt werden)	6.750 €	15.750 €
Monatliche „Kalt"miete bei 36 Monaten	187,50 € (= niedrige Monatsbelastung)	437,50 € (= hohe Monatsbelastung)
tatsächlicher Verkaufserlös nach 3 Jahren	14.000 €	14.000 €
Verwertungsabrechnung (= Differenz zwischen kalkuliertem Restwert und tatsächlichem Verkaufserlös)	4.000 € muss Kunde nachzahlen	3.750 € erhält Kunde (= 75 % von 5.000 €)

10. Kleine Tipps zum Schluss. Die Zukunft nicht auf Schulden bauen!

8 Tipps zur Verhinderung von Verschuldung!

1. Niemals 101 € ausgeben, wenn man nur 100 € hat!
2. Regelmäßig Gesamteinnahmen und -ausgaben gegenüberstellen.
3. Keiner Werbung trauen! Werbung hat uns nicht lieb, sie will uns nur ausbeuten!
4. Nur mit Bargeld zahlen! Zahlungen Online oder im Supermarkt mit EC- und Kreditkarten tun nicht weh und verführen unmerklich zu Mehrausgaben.
5. Niemals mehr Geld einstecken, als man ausgeben möchte. Den Notgroschen möglichst in die Wäsche einnähen.
6. Nie auf Pump kaufen; Ratenkäufe nur im Notfall tätigen; z. B. wenn man im Beruf (wirklich) auf einen PC angewiesen ist.
7. Ohne echte Not keinen Kreditvertrag schließen! Niemals zu einem Sofortgeldvermittler (= Kredithai) gehen!
8. Finger weg vom (Fahrzeug-)Leasing! Je verführerischer klein die Monatsraten sind, umso höher wird die Nachzahlung am Schluss! Das hat manchem die Existenz gekostet! *(Einzelheiten siehe unten)*

D. IT- und Internetrecht

I. Was gehört zum IT- und Internetrecht?

IT-Recht heißt **Informationstechnologierecht**. Es umfasst alle rechtlichen Belange der Informations- und Datenverarbeitung.

Dazu gehört das Recht rund um EDV-Produkte (z. B. Softwareschutz mit Patent-, Titel- und Markenschutz, Rechte des Softwareurhebers), EDV-Vertragsrecht, Softwareüberlassungs- und Softwareerstellungsverträge, Softwarevermietung und -leasing, Softwarewartungs- und Pflegeverträge.

Ein weiterer Teilbereich des IT-Rechts umfasst das **Internetrecht** mit allen dazu gehörenden Rechtsfragen, wie das Recht rund um E-Mails, Webseiten (English: Websites), Cloud Computing, E-Commerce, Kinder-, Jugend- und Erwachsenen-Chats, Social Media wie Facebook, YouTube, Twitter, Instagram und Suchmaschinen wie Google, Bing, Yahoo. Wer seine Webseite bzw. seinen Online-Shop rechtssicher gestalten möchte, braucht dafür u. a. eine Datenschutzerklärung und ein korrektes Impressum. Das Internet wird zunehmend auch durch jugendliche (14–17 Jahre) und durch heranwachsende (18–21 Jahre) Nutzer einschließlich von YouTubern, Bloggern und Influencer intensiv genutzt und gestaltet. Dadurch entstehen manchmal rechtliche Konflikte, z. B. durch Erstellung und Betreiben von Webseiten sowie durch Nutzung von YouTube-Kanälen, Chats, Streaming, Suchmaschinenoptimierung einschließlich urheber-, jugendschutz- und datenschutzrechtlicher Fragen.

Zunehmend lassen sich IT- und Internetrecht aufgrund technologischer, digitaler und multimedialer Entwicklungen nicht mehr klar voneinander abgrenzen; zudem gibt es Bezüge zu vielen anderen Rechtsgebieten – etwa zum Medien-, Urheber-, Marken-, Domain-, Gesellschafts-, Arbeits- und Strafrecht, zum Recht des E-Commerce und zum gewerblichen Rechtsschutz.

Im Rahmen dieses Jugendrechtsberaters können nur wenige typische Fragen aus den Kernbereichen des IT- und Internetrechts angesprochen werden. Soweit es Überschneidungen zu anderen Rechtsgebieten, wie dem Verbraucherrecht, dem Arbeitsrecht oder dem Strafrecht gibt, werden diese, wenn der Schwerpunkt dort liegt, auch in dem entsprechenden Kapitel in diesem Jugendrechtsberater behandelt.

II. Typische Fragen von jungen Menschen rund um das IT- und Internetrecht

1. Online-Kauf durch Minderjährige unter falschen Angaben

Frage: Tini 16 J.: Ich habe im Internet eine supergeiles Marken Outlet für 185 € bestellt. Dabei habe ich angegeben, dass ich 18 Jahre alt bin und die Daten der Kreditkarte meiner Mutter eingegeben. Meine Mutter ist stinksauer.

Kann der Kauf rückgängig gemacht werden. Was ist zu tun?

Antwort: Da Tini beschränkt geschäftsfähig ist (§ 106 BGB), ist ein Kaufvertrag nur dann wirksam zustande gekommen, wenn die Mutter (oder der Vater) den Vertragsschluss genehmigt (§ 108 BGB). Von einer Genehmigung kann hier nicht ausgegangen werden, da die Mutter stinksauer ist. Der Taschengeld-Paragraf (§ 110 BGB) führt hier auch nicht zur Wirksamkeit des Vertrages, da Tini die Kreditkartendaten ihrer Mutter eingegeben hat. Die Mutter von Tini muss also nur gegenüber dem Betreiber des Onlineshops erklären, dass ihre minderjährige Tochter die Bestellung aufgegeben hat und die Mutter die Genehmigung des Vertrages verweigere.

Es gilt also nichts anderes als beim Kauf im stationären Handel. Auf das Widerrufsrecht, welches Verbrauchern bei Geschäften im Internet regelmäßig zusteht, muss Tini also nicht zurückgreifen.

Aber Vorsicht: Wer ein falsches Alter angibt, kann sich eines Betrugs (§ 263 StGB) strafbar machen. Ein Betrug scheidet jedoch in unserem Fall aus, da kein Vermögensschaden beim Anbieter vorliegt (oder vorliegen würde) bzw. von Tini auch nicht in Kauf genommen wurde (fehlender Vorsatz).

2. Betrugsmasche angeblicher Vertragsschluss im Internet

Frage: Dirk, 18. J.: Aus Neugier habe ich mich auf einer sog. „Flirtwebsite" umgeschaut, diese aber nach wenigen Minuten wieder geschlossen, weil mir das alles nicht gefallen hat. Ich kann mich nicht erinnern, irgendwelche Daten von mir eingegeben zu haben. Insbesondere habe ich keinen Vertrag geschlossen. Trotzdem habe ich eine Rechnung des Website-Betreibers über eine zweijährige Mitgliedschaft per E-Mail erhalten, die im Monat 38,50 € kosten soll. Es wird eine Zahlung von einem Jahr im Voraus verlangt. Ich weiß nicht, wo ich als Schüler 462 € im Jahr hernehmen soll. Ich möchte auch nicht mit meinen Eltern darüber sprechen. Was kann ich tun?

Antwort: Der Verbraucherschutz verlangt von Betreibern von Onlinediensten (dazu gehören auch sogenannte Partnerbörsen), dass sie unmittelbar vor einer kostenpflichtigen Bestellung klar und verständlich in hervorgehobener Weise über die Vertragsbestandteile informieren (§§ 312c ff. BGB). Zu den Informationspflichten des Betreibers gehört es auch, unmittelbar nach der Bestellung eine sogenannte Bestellbestätigungs-E-Mail zu senden. Wenn man sich – so wie Dirk – also nicht daran erinnern kann, Daten von sich angegeben zu haben und über die Kostenpflichtigkeit der Bestellung informiert worden zu sein und zudem keine Bestellbestätigungs-E-Mail erhalten hat, kann man davon ausgehen, dass kein Vertrag zustande gekommen ist.

Da Dirk aber hier eine Rechnung an seine E-Mail-Adresse erhalten hat, kann davon ausgegangen werden, dass er zumindest seine E-Mail-Adresse angegeben hat.

Deshalb: Grundsätzlich gilt auch, dass der Betreiber eines Onlinedienstes oder Onlineshops vollständig über das Bestehen oder Nichtbestehen eines Widerrufsrechts informieren muss. Hat der Betreiber das nicht getan, beginnt auch die Widerrufsfrist nicht zu laufen. Ist Dirk sich also nicht sicher, ob nicht doch ein Vertrag zustande gekommen ist, kann er zumindest seine Willenserklärung widerrufen. Dirk sollte gegenüber dem Anbieter zudem aber darauf bestehen, dass kein Vertrag zustande gekommen ist und nur hilfsweise widerrufen.

Wichtig ist, dass man sich grundsätzlich vor einer Bestellung im Internet von der Seriosität des Anbieters überzeugt. Indizien für eine Abzocke sind z. B.:

- der Anbieter verlangt Vorkasse;
- besonders günstiger Preis;
- falsche Gütesiegel.

Jeder Betreiber einer Internetseite mit geschäftlichem Charakter muss ein Impressum haben, aus welchen sich eindeutig ergibt, wer rechtlich verantwortlich ist für das Angebot. Neben der Adresse und einem Vertretungsberechtigten muss auch eine E-Mail-Adresse enthalten sein. Auch diese Angaben können helfen, einen Fake-Shop zu erkennen. Manchmal genügt es auch, wenn man den Namen des Anbieters einfach nur in eine Suchmaschine (zum Beispiel Google) eingibt.

Hilfreiche Informationen findet man auch im Internet, z. B. unter www.verbraucherzentrale.de.

3. Gründung und Betreiben eines Onlineshops

Frage: Abdul 20 J.: Ich möchte einen Onlineshop für den Handel mit elektronischen Artikeln und für das Erstellen von individueller Software nach Bedürfnissen von Kunden gründen.

Welche behördlichen und rechtlichen Schritte sind zu tun? Was ist besonders zu beachten?

Antwort: Zunächst muss Abdul sich überlegen, in welcher Rechtsform er tätig werden möchte. Jedes unternehmerische Handeln bringt finanzielle Risiken mit sich. Deshalb entscheiden sich viele Unternehmer, eine GmbH zu gründen, da hier die Haftung beschränkt ist. Für die GmbH muss aber ein Stammkapital von 25.000 € aufgebracht werden, weshalb als Alternative auch die Unternehmergesellschaft (immer mit dem Zusatz „haftungsbeschränkt" zu versehen), kurz UG (haftungsbeschränkt) in Betracht kommt. Die Gründung der auch als Mini-GmbH bezeichneten Rechtsform ist weniger kostenintensiv. Grundsätzlich kann Abdul aber auch ohne eine gesonderte Rechtsform tätig werden. In allen Fällen sollte sich Abdul darüber informieren, wie er sich gegen geschäftliche Risiken absichern kann (Abschluss einer Betriebshaftpflichtversicherung, etc.).

Das von Abdul geplante Unternehmen stellt eine gewerbliche Tätigkeit dar und ist insofern beim Gewerbeamt anzuzeigen.

Sind diese formellen Hürden genommen, ist es im nächsten Schritt wichtig, den Onlineshop rechtskonform zu gestalten. Es geht vor allem um das Fernabsatzrecht, wonach der Betreiber eines Onlineshops verpflichtet ist, seinen Kunden zahlreiche Informationen zur Verfügung zu stellen. Wie bereits erwähnt, spielt die korrekte und vollständige Information über das Widerrufsrecht eine große Rolle (§§ 312c ff. BGB). Es sind aber noch weitere Informationen zur Verfügung zu stellen, wie z. B.:

- Angaben zum Betreiber des Onlineshops (Impressum, § 5 TMG)
- Datenschutzerklärung
- Produktbeschreibung (wesentliche Merkmale der Ware)
- korrekte Preisangabe (siehe auch Preisangabenverordnung; Versandkosten und Zusatzkosten vollständig nennen)
- rechtlich einwandfreie Produktabbildung (keine Fotos von anderen Internetseiten nehmen – Urheberrecht beachten)
- Lieferzeiten korrekt nennen
- Lieferbeschränkung bei Beginn des Bestellvorgangs nennen
- Bestellvorgang transparent ausgestalten (Warenkorbsystem)

- Button-Lösung (Zusammenfassung wesentliche Eigenschaften der Produkte als Bestellzusammenfassung; Button richtig beschriften, z. B. „zahlungspflichtig bestellen“)
- Zahlungsmöglichkeiten bei Beginn des Bestellvorgangs vollständig angegeben
- korrekte Widerrufsbelehrung und Muster-Widerrufsformular
- rechtlich korrekte AGB verwenden (keine Übernahme ungeprüfter AGB aus anderem Onlineshop); AGB korrekt einbeziehen
- E-Mail-Bestätigung unverzüglich nach Eingang der Bestellung (Bestellbestätigungs-E-Mail)
- bei Lieferung rechtliche Informationen in „Textform“ zur Verfügung stellen (AGB, Widerrufsbelehrung, Widerrufsformular)

Ein Verstoß gegen die Informationspflichten kann dazu führen, dass das Widerrufsrecht der Kunden unbegrenzt gilt. Außerdem könnte Abdul kostenpflichtig abgemahnt werden z. B. von Wettbewerbern oder Wettbewerbsvereinen. Hier können erhebliche Kosten entstehen. Bei Urheberrechtsverletzungen („geklautes“ Produkt-Foto) kann der Rechteinhaber ebenfalls kostenpflichtig abmahnen. Ein Verstoß gegen die Impressums-Pflicht kann zudem mit einer Geldbuße bis zu 50.000 € geahndet werden. Auch Verstöße gegen das Datenschutzrecht (vor allem DSGVO) können zu erheblichen Geldbußen führen.

Angesichts der zahlreichen zu beachtenden Regeln sollte Abdul sich bereits bei der Erstellung des Onlineshops von einem IT-Anwalt beraten lassen.

4. Rechtliche Fragen und Probleme rund um Influencer-Marketing

Frage: Isabel, 19 J. : Ich möchte Influencerin werden. Und viel Geld verdienen. Was ist zu beachten?

Info: Als Influencer (von englisch to influence ‚beeinflussen‘) werden Personen bezeichnet, die in sozialen Netzwerken Träger für Werbung und Vermarktung sind (sogenanntes Influencer-Marketing). Sie sollen durch soziale Autorität, Vertrauenswürdigkeit, Hingabe und konsistentes Verhalten Einfluss nehmen. Influencer können Politiker, Sportler, Journalisten, Blogger, YouTuber, Prominente und Schauspieler sein, die stark in sozialen Netzwerken tätig sind und viele Follower haben. Das Marketing durch den Einsatz von Influencern nutzt das Vertrauensverhältnis dieser Leitfiguren über den Mechanismus der Mundpropaganda zu ihrem Massenpublikum aus. Die Verbreitung von werbebasierten Geschäftsmodellen in großen sozialen Netzwerken wie Facebook,

YouTube und Instagram ist weltweit sehr erfolgreich. Erfolgreiche Influencer können schnell sehr viel Geld verdienen. Doch gibt es auch typische rechtliche Fragen und Probleme.

Antwort: Um als Influencer Geld zu verdienen, muss man erfolgreich Werbebotschaften für ein Produkt oder ein Unternehmen vermitteln. Damit man für Unternehmen überhaupt erst interessant wird, muss man über sein Netzwerk bei sozialen Medien viele Personen erreichen. Bei Instagram und Twitter spricht man von Followern (von englisch to follow, folgen). Bestenfalls sind diese Follower die Wunschkunden für ein bestimmtes Unternehmen. Hat Isabel also einige 100.000 Follower, könnte Isabel angeboten werden, ein bestimmtes Produkt zu bewerben. Das Produkt muss natürlich zu Isabel und ihren Followern passen. Isabel und das Unternehmen schließen einen Werbevertrag (Isabel sollte sich hierbei beraten lassen).

Isabel fängt jetzt also fleißig an, über ihr Instagram-Profil für das Produkt zu werben. Dabei muss sie unbedingt beachten, dass sie keine Schleichwerbung macht. Isabel kann sonst wegen eines Verstoßes gegen das Gesetz gegen den unlauteren Wettbewerb (§ 5a Abs. 6 UWG) abgemahnt werden. Eine Abmahnung kann schnell sehr teuer werden.

Was bedeutet das aber nun? Wenn für einen durchschnittlichen Nutzer sozialer Netzwerke auf den ersten Blick und ohne Zweifel erkennbar ist, dass es sich bei den Inhalten von Isabel um Werbung eines bestimmten Unternehmens handelt, muss Isabel ihren Beitrag nicht noch gesondert kennzeichnen. Es liegt keine Schleichwerbung, sondern klassische Werbung vor. Das kann z. B. der Fall sein, wenn in einem Video von Isabel gezielt Rabattcoupons beworben werden, die in einer Filiale eines bestimmten Unternehmens, das namentlich genannt wird, eingelöst werden können. Nicht ausreichend ist es, wenn Isabel bestimmte Kosmetikprodukte empfiehlt. Hier läge Schleichwerbung vor.

In diesem Fall müsste Isabel ihren Blog-Beitrag oder ihr Video als Werbung kennzeichnen. Dazu kann Isabel Begriffe wie „Anzeige", „Werbung", „sponsored" verwenden. Bei Instagram wurde die Bezeichnung eingeführt „Bezahlte Partnerschaft", was auch ausreichend ist. Ein Hashtag „#ad" in einer Kette von Hashtags wurde vom Oberlandesgericht Celle als nicht ausreichend erachtet (Urteil vom 08.06.2017, Az. 13 U 53/71).

Auch wenn es nicht „sexy" ist, lieber ein bisschen mehr kennzeichnen, als abgemahnt werden.

5. Missbrauch beim Onlinebanking

5.1 PayPal: Betrug bei Bezahlung über Funktion „Freunde und Familie"

Frage: Raphael 19 J.: Vor sechs Wochen entdeckte ich im Internet eine Drohne für 200 € statt für 500 €. Der Internetanbieter der Drohne verlangte von mir, die Zahlung über PayPal vorzunehmen. Ich sollte dabei den Betrag über die Funktion „Freunde und Familie" senden. Dann entstehen keine Gebühren. Entsprechend zahlte ich die 200 € für die Drohne über die PayPal Funktion „Freunde und Familie". Leider wurde die Drohne bis heute nicht geliefert. Ich kann den Internetanbieter auch nicht mehr im Netz finden. PayPal lehnt jede Haftung ab und verweist auf seine Nutzungsbedingungen. Danach sei die Funktion „Freunde und Familie" nicht für den Kauf von Waren gedacht, so dass ich nicht auf den PayPal-Käuferschutz zurückgreifen könne. Ist das zulässig? Hab ich sonst eine Chance, mein Geld zurück zu bekommen?

Antwort: Der Käuferschutz, den PayPal gewährt, ist eine freiwillige Serviceleistung von PayPal. Deshalb ist es auch zulässig, diesen für bestimmte Leistungen auszuschließen. Wenn Geld über die Variante „Geld an Freunde und Familie senden" gesendet wird, gilt der Käuferschutz nicht. Für Raphael wird es daher schwer, an die 200 € heranzukommen. Rechtlich gesehen hat er natürlich einen Anspruch entweder auf Lieferung der Drohne oder auf Rückzahlung der 200 €. Da er aber nicht weiß, wer sein Anspruchsgegner ist, wird er wahrscheinlich keinen Erfolg haben. Es ist deshalb immer darauf zu achten, sich genau darüber zu informieren, wer der Verkäufer ist. Das ergibt sich aus dem Impressum. Wenn ein solches nicht vorhanden ist, sollte man dringend von einer Geldüberweisung Abstand nehmen. Seriöse Händler würden auch nie empfehlen, die Funktion „Freunde und Familie" zu verwenden.

5.2 Problemfall: SMS-TAN

Frage: Johanna, 18 J.: Gestern wollte ich Geld für mein neues Smartphone überweisen. Ich nutze hierzu das TAN-Verfahren. Eigentlich sollte ich eine SMS erhalten, mit der ich die Überweisung dann durchführen könnte. Diese ist aber nie bei mir angekommen. Trotzdem ist der Betrag von meinem Konto abgebucht worden. Was kann ich jetzt machen?

Antwort: Johanna ist Opfer einer gebräuchlichen Betrugsmasche geworden. Die Täter verschaffen sich über Phishing-E-Mails (Phishing ist eine Wortschöpfung aus dem Englischen und bedeutet so viel wie „Passwort Abfischen") Zugang zum Online-Konto.

Zudem sorgen sie dafür, dass die SMS mit der TAN auf das Handy der Täter gelangt. Damit können sie den Betrag auf ein Konto ihrer Wahl überweisen.

Johanna kann Strafanzeige erstatten, jedoch sollte sie sich nicht zu viel Hoffnung machen, dass sie ihr Geld jemals wieder sieht. Das SMS-TAN-Verfahren ist mittlerweile höchst umstritten, da es unsicher ist. Die meisten Banken wenden es daher nicht mehr an. Die Empfehlung geht dahin, über eine Bankkarte und einen Chipkartenleser, der an den Computer angeschlossen ist, Bankgeschäfte zu erledigen.

6. Abmahnung wegen Urheberrechtsverletzungen

Frage: Jule 20 J.: Ich bin Vorsitzende eines kleinen, gemeinnützigen Sportvereins. Wir möchten, dass sich möglichst viele Kinder in unserem Dorf für den Sport begeistern. Deshalb haben wir eine kleine Website entwickelt und zwei Fotos mit Siegern der letzten Weltmeisterschaft – als Vorbilder – aus dem Internet runtergeladen und dort abgebildet. Nun hat unser Verein das Abmahnschreiben eines Rechtsanwalts erhalten. Dieser fordert von uns die Zahlung von 900 € wegen Verstoßes des Urheberrechts seines Mandanten, einem Fotografen, sowie Anwaltskosten. Außerdem verlangt er Beseitigung der Fotos auf unserer Website und Unterlassung in der Zukunft. Das ist doch total ungerecht. Wir wollen schließlich kein Geld verdienen, sondern nur die Gesellschaft unterstützen.

Müssen wir die Forderung als Verein zahlen?

Kann der Webmaster, der die Fotos gedownloadet und ins Netz gestellt hat, auch persönlich in Anspruch genommen werden?

Antwort: Wer unerlaubt urheberrechtlich geschützte Werke veröffentlicht, macht sich gegenüber dem Urheber schadensersatzpflichtig. Der Urheber kann zudem verlangen, dass ein solches Verhalten zukünftig unterlassen wird. Deshalb ist die Forderung grundsätzlich berechtigt.

Dabei spielt es keine Rolle, dass es sich um einen gemeinnützigen Verein handelt. Auch die Anwaltskosten können als eine Position des Schadensersatzes verlangt werden. Die Höhe des Schadensersatzanspruches des Fotografen bestimmt sich üblicherweise nach der Honorartabelle der MFM (Mittelstandsgemeinschaft Foto-Marketing). Dabei spielt die Größe (Pixel) und die Art der Verwendung bei der Messung der fiktiven Lizenzgebühr eine Rolle. 900 € liegen dabei im Bereich des Zulässigen.

Der Verein kann sich nicht damit verteidigen, dass nicht er, sondern der von ihm beauftragte Webmaster die Bilder heruntergeladen und veröffentlicht hat. Anspruchsgegner ist allein der Betreiber der Website. Gegebenenfalls stehen dem Verein aber Regressansprüche gegen seinen Webmaster zu.

7. Rund um das Recht auf Löschung und die Pflicht zur Löschung von Daten im Internet

7.1 Fall 1. Freizügige Bilder wurden ursprünglich mit Einverständnis der Jugendlichen ins Netz gestellt

Frage: Selin 17 J.: Ich habe anlässlich einer Fete freizügige Bilder von mir ins Internet stellen lassen. Nun bewerbe ich mich auf eine Lehrstelle und möchte die Bilder löschen lassen. (Wie) Geht das?

Antwort: Selin hat einen Löschungsanspruch (Art. 17 DSGVO). Sie hat ihre Einwilligung in die Veröffentlichung der Bilder erteilt. Die Einwilligung ist nur wirksam, wenn der Einwilligende vollständig informiert ist und die Einwilligung unmissverständlich abgegeben hat. Außerdem ist die Einwilligung erst ab 16 Jahren ohne die Zustimmung der Eltern möglich (Art. 8 Abs. 1 DSGVO). Da die Bilder mit der Einwilligung von Selin ins Internet gestellt wurden, muss sie die Einwilligung widerrufen (Art. 17 Abs. 1 lit. b DSGVO). Wenn schon keine (wirksame) Einwilligung vorliegt, beruht der Löschungsanspruch darauf, dass die Rechtsgrundlage für die Verarbeitung der Bilder fehlt (Art. 17 Abs. 1 lit. d DSGVO). Da Selin noch minderjährig ist, steht ihr auch ein Löschungsanspruch nach Art. 17 Abs. 1 lit. f DSGVO neben den bereits genannten Ansprüchen zu. Den Löschungsanspruch muss Selin gegenüber dem Betreiber der Plattform geltend machen, auf denen die Bilder zu sehen sind.

7.2 Fall 2. Heimlich beim Pinkeln gefilmt und ins Netz gestellt

Frage: Pete 16 J.: Klassenkameraden haben mich heimlich beim Pinkeln gefilmt und diesen Film in unseren Klassen-Chatroom gestellt. Nun werde ich überall blöd angemacht. Die Schulleitung hat meine Eltern informiert, damit die sich um die Löschung kümmern. Die wissen aber auch nicht, wie das geht. Was tun?

Antwort: Der Löschungsanspruch nach der DSGVO scheiterte daran, dass der Chatroom eine „persönliche Tätigkeit" darstellt (Art. 2 Abs. 2 lit. c DSGVO). Für diesen Bereich ist die DSGVO nicht anwendbar. Etwas anderes wäre es nur, wenn der Chatroom von der Schule organisiert wäre.

Pete ist aber nicht schutzlos. Nach dem Kunsturhebergesetz dürfen Bildnisse nur mit Einwilligung des Abgebildeten *verbreitet* oder öffentlich zur Schau gestellt werden (§ 22 KUG). Werden Bilder ohne diese Einwilligung hergestellt, hat der Abgebildete einen Vernichtungsanspruch (§ 37 Abs. 1 KUG). Da das Bild in einen Chatroom eingestellt und damit „nur" einem begrenzten Empfängerkreis zur Verfügung gestellt wurde und damit keine Verbreitung bzw. öffentliche Zur-Schau-Stellung vorliegt, sollte Pete sich auf eine Verletzung des allgemeinen Persönlichkeitsrechts (kurz APR) berufen (Art. 2 Abs. 1 i.V.m. Art. 1 Abs. 1 GG). Die gefilmte intime Szene fällt in den Kernbereich höchstpersönlicher, privater Lebensentfaltung, der vom APR geschützt ist. Aus dem APR hat Pete einen Anspruch auf Löschung des Videos im Klassen-Chatroom und auf dem Handy der Klassenkameraden.

Pete könnte die Klassenkameraden zudem wegen Cybermobbings (§ 107c StGB) anzeigen.

Neben der „rechtlichen Keule" sollten aber auch Gespräche zwischen den Eltern (Stichwort Elternabend zum Cybermobbing an einem konkreten Fall) stattfinden. Für Klassen-Chatrooms sollten Verhaltensregeln aufgestellt werden, das Thema Cybermobbing sollte in der Schule behandelt werden.

7.3 und 7.4 Fälle 3 und 4: Nacktfotos wurden ohne Wissen der Jugendlichen ins Netz gestellt

Sina 17. J.: Mein früherer Freund hat Aktfotos (auch beim Geschlechtsverkehr) von mir gemacht und die ohne mein Wissen ins Netz gestellt. Damit bin ich nicht einverstanden.

Frage zu Variante 1: Ich habe einen neuen Freund. Den stören diese Bilder sehr. Seine Kumpels haben ihn schon gefragt, ob er es nötig hat, es jetzt mit Professionellen zu treiben. Wie kann ich meinen Ex dazu bewegen, die Fotos aus dem Netz zu nehmen?

Antwort: Im Gegensatz zu dem vorherigen Fall, in welchem eine Verbreitung bzw. öffentliche Zurschaustellung nicht gegeben war, liegt diese hier vor. Ein Vernichtungsanspruch nach dem KUG setzt aber voraus, dass die Fotos ohne die Einwilligung von Sina gemacht wurden. Sina war jedoch nur damit nicht einverstanden, dass die Fotos ins Netz gestellt werden. Von einer Einwilligung in die Erstellung der Fotos muss ausgegangen werden. Diese kann nach dem KUG auch nicht widerrufen werden. Deshalb muss sich Sina wieder auf das APR berufen (siehe oben). Hierdurch kann sie erreichen, dass ihr Ex-Freund sämtliche Bilder, die er im Besitz hat und die er im Internet eingestellt hat, zu löschen.

Sollten die Fotos in einem sozialen Netzwerk eingestellt worden sein, müsste Sina den Löschungsanspruch auch gegen den Betreiber des sozialen Netzwerks geltend machen. Rechtsgrundlage hierfür ist dann wieder Art. 17 DSGVO.

Übrigens: Es besteht das Risiko, dass die Fotos mittlerweile unzählige Male geteilt wurden. Es ist dann fast unmöglich, alle Fotos aufzufinden und löschen zu lassen.

Frage zu Variante 2: Mein Ex verdient mit den Aktfotos von mir Geld. Ich wäre einverstanden, dass die Bilder im Netz bleiben, wenn er mir 50 % der Gewinne abgibt. Müssen meine Eltern zustimmen?

Antwort: Sina lässt sich das Recht, die Aktfotos von ihr zu nutzen, entgelten. Bei dieser Vereinbarung handelt es sich um einen Vertrag. Sina duldet die Nutzung Ihrer Aktfotos und ihr Ex-Freund verpflichtet sich, ihr hierfür 50 % des Gewinns zu zahlen. Sina hat sich also zu einer Duldung verpflichtet. Deshalb ist dieses Geschäfts für sie nicht lediglich rechtlich vorteilhaft. Da Sina minderjährig ist, steht damit auch fest, dass der Vertrag nur wirksam ist, wenn die Eltern zustimmen (§ 107 BGB). Eine Pflicht, zuzustimmen, besteht aber keinesfalls.

7.5 Fall 5: Kann man Nachrichten löschen lassen, die man selbst ins Netz gestellt hat?

Frage: Sven 18 J.: Ich habe im angetrunkenen Zustand auf Facebook eine Nachricht gepostet, die als rassistisch ausgelegt werden könnte. Wie kann ich die Löschung dieser Nachricht bewirken?

Antwort: Facebook bietet die Möglichkeit, eigene Beiträge und Fotos zu löschen. Aktuell muss man hierzu in „News Feed“ auf das Profil klicken. Dann scrollt man zu dem Beitrag, den man entfernen möchte und klickt oben rechts auf die drei Punkte, klickt dann auf „löschen“. Natürlich besteht das Risiko, dass der Beitrag von Sven bereits gelesen wurde oder ein Screenshot gemacht wurde.

Übrigens: Rassistische Beiträge können nach § 130 StGB (Volksverhetzung) strafbar sein. Dabei ist auch die Verbreitung über soziale Netzwerke erfasst (§ 130 Abs. 2 Ziffer2 StGB).

7.6 Fall 6: Sexting

Frage: Loretta 14 J.: Habe vor zwei Jahren meinem (Ex-)Freund per WhatsApp zwei Nackt-Selfies von mir mit Intimschmuck geschickt. Nun musste ich feststellen, dass diese Bilder an verschiedenen Stellen im Netz auftauchen. Ich habe ihn zur Rede gestellt. Er hat behauptet, die Bilder nicht ins Netz gestellt zu haben. Das glaube ich ihm aber nicht. Was kann ich tun, damit meine beiden Nackt-Selfies aus dem Netz verschwinden? Muss mein Ex die Kosten dafür tragen?

Antwort: Je nach dem Verbreitungsgrad der Fotos kann das eine mühselige, manchmal leider auch hoffnungslose Angelegenheit werden. Loretta kann den Löschungsanspruch nach Art. 17 DSGVO gegenüber Betreibern von sozialen Netzwerken und anderen Internetseiten geltend machen. Ebenfalls dürften ihr die Löschungsansprüche nach dem KUG und dem APR zustehen. Die Kosten, die Loretta deswegen entstehen, kann sie nur dann von ihrem Ex erstattet verlangen, wenn sie beweisen kann, dass er die Bilder veröffentlicht hat. Wenn der Ex das bestreitet, kann es schwierig werden.

7.7 Fall 7: Harmlose Kinderfotos online?

Frage: Nida, 17 J.: Ich war mit zwei Cousins und der 3-jährigen Tochter Mayra meiner Freundin Alida im Schwimmbad. Meine Cousins machten ein paar süße Kinderbilder von Mayra im Planschbecken, auf der Rutsche, im Sandkasten und beim Eisschlecken. Diese stellten sie auf unsere Facebook-Seite, damit unsere gemeinsamen Verwandte und Freunde sie betrachten können. Heute rief mich meine Freundin Alida ganz empört an und verlangte, dass die Bilder auf Facebook sofort gelöscht werden. Sonst verlange sie Schmerzensgeld und gehe zur Polizei. Es sind doch nur harmlose Kinderbilder, Mayra ist auf allen Bildern angezogen. Kann ihre Mutter das verlangen?

Antwort: Das Recht am eigenen Bild steht jedem zu, auch der 3-jährigen Tochter von Alida. Da die Mutter keine Einwilligung für Fotoaufnahmen ihrer Tochter gegeben hat, ist die Veröffentlichung auf der Internetseite rechtswidrig. Nida muss die Bilder sofort aus dem Internet entnehmen, da Alida ihren Anspruch sonst mit gerichtlicher Hilfe würde durchsetzen können.

7.8 Muster für einen Antrag auf Löschung von Daten im Internet

Absender: ……………..

[Anschrift des Unternehmens, bei dem Daten gelöscht werden sollen – s. Impressum auf der Webseite]

[Datum]

Sehr geehrte Damen und Herren,

auf Ihrer Internetseite [URL angeben] berichten Sie von einer Abifeier vom 17. Juni 2019 und bringen meinen Namen damit in Verbindung. Sie haben kein Recht für die Speicherung und Offenlegung dieser meine Person betreffenden personenbezogenen Daten, da ich Ihnen keine Einwilligung erteilt habe und auch sonst keine Rechtsgrundlage besteht. Ein Ausnahmetatbestand nach Art. 17 Abs. 3 DSGVO liegt ebenfalls nicht vor, zumal ich keine Person des öffentlichen Rechts bin.

Daher fordere ich auf, die bei ihnen gespeicherten personenbezogenen Daten gemäß Art. 17 Abs. 1 DSGVO unverzüglich zu löschen und dies mir gegenüber bis spätestens zum

[Datum]

zu bestätigen.

Ebenfalls sind Sie dazu verpflichtet, gemäß Art. 17 Abs. 2 DSGVO alle angemessenen Maßnahmen zu treffen, um andere Verantwortliche, hierzu gehören vor allem Suchmaschinenbetreiber, die die oben aufgeführten personenbezogenen Daten verarbeiten, über meinen Antrag auf Löschung aller Links, Kopien oder Replikationen in Bezug auf diese personenbezogenen Daten zu unterrichten.

Ich fordere Sie zudem auf, mir alle Empfänger gemäß Art. 19 DSGVO, denen meine personenbezogenen Daten offengelegt wurden, mitzuteilen, und diese von meinem Löschungsantrag zu unterrichten.

Bitte wenden Sie sich jederzeit an mich für Rückfragen (etwa zum Nachweis meiner Identität).

Für den Fall, dass Sie die Löschung nicht fristgerecht oder nicht vollständig vornehmen, behalte ich mir vor, meinen Löschungsanspruch gerichtlich geltend zu machen.

Mit freundlichen Grüßen

8. Cyber-Mobbing

Frage: Richard 12 J.: Ich bin neu in der Klasse, etwas klein und dick und trage eine Brille. Niemand will mit mir Kontakt. Irgendwann wurde ich mit WhatsApp aufgefordert, am nächsten Tag 20 € unter einen Stein vor der Schule zu legen; sonst würde ich verprügelt. Aus Angst legte ich den 20 €-Schein unter den Stein. Keine Stunde später erhielt ich eine WhatsApp, auf der ich in einem kleinen Video abgebildet bin, wie ich die 20 € unter den Stein lege. Der Film ist so gedreht, dass man mein Hinterteil beim Bücken sieht. Überschrift: „Fetter Arsch platzt aus Naht. Haha." Als ich auf den Schulhof kam, grinsten mich alle an und schauten weg. Nach und nach wurde ich mit Nachrichten auf WhatsApps bombardiert, auf denen stand: „Verschwinde. Wir dulden keine fetten Schweine.". Dabei wurde mal mein Gesicht verzerrt, mal andere Körperteile und stets Foltervideos gezeigt mit Zusatztext: „Das passiert mit fetten Schweinegesichtern" oder „mit fetten Schweinebacken". Ab und zu lauerten mir maskierte Gestalten auf dem Weg zur Schule auf, die mich verprügelten und erst losließen, wenn ich ihnen Geld zahlte. Diese Szenen filmten sie jeweils und stellten diese dann auch ins Netz. Mein Fahrrad hatte immer wieder platte Reifen. Ich kann mir zwar vorstellen, dass Leute aus der Klasse dahinterstehen. Doch grinsen auch Mitglieder des Sportvereins und des Konfirmandenkurses, wenn sie mich sehen. Meine Eltern sagen, das solle ich mir nicht bieten lassen. Da müsse ich durch. Ich würde das schon schaffen. Schaff ich aber nicht. Ich halte das nicht mehr aus. Was kann ich tun?

Antwort: Cyber-Mobbing ist ein ernstes Thema und es ist zu wünschen, dass Eltern von Kindern, die Opfer von Cyber-Mobbing sind, diesen tatkräftig zur Seite stehen. Auf keinen Fall muss man „da durch"!

Rechtlich gesehen stellt Cyber-Mobbing eine Straftat dar. Richard kann, wenn seine Eltern dies nicht mit ihm zusammen machen, auch alleine eine Strafanzeige erstatten. Da nicht feststeht, von wem das Cyber-Mobbing ausgeht, würde die Ermittlung zunächst gegen Unbekannt geführt werden. Die Staatsanwaltschaft/Polizei hat dann die Möglichkeit, Auskunftsansprüche gegen den Betreiber sozialer Netzwerke geltend zu machen, um herauszufinden, wer die Beiträge veröffentlicht hat. Richard sollte sich auch an die Betreiber der Plattformen oder Suchmaschinen wenden und die Löschung der Inhalte fordern, sowie überwachen, dass ähnliche Äußerungen gleich gelöscht werden bzw. der Account des Verletzers gesperrt wird.

Daneben liegt hier auch eine Erpressung vor. Diese würde Richard gleich mit anzeigen.

Um sich effektiv gegen Cyber-Mobbing zu wehren, ist es wichtig, dass Richard nicht seinerseits anfängt, die möglichen Täter öffentlich durch ähnliche Beiträge anzugreifen. Das könnte dazu führen, dass ein Richter davon ausgeht, dass hier „nur" gestritten wird.

Auf jeden Fall sollte Richard sich professionellen Beistand holen. Es gibt zahlreiche Institutionen, die gute Tipps geben können, wie man sich gegen Cyber-Mobbing verteidigen kann.

9. Kann man beim Online-Einkauf und beim Downloaden von verbotenen Inhalten/Gegenständen über ausländische Internet-Anbieter erwischt werden?

Frage: Nuri 18 J: Vor zwei Jahren bin ich in Hooligan-Kreise geraten und habe in einem 3. Reich-Internet Shop Hakenkreuzsticker, -T-Shirts, -Flaggen, nationalistischen Hip-Hop und ein paar kleine Waffen bestellt. Da der Anbieter seinen Sitz irgendwo Ausland hatte, war ich überzeugt, dass niemand hinter meine Einkäufe kommt. Nun, da ich aus der Szene ausgestiegen bin und vor dem Abi stehe, bekomme ich plötzlich einen Anhörungsbogen von der Polizei: ich stünde im Verdacht des Verwendens von Kennzeichen verfassungswidriger Organisationen (§ 86 a Strafgesetzbuch) und des Verstoßes gegen das Waffengesetz. Wie sind denn die Ermittler auf mich gekommen?

Antwort: Es gibt zahlreiche Möglichkeiten, wie die Staatsanwaltschaft oder Polizei Kenntnis von solchen Taten erlangen. Es genügt schon die Aussage eines Zeugen, dem gegenüber Nuri früher einmal von seinen Käufen berichtet oder diese sogar gezeigt hat. Gegebenenfalls wurden Informationen von ausländischen Ermittlungsbehörden an die deutsche Ermittlungsbehörde weitergeleitet. Auch daraus kann sich ein Anfangsverdacht ergeben. Natürlich kann Nuri von seinem Akteneinsichtsrecht über einen Anwalt Gebrauch machen und so erfahren, wie die Ermittlungsbehörde auf ihn aufmerksam geworden ist. Entscheidend ist, dass der Einkauf bei ausländischen Anbietern nicht vor Strafe schützt.

10. Was passiert mit meinen Daten nach dem Tod?

Frage: Mike 20 J.: Sollte ich – z. B. durch einen Unfall – plötzlich geistig behindert sein oder sterben:

Was passiert mit meinen gespeicherten Handy-Daten, wie SMS und WhatsApp, was mit meinem E-Mail-Verkehr, meinen Daten bei Facebook, Instagram und sonstigen sozialen Netzwerken und meinem Adressenverzeichnis im Cloud. Ich möchte nicht, dass jemand diese Dateien öffnet und liest.

Antwort: Aus gutem Grund fragt Mike, wie mit seinem digitalen Nachlass umgegangen wird. Sind Daten auf Hardware gespeichert (z. B. dem Handy, dem Laptop), gehen diese zusammen mit dem Eigentum an der Hardware auf die Erben über. Etwas komplizierter ist es bei Onlinediensten und sozialen Netzwerken: Zwar können Verträge mit den Diensteanbietern unproblematisch gekündigt werden, wenn die Angehörigen oder Erben eine Kopie der Sterbeurkunde und gegebenenfalls eines Erbscheins vorlegen. Das führt aber nicht dazu, dass die Daten gelöscht werden. Gegenüber Angehörigen oder Erben berufen sich die Betreiber sozialer Netzwerke oder andere Onlinedienste regelmäßig darauf, dass die Daten nicht herausgegeben oder gelöscht werden dürften, da eine solche Handlung gegen das Persönlichkeitsrecht des Verstorbenen verstoßen würde.

Deshalb sollte Mike eine Vorsorgevollmacht über seinen digitalen Nachlass (inklusive Hardware) erteilen und zur endgültigen Regelung eine letztwillige Verfügung (Testament) verfassen. Bevollmächtigter sollte eine Person sein, der Mike vollständig vertraut und die auch technisch dazu in der Lage ist, das notwendige zu veranlassen. Dabei darf Mike nicht vergessen, ein vollständiges Verzeichnis der betreffenden Accounts zuzüglich Passwörter zu führen, praktischerweise digital und nicht in Papierform. Die endgültige Regelung über den digitalen Nachlass sollte dann in einer letztwilligen Verfügung (Testament) erfolgen. Es folgen Muster für eine Vorsorgevollmacht und eine letztwillige Verfügung über den digitalen Nachlass. Die Muster enthalten Beispiele, in denen Daten gelöscht werden sollen, ohne sie vorher zur Kenntnis zu nehmen, in denen aber auch bestimmte inhaltliche Vorgaben gemacht werden. Wenn der Erbe bestimmte Daten nicht sehen soll, müsste eine Testamentsvollstreckung durch einen Dritten angeordnet werden.

10.1 Muster: Vorsorgevollmacht für den digitalen Nachlass

Vorsorgevollmacht für den digitalen Nachlass

Ich, [Vor- und Zuname], geboren am [Geburtsdatum] in [Geburtsort], wohnhaft in [Anschrift mit Straße, Hausnr., PLZ und Ort] erteile hiermit eine Vollmacht für meinen digitalen Nachlass an Herrn/Frau [Vor- und Zuname] (nachfolgend Bevollmächtigter genannt), geboren am [Geburtsdatum] in [Geburtsort], wohnhaft in [Anschrift mit Straße, Hausnr., PLZ und Ort].

Ich weise meinen Bevollmächtigten im Innenverhältnis wie folgt an:

1. Mein Profil bei der Dating-App „Freunde für immer" auf meinem Smartphone ist unverzüglich zu löschen.

2. Der Ordner „Privat" auf meinem Laptop soll der Bevollmächtigte vollständig löschen, sobald ich handlungsunfähig oder verstorben bin, ohne die darin enthaltenen Daten anzusehen oder jemandem anderen zu zeigen.

3. Ich habe E-Mail-Konten bei folgenden Anbietern: [Anbieter aufzählen]. Der Bevollmächtigte soll die E-Mails regelmäßig alle fünf Tage abrufen und mit einem angemessenen Hinweis auf meinen Zustand bzw. auf mein Ableben beantworten. Der Bevollmächtigte darf die E-Mails und den E-Mail Account nicht löschen.

4. Interneteinkäufe tätige ich über die Online-Plattform Amazon. Der Bevollmächtigte soll unverzüglich prüfen, ob noch Verbindlichkeiten aus Käufen bestehen und diese erfüllen bzw. in meinem Namen das gesetzliche Widerrufsrecht ausüben, soweit dies möglich ist.

[Datum], [Unterschrift]

10.2 Muster: Letztwillige Verfügung über den digitalen Nachlass

Achtung: handschriftlich zu verfassen

Letztwillige Verfügung über den digitalen Nachlass

Mein Erbe soll in alle meine Online-Rechtsbeziehungen, insbesondere mit E-Mail-Anbietern und Anbietern sozialer Netzwerke, eintreten. Er hat damit Anspruch auf alle meine auf meiner Hardware und im Internet gespeicherten geschäftlichen wie privaten Daten. Ich ordne hierzu folgende Auflagen und Vermächtnisse an:

1. Mein privater Blog unter [URL angeben] soll unverzüglich nach dem Erbfall mit sämtlichen Inhalten vollständig gelöscht werden.

2. Mein Facebook-Profil soll nicht gelöscht und in den „Gedenkt Zustand“ versetzt werden.

3. Sämtliche meiner Digitalfotos auf meinem Instagram-Profil sollen gelöscht werden. Danach ist mein Instagram-Profil zu löschen.

[Datum], [Unterschrift]

III. Special: Social Media Recht. Überblick zum rechtlichen Umgang mit Facebook, Instagram, Google+ & Co.

Frage: Isa, 18. J. möchte einen eigenen Facebook-Account anlegen. Was hat sie zu beachten?

Antwort:

1. Schutz der Persönlichkeit: Zum eigenen Schutz sollte Isa die Einstellungen bei Facebook so wählen, dass nur ihre Freunde ihre Beiträge und Bilder sehen können und auch gut überlegen, welche Inhalte über Facebook veröffentlich werden (alte Beiträge löschen, s. o.).

2. Urheberrecht: Isa sollte keinesfalls Fotos verwenden, die sie nicht selbst gemacht hat. Sonst könnte der Urheber sie abmahnen, was teuer wird. Auch bei der Verwendung von fremden Texten ist Vorsicht geboten: auch hier gilt das Urheberrecht.

3. Impressum: Sollte Isa auch geschäftlich auf Facebook tätig werden (z. B. als Influencerin Werbung machen), muss sie ein Impressum bei Facebook einstellen. Was in das Impressum gehört, steht in § 5 TMG.

4. Datenschutz: Um Daten über sich selbst zu schützen, sollte Isa Einstellung unter „Privatsphäre“ vornehmen. So kann auch verhindert werden, dass das Facebook-Profil über eine Google-Suche gefunden werden kann. Gegen Fanpages auf Facebook haben deutsche Aufsichtsbehörden für den Datenschutz erhebliche Bedenken geäußert. Auch die Entscheidung des Europäischen Gerichtshof vom 25.08.2020 zum Privacy Shield (auch als Schrems II bekannt, Az. C-311/18), wonach der Datentransfer personenbezogener Daten in die USA unzulässig ist, muss hierbei berücksichtigt werden.

5. Markenrecht & Namensrecht: Auch bei Facebook gilt: Wer unerlaubt eine fremde Marke verwendet oder sich einen fremden Namen gibt, kann vom Rechteinhaber oder dem Namensträger zur Rechenschaft gezogen werden. Das gilt auch für Bewertungen von Produkten: Natürlich darf Isa ihre Meinung äußern, ohne zu beleidigen, muss aber bei der Wahrheit bleiben. Sonst kann es wieder teuer werden.

6. Wettbewerbsrecht: Vor allem im Bereich Influencer-Marketing – also wenn Isa Werbung für Produkte macht – gilt für sie das Gesetz gegen unlauteren Wettbewerb (UWG): Isa muss ihre werblichen Beiträge als Werbung kennzeichnen.

7. E-Commerce: Sollte Isa auf Facebook Werbung für eigene Produkte machen wollen, ist sie verpflichtet, Regeln einzuhalten, u. a.: Impressums-, Kennzeichnungspflicht.

8. Arbeitsrecht: Isa sollte keinerlei Infos über ihre Arbeitsstelle mitteilen; schon gar nicht über etwaige Missstände berichten. Ihr Arbeitgeber hat einen Anspruch auf Loyalität. Whistleblowers werden oft mit Kündigung des Arbeitsvertrages „bestraft“.

9. Disclaimer: Mit Disclaimern wird versucht, die eigene Haftung z. B. für rechtswidrige Inhalte auszuschließen. Das ist aber nicht möglich. Deshalb besser an das Gesetz halten.

10. Sonstiges: Isa geht eine Vertragsbeziehung mit Facebook ein. Deshalb sollte sie auch das Kleingedruckte lesen: Facebook hat umfangreiche Nutzungsbedingungen (AGB), die bei einem Verstoß zur Sperrung des Accounts führen können.

IV. Begriffe aus dem IT- und Internetbereich und was sie bedeuten

- App (aus dem Englischen Application Software): Eine App ist ein Computerprogramm (Software).
- Blog/Blogger: Ein Blog (Wortkreuzung aus englisch Web und Log für Logbuch oder Tagebuch) ist ein meist öffentlich einsehbares Tagebuch oder Journal, das meist auf einer Webseite von einem Blogger geführt wird.
- Chat/Chatrooms: Ein Chat (vom Englischen to chat „plaudern, sich unterhalten") bezeichnet die elektronische Kommunikation mit geschriebenen Text in Echtzeit.
- Cyber-Mobbing, Cyber-Bullying, Cyber-Stalking: Hierunter versteht man verschiedene Formen der Verleumdung, Verdrängung, Belästigung und Nötigung anderer Menschen (oder Unternehmen) über das Internet (z. B. in Chatrooms, über WhatsApp oder SMS). Regelmäßig erfüllen die Handlungen auch Straftatbestände.
- Cloud/Cloud Computing: Unter Cloud (englisch für Wolke) und Cloud Computing versteht man allgemein den Versuch, IT-Infrastrukturen (z. B. Computerprogramme, Rechnerleistung, Speicherplatz) über das Internet zur Verfügung zu stellen, also ohne z. B. das Programm auf dem eigenen Rechner laufen zu lassen. Das Programm läuft in der Cloud (also auf irgendeinem anderen Rechner), das Ergebnis wird über die Internettechnologie auf den eigenen Computer übertragen.
- Darknet: Beim Darknet (aus dem englischen „Dunkles Netz") wird die Verbindung der Teilnehmer manuell hergestellt und es wird häufig verschlüsselt kommuniziert. Deshalb kann die Kommunikation im Darknet kaum überwacht werden. Das dient zwar einerseits dem Schutz der Meinungsfreiheit, erlaubt aber auch Kriminellen, ihren Machenschaften unbemerkt nachzukommen.
- Digitalisierung: Hierunter verstand man ursprünglich die Umwandlung analoger in digitale Informationen. Mittlerweile wird der Begriff aber allgemein verwendet für die digitale Transformation und Durchdringung aller Bereiche der Wirtschaft, Staat, Gesellschaft und Alltag.
- E-Commerce/Online-Shop: Hierunter versteht man den Handel von Waren oder Dienstleistung mit Mitteln der Fernkommunikation, z. B. über das Internet (Bsp. Amazon).
- Facebook: Hierbei handelt es sich um eines der derzeit größten (in Bezug auf die Mitglieder) sozialen Netzwerke, das von Mark Zuckerberg entwickelt wurde.

- Filesharing: Hierunter wird das Teilen von Dateien zwischen Benutzern des Internets verstanden. Mediale Bekanntheit hat das Filesharing durch den illegalen Download/gleichzeitige Verbreitung von urheberrechtlich geschützten Werken erfahren. Es gibt Kanzleien, die sich auf die Abmahnung von Filesharing spezialisiert haben.
- Influencer: Als Influencer (von englisch to influence „beeinflussen") werden Personen bezeichnet, die in sozialen Netzwerken Träger für Werbung und Vermarktung sind (sogenanntes Influencer-Marketing). Siehe auch Seite 147.
- Joy-Stick: Hierbei handelt es sich um ein Eingabegerät, das die Steuerung von Computerspielen ermöglicht. Ein Joy-Stick kann über analoge und digitale Steuerfunktionen verfügen.
- Onlinebanking: Über das Onlinebanking können Bankgeschäft über das Internet erledigt werden. Es gibt derzeit verschiedene Verfahren, um Transaktionen durchzuführe (PIN/TAN, HBCI, FTAM, etc.).
- Social Media: Hierunter versteht man den Austausch von Informationen, Inhalten und die Vernetzung von Personen durch digitale Medien und Methoden.
- Software: Die Software (aus dem Englischen für „Weiche Ware" im Gegensatz zur Hard Ware „Harte Ware") ist ein Sammelbegriff für Computerprogramme.
- Streaming: Beim Streaming werden Inhalte (z. B. Bild und Ton) direkt bei der Übertragung beim Empfänger sichtbar/hörbar. Beim Streamen wird keine Kopie beim Empfänger angelegt (im Gegensatz zum Herunterladen „Download").
- Suchmaschinenoptimierung: Hierbei handelt es sich um einen Sammelbegriff für Techniken, die der besseren Auffindbarkeit im Internet dienen. Durch SEO (kurz für „Search Engine Optimization", englisch für Suchmaschinenoptimierung) können z. B. Unternehmen den Absatz von Waren und Dienstleistung steigern, bestimmte Inhalte hervorgehoben werden.
- Twitter: Hierbei handelt es sich um einen Kurznachrichtendienst. Der Name ist an den englischen Begriff „Tweet"=Zwitschern angelehnt.
- URL: Der Uniform Resource Locator, englisch für einheitlicher Ressourcenzeiger, kann als Internetadresse für z. B. eine Webseite verstanden werden. Den URL gibt man in den Browser ein (z. B. www.Tagesschau.de).
- Videokonferenz: Eine Videokonferenz ermöglicht die optische und akustische Teilnahme an Treffen, ohne dass die Personen an demselben Ort sein müssen.

- Website: Hierbei handelt sich um die klassische Internetseite, die Webseite. Die Internetseite kann über die so genannten URL erreicht werden.
- YouTube/YouTuber: YouTube ist ein Videokanal, über den kostenlos Videoclips eingestellt werden können. Ein YouTuber ist jeder, der über YouTube Videos veröffentlicht.

E. Schule, Studium, BAföG

I. Grundgesetz und Schulwesen

Art. 6 Abs. 2 Grundgesetz (GG)

„(2) Pflege und Erziehung der Kinder sind das natürliche Recht der Eltern und die zuvörderst ihnen obliegende Pflicht. Über ihre Betätigung wacht die staatliche Gemeinschaft."

Art. 7 Grundgesetz

„(1) Das gesamte Schulwesen steht unter der Aufsicht des Staates.

(2) Die Erziehungsberechtigten haben das Recht, über die Teilnahme des Kindes am Religionsunterricht zu bestimmen.

(3) Der Religionsunterricht ist in den öffentlichen Schulen mit Ausnahme der bekenntnisfreien Schulen ordentliches Lehrfach. Unbeschadet des staatlichen Aufsichtsrechtes wird der Religionsunterricht in Übereinstimmung mit den Grundsätzen der Religionsgemeinschaften erteilt. Kein Lehrer darf gegen seinen Willen verpflichtet werden, Religionsunterricht zu erteilen.

(4) Das Recht zur Errichtung von privaten Schulen wird gewährleistet. Private Schulen als Ersatz für öffentliche Schulen bedürfen der Genehmigung des Staates und unterstehen den Landesgesetzen. Die Genehmigung ist zu erteilen, wenn die privaten Schulen in ihren Lehrzielen und Einrichtungen sowie in der wissenschaftlichen Ausbildung ihrer Lehrkräfte nicht hinter den öffentlichen Schulen zurückstehen und eine Sonderung der Schüler nach den Besitzverhältnissen der Eltern nicht gefördert wird. Die Genehmigung ist zu versagen, wenn die wirtschaftliche und rechtliche Stellung der Lehrkräfte nicht genügend gesichert ist.

(5) Eine private Volksschule ist nur zuzulassen, wenn die Unterrichtsverwaltung ein besonderes pädagogisches Interesse anerkennt oder, auf Antrag von Erziehungsberechtigten, wenn sie als Gemeinschaftsschule, als Bekenntnis- oder Weltanschauungsschule errichtet werden soll und eine öffentliche Volksschule dieser Art in der Gemeinde nicht besteht.

(6) Vorschulen bleiben aufgehoben."

Schulwesen

Die Schule bestimmt das Leben eines Menschen während entscheidender Phasen in der Kinder- und Jugendzeit. Sie soll nicht nur Wissen vermitteln, sie soll auch die Fähigkeit vermitteln, bisher unbekannte Sachprobleme mit erworbenen Lösungsstrategien anzugehen – „Transferfähigkeit". Die Schule hat darüber hinaus einen staatlichen Erziehungsauftrag, der nicht auf geistige Bildung beschränkt ist. Gerade dieses ist es, womit Heranwachsende nicht selten hadern.

Wie sieht es rechtlich aus? Wo ist die Schule im Gesetz verankert? Welche Rechte und Pflichten hat man als Schüler?

Die fundamentalen Grundsätze des Schulrechts sind in Art. 7 GG geregelt. An erster Stelle steht Art. 7 Abs. 1 GG: „Das gesamte Schulwesen steht unter der Aufsicht des Staates." Der gesamte schulische Bereich ist „von Recht durchdrungen" und unterliegt dem vollen staatlichen Zugriff. „Staat" in diesem Sinne ist nicht in erster Linie der „Gesamtstaat" Bundesrepublik Deutschland, sondern sind zuvörderst die Bundesländer. Nach Art. 30 GG sind die Ausübung staatlicher Befugnisse und die Erfüllung der staatlichen Aufgaben Sache der Länder, soweit das Grundgesetz keine andere Regelung trifft. Eine solche „andere Regelung" (die in den meisten anderen Bereichen des Rechts eher der Regel- als der Ausnahmefall ist) wird man im Grundgesetz vergebens suchen: Im Bildungsbereich, auch im Schulbereich, ist der absolute Regelfall die Zuständigkeit der Länder. Deshalb hat jedes Bundesland ein eigenes Schulgesetz sowie eine ganze Reihe von Verordnungen, Richtlinien, Runderlasse speziell für den schulischen Bereich. Welche Schulformen es gibt, wie der Schulunterricht auszugestalten ist, unter welchen Voraussetzungen die Versetzung erfolgt oder welche Schulabschlüsse erworben werden: alles dies regeln die Länder jeweils für sich autonom. Um ein zu weitgehendes Auseinanderdriften der Länder in diesen wesentlichen Fragen zu verhindern, sind die Länder unter dem Dach der Kultusministerkonferenz (KMK) vereint. Hier werden wesentliche Strukturprinzipien festgelegt, die dann von den Bundesländern autonom (und längst nicht immer inhaltsgleich) in Landesrecht umgesetzt werden.

Die Schulen ihrerseits bewegen sich im Spannungsfeld zwischen „Staatsrecht" – also dem verbindlichen Recht des Bundeslandes – und dem kommunalen Recht der jeweiligen Gemeinde, in welcher sie belegen sind. Denn auch dies gehört zu den wesentlichen Strukturprinzipien der verfassungsmäßigen Ordnung Deutschlands: dass die Kommunen berechtigt sind, die Angelegenheiten der örtlichen Gemeinschaft im Rahmen der Gesetze „in eigener Verantwortung zu regeln" (Art. 28 Abs. 2 S. 1 GG). Fragen der „inneren Schulverwaltung" – Belegenheit der Schulgebäude; sächliche Ausstattung; Anbindung an Datennetze – liegen in der Zuständigkeit der Gemeinden. Fragen struktureller Bedeutung liegen tendenziell in der Zuständigkeit des Landes. Der Hausmeister z. B. ist Bediensteter der Gemeinde, Lehrer hingegen sind Bedienstete des Landes. Dienstliche Rechte und Pflichten von Lehrern regelt das Land. Schulische „Statusfragen" – Aufnahme in die Schule, Ausschluss von der Schule, Ordnungsmaßnahmen, Versetzung, Schulabschluss – sind generell solche des Landes-, nicht des Rechts der Kommunen. Die Schulgesetze enthalten für die Schulen vielfältige Öffnungen: Welche Schulbücher im Unterricht verwendet werden, wie „bewegliche Feiertage" gelegt werden, wie die Unterrichtstunden verteilt werden: Solche Fragen regelt die Schule autonom.

II. Schulrecht und Schulpflicht

1. Recht auf Bildung

Im Grundgesetz ist ein „Recht auf Bildung" nicht ausdrücklich erwähnt oder verankert. Zugleich besteht Einigkeit, dass die im Grundgesetz festgeschriebenen Grundrechte, nicht zuletzt das im Grundgesetz in Art. 1 Abs. 1 verankerte Grundprinzip der Menschenwürde es verbietet, Menschen willkürlich Bildungschancen vorzuenthalten. Das Recht auf Bildung ist ein Menschenrecht gemäß Art. 26 der Allgemeinen Erklärung der Menschenrechte der Vereinten Nationen vom 10.12.1948. Es ist zugleich in Art. 28 der UN-Kinderrechtskonvention verankert. Art. 22 der Genfer Flüchtlingskonvention schreibt den Zugang zu öffentlicher Erziehung, insbesondere zum Unterricht in den Volksschulen, auch für Flüchtlinge vor. Alle diese Regelungen sind über Art. 25 GG förmlicher Bestandteil des Deutschen Bundrechts.

Aus dem Recht auf Bildung ergeben sich konkrete Folgerungen: Der Staat ist dazu angehalten, flächendeckend die Möglichkeit des Schulbesuchs zu gewährleisten. Notwendige Fahrkosten trägt der Staat. Zudem gilt in den Ländern grundsätzliche „Lernmittelfreiheit"; Schulbücher und sonstige Lernmittel werden gestellt. Teilweise werden Eigenanteile erhoben. Diese sind im Bedarfsfall sozial ausgleichsfähig. Die weit verbreitete Praxis, von Schülern für notwendige Unterrichtsmaterialien (Fotokopien; Werkmittel für den Kunstunterricht) freihändig Zahlungen einzufordern, ist rechtlich bedenklich.

2. Schulwahl

Das „Recht auf Bildung" beinhaltet nicht aus sich heraus das Recht auf Zugang zu einer bestimmten Schulform, gar zu einer bestimmten Schule. So kann z. B. der Zugang zum Gymnasium vom Erhalt einer entsprechenden Empfehlung durch die Grundschule abhängig gemacht werden, wie dies z. B. in Bayern und in Sachsen der Fall ist. In den meisten Bundesländern richtet sich die weiterführende Schulform nach dem Wunsch der Eltern; s. z. B. § 11 Abs. 5 S. 3 SchulG NRW. Wenn es auch keinen verfassungsrechtlichen Anspruch auf Wahl einer bestimmten „Wunschschule“ gibt, ist dieses Wahlrecht doch regelmäßig in den Schulgesetzen der Länder vorgesehen und, wenn vorhanden, auch gerichtlich durchsetzbar (OVG Bautzen, Beschl. v. 12.6.2016 – 2 B 190/15 –, juris Rn. 6; OVG Berlin, Beschl. v. 17.10.2014 – OVG 3 S 56.14 –, juris Rn. 2; OVG Münster, Beschl. v. 30.11.2016 – 19 B 1066/16 –, juris Rn. 5–15).

Wenn auch im Zuge von **Inklusionsbestrebungen** in den letzten Jahren viele Regelschulen für die Aufnahme von Schülern mit sonderpädagogischem Förderbedarf personell und sächlich besser ausgestattet wurden, ist doch der geschützte Rahmen einer Förderschule für eine Reihe von Beeinträchtigungen der geeignetere Förderort. Zu Auseinandersetzungen kann es kommen, wenn die Schulbehörden ein Kind gegen den Willen der Eltern zum Besuch einer Förderschule verpflichten wollen. Dies ist ein erheblicher Eingriff in das schulische Bestimmungsrecht von Kind und Eltern mit absehbar erheblichen Konsequenzen für die schulischen Bildungs- und Entwicklungsmöglichkeiten. Die Verfahren zur Feststellung sonderpädagogischen Förderbedarfs sind mit einer Reihe von elterlichen Mitwirkungs- und Einspruchsmöglichkeiten ausgestaltet, die die Eltern nutzen sollten. Nicht immer ist der Schularzt die letzte Instanz; eigenständig von den Eltern beigebrachte fachärztliche Stellungnahmen darf die Schulbehörde nicht einfach übergehen. Die Überweisung zur Förderschule kann mit Widerspruch und Klage angegriffen werden.

3. Schulpflicht

Kinder und Jugendliche sind in Deutschland generell zum Schulbesuch verpflichtet; s. z. B. §§ 41 SchulG Berlin, 34 SchulG NRW. Das ist keine Selbstverständlichkeit: In vielen Ländern, auch in EU-, auch in Nachbarländern wie z. B. Belgien oder Österreich, besteht keine gesetzliche Verpflichtung zum Schulbesuch; stattdessen besteht eine „Unterrichtspflicht“, die auch durch reguliertes „Homeschooling“ erfüllt werden kann. In Deutschland ist diese Option generell ausgeschlossen. Beginn, Dauer und Ende der Schulpflicht sind in den Bundesländern unterschiedlich ausgestaltet. Auch nach zehn Vollzeit-Schuljahren, auch nach Vollendung des 18. Lebensjahres, kann noch Schulpflicht bestehen, so z. B. in Nordrhein-Westfalen in Form von Berufsschulpflicht bis spätestens zur Vollendung des 21. Lebensjahres. In allen Bundesländern besteht die Möglichkeit, den Beginn der Schulbesuchspflicht im Fall von erheblichen Entwicklungsverzögerungen um ein Jahr zu verschieben. Kinder, die weder im Regel-, noch im Förderschulsystem zielführend gefördert werden können, können von der Schulpflicht befreit werden.

4. Pflicht zur Teilnahme am Unterricht

Die Schulpflicht ohne „Unterrichts-Teilnahmepflicht“ wäre ein „zahnloser Tiger“. Schüler sind verpflichtet, regelmäßig am Unterricht und an den sonstigen verbindlichen Schulveranstaltungen teilzunehmen (s. z. B. § 43 Abs. 1 SchulG NRW). „Sonstige Schulveranstaltungen“ in diesem Sinne können z. B. auch Schülerfreizeiten oder Maßnahmen der Schulgesundheitspflege sein. Bei Krankheit des Schülers informieren die Eltern die Schule und entschuldigen den Schüler. In begründeten Fällen kann die Schule ein ärztliches Attest verlangen oder, in besonderen Fällen, ein amtsärztliches Gutachten einholen. Aus wichtigen Gründen kann der Schulleiter auf Antrag der Eltern ein Kind vom Unterricht beurlauben oder von der Teilnahme an einzelnen Unterrichts- oder Schulveranstaltungen befreien. Das kann z. B. auch ein runder Geburtstag eines Großelters sein. Längerfristige Befreiungen können von der Zustimmung der übergeordneten Behörde abhängig sein. Generell ausgeschlossen sind Unterrichtsbefreiungen unmittelbar vor oder nach den Schulferien, einfach um einer „freihändigen Ferienverlängerung“ entgegenzuwirken. Gänzlich freiwillig ist, wie schon in Art. 7 Abs. 2 GG angelegt, die Teilnahme am Religionsunterricht. Ab Vollendung des 14. Lebensjahres ist das Kind religionsmündig und entscheidet unabhängig von den Eltern über seine Teilnahme am Religionsunterricht. Dies ist geregelt in § 5 des Gesetzes über die religiöse Kindererziehung aus dem Jahr 1921. Auch Lehrer dürfen nicht verpflichtet werden, gegen ihren Willen Religionsunterricht zu erteilen. Ansonsten ist „Religion“ kein Freibrief für ein Recht auf Nichtteilnahme an Unterrichtsveranstaltungen. Nur in sehr ernsthaften und sehr ernsthaft begründeten Fällen können Eltern aus religiösen Gründen verlangen, dass ihr Kind vom Sport-, namentlich vom Schwimmunterricht freigestellt wird. In der Regel ist das Tragen spezieller Schwimmbekleidung (Burkini oder Haschema) vorrangig (OVG Münster, Urt. v. 25.2.2011 – 19 A 1482/09 –, juris Rn. 27–29).

III. Schulverfassung und Mitsprache

1. Schulverfassung

Das deutsche Rechtssystem ist in vielen Bereichen kooperativ ausgestaltet; das gilt für das Arbeitsrecht mit seinen Tarifverträgen und Betriebsvereinbarungen ebenso wie für das Schulrecht, wo einzelne Ausgestaltungen der verbindlichen Rahmenbedingungen unter Einbeziehung von Lehrern, Eltern und Schülern erfolgen. Schulkonferenzen (auch genannt: Schulforum, Schulvorstand oder Schulausschuss), besetzt mit Lehrer-, Eltern- und Schülervertretern, haben (im Rahmen der geltenden Gesetze und Verordnungen) Entscheidungsbefugnisse z. B. für die Einführung bestimmter Lernmittel, für die Festlegung beweglicher Feiertage oder für die Gestaltung der Schulordnung.

2. Elternvertretungen

Eltern und Erziehungsberechtigte wirken in Klassen-, Jahrgangsstufen- und Schulpflegschaften mit. Alle Eltern sind Mitglied der Klassenpflegschaft und werden in diesem Rahmen über Angelegenheiten der Schule und über die Unterrichts- und Erziehungsarbeit in der Klasse informiert und im geltenden Rahmen an der Auswahl der Unterrichtsinhalte beteiligt. Die Vorsitzenden der Klassenpflegschaften bilden die Schulpflegschaft, deren Aufgabe die Vertretung der Elterninteressen bei der Gestaltung der Bildungs- und Erziehungsarbeit der Schule ist.

3. Schülervertretungen

Die Schülervertretung nimmt die Interessen der Schüler innerhalb der Schule wahr. In den Gremien der Schule wird die Schülervertretung an den schulischen Entscheidungen beteiligt.

IV. Rechte und Pflichten von Eltern und Lehrkräften

1. Elternrecht

1.1 Schülerrecht und eigenständiges Elternrecht

Schüler besitzen, auch wenn sie minderjährig sind, ihre Rechtspositionen zuvörderst eigenständig. Ob sie ihre Rechte auch eigenständig geltend machen können, richtet sich nach dem Bürgerlichen Gesetzbuch (§§ 12 VwVfG, 104 ff. BGB). In der Regel werden rechtlich relevante Erklärungen von Schülern über deren Eltern als gesetzliche Vertreter abgegeben. Über das „Elterngrundrecht" in Art. 6 Abs. 2 GG ist zudem jedes Recht eines Schülers zugleich ein „eigenes" Recht seiner Eltern. In Gerichtsverfahren ist es deshalb keine Seltenheit, wenn auf Klägerseite drei Parteien stehen: der Schüler, seine Mutter und sein Vater, handelnd jeweils aus eigenem Recht, der Schüler insoweit durch seine Eltern gemeinschaftlich vertreten. Daneben haben Eltern auch eigene Rechtspositionen, die sich aus den Schulgesetzen der Länder und den ergänzenden Regelungen ergeben.

1.2 Elterlicher Informationsanspruch

Es versteht sich, dass die Eltern umfassende Informationsansprüche gegen die Schule besitzen. Dies findet namentlich in der Möglichkeit zur schulischen Mitwirkung Ausdruck und in den regelmäßigen Klassenpflegschaftssitzungen und Sprechtagen sowie in den Zeugnissen und den Mitteilungen zur Versetzungsgefährdung. Die Schulgesetze sehen in der Regel auch die Möglichkeit der Unterrichtshospitation von Eltern im Einzelfall und nach Vereinbarung vor (s. z. B. § 44 Abs. 3 S. 1 SchulG NRW). Der Informationsanspruch geht nicht so weit, dass Schulleitung und Lehrer „Gewehr bei Fuß" stehen müssen, um die Eltern über den aktuellen Stand des Kindes auf Abruf informieren und hierüber diskutieren zu können. Der Informationsfluss muss kanalisiert und institutionalisiert werden, weil ansonsten das System überfordert wäre.

Wenn der Schüler *volljährig* ist, gehen die Elternrechte grundsätzlich auf ihn über. Bei Vorliegen ernsthaft gefährdender Umstände ist die Schule berechtigt und ggf. sogar verpflichtet, auch die Eltern volljähriger Schüler zu informieren (VerfGH Koblenz, Urt. v. 22.6.2004 – VGH 2 B 2/04).

1.3 Elternpflichten

Die Eltern sind verpflichtet, ihr Kind zum Schulbesuch anzumelden und für die regelmäßige Teilnahme des Kindes am Unterricht und den sonstigen verbindlichen Veranstaltungen Sorge zu tragen (s. z. B. § 41 SchulG NRW). In Fällen ernsthafter Schulverweigerung können die Eltern mit behördlichen Zwangsmaßnahmen zur Einhaltung ihrer Verpflichtungen angehalten werden. Dies schließt auch die Möglichkeit der Verhängung von Ordnungsgeldern ein. Wenn Eltern ihre Fürsorge- und Erziehungspflichten vernachlässigen, können sie sich sogar nach § 171 StGB strafbar machen.

2. Rechte und Pflichten von Lehrkräften

Die Lehrkräfte erziehen und unterrichten in eigener pädagogischer Verantwortung. Sie sind an Rechts- und Verwaltungsvorschriften, Beschlüsse von Konferenzen sowie an Anordnungen der Schulaufsicht gebunden. Zu den Dienstpflichten von Lehrern gibt es umfangreiche Regelungen. Lehrer sind in der Regel Landesbeamte, sie können auch Angestellte des Landes sein.

V. Schulschwierigkeiten und Ärger mit dem Lehrer

1. Schlechte Noten und Nichtversetzung

Für die Bewertung von Schul- und Prüfungsleistungen besteht ein „pädagogischer Bewertungsspielraum": Bewertungen sind notwendigerweise, weil sie an die Person des Lehrers gebunden sind, subjektiv. So ist es z. B. dem Bewertungsspielraum überlassen, ob Folge- oder Wiederholungsfehler in Prüfungsarbeiten in die Bewertung einbezogen werden oder nicht. Dies wird von der Rechtsordnung generell auch so akzeptiert, bis hin zur Grenze „echter Bewertungsfehler". Diese wird erreicht, wenn fachwissenschaftlich zutreffende Ausführungen des Schülers vom Lehrer als fehlerhaft bewertet werden.

Beispiel: Der Schüler gelangt zu dem Ergebnis, dass 2 + 2 = 4 sind, der Lehrer hingegen meint, 2 + 2 seien 5. Es versteht sich, dass dieser Fall selten vorkommt. Jenseits solcher eindeutigen Konstellationen wird in der Regel der individuellen Bewertung durch den Lehrer der Vorrang einzuräumen sein. Nichts anderes gilt für die Bildung der Zeugnisnote aus den Einzelnoten: Das ist kein „mathematischer Vorgang" im Sinne einer Addition von Einzelleistungen und anschließender Division der gebildeten Summe durch die Anzahl der Einzelleistungen. Vielmehr kann (und wird in der Regel) auch die Zeugnisnote von „weichen" Einflussfaktoren wie Engagement, Mitarbeit, Leistungskurve im Laufe des Schuljahres beeinflusst werden. Eine Grenze bildet der Gleichbehandlungsgrundsatz, der es verbietet, an die Bewertung der Schülerleistungen unterschiedliche Maßstäbe anzulegen und willkürlich zu handeln. Solange die Grenzen des Bewertungsspielraums nicht überschritten werden, dürfen auch der Schulleiter oder die Schulbehörde dem Lehrer keine Vorgaben machen.

Dies schließt natürlich nicht die Möglichkeit aus, dass eine Notenbeanstandung, wenn auch rechtlich kaum erzwingbar, Erfolg haben kann, wenn sie dem Lehrer vernünftig und nachvollziehbar begründet wird. Der Lehrer hat, auch dies ist ein Ausfluss des Bewertungsspielraums, die Möglichkeit, Noten nachträglich zugunsten von Schülern abzuändern, wenn aufgezeigt wird, dass eine bessere Bewertung angezeigt gewesen wäre. Dazu wird vernünftigerweise eine lapidare Beanstandung nicht genügen: Vielmehr sollte sich der Schüler, sollten sich seine Eltern die Mühe machen, kleinteilig darzulegen, welche Einzelleistungen erbracht wurden und woraus sich ein besonderes Engagement des Schülers, woraus sich seine positive Entwicklung im Laufe des Schuljahres erkennen lässt. Ein souveräner Lehrer kann es sich leisten, solchen Erklärungen Beachtung zu schenken und eine erteilte Note zu überdenken.

Ganz ähnlich wie mit Bewertungsentscheidungen verhält es sich mit Versetzungs- und Übergangsentscheidungen: Diese werden von Lehrerkonferenzen getroffen, wiederum ausgestattet mit einem „pädagogischen Bewertungsspielraum". Versetzungsentscheidungen sind häufig davon abhängig, ob „erwartet werden kann", dass der Schüler in der nächsten Klasse erfolgreich mitarbeiten wird. Die subjektiven Einflussfaktoren, die in diese Entscheidung einspielen, sind in der Regel einer rechtlichen Überprüfung entzogen. Gleichwohl können solche Entscheidungen aus formalen Gründen rechtswidrig sein, was auch immer wieder vorkommt, z. B. weil die Konferenz fehlerhaft besetzt ist. Die rechtliche Konsequenz solcher Fehler ist dann nicht, dass die Entscheidung durch die gewünschte (Versetzungs-)Entscheidung zu ersetzen ist, sondern dass sie wegen des Formfehlers erneut getroffen werden muss – in der Regel mit keinem anderen Ergebnis als zuvor.

Die Möglichkeit förmlicher Rechtsbehelfe besteht bei schulischen Bewertungsentscheidungen nicht uneingeschränkt. Einzelne Mitarbeits- oder Klassenarbeitsnoten sind in der Regel nicht selbstständig mit einem Widerspruch angreifbar, weil es am erforderlichen „Rechtsschutzbedürfnis“ fehlt: Ob eine Einzelnote überhaupt maßgeblich auf die Zeugnisnote Einfluss nimmt, ob überhaupt die Zeugnisnote ihrerseits rechtlich relevante Auswirkungen für die Schüler hat, lässt sich im Zweifel erst im Nachhinein ermessen, und erst wenn dies klar auf dem Tisch liegt, ist der Widerspruch statthaft. Die Möglichkeit der informellen Beanstandung besteht natürlich jederzeit.

2. Beschwerden über Lehrer

Lehrer sind Landesbedienstete, häufig sind sie Beamte. „Dienstherr“ ist also das (Bundes-)Land, und „Vorgesetzter“ im dienstrechtlichen Sinne sind sowohl der Schulleiter als auch die Schulaufsichtsbehörde; letztere ist auch gegenüber dem Schulleiter dienstvorgesetzt. Wenn es ernsthaften Grund für Beanstandungen wegen des dienstlichen Verhaltens eines Lehrers gibt, besteht die Möglichkeit der Fach- oder der Dienstaufsichtsbeschwerde beim Vorgesetzten. Mit dieser Möglichkeit sollte zurückhaltend umgegangen werden: Dienstaufsichtsbeschwerden, gleichviel ob sie begründet sind oder nicht, sind für Lehrer in aller Regel unangenehm, weil sie den Lehrer zwingen, sich gegenüber der Dienstaufsicht zu rechtfertigen. Dienstaufsichtsbeschwerden werden auch Bestandteil der Personalakte des Lehrers und verbleiben in der Regel auch dann in dieser, wenn sie sich als unbegründet erweisen. Man sollte auch wirklich überlegen, welches Ziel man mit einer Dienstaufsichtsbeschwerde erreichen möchte: Zur Befriedung eines belasteten Verhältnisses führt ein solches Vorgehen nämlich in aller Regel nicht. Auch ein „Nachtreten“, also eine Dienstaufsichtsbeschwerde nach erfolgtem Schulwechsel gegen einen bisherigen Lehrer, kann keinen Mehrwert erreichen. Pädagogische Meinungsverschiedenheiten mit Lehrern sollten ohne Einschaltung der Dienstaufsicht ausgetragen werden können. Natürlich gibt es Grenzen: Dienstliche Maßnahmen sind angezeigt, wenn Lehrer offensichtlich den rechtlichen Rahmen überschreiten, also in Fällen bspw. nachweisbarer Diskriminierung von Schülern oder seelischer oder körperlicher Übergriffigkeit. Das Verlesen eines an einen Schüler gerichteten beleidigenden Briefes von Mitschülern durch einen Lehrer vor der Klasse stellt eine Amtspflichtverletzung dar, wenn der Lehrer den Schüler dadurch dem Hohn und Spott der Klasse aussetzt. In solchen Fällen kann sich ein Lehrer sogar schmerzensgeldpflichtig machen (OLG Zweibrücken, Urt. v. 6.5.1997 – 6 U 1/97).

VI. Erziehungs- und Ordnungsmaßnahmen

1. Schulisches Sanktionssystem

Fehlverhalten von Schülern muss die Schule nicht wehrlos hinnehmen. Störungen des Unterrichtsgeschehens, Störungen des sozialen Miteinanders können auf Dauer die Funktionsfähigkeit des Schulbetriebs beeinträchtigen, am Ende zum Schaden aller. Hier kann, im Einzelfall muss die Schule eingreifen, um beizeiten die Aufrechterhaltung der Ordnung zu sichern. Zugleich ist die Schule, nach modernem Leitbild, kein „Erziehungsanstalt" (mehr), und junge Menschen benötigen Freiraum, um sich und ihre Rolle in der Gesellschaft zu erproben. Es tut nicht Not, „mit Kanonen auf Spatzen zu schießen"; auf Fehlverhalten sollte deshalb mit Zurückhaltung, Besonnenheit und unter Beachtung des Grundsatzes der Verhältnismäßigkeit reagiert werden. Die Schulgesetze unterscheiden, wenn es um den Umgang mit Fehlverhalten des Schülers geht, zwischen „Erziehungsmaßnahmen" und „Ordnungsmaßnahmen" (s. z. B. §§ 62, 63 Berl. SchulG, 53 SchulG NRW). Themen „zwischen" Erziehungs- und Ordnungsmaßnahmen sind der kurzzeitige Unterrichtsausschluss und das Nachsitzen. Diese Maßnahmen sind in den Schulgesetzen einiger Länder als Erziehungsmaßnahmen und in anderen Ländern als Ordnungsmaßnahmen ausgestaltet.

2. Erziehungsmaßnahmen

„Erziehungsmaßnahmen" sind in erster Linie das, was auch ohne gesetzliche Regelung von nahezu jedermann als selbstverständlich empfunden wird: das erzieherische Gespräch, die mündliche Ermahnung, die vorübergehende Wegnahme des Mobiltelefons durch den Lehrer, wenn damit im Unterricht gespielt wird. Auch das Umsetzen von Schülern im Klassenraum oder eine kurze Verweisung aus dem Klassenraum gehören hierzu. Gegen solche Maßnahmen besteht in der Regel schon kein Rechtsschutz, das muss hingenommen werden. Eine Grenze ist erreicht und überschritten, wenn unter dem Deckmantel „Erziehungsmaßnahme" ernsthafte Sanktionsmaßnahmen verhängt werden wie z. B. dauerhafte Wegnahme von Gegenständen oder die Durchführung von Arbeitseinsätzen unter der Aufsicht von Schulbediensteten. Hier wird der Rahmen einer „Erziehungsmaßnahme" überschritten und das relativ streng geregelte Verfahren für förmliche Ordnungsmaßnahmen ausgespart. In solchen gravierenden Fällen sind Widerspruch und Klage möglich.

3. Ordnungsmaßnahmen

Alle Schulgesetze enthalten einen Katalog mit förmlichen Ordnungsmaßnahmen, welche (mit unterschiedlicher Zuständigkeit innerhalb der Schule) von der Schule als Reaktion, als förmliche Sanktionsmaßnahme auf ein Fehlverhalten des Schülers erlassen werden können. „Übliche" Maßnahmen sind der förmliche schriftliche Verweis, der angeordnete Klassenwechsel, der Ausschluss von einzelnen schulischen Veranstaltungen, der vorübergehende Ausschluss vom Unterricht, die Androhung des Schulausschlusses und schließlich der Schulausschluss. Es versteht sich, dass Anlass solcher Maßnahmen nur ein Fehlverhalten des Schülers mit Bezug zur Schule sein kann. Ein Ladendiebstahl durch einen Jugendlichen bspw., so schlimm das auch sein mag, berechtigt die Schule nicht zum Erlass von Sanktionen, wenn die Sache im eigentlichen Sinne mit der Schule nichts zu tun hat. Ordnungsmaßnahmen müssen unter strenger Beachtung des Prinzips der Verhältnismäßigkeit gehandhabt werden. Ein „kleines" Fehlverhalten kann nicht eine gravierende Ordnungsmaßnahme tragen. Bei wiederholtem Fehlverhalten können die Sanktionen härter ausfallen. Der Schulausschluss als eine der härtesten Maßnahmen setzt grundsätzlich voraus, dass er zuvor angedroht wurde; dabei gilt die Androhung des Schulausschlusses regelmäßig als eigenständige Ordnungsmaßnahme. Eine Ausnahme gilt beim Thema „Drogen auf dem Schulgelände": Da kennen die Gesetze und die Gerichte kein Verständnis. Der Konsum, gar die Weitergabe von Drogen in der Schule wird regelmäßig zum sofortigen Schulausschluss führen (s. OVG Münster, Beschl. v. 22.12.1999 – 19 B 2086/99).

Besonders Obacht ist geboten bei Maßnahmen, die unter dem Stichwort „Schulgesundheit" daherkommen. In viele Schulgesetze wurden in den letzten Jahren Regelungen auf Basis des Infektionsschutzgesetzes eingeführt, die es dem Schulleiter erlauben sollen, in Fällen gesundheitlicher Gefährdung unmittelbar mit einem Schulausschluss reagieren zu können, ohne zunächst ein aufwändiges und fehleranfälliges förmliches Verwaltungsverfahren durchführen zu müssen; s. z. B. Art. 87 Abs. 1 Bay. EUG, § 54 Abs. 3 SchulG NRW. Solche Bestimmungen dienen nicht der Umgehung der strengen gesetzlichen Regelungen für schulische Ordnungsmaßnahmen; entsprechende Maßnahmen des Schulleiters sind rechtswidrig, wenn mit ihnen das Ordnungsmaßnahmenverfahren unterlaufen wird (OVG Münster, Beschl. v. 10.8.2016 – 19 B 592/16 –, juris RN. 9).

4. Rechtsschutz

Schulische Ordnungsmaßnahmen sind Verwaltungsakte, und als solche können sie mit Widerspruch und Klage angegriffen werden. Soweit nicht in den Schulgesetzen festgelegt ist, dass die Maßnahmen „sofort vollziehbar" sind, haben Widerspruch und Klage „aufschiebende Wirkung"; die Maßnahme wird einstweilen nicht vollzogen. Schulen werden sich in der Praxis häufig anstelle der Verhängung von Ordnungsmaßnahmen aus den „nichtförmlichen" Erziehungsmaßnahmen bedienen, weil diese schwieriger rechtlich angreifbar sind. Und rechtliche Angriffe deutlich seltener Erfolg haben.

VII. Haftung von Schulen und Lehrkräften

1. Verkehrssicherungspflichten

Das Schulgebäude, das Lehrmaterial, die Gerätschaften, das sonstige Mobiliar müssen sich in einem ordnungsgemäßen Zustand befinden, der die Gefahr von Verletzungen für die Schüler, für die Lehrer, die Eltern und die sonstigen in der Schule tätigen Personen nach Möglichkeit beschränkt. Fällt z. B. ein Schüler die Treppe hinunter, weil das von ihm benutzte Treppengeländer aus der morschen Verankerung gebrochen ist, haftet der Schulträge unter dem Gesichtspunkt der Staats- bzw. Amtshaftung nach Art. 34 GG i. V. m. § 839 BGB. Die Verkehrssicherungspflicht für eine Schule, die in erheblichem Umfang auch von den Eltern der Schüler, etwa bei Elternsprechtagen oder sonstigen schulischen Veranstaltungen, besucht wird, muss den Bedürfnissen auch dieses Personenkreises Rechnung tragen (BGH, Urt. v. 15.10.1992 – III ZR 57/91).

2. Unfallversicherung

Nach § 2 Abs. 1 Nr. 8 Buchst. b) SGB VII sind Schüler während des Schulbesuchs und während der Teilnahme an unmittelbar vor oder nach dem Unterricht von der Schule oder im Zusammenwirken mit ihr durchgeführten Betreuungsmaßnahmen gesetzlich unfallversichert. Bei Unfällen und sonstigen Schadensereignissen hat dies erhebliche Vorteile sowohl im Hinblick auf Leistungsansprüche als auch auf deren Abwicklung. Auch Unfälle bei Klassenfahrten fallen unter die gesetzliche Unfallversicherung.

3. Aufsichtspflichten

Nicht nur durch das Schulgebäude und die Einrichtung, auch durch das Verhalten von Schulpersonal und durch die Verletzung von Aufsichtspflichten können Schäden verursacht werden. Die Anforderungen an das Schulpersonal dürfen indes nicht überspannt werden. Eine Amtspflicht, für die Möglichkeit sicherer Aufbewahrung in die Schule mitgebrachter Sachen Sorge zu tragen, obliegt dem Schulträger gegenüber Eltern, die an einer Elternversammlung teilnehmen, nur, wenn es dem betreffenden Elternteil nicht möglich und zumutbar ist, die mitgebrachten Sachen während der Versammlung bei sich zu behalten, und er deshalb von einem Vertreter des Schulträgers die sichere Aufbewahrung verlangt (BGH, Urt. v. 10.12.1987 – III ZR). Wird ein Schüler bei einer tätlichen Auseinandersetzung im Schulunterricht durch einen Lehrer verletzt, steht ihm ein Schadensersatzanspruch gegen den Lehrer auch bei Vorsatz nicht zu, da dessen Haftung in jedem Fall auf seine „Anstellungskörperschaft" übergeleitet wird. Nach Art. 34 GG trifft nämlich die Verantwortlichkeit für die Folgen einer Amtspflichtverletzung grundsätzlich den Staat oder die Körperschaft, in deren Dienst der Beamte steht. Dies gilt sowohl bei Fahrlässigkeit als auch bei Vorsatz. Ein eventuell dem Beamten anzulastender Vorsatz eröffnet lediglich die Möglichkeit des Rückgriffes der haftenden Körperschaft gegen den Beamten, beseitigt aber nicht die grundsätzliche Haftungsverlagerung vom Beamten auf die Körperschaft. Bei fahrlässig begangener Körperverletzung durch den Lehrer scheidet eine Haftung der Anstellungskörperschaft nach Amtshaftungsgrundsätzen aus, weil in diesem Fall die gesetzliche Unfallversicherung eintrittspflichtig ist (OLG Hamm, Urt. v. 17.9.1992 – 11 U 53/93).

4. Sportunfälle

Ob für Sportunfälle gehaftet werden muss, hängt, jenseits der eindeutigen Fälle verletzter Verkehrssicherungspflichten, vom Einzelfall ab: Kleinere Verletzungen wie z. B. eine Prellung, ein verstauchter Fuß, sind beim spielerischen Sport „verkehrsüblich". Solche Verletzungen, im „sozialadäquaten" Rahmen, lassen sich gerade beim Sportunterricht nicht immer vermeiden (BGH, Urt. v. 2.12.1968 – III ZR 88/66 –, juris RN. 11) und müssen hingenommen werden.

Anders sieht es aus bei ernsthaften Verletzungen. Nach deutschem Schulrecht gehört das Unterrichtsfach Sport zum Erziehungs- und Bildungsauftrag der Schule. Aus diesem Grunde haben die im Sportunterricht verantwortlichen Personen, hat also namentlich der Sportlehrer besondere Fürsorgepflichten gegenüber den Schülern. Will der Sportlehrer Schüler zu Höchstleistungen anhalten, muss er ihre erkennbaren (und in aller Regel ihm bekannten) individuellen körperlichen Möglichkeiten und Leistungsgrenzen berücksichtigen. Wenn der Sportlehrer von Schülern verlangt, sich über harte Barren zu schwingen und auf hohe Böcke zu springen, wenn die Schüler Dauerläufe absolvieren müssen, denen sie erkennbar nicht gewachsen sind, kann das in Richtung grober Fahrlässigkeit gehen. Bei gefährlichen Turnübungen ist entsprechend der Leistungsfähigkeit des Schülers Hilfestellung zu leisten oder zumindest Hilfestellung durch geeignete, insbesondere kräftige und aufmerksame Mitschüler sicherzustellen (BGH, Urt. v. 3.7.1958 – III ZR 88/57). Auf besonders gefährliche Übungen sollte generell verzichtet werden. Werden solche Übungen gleichwohl durchgeführt, sind erkennbar gefährdete Schüler davon auszunehmen (OLG Düsseldorf, Urt. v. 27.6.1963 – 1 W 81/86).

VIII. Ärger mit Mitschülern – Schutz und Reaktion

1. Umgang miteinander in der Schule

Es gibt keinen Rechtsanspruch, erst recht keinen durchsetzbaren Rechtsanspruch auf Einhaltung „sozialer Normen". Schon im Interesse der Schaffung einer vernünftigen Lernkultur sollte es im Interesse der Schule, im Interesse aller Beteiligter liegen, dass an einer Schule, dass in den Schulklassen eine „Miteinander-Atmosphäre" entsteht und fortbesteht. Die Ursachen, dass dies nicht immer uneingeschränkt funktioniert, sind vielfältig und liegen in der Regel im sozialen, nicht im rechtlichen Bereich. Wer erwartet, dass alle anderen „nach den Regeln spielen" (gemeint sind hier die „sozialen Regeln", ist also der vernünftige, freundliche, integrative Umgang miteinander), wird aus diversen Gründen immer wieder enttäuscht werden.

2. Schulmobbing

„Mobbing" als soziologischer Begriff beschreibt das wiederholte und regelmäßige, vorwiegend seelische Schikanieren, Quälen und Verletzen (Wikipedia: „Mobbing"). Unter Mobbing in der Schule versteht man ein gegen Schüler gerichtetes Drangsalieren, Gemeinsein, Ärgern, Angreifen und Schikanieren. Besonders im englischen Sprachraum wird für Situationen unter Schülern oft allgemein der Begriff „Bullying" benutzt (erneut Wikipedia: „Mobbing in der Schule"). Es handelt sich um einen sozialen Wirkmechanismus, der letztlich in jeder Konstellation eine Rolle spielt oder zumindest spielen kann, in welcher über einen längeren Zeitraum ein soziales Miteinander einer begrenzten Anzahl von Personen stattfindet. Alle Akteure können davon betroffen sein: Schüler, Lehrer, Schulleiter. Und nicht nur auf „Gleichordnungsebene" („Schüler gegen Schüler"; „Lehrer gegen Lehrer"), auch „von oben nach unten" (z. B. „Lehrer gegen Schüler") und „von unten nach oben" (z. B. „Lehrerkollegium gegen Schulleiter") findet Mobbing statt.

Das Thema „Mobbing" ist schon sozial kaum zu erfassen, nicht zuletzt, weil es eine starke subjektive Komponente hat: Wer leichter verletzlich ist, wird leichter verletzt werden können. Was der eine als Marginalie wahrnimmt und/oder einfach abschüttelt, setzt dem anderen ernsthaft zu. Nicht immer sind Mobbing-Situation für Außenstehende überhaupt erkennbar. Umso schwieriger ist die Suche nach juristischer Hilfe. Wenn die Ursachen ausschließlich in der Person eines einzelnen Mitschülers liegen, kann die Schule mit Erziehungs- und Ordnungsmaßnahmen reagieren; die Effekte können hier unterschiedlich sein. Wer sich in der Opfersituation findet, sollte sich primär Orientierung verschaffen über seine sozialen Aktions- und Reaktionsmöglichkeiten. Es gibt „Opferverhalten", welches die Opfersituation verstärkt und verfestigt. Manchmal sind es nur kleine Verhaltensänderungen, die die Situation deutlich verbessern können. Es gibt in diesem Bereich ausgewiesene Fachleute, die mit einem ordentlichen Coaching viel bewirken können.

Mobbingfälle mit schwerwiegenden Folgen, bei eindeutig erkennbarer Verantwortung der zuständigen Einrichtung, können zu Schmerzensgeld-Ansprüchen aus Amtspflichtverletzung führen (BGH, Beschl. v. 1.8.2002 – III ZR 277/01). Um dorthin zu kommen, muss zunächst eine lange Leidensstrecke zurückgelegt worden sein, und die Verantwortungen müssen unzweifelhaft auf dem Tisch liegen. Das wird im schulischen Kontext selten der Fall sein. Traurigerweise ist in vielen ersthaften Mobbing-Konstellationen der einzige juristisch wirksame Tipp der Schulwechsel. Dieser kann zur Not auch erzwungen werden.

IX. Studium

1. An welchen Einrichtungen kann man studieren?

Die überkommene Unterscheidung zwischen „Universitäten" einerseits und „sonstigen Hochschulen" – Berufsakademie, Duale-, Pädagogische-, Fachhochschule – spielt in den Hochschulgesetzen der Länder keine große Rolle mehr. Rechtlich sind alle Studienabschlüsse gleich bewertet. Die Universitäten besitzen das traditionelle Vorrecht, dass man an ihnen auch promovieren und habilitieren kann; auch hier gibt es mittlerweile Ausnahmen zugunsten der Fachhochschulen. Alleine bestimmte Berufe – Anwalt, Apotheker, Arzt, Lehrer, Psychotherapeut, Zahnarzt – setzen ein Studium an einer Universität voraus. Jenseits dessen spielt es rechtlich keine Rolle, an welcher Einrichtung ein Studienabschluss erworben wurde. Wie auch der schulische Bereich, gehört der Hochschulbereich zu den originären rechtlichen Domänen der Bundesländer. Jedes Bundesland hat ein eigenes Hochschulgesetz, und wie auch bei den Schulen, unterscheiden sich die Hochschulgesetze teilweise nicht unerheblich voneinander.

2. Wer darf studieren?

Die Studienberechtigung in Deutschland ist nicht an eine bestimmte Staatsangehörigkeit gebunden. Wer die Hochschulzugangsberechtigung besitzt und die weiteren Voraussetzungen für den Erhalt eines Studienplatzes erfüllt, darf studieren, unabhängig von seiner Herkunft. Die „Standard-Hochschulzugangsberechtigung" ist das Abitur, eben auch deshalb unter seinem Synonym „Allgemeine Hochschulreife" bekannt. Die an der Schule erworbene Fachhochschulreife, in Kombination mit einer einjährigen praktischen Ausbildungsphase, berechtigt zum Studium an Fachhochschulen. Ein an einer Hochschule (auch an einer ausländischen Hochschule) erworbener Bachelorabschluss wirkt „abiturersetzend", vermittelt also die allgemeine Hochschulreife auch für ein Universitätsstudium. Insgesamt ist das Hochschulsystem in Deutschland durchlässig: Auch wer mit einem mittleren Schulabschluss einen Beruf erlernt hat, kann nach anschließender zweijähriger beruflicher Tätigkeit ein zu seiner beruflichen Qualifizierung verwandtes Studium aufnehmen. Für besonders Begabte gibt es im Einzelfall die Möglichkeit, über eine Eignungsprüfung zum Hochschulstudium Zugang zu erlangen.

Eine andere Frage ist, ob man auch mit der Note der Hochschulzugangsberechtigung einen Studienplatz erhält. Das ist längst nicht zwangsläufig der Fall. In vielen, wenn nicht den meisten Studiengängen gibt es weniger Studienplätze, als erforderlich wären, damit alle Bewerber berücksichtigt werden können. Die Studienplätze werden dann nach Notendurchschnitt verteilt – Stichwort: „Numerus clausus". Medizin ist das klassische (und eben längst nicht einzige) Beispiel dafür. Wer ohne „Einser-Abi" Medizin oder Zahnmedizin studieren möchte, sollte seinen Weg im Ausland suchen. Es gibt sehr viele Universitäten, die das Medizinstudium in Englischer Sprache anbieten. Bei EU-Universitäten führt das erfolgreich abgeschlossene Studium problemlos auch zur Approbation in Deutschland.

Studienplätze können auch „eingeklagt" werden: Die Festsetzung der Anzahl von Studienplätzen in Studiengängen ist kein freischöpferischer Akt hochschulischer Willkür, sondern erfolgt nach klaren, einheitlichen Regeln. Die Nichtvergabe eines Studienplatzes an einen zugangsberechtigten Bewerber ist ein Eingriff in das Grundrecht der Ausbildungsfreiheit nach Art. 12 Abs. 1 GG. Ob man ein solches Verfahren vor einem Verwaltungsgericht führen möchte, muss gut überlegt sein. In vielen Studiengängen, namentlich in Medizin, sind die Erfolgsaussichten gering. Die Kosten können erheblich, die Verfahren können sehr langwierig sein. Vor einer Studienplatzklage sollte man jedenfalls ein ausführliches Gespräch mit einer unabhängigen Fachperson führen.

X. Berufsausbildungsförderung (BAföG)

Der Sozialstaat bewilligt – teilweise beschränkt auf den Bedarfsfall, teilweise auch bedarfsunabhängig – Ausbildungsförderung nach BAföG und AFBG. Die Förderung erfolgt teilweise in Form „echter Zuschüsse", teilweise als (teil-)rückzahlbares Darlehn. Wer sein Studium in der Regelstudienzeit abschließt, kann teilweise Erlasse beanspruchen. Gegen die Versagung von Ausbildungsförderung sind Widerspruch und Klage statthaft.

F. Freiwilliger Wehrdienst und sonstige Freiwilligendienste

Zum 1. Juli 2011 wurde die Wehrpflicht ausgesetzt. An die Stelle des früheren Grundwehrdienstes trat ein neuer Freiwilliger Wehrdienst. Aufgrund der vom Bundesverfassungsgericht entschiedenen Gleichwertigkeit von Bundeswehrdienst und Zivildienst hat der Gesetzgeber, als er die Wehrpflicht auf freiwillige Basis gestellt hat, auch den Zivildienst auf eine andere Basis gestellt. Er heißt jetzt „Freiwilligendienst" und ist im Bundesfreiwilligendienstgesetz (BFDG) geregelt.

Daneben gibt es noch die „klassischen" Freiwilligendienste, das Freiwillige Soziale Jahr und das Freiwillige Ökologische Jahr, die im Jugendfreiwilligendienstegesetz (JFDG) geregelt sind.

Alle vier Freiwilligendienste sind sinnvoll. Ob man zwischen Schule und Studium mal etwas ganz anderes machen möchte, auf eine Lehrstelle oder einen Studienplatz wartet oder sich noch mal genauer über seine Neigungen und Begabungen Klarheit verschaffen möchte, ob man einfach die Zeit zwischen Abitur und Studienbeginn sinnvoll überbrücken oder gar ins Ausland möchte. Auf jeden Fall gewinnt man Lebenserfahrung und erhält finanzielle Unterstützung, ohne dass das Kindergeld gestrichen wird.

I. Wehrdienst in der Bundeswehr

1. Zu den Hauptaufgaben der Bundeswehr gehören:

1.1 Die Landesverteidigung

Bei der Landesverteidigung soll ein bewaffneter Angriff von der Bundesrepublik Deutschland abgewehrt werden. Hauptaufgabe der Bundeswehr ist dabei der Bevölkerungsschutz auf dem deutschen Hoheitsgebiet.

1.2 Die Bündnisverteidigung

Bei der Bündnisverteidigung arbeitet die Bundeswehr eng verzahnt mit Streitkräften anderer Nationen zusammen und kämpft dabei unter Umständen auch auf deren Territorium.

1.3 Internationales Krisenmanagement

Krisen in anderen Ländern oder Kontinenten können die Sicherheit in Deutschland gefährden. Die Bundeswehr ist daher an multinationalen Operationen beteiligt, die Krisen verhindern, bewältigen und die betroffenen Regionen wieder stabilisieren sollen. Auftrag der Bundeswehr im internationalen Krisenmanagement ist es, Gefahren für Deutschland und Verbündete abzuwenden. Gemeinsam mit Bündnispartnern leistet die Bundeswehr dazu militärische und zivil-militärische Beiträge. Folgende Aufgaben stehen dabei im Fokus:

Frühes Erkennen internationaler Krisen

- Konfliktverhütung, Krisenbewältigung, Krisennachsorge und Stabilisierung im Rahmen internationaler Organisationen, Bündnisse und Partnerschaften
- Beteiligung an Friedensmissionen der Vereinten Nationen (United Nations)
- Kampf gegen den internationalen Terrorismus
- Kampf gegen Bedrohungen aus dem Cyber- und Informationsraum und gegen neue Gefahren hybrider Art
- Schutz von Seewegen
- Durchsetzung von Embargos und Sanktionen

2. Freiwilliger Wehrdient für Männer und Frauen

2.1 Freiwilliger Wehrdienst in Friedenszeiten

Nach Art. 12 a Grundgesetz *können* Männer vom vollendeten achtzehnten Lebensjahr an zum „Dienst in den Streitkräften, im Bundesgrenzschutz oder in einem Zivilschutzverband verpflichtet werden." Ob und wann Männer zum Wehrdienst verpflichtet werden, regelt das Wehrpflichtgesetz. Aufgrund von § 2 Wehrpflichtgesetz (WPflG) ist die gesetzliche Verpflichtung zur Ableistung des Grundwehrdienstes im Frieden seit dem 1. Juli 2011 ausgesetzt.

An die Stelle des früheren Grundwehrdienstes ist gemäß § 54 WPflG ein neuer Freiwilliger Wehrdienst getreten. Frauen und Männer, die Deutsche im Sinne des Grundgesetzes sind, können sich verpflichten, freiwilligen Wehrdienst zu leisten, sofern sie hierfür tauglich sind. Der Wehrdienst besteht aus sechs Monaten freiwilligem Wehrdienst als Probezeit und bis zu 17 Monaten anschließendem freiwilligem zusätzlichem Wehrdienst. Die Verpflichtungserklärung bedarf der Schriftform. Für eine besondere Auslandsverwendung oder eine Festsetzung der Dienstzeit ab zwölf Monaten ist eine gesonderte schriftliche Verpflichtungserklärung erforderlich. Die Verpflichtungserklärungen bedürfen der Annahme durch die Wehrersatzbehörde (§ 55 WPflG).

Tauglichkeit:

Wenn man sich für den Freiwilligen Wehrdienst bewirbt, wird man auf seine gesundheitliche Eignung untersucht. Danach erfolgen die Eignungsuntersuchung und Eignungsfeststellung sowie ein Gespräch mit einem Psychologen.

Für den Freiwilligen Wehrdienst erhält man Wehrsold. Daneben gibt es einen Wehrdienstzuschlag und ein Entlassungsgeld. Die Beiträge zur Sozialversicherung werden übernommen.

2.2 Wehrpflicht im Spannungs- oder Verteidigungsfall

Die Wehrpflicht ist also nicht abgeschafft. Sie lebt jedoch nur auf, wenn der grundgesetzlich geregelte Spannungs- oder Verteidigungsfall festgestellt wird. Die Wehrpflicht besteht gemäß Art. 12 a Grundgesetz i.V.m. § 1 Wehrpflichtgesetz (WPflG) dann für alle Männer vom vollendeten 18. Lebensjahr an, wenn sie Deutsche im Sinne des Grundgesetzes sind und

1. ihren ständigen Aufenthalt in der Bundesrepublik Deutschland haben oder
2. ihren ständigen Aufenthalt außerhalb der Bundesrepublik Deutschland haben und entweder
   a) ihren früheren ständigen Aufenthalt in der Bundesrepublik Deutschland hatten oder
   b) einen Pass oder eine Staatsangehörigkeitsurkunde der Bundesrepublik Deutschland besitzen oder sich auf andere Weise ihrem Schutz unterstellt haben.

(2) Die Wehrpflicht ruht, solange Wehrpflichtige ihren ständigen Aufenthalt und ihre Lebensgrundlage außerhalb der Bundesrepublik Deutschland haben, wenn Tatsachen die Annahme rechtfertigen, dass sie beabsichtigen, ihren ständigen Aufenthalt im Ausland beizubehalten.

(3) Die Wehrpflicht ruht nicht, wenn Wehrpflichtige ihren ständigen Aufenthalt

1. während des Wehrdienstes aus der Bundesrepublik Deutschland hinausverlegen,
2. ohne die nach § 3 Absatz 2 erforderliche Genehmigung aus der Bundesrepublik Deutschland hinausverlegen oder
3. aus der Bundesrepublik Deutschland hinausverlegen, ohne sie zu verlassen.

Im Spannungs- oder Verteidigungsfall gelten im Übrigen die §§ 3 bis 53 Wehrpflichtgesetz.

II. Freiwilligendienst i. S. d. Bundesfreiwilligendienstgesetzes (BFDG)

1. Aufgaben des Bundesfreiwilligendienstes

Im Bundesfreiwilligendienst engagieren sich Frauen und Männer (aller Altersgruppen) für das Allgemeinwohl, insbesondere im sozialen, ökologischen und kulturellen Bereich sowie im Bereich des Sports, der Integration und des Zivil- und Katastrophenschutzes. Der Bundesfreiwilligendienst fördert das lebenslange Lernen (§ 1 BFDG).

Der Bundesfreiwilligendienst ist in seiner Ausgestaltung als sozialer Lerndienst angelegt und unterscheidet sich in seiner Dauer und in der Vielfalt der Einsatzbereiche grundsätzlich nicht vom Freiwilligen Sozialen Jahr und vom Freiwilligen Ökologischen Jahr.

2. Beschäftigungsstellen (§ 6 BFDG)

Die Freiwilligen leisten den Bundesfreiwilligendienst in einer dafür anerkannten Einsatzstelle.

3. Pädagogische Begleitung (§ 4 BFDG)

(1) Der Bundesfreiwilligendienst wird pädagogisch begleitet mit dem Ziel, soziale, ökologische, kulturelle und interkulturelle Kompetenzen zu vermitteln und das Verantwortungsbewusstsein für das Gemeinwohl zu stärken.

(2) Die Freiwilligen erhalten von den Einsatzstellen fachliche Anleitung.

(3) Während des Bundesfreiwilligendienstes finden Seminare statt, für die Teilnahmepflicht besteht. Die Seminarzeit gilt als Dienstzeit. Die Gesamtdauer der Seminare beträgt bei einer zwölfmonatigen Teilnahme am Bundesfreiwilligendienst mindestens 25 Tage; Freiwillige, die das 27. Lebensjahr vollendet haben, nehmen in angemessenem Umfang an den Seminaren teil. Wird ein Dienst über den Zeitraum von zwölf Monaten hinaus vereinbart oder verlängert, erhöht sich die Zahl der Seminartage für jeden weiteren Monat um mindestens einen Tag. Bei einem kürzeren Dienst als zwölf Monate verringert sich die Zahl der Seminartage für jeden Monat um zwei Tage. Die Freiwilligen wirken an der inhaltlichen Gestaltung und der Durchführung der Seminare mit.

(4) Die Freiwilligen nehmen im Rahmen der Seminare nach Absatz 3 an einem fünftägigen Seminar zur politischen Bildung teil. In diesem Seminar darf die Behandlung politischer Fragen nicht auf die Darlegung einer einseitigen Meinung beschränkt werden. Das Gesamtbild des Unterrichts ist so zu gestalten, dass die Dienstleistenden nicht zugunsten oder zuungunsten einer bestimmten politischen Richtung beeinflusst werden.

(5) Die Seminare, insbesondere das Seminar zur politischen Bildung, können gemeinsam für Freiwillige und Personen, die Jugendfreiwilligendienste oder freiwilligen Wehrdienst leisten, durchgeführt werden.

4. Vereinbarung (§ 8 BFDG)

Der Bund und die oder der Freiwillige schließen vor Beginn des Bundesfreiwilligendienstes auf gemeinsamen Vorschlag der oder des Freiwilligen und der Einsatzstelle eine schriftliche Vereinbarung ab.

5. Kosten, Taschengeld, Sozialversicherungsrecht (§ 17 BFDG)

(1) Soweit die Freiwilligen Unterkunft, Verpflegung und Arbeitskleidung oder entsprechende Geldersatzleistungen erhalten, erbringen die Einsatzstellen diese Leistungen auf ihre Kosten für den Bund. Sie tragen die ihnen aus der Beschäftigung der Freiwilligen entstehenden Verwaltungskosten.

(2) Für den Bund zahlen die Einsatzstellen den Freiwilligen das Taschengeld, soweit ein Taschengeld vereinbart ist. Für die Einsatzstellen gelten die Melde-, Beitragsnachweis- und Zahlungspflichten des Sozialversicherungsrechts. Die Einsatzstellen tragen die Kosten der pädagogischen Begleitung der Freiwilligen.

(3) Den Einsatzstellen wird der Aufwand für das Taschengeld, die Sozialversicherungsbeiträge und die pädagogische Begleitung im Rahmen der im Haushaltsplan vorgesehenen Mittel erstattet; das Bundesministerium für Familie, Senioren, Frauen und Jugend legt im Einvernehmen mit dem Bundesministerium der Finanzen einheitliche Obergrenzen für die Erstattung fest. Der Zuschuss für den Aufwand für die pädagogische Begleitung wird nach den für das Freiwillige Soziale Jahr im Inland geltenden Richtlinien des Bundes festgesetzt.

6. Bescheinigung, Zeugnis (§ 11 BFDG)

(1) Die Einsatzstelle stellt der oder dem Freiwilligen nach Abschluss des Dienstes eine Bescheinigung über den geleisteten Dienst aus. Eine Zweitausfertigung der Bescheinigung ist der zuständigen Bundesbehörde zuzuleiten.

(2) Bei Beendigung des freiwilligen Dienstes erhält die oder der Freiwillige von der Einsatzstelle ein schriftliches Zeugnis über die Art und Dauer des freiwilligen Dienstes. Das Zeugnis ist auf die Leistungen und die Führung während der Dienstzeit zu erstrecken. Dabei sind in das Zeugnis berufsqualifizierende Merkmale des Bundesfreiwilligendienstes aufzunehmen.

7. Zuständigkeit

Zuständig für die Durchführung des Bundesfreiwilligendienstgesetzes ist das Bundesamt für Familie und zivilgesellschaftliche Aufgaben (BAFzA) in Köln, https://www.bundesfreiwilligendienst.de/.

III. Freiwilligendienste nach dem Jugendfreiwilligendienstegesetz (JFDG)

Jugendfreiwilligendienste im Sinne des Gesetzes sind das Freiwillige Soziale Jahr (FSJ) und das Freiwillige Ökologische Jahr (FÖJ). Das Freiwillige Soziale und das Freiwillige Ökologische Jahr sind weder eine Art Berufsausbildung oder Praktikum, noch wird es auf Wehrdienst oder Zivildienst angerechnet; bei der Vergabe von Studienplätzen führt die Ableistung aber – ebenso wie Wehr- und Zivildienst – gegenüber Bewerbern mit sonst gleichen Auswahlkriterien zu verbesserten Zulassungschancen.

1. Freiwillige (§ 2 JFDG)

(1) Freiwillige im Sinne dieses Gesetzes sind Personen, die

1. die Vollzeitschulpflicht erfüllt haben, aber das 27. Lebensjahr noch nicht vollendet haben,
2. einen freiwilligen Dienst
   a) ohne Erwerbsabsicht, außerhalb einer Berufsausbildung und vergleichbar einer Vollzeitbeschäftigung leisten oder
   b) ohne Erwerbsabsicht, außerhalb einer Berufsausbildung und vergleichbar einer Teilzeitbeschäftigung von mehr als 20 Stunden pro Woche leisten, sofern ein berechtigtes Interesse der Freiwilligen an einer Teilzeitbeschäftigung vorliegt,
3. sich auf Grund einer Vereinbarung nach § 11 zur Leistung des freiwilligen Dienstes für eine Zeit von mindestens sechs Monaten und höchstens 24 Monaten verpflichtet haben und
4. für den freiwilligen Dienst
   a) nur unentgeltliche Unterkunft, Verpflegung und Arbeitskleidung sowie ein angemessenes Taschengeld erhalten dürfen oder
   b) anstelle von unentgeltlicher Unterkunft, Verpflegung und Arbeitskleidung entsprechende Geldersatzleistungen sowie ein angemessenes Taschengeld erhalten dürfen.

Angemessen ist ein Taschengeld, wenn es 6 % der in der allgemeinen Rentenversicherung geltenden Beitragsbemessungsgrenze nicht übersteigt. Bei einem freiwilligen Dienst vergleichbar einer Teilzeitbeschäftigung ist dieser Prozentsatz zu kürzen.

(2) Als Freiwillige gelten auch Personen, die durch einen nach § 10 zugelassenen Träger des Jugendfreiwilligendienstes darauf vorbereitet werden, einen Jugendfreiwilligendienst im Ausland zu leisten (Vorbereitungsdienst), für den Vorbereitungsdienst nur Leistungen erhalten, die dieses Gesetz vorsieht, und neben dem Vorbereitungsdienst keine Tätigkeit gegen Entgelt ausüben sowie die Voraussetzungen des Absatzes 1 Nummer 1 und 3 erfüllen.

Auch Flüchtlinge können ein FSJ in Einrichtungen in ganz Deutschland absolvieren. Viele kirchliche Träger bieten dies an.

2. Freiwilliges Soziales Jahr (§ 3 JFDG)

(1) Das Freiwillige Soziale Jahr wird als überwiegend praktische Hilfstätigkeit, die an Lernzielen orientiert ist, in gemeinwohlorientierten Einrichtungen geleistet, insbesondere in Einrichtungen der Wohlfahrtspflege, in Einrichtungen der Kinder- und Jugendhilfe, einschließlich der Einrichtungen für außerschulische Jugendbildung und Einrichtungen für Jugendarbeit, in Einrichtungen der Gesundheitspflege, in Einrichtungen der Kultur und Denkmalpflege oder in Einrichtungen des Sports. Einsatzorte sind häufig Krankenhäuser, Alten- und Pflegeheime, Kinderheime und Einrichtungen für Behinderte.

(2) Das Freiwillige Soziale Jahr wird pädagogisch begleitet. Die pädagogische Begleitung wird von einer zentralen Stelle eines nach § 10 zugelassenen Trägers des Jugendfreiwilligendienstes sichergestellt mit dem Ziel, soziale, kulturelle und interkulturelle Kompetenzen zu vermitteln und das Verantwortungsbewusstsein für das Gemeinwohl zu stärken.

3. Freiwilliges Ökologisches Jahr (§ 4 JFDG)

(1) Das Freiwillige Ökologische Jahr wird als überwiegend praktische Hilfstätigkeit, die an Lernzielen orientiert ist, in geeigneten Stellen und Einrichtungen geleistet, die im Bereich des Natur- und Umweltschutzes einschließlich der Bildung zur Nachhaltigkeit tätig sind. Einsatzorte sind Stellen und Einrichtungen, die im Bereich des Natur- und Umweltschutzes tätig sind, wie zum Beispiel: Biotoppflege in Agrarlandschaft Forst und Wald und in Siedlungsbereichen, Gewässerpflege, Aufklärungsarbeit im Rahmen des Umweltschutzes.

(2) Das Freiwillige Ökologische Jahr wird pädagogisch begleitet. Die pädagogische Begleitung wird von einer zentralen Stelle eines nach § 10 zugelassenen Trägers des Jugendfreiwilligendienstes sichergestellt mit dem Ziel, soziale, kulturelle und interkulturelle Kompetenzen zu vermitteln und das Verantwortungsbewusstsein für das Gemein-

wohl zu stärken. Im freiwilligen ökologischen Jahr sollen insbesondere der nachhaltige Umgang mit Natur und Umwelt gestärkt und Umweltbewusstsein entwickelt werden, um ein kompetentes Handeln für Natur und Umwelt zu fördern.

4. Jugendfreiwilligendienst im Ausland (§ 6 JFDG)

Ein Freiwilliges Soziales Jahr oder ein Freiwilliges Ökologisches Jahr im Sinne dieses Gesetzes kann auch im Ausland geleistet werden.

Weitere Freiwilligendienste, die man nur im Ausland leisten kann, sind:

- Kulturweit
- Weltwärts
- Europäischer Freiwilligendienst (EFD)
- Europäisches Solidaritätskorps
- Internationaler Jugendfreiwilligendienst (IJFD)
- Friedensdienste und kirchliche Dienste im Ausland

Zusätzliche Informationen zu diesen Freiwilligendiensten und Adressen von Organisationen und Verbänden, die ein FSJ oder FÖJ im Ausland anbieten, findet man beim Bundesministerium für Familie, Senioren, Frauen und Jugend (BMFSFJ).

5. Vereinbarung, Bescheinigung, Zeugnis (§ 11 JFDG)

Der zugelassene Träger des Jugendfreiwilligendienstes und die oder der Freiwillige schließen vor Beginn des Jugendfreiwilligendienstes eine schriftliche Vereinbarung ab.

6. Träger (§ 10 JFDG)

(1) Als Träger des freiwilligen sozialen Jahres im Inland im Sinne dieses Gesetzes sind zugelassen:

1. die Verbände, die in der Bundesarbeitsgemeinschaft der freien Wohlfahrtspflege zusammengeschlossen sind, und ihre Untergliederungen.
2. Religionsgemeinschaften mit dem Status einer öffentlich-rechtlichen Körperschaft und
3. die Gebietskörperschaften sowie nach näherer Bestimmung der Länder sonstige Körperschaften des öffentlichen Rechts.

(2) Als weitere Träger des freiwilligen sozialen Jahres im Inland und als Träger des freiwilligen ökologischen Jahres im Inland im Sinne dieses Gesetzes kann die zuständige

Landesbehörde solche Einrichtungen zulassen, die für eine den Bestimmungen der §§ 2, 3 oder 4 und 5 entsprechende Durchführung Gewähr bieten.

Träger können also u. a. sein: Arbeiterwohlfahrt, Arbeitsgemeinschaft der Evangelischen Jugend Deutschlands, Deutscher Caritasverband, Deutscher Paritätischer Wohlfahrtsverband (www.dpwv.de), Diakonisches Werk, Deutsches Rotes Kreuz, Internationaler Bund für Sozialarbeit (Jugendsozialwerk), Bund der Deutschen katholischen Jugend.

Zudem informieren Umweltministerien der Länder über die Träger des freiwilligen ökologischen Jahres

Weitere Einzelheiten ergeben sich aus dem Gesetz zur Förderung von Jugendfreiwilligendiensten (Jugendfreiwilligendienstegesetz – JFDG) vom 16.Mai 2008.

G. Berufsausbildung, Arbeitswelt, Ferienjobs und Existenzgründung

I. Berufswahl und Berufsausbildung

Die richtige Berufswahl stellt wohl eine der wichtigsten Entscheidungen in einem noch jungen Leben dar. Bestenfalls wird man in diesem Beruf immerhin 40–50 Jahre verbringen. Daher sollte man seinen Beruf nach eigenen Neigungen und Interessen wählen. Ist man sich hier noch nicht sicher, können Berufseignungstests, etwa online von der Agentur für Arbeit einem eine erste Orientierung geben. Daneben helfen auch Praktika in verschiedenen Bereichen dabei, sich für eine bestimmte Richtung zu entscheiden.

Die Begeisterung für den eigenen Beruf stellt die Weichen für einen erfolgreichen Start ins Leben. Stellt man jedoch fest, dass man für einen Beruf keine Begabung hat oder er den eigenen Neigungen nicht entspricht, ist das der erste Schritt in ein freudloses Leben, mit drohender Dauerarbeitslosigkeit oder Frühpensionierung.

Hat man seine Eignung und Neigungen festgestellt, ist in einem weiteren Schritt zu prüfen, ob der angestrebte Traumjob auch eine Zukunftschance hat. So ist es wohl wahrscheinlicher, mit einer Berufsausbildung in einen Handwerksberuf Fuß zu fassen, als durch Let's Plays ein erfolgreicher Influencer zu werden. Stellt sich heraus, dass der Traumberuf keine Zukunftschancen hat, ist es sinnvoll, sich für den Beruf zu entscheiden, der diesem zumindest nahe kommt. So ist die Aussicht auf eine professionelle Gamer-Karriere wohl wenig zukunftsträchtig, aber eine Ausbildung zum Gamedesigner kommt dem bereits sehr nahe.

Hat man sich für einen Beruf entschieden, gilt es, wenn man nicht studieren möchte, einen Ausbildungsplatz zu finden. Hier können vor allem Online-Anzeigen bei Jobportalen, oder in beruflich orientierten, sozialen Netzwerken wie Xing oder LinkedIn helfen. Darüber hinaus kann man sich auch bei der Agentur für Arbeit nach passenden Ausbildungsstellen erkundigen bzw. direkt bei einem lokalen Unternehmen. Auch die klassische Zeitungsanzeige ist noch immer nicht ausgestorben, wenn auch bei weitem nicht mehr so aktuell.

1. Die Bewerbung

Die Bewerbung ist der erste Eindruck, den ein Arbeitgeber von einem erhält, sie stellt quasi die Visitenkarte des Bewerbers dar. Ist die Bewerbung nicht gut, wird man auch nicht zum Vorstellungsgespräch eingeladen, da können die Qualifikationen noch so gut sein.

Wie man sich richtig bewirbt, kann man in zahllosen Artikeln im Internet, Büchern und Broschüren ausführlich erfahren, die man vorher genau studieren sollte. Auch das Arbeitsamt bietet Hilfen an. Grundsätzlich sollte man bei dem Betrieb, bei dem man sich bewirbt, folgende Unterlagen – sauber, ohne Eselsohren und Fettflecke – einreichen.

1. Kurzes Anschreiben an die Personalabteilung, in dem man erklärt, warum man sich gerade auf diese (Ausbildungs-)Stelle bewirbt, bzw. für diesen Beruf entschieden hat.
2. Tabellarischer Lebenslauf mit Lichtbild, der die persönlichen Daten des Bewerbers und die Stationen von Schul- und evtl. bisherigen Berufsausbildung enthält.
3. Schul-, Ausbildungs- und Arbeitszeugnisse in (evtl. beglaubigter) Fotokopie.

Positiv fällt auf, wenn man in seinem Anschreiben auch den Personalverantwortlichen direkt anspricht. Ein „Sehr geehrter Herr Schmidt" klingt professioneller als „Sehr geehrte Damen und Herren".

Die meisten Unternehmen verlangen auch keine Papierbewerbung mehr, sondern die Unterlagen per E-Mail. Hier sollte darauf geachtet werden, dass sie in einem gängigen Format (pdf) übertragen werden und der Datenanhang nicht zu groß ist (5–10 MB).

Wichtig und von vielen nicht berücksichtigt, Personalleiter und Chefs schauen sich auch den Internetauftritt von Bewerbern an. Bevor man eine Bewerbung abschickt, sollte man darauf achten, dass die Bilder des letzten Partyurlaubs nicht öffentlich auf Facebook, Instagram etc. einsehbar sind. Meist reicht es hier bereits aus, dass Profil auf „privat" zu stellen.

Entscheidet sich der Betrieb für einen anderen Bewerber, schickt er die eingesendeten Unterlagen zurück. Die Unterlagen, die via E-Mail eingereicht werden, werden von dem Unternehmen spätestens nach sechs Monaten gelöscht, wenn der Bewerber nicht ausdrücklich in einen Bewerberpool aufgenommen werden wollte.

Hört man länger als vier Wochen nichts auf seine Bewerbung, sollte man anrufen. Ist ein anderer eingestellt, muss der Betrieb die Unterlagen zurücksenden. Ist eine Entscheidung noch nicht gefallen, zeugt ein solcher Anruf von Interesse.

2. Das Vorstellungsgespräch

Haben die Bewerbungsunterlagen überzeugt, kommt man in die engere Auswahl und wird zu einem Bewerbungsgespräch eingeladen. In diesem gilt es, den ersten guten Eindruck der Bewerbung zu bestätigen und mit seiner Persönlichkeit die Eignung für das Unternehmen unter Beweis zu stellen.

Bei der richtigen Wahl der Kleidung ist darauf zu achten, dass sie vor allem zum Unternehmen passt und man sich selbst wohl fühlt. Stichwort „Business casual" scheint hier angemessen. Für Herren heißt das meist, sauberes Hemd und lange Hose, für Damen Blazer mit knielangem Rock oder Hosenanzug. Generell gilt, lieber etwas Over- als Underdressed. Zu grelle Farben, schrilles Auftreten oder sehr sexy Kleidung, machen meist keinen guten Eindruck. Pünktlichkeit ist Selbstverständlichkeit, hier gilt ca. 15 min vor dem Bewerbungsgespräch da sein. Lieber einen Bus früher fahren; sich frühzeitig über die Verkehrsverbindungen informieren. Nur Vorsicht, zu früh zu erscheinen kann genauso unhöflich wirken, wie zu spät zu kommen.

Während des Gespräches stets auf Sachlichkeit achten. Den Personalchef aussprechen lassen. Seine Fragen genau beantworten. Die Bewerbungsunterlagen muss man genau im Kopf haben. Will man die Stelle unbedingt haben, muss das zum Ausdruck kommen. Der Gesprächspartner sollte das Gefühl haben, dass man sich für den Beruf und sein Umfeld interessiert, sich bereits intensiv auf die Tätigkeit vorbereitet hat, die Branche und sogar den Betrieb kennt, und bereit ist, Einsatz zu zeigen. Insgesamt sollte aus dem Gespräch hervorgehen, warum man gerade diesen Job haben möchte.

Was tun bei peinlichen Fragen?

Mancher Bewerber lässt sich durch überraschend gestellte unangenehme Fragen in die Ecke drücken oder reagiert falsch. Es ist von Vorteil, wenn man auf solche Fragen vorbereitet ist. Am besten übt man Fragen und Antworten mit jemanden, der sich im Arbeitsleben auskennt.

War man vorher schon einmal in einem anderen Betrieb beschäftigt, wird regelmäßig gefragt, warum man diese Arbeit aufgegeben hat oder aufgeben möchte.

Hier tut man gut daran, möglichst nicht auf den früheren Betrieb zu schimpfen. Sonst könnte der neue Arbeitgeber um fehlende Loyalität auch ihm gegenüber fürchten. Jedoch ist Lügen an dieser Stelle nicht erlaubt. In seiner Wortwahl sollte man sich dennoch bedacht ausdrücken. Hat man sich wegen Meinungsverschiedenheiten getrennt, ist diese Aussage absolut legitim. Keinen guten Eindruck macht man jedoch, wenn man über seinen ehemaligen Chef herzieht und die schmutzige Wäsche im neuen Betrieb wäscht.

Am besten ist es, wenn man sachliche Gründe nennen kann. So etwa, wenn man festgestellt hat, dass einem das zunächst angestrebte Berufsziel doch nicht liegt und man jetzt einen ganz anderen Beruf lernen möchte.

Problematisch wird es, wenn der Personalchef persönliche Fragen stellt. Grundsätzlich unzulässig sind Fragen über Umstände in der Person des Bewerbers, die mit dem Ausbildungsplatz in keinem Zusammenhang stehen, wie zum Beispiel die Frage, ob man schon mal Geschlechtsverkehr hatte, ob man die Pille nimmt, ob man schwul sei usw. Es besteht grundsätzlich keine Verpflichtung, solche Fragen zu beantworten. Vielmehr hat man hier das „Recht zu Lügen", also unwahre Aussagen wider besseres Wissen zu tätigen. Lügen auf unberechtigte Fragen dürfen keinen negativen Einfluss auf die Bewerbung haben (BAG Urteil vom 06.02.2003 – Az. 2 AZR 624/01). Es empfiehlt sich aber solchen Fragen höflich zu entgegnen, dass sie nichts mit der Stelle zu tun haben.

Unzulässig sind Fragen

- nach der Gewerkschaftszugehörigkeit,
- nach der Religions- und Parteizugehörigkeit, es sei denn, es handelt sich bei dem Arbeitgeber um einen konfessionellen Betrieb, etwa ein katholisches Krankenhaus oder ein evangelischer Kindergarten,
- nach der ethnischen Herkunft. Das gilt jedoch nicht für Fragen nach der Muttersprache oder den Sprachkenntnissen allgemein,
- nach dem Alter, Familienstand und Familienplanung, Vermögen soweit es sich nicht um eine Stelle als Führungskraft handelt,
- nach dem Gesundheitszustand, wenn der Bewerber nicht bei Dienstantritt voraussichtlich krank sein wird oder die Arbeitsaufnahme deshalb überhaupt ausgeschlossen ist. Gleiches gilt, wenn der Arbeitnehmer eine ansteckende Krankheit hat, dann hat der Arbeitnehmer eine Offenbarungspflicht (BAG, Urteil vom 07.02.1964).

Zulässig sind folgende Fragen, die auch wahrheitsgemäß beantwortet werden müssen:

- Frage nach der bisherigen Gehaltshöhe,
- Fragen nach der Schwerbehinderteneigenschaft, wenn auf Grund der speziellen Anforderungen des Arbeitsplatzes berechtigte Zweifel an der Eignung des Bewerbers bestehen,
- Fragen nach Vorstrafen. Vorstrafen muss ein Bewerber dann mitteilen, wenn die Vorstrafe mit seiner zukünftigen Tätigkeit im unmittelbaren Zusammenhang steht. Wer eine Banklehre machen möchte oder sich als Kassierer bewirbt, muss eine Vorstrafe wegen Diebstahls, Unterschlagung oder eines ähnlichen Vermögensdeliktes mitteilen. Wurde er nach dem Jugendstrafrecht verurteilt, kann er von der Offenbarungspflicht entbunden sein. Im Zweifelsfall sollte man sich vorher bei seinem Jugendrichter oder bei dem für ihn zuständigen Jugendstaatsanwalt erkundigen.

Bei der Frage nach Aids ist zu differenzieren:

- Wer nur HIV-infiziert ist, muss dem künftigen Arbeitgeber bei einer Einstellungsverhandlung auch auf Frage keine Auskunft über die Infektion geben.
- Anders ist es bei bereits eingetretener Aids-Erkrankung: Wie bei jeder anderen ansteckender Krankheit muss man auf Befragen darauf hinweisen, sonst kann der Arbeitsvertrag später angefochten werden.
- Bei Einstellungsuntersuchungen darf nicht ohne Wissen des Bewerbers ein HIV-Test gemacht werden. Heimliche Tests gelten als Körperverletzung und sind strafbar.

Die Frage nach einer Schwangerschaft ist nur dann zulässig und muss wahrheitsgemäß beantwortet werden, wenn sich ausschließlich Frauen um eine Stelle bewerben oder wenn die Schwangerschaft die Arbeitsaufnahme überhaupt hindert, wie z. B. bei einem Mannequin oder einer Sportlehrerin. Im Übrigen darf die Kandidatin zu dieser Frage bewusst wahrheitswidrig antworten, ohne Nachteile befürchten zu müssen.

Macht man beim Einstellungsgespräch falsche Angaben, kann der spätere Arbeitsvertrag wegen arglistiger Täuschung mit der Folge angefochten werden, dass man u. U. das bis dahin erhaltene Gehalt zurückzahlen muss.

Wer zahlt die Bewerbungskosten?

Hat der Arbeitgeber zu einem Vorstellungsgespräch eingeladen, hat er dem Bewerber die Vorstellungskosten zu ersetzen, gleichgültig, ob später ein Arbeitsvertrag geschlossen wird oder nicht (§ 670 BGB). Dazu gehören die notwendigen Fahrt-, Übernachtungs- und Verpflegungskosten.

Stellt sich der Bewerber unaufgefordert beim Arbeitgeber (sog. Initiativbewerbung) vor, hat er keine Ersatzansprüche gegen den Arbeitgeber. Manchmal übernimmt das Arbeitsamt einen Teil der Vorstellungskosten. Das sollte man vorher klären.

Nicht vom Arbeitgeber übernommen werden die Kosten für die Bewerbung selbst, also Fotos, Papier, Porto, Kopien und Bescheinigungen. Diese können aber als sogenannte Werbekosten steuerlich geltend gemacht werden.

3. Der Ausbildungsvertrag

Erhält man den Ausbildungsplatz, schließt man mit dem Ausbilder einen sogenannten Berufsausbildungsvertrag. Ist man noch minderjährig, muss der gesetzliche Vertreter zustimmen, den Vertrag also mit unterschreiben. In der Regel wird ein Formularvertrag benutzt. Ein Vertrag, der rein elektronisch geschlossen wurde, reicht hier nicht aus. Gemäß § 11 Berufsbildungsgesetz (BBiG) müssen im Berufsbildungsvertrag mindestens geregelt sein:

1. Name und Anschrift der Vertragschließenden, ggfls. des gesetzlichen Vertreters,
2. Art, sachliche und zeitliche Gliederung sowie das Ziel der Ausbildung, insbesondere die Berufstätigkeit, für die ausgebildet werden soll,
3. Beginn und Dauer der Ausbildung,
4. Ausbildungsmaßnahmen außerhalb der Ausbildungsstätte (z. B. Berufsschule),
5. Dauer der regelmäßigen täglichen Ausbildungszeit,
6. Dauer der Probezeit,
7. Zahlung und Höhe der Ausbildungsvergütung,
8. Dauer des Urlaubs,
9. Voraussetzungen, unter denen der Berufsbildungsvertrag gekündigt werden kann,
10. ein in allgemeiner Form gehaltener Hinweis auf die Tarifverträge, Betriebs- oder Dienstvereinbarungen, die auf das Berufsbildungsverhältnis anzuwenden ist,
11. die Form des Ausbildungsnachweises (Berichtsheft in schriftlicher oder elektronischer Form)

Außerdem sollte der Ausbildungsplan enthalten sein.

Der Ausbildungsbetrieb muss diesen Vertrag zur Prüfung und Eintragung in das Verzeichnis der Berufsausbildungsverhältnisse an die jeweils zuständige Stelle leiten, so z. B. an die Industrie- und Handelskammer, an die Handwerks- oder Landwirtschafts-, Ärzte- oder Rechtsanwaltskammer.

Nichtige Vereinbarungen (§ 12 BBiG)

Nichtig sind u. a. Vereinbarungen über

1. Vereinbarungen, die den Auszubildenden für die Zeit nach der Beendigung des Berufsausbildungsverhältnisses in der Ausübung der beruflichen Tätigkeit beschränkt (Wettbewerbsverbot). Dies gilt nicht, wenn sich der Auszubildende innerhalb der letzten sechs Monate des Ausbildungsverhältnis dazu verpflichtet, nach beendeter Ausbildung mit dem Ausbilder ein Arbeitsverhältnis einzugehen,

2. die Verpflichtung des Auszubildenden, für die Berufsausbildung eine Entschädigung zu zahlen,

3. Vertragsstrafen,

4. den Ausschluss oder die Beschränkung von Schadensersatzansprüchen,

5. die Festsetzung der Höhe eines Schadensersatzes in Pauschbeträgen.

4. Die Probezeit

Für die Berufsausbildung wird eine Probezeit vereinbart. Während dieser Zeit können sowohl der Auszubildende als auch der Ausbildende jederzeit ohne Angabe von Gründen die Kündigung des Ausbildungsverhältnisses aussprechen (§ 22 BBiG). Die Probezeit für die Berufsausbildung muss mindestens einen Monat, höchstens aber vier Monate betragen (§ 20 BBiG).

5. Die Kündigung des Ausbildungsvertrages

Nach Ablauf der Probezeit kann der Berufsausbildungsvertrag vom Ausbilder nur noch aus wichtigem Grund gekündigt werden, so wenn der Auszubildende einen Diebstahl begeht oder trotz Verwarnung mehrere Male unpünktlich bei der Arbeit erschienen ist. Hier hat aber meist zuvor eine Abmahnung zu erfolgen.

Der Auszubildende kann aus wichtigem Grund kündigen, so etwa, wenn er vom Ausbilder sexuell belästigt wurde, wenn er nachts arbeiten musste, obwohl er noch nicht 18 Jahre ist usw.

Er hat außerdem die Möglichkeit, den Berufsausbildungsvertrag mit einer Frist von vier Wochen zu kündigen, wenn er die Berufsausbildung aufgeben oder sich für eine andere Berufstätigkeit ausbilden lassen will.

Die Kündigung hat schriftlich zu erfolgen. Bei der fristlosen Kündigung und bei der Kündigung wegen beabsichtigter Aufgabe oder Änderung der Berufsausbildung müssen Gründe angegeben werden. Die fristlose Kündigung ist unwirksam, wenn die zugrundeliegenden Gründe dem Kündigenden länger als zwei Wochen bekannt sind.

6. Das Ausbildungszeugnis

Jeder Auszubildende und jeder sonstige Arbeitnehmer hat bei Beendigung der Berufsausbildung bzw. des Arbeitsverhältnisses Anspruch auf die Erteilung eines Ausbildungs- bzw. Arbeitszeugnisses (§ 109 GewO). Das Zeugnis muss schriftlich erteilt und vom Ausbilder bzw. Arbeitgeber unterschrieben werden. Das Zeugnis muss auf dem Briefbogen der Firma erstellt werden und in einer sauberen und ordentlichen Form, also ohne Flecken, Eselsohren etc. ausgehändigt werden.

Einfaches und qualifiziertes Zeugnis

Das sogenannte einfache Zeugnis muss mindestens Angaben über die Person des Auszubildenden bzw. Arbeitnehmers und über Art und Dauer der Beschäftigung enthalten, und zwar so vollständig und genau, dass sich ein künftiger Arbeitgeber ein klares Bild über die bisherige Tätigkeit machen kann. Das einfache Zeugnis wird in der Regel bei kurzer Tätigkeit oder auf Wunsch des Arbeitnehmers ausgestellt.

Das qualifizierte Zeugnis stellt nämlich auch die Führung und Leistung des Beschäftigten dar. Dieser kann ein qualifiziertes Arbeitszeugnis zurückweisen und stattdessen ein einfaches Zeugnis fordern.

Umgekehrt hat man Anspruch auf ein qualifiziertes Zeugnis. Diesen Anspruch wird man in der Regel auch geltend machen.

Zudem können auch während der Ausbildung oder dem Arbeitsverhältnis vom Arbeitgeber Zwischenzeugnisse verlangt werden, die den aktuellen Stand zusammenfassen. Hinsichtlich der äußeren Form und des Inhaltes gelten hier die Vorgaben zum Arbeitszeugnis entsprechend.

Der Zeugnisinhalt

Das Zeugnis muss wahr sein. Es muss alle wesentlichen Tatsachen und Bewertungen enthalten, die für die Gesamtbeurteilung des Beschäftigten wichtig sind. Dabei dürfen nur Aussagen aufgenommen werden, an denen ein künftiger Arbeitgeber ein berechtigtes Interesse hat.

Negative Beurteilungen müssen durch Tatsachen belegt sein. Der Beschäftigte kann die Ausstellung eines neuen Zeugnisses verlangen, wenn es falsche Tatsachen oder unrichtige Beurteilungen enthält.

Grundsätzlich müssen Beurteilungen in Arbeitszeugnissen vom Wohlwollen des Arbeitgebers getragen sein, so dass das weitere Fortkommen nicht unnötig erschwert wird. Das hat zu einer eigenen Zeugnissprache geführt, die nicht jeder versteht. So bedeutet zum Beispiel die Formulierung: „Er hat sich stets bemüht", dass er fleißig, aber dumm war und keine Erfolge erzielt hat.

Notwendige Angaben in einem qualifizierten Zwischenzeugnis sind:

1. Vollständige Bezeichnung des Arbeitgebers/Ausbilders (Name der Firma und Anschrift),
2. das Datum des Zeugnisses,
3. Name, Vorname, Geburtstag und Ort des Arbeitsnehmers/Auszubildenden,
4. Dauer des Arbeitsverhältnisses,
5. detaillierte Beschreibung der Tätigkeit,
6. Bewertung der Leistung des Arbeitnehmers/Auszubildenden.

Gerichtliche Überprüfung

Wer mit seinem Zeugnis nicht zufrieden ist, kann es vom Arbeitsgericht überprüfen lassen.

Erhält der Auszubildende oder Arbeitnehmer aus Verschulden des Arbeitgebers das Zeugnis nicht, unrichtig oder verspätet, kann er den Schaden ersetzt verlangen, den er dadurch erleidet, dass er wegen der nicht ordnungsgemäßen Zeugniserteilung keine oder nur eine schlechtere Arbeitsstelle findet.

Mit einer Zeugnisberichtigung sollte man jedoch nicht zu lange warten. Spätestens sechs Monate nach Ende des Ausbildungsverhältnisses kann man davon ausgehen, dass der Berichtigungsanspruch verwirkt ist.

II. Arbeitswelt – Überblick über das Dauerarbeitsverhältnis

Ist man beim Start ins Berufsleben, noch keine 18 Jahre alt, gilt der besondere Schutz des Jugendarbeitsschutzgesetzes (JArbSchG). Es soll Kinder und Jugendliche vor Ausbeutung schützen. Aus § 8 JArbSchG ergibt sich, dass Jugendliche (zwischen 15–18 Jahren) nicht mehr als acht Stunden täglich und nicht mehr als 40 Stunden in der Woche beschäftigt werden dürfen. Ausnahmen gibt es in der Landwirtschaft und im Bäckerhandwerk.

Nach § 22 JArbSchG dürfen Jugendliche grundsätzlich nicht mit Arbeiten beschäftigt werden, die ihre Leistungsfähigkeit übersteigen, bei denen sie sittlichen Gefahren ausgesetzt sind, die mit Unfallgefahren verbunden sind, bei denen ihre Gesundheit durch außergewöhnliche Hitze oder Kälte oder starke Nässe gefährdet wird, und solchen, bei denen sie schädlichen Einwirkungen durch Lärm, Erschütterungen, Strahlen von giftigen, ätzenden oder reizenden Stoffen ausgesetzt sind.

1. Stellensuche

Die Suche nach einer passenden Arbeitsstelle kann sehr mühsam sein. Jobportale im Internet sowie auf berufliche Ausrichtung ausgelegte soziale Medien, können hier ein erste Anlaufpunkt sein. Hier kann man auch selbst Stellenanzeigen kostengünstig oder komplett kostenfrei schalten, sodass potenzielle Arbeitgeber auf einen aufmerksam werden. Zudem lohnt es, sich bei der Bundesagentur für Arbeit nach offenen Stellen zu erkundigen und auch der Blick in örtliche und überregionale Tageszeitungen kann nicht schaden, wobei diese meist eine aktuellere Jobbörse auf ihrer Internetseite haben. Die kosten für eine Stellensuchanzeige muss der Arbeitssuchende selbst tragen. Zum Teil kann es hier Unterstützung durch die Agentur für Arbeit geben.

Eine Stellensuchanzeige sollte enthalten: Berufsbezeichnung, Alter, Geschlecht, Berufsausbildung, Berufspraxis, angestrebte Position/Tätigkeit/Branche, eventuell derzeitige Position/Tätigkeit/Branche, besondere Kenntnisse, eventuell Grund für die berufliche Veränderung, Eintrittstermin, räumliche Wünsche.

2. Bewerbung und Vorstellung

Die Bewerbung und das Vorstellungsgespräch verlaufen genauso wie bei der Suche nach einem Ausbildungsplatz. Es wird deshalb auf die dortigen Ausführungen verwiesen.

Muss der bisherige Arbeitgeber freigeben?

Sucht man einen Ausbildungsplatz, spielt diese Frage meist noch keine Rolle. Steht man aber in einem festen Arbeitsverhältnis, kann es manchmal Schwierigkeiten bereiten, sich während der üblichen Arbeitszeiten beurlauben oder gar freistellen zu lassen. Ob ein Anspruch gegenüber dem bisherigen Arbeitgeber auf angemessene Freizeit besteht, um sich während eines Arbeitsverhältnisses um einen neuen Arbeitsplatz zu bewerben, bzw. um sich vorstellen zu können, hängt von verschiedenen Faktoren ab. Jedenfalls muss das bisherige Arbeitsverhältnis auf längere Zeit und nicht nur als Aushilfsarbeitsverhältnis abgeschlossen gewesen und dieses Arbeitsverhältnis bereits gekündigt sein. Macht der Arbeitnehmer dann gegen den bisherigen Arbeitgeber seinen Freistellungsanspruch rechtzeitig geltend, wird dieser nicht auf den Urlaub angerechnet (§ 629 BGB).

Wurde das Arbeitsverhältnis noch nicht gekündigt, besteht dieser Anspruch nicht. In diesem Fall muss der Arbeitnehmer eine andere Form der Arbeitsbefreiung wählen (Überstundenabbau, Urlaub).

3. Der Arbeitsvertrag

Der Arbeitsvertrag ist ein gegenseitiger Vertrag. Darin verpflichtet sich der Arbeitnehmer, dem Arbeitgeber seine Dienste zur Verfügung zu stellen. Der Arbeitgeber verpflichtet sich, für diese Dienste ein bestimmtes Entgelt zu zahlen. Grundsätzlich können beide Vertragsparteien den Inhalt des Arbeitsvertrags zwar frei bestimmen. Dieser darf aber nicht gegen geltendes Recht verstoßen. So darf ein noch nicht 18-jähriger nicht zu Akkordarbeiten herangezogen werden. Auch Tarifverträge oder Betriebsvereinbarungen sind oft zu beachten.

Was sind die wichtigsten Regelungen in einem Arbeitsvertrag?

Da ein Arbeitsvertrag meist sehr umfangreich ausfällt, bietet es sich an, diesen zunächst in Ruhe durchzusehen. Vor der Unterzeichnung sollte man sich von seinem potenziellen Arbeitgeber einen Entwurf zusenden lassen und sich einige Tage Zeit einräumen lassen, um ihn genau zu prüfen.

Nachfolgende Punkte sollten auf jeden Fall beachtet werden und im Arbeitsvertrag enthalten sein.

1. Höhe des Gehaltes sowie dessen Zusammensetzung und mögliche Sonderzahlungen, (Urlaubs- oder Weihnachtsgeld),
2. klare Abgrenzung der Aufgabenbeschreibung,
3. Probezeitregelung,
4. Arbeitszeiten und Überstundenregelung,
5. Kündigungsfristen (§ 622 BGB),
6. Versetzungsrecht und Festlegung des Dienstsitzes.

Urlaubsanspruch bei befristeten und unbefristeten Arbeitsverträgen

Der Urlaubsanspruch richtet sich nach dem Bundesurlaubsgesetz (BUrlG). Hiernach beträgt der Mindesturlaub bei einer Fünftagewoche (Montag bis Freitag) 20 Urlaubstage pro Jahr, geht man von einer Sechstagewoche aus (Montag bis Samstag) beträgt der Mindesturlaub 24 Urlaubstage (§ 3 BUrlG). Der Arbeitgeber kann auch mehr Urlaubstage gewähren, wenn das entweder im Arbeitsvertrag vereinbart wurde oder Tarifverträge dies vorschreiben.

Der volle Urlaubsanspruch eines Arbeitnehmers entsteht nach einer sechsmonatigen Wartezeit, also erst nach sechs Monaten und einem Tag hat man seinen vollen vertraglich zugesicherten Urlaubsanspruch (§ 4 BUrlG).

Vor Ablauf der sechs Monate hat der Arbeitgeber auch einen Urlaubsanspruch und zwar jeweils ein zwölftel des Jahresanspruchs pro vollständigen Arbeitsmonat. Das heißt, hat der Arbeitgeber eine Fünftagewoche und ist bereits drei volle Monate in dem Unternehmen beschäftigt, stehen ihm fünf Urlaubstage zu. Auf die gleiche Weise werden auch die Urlaubstage bei einem befristeten Arbeitsvertrag berechnet.

4. Die Probezeit

Für die meisten Arbeitsverhältnisse wird eine Probezeit vereinbart, deren Dauer von der Art der auszuübenden Tätigkeit abhängt. Die Probezeit darf nicht länger als sechs Monate betragen (§ 622 BGB). Eine längere Probezeit ist nicht wirksam. Man kann eine kürzere Probezeit vereinbaren oder vorzeitig beenden, wenn sich abzeichnet, dass man nach Ablauf der Probezeit im Unternehmen bleiben wird.

Innerhalb der Probezeit können beide Seiten (Arbeitgeber und Arbeitnehmer) ohne die Angabe von Gründen das Arbeitsverhältnis mit einer Frist von zwei Wochen beenden.

5. Soziale Absicherung bei Krankheit, Schwangerschaft und Elternzeit

Soziale Absicherung spielt gerade im Arbeitsumfeld eine entscheidende Rolle. Sollte man einmal unverschuldet nicht in der Lage sein auf Arbeit zu gehen, hat man dennoch einen Anspruch auf sein Gehalt. Man spricht in diesem Zusammenhang von der Entgeltfortzahlung im Krankheitsfall (§ 3 EntGFG).

Sollte man länger als sechs Wochen am Stück krankheitsbedingt nicht zu Arbeit gehen können, steht gesetzlich Versicherten ein sogenanntes Krankengeld zu. Dieses Krankengeld wird anders als die Entgeltfortzahlung im Krankheitsfall nicht vom Arbeitgeber, sondern von der Krankenkasse bezahlt. Die Höhe des Krankengeldes richtet sich nach der Höhe des Einkommens.

Werdende Mütter stehen unter dem besonderen Schutz des Gesetzes nach dem Mutterschutzgesetz (MuSchG). Sie erhalten einen besonderen Kündigungsschutz, wonach eine Kündigung in der Schwangerschaft und vier Monate nach Entbindung unzulässig ist. Das gilt auch dann, wenn man sich zum Zeitpunkt der Schwangerschaft noch in der Probezeit befindet. Zudem gibt es sechs Wochen vor und acht Wochen nach der Geburt des Kindes einen gesetzlichen Mutterschutz.

Obwohl man bei einem Bewerbungsgespräch nur in engen Ausnahmen mitteilen muss, dass man schwanger ist, besteht im laufenden Arbeitsverhältnis eine Mitteilungspflicht gegenüber dem Arbeitgeber (§ 5 MuSchG).

In den ersten drei Lebensjahren eines Kindes können die Eltern sogenannte Elternzeit beantragen. In diesem Zeitraum ruht das Arbeitsverhältnis. Diesen Anspruch macht man schriftlich gegenüber seinem Arbeitgeber mindesten sieben Wochen vor der geplanten Elternzeit geltend. In dieser Zeit bekommt man eine finanzielle Unterstützung von maximal 12 Monaten, dem sogenannten Elterngeld. Während der Elternzeit gilt ebenfalls ein besonderer Kündigungsschutz.

6. Kurzarbeit und Kündigung

6.1 Kurzarbeit zur Verhinderung der Kündigung

Um einer Kündigung vorzubeugen, kann der Arbeitgeber in Krisenzeiten (etwa wie der Coronakrise 2020) Kurzarbeit anordnen. Das bedeutet, dass die vertragliche Arbeitszeit einzelner Mitarbeiter, oder ganzer Bereiche gekürzt wird, bis hin das keine Arbeitszeit mehr anfällt (sogenannte Kurzarbeit 0). Kurzarbeit dient dazu, die Arbeitsplätze in wirtschaftlich schwierigen Zeiten zu erhalten. Mit der Kurzarbeit ist auch ein Lohnausfall verbunden, dieser wird zum Teil durch die Agentur für Arbeit mittels Kurzarbeitergeld aufgefangen. Bei Kurzarbeitergeld handelt es sich um sogenannte Lohnersatzleistungen, die während der Kurzarbeit von der Agentur für Arbeit gezahlt werden. Das Kurzarbeitergeld beträgt 60 % des Nettolohns, bei Arbeitnehmern mit Kindern 67 %.

Verschiedene Kurzarbeitslohnrechner im Internet können Auskunft darüber geben, wie viel Kurzarbeitergeld man erhält. Sozialabgaben und Steuern werden hiervon nicht abgezogen. Das Kurzarbeitergeld selbst wird durch den Arbeitgeber beantrag und kann bis zu 12 Monate gewährt werden.

Einseitig kann der Arbeitgeber aber keine Kurzarbeit anordnen. Hierzu bedarf es entweder einer entsprechenden Klausel im Tarif- oder Arbeitsvertrag oder einer gesonderten Vereinbarung mit dem Arbeitnehmer.

6.2 Kündigung

Der Arbeitsvertrag kann von Arbeitnehmer und Arbeitgeber gekündigt werden. Für den Arbeitgeber gelten wesentlich strengere Voraussetzungen. In der Regel ist er der wirtschaftlich Überlegene, dessen Existenz – anders als beim Arbeitnehmer – nicht von dem Arbeitsvertrag abhängt.

Die ordentliche und die außerordentliche Kündigung

Die ordentliche Kündigung ist an die im Vertrag vereinbarten oder die im Gesetz vorgeschriebenen Fristen gebunden. Sie ist ohne Nennung von Gründen innerhalb der Fristen möglich. Bei größeren Betrieben kann einem Arbeitnehmer zudem nur gekündigt werden, wenn die Kündigung sozial gerechtfertigt ist.

Die außerordentliche Kündigung ist dagegen eine fristlose Kündigung, die nur aus wichtigem Grund erfolgen kann, zum Beispiel bei Veruntreuung von Geschäftsgeheimnissen, bei Straftaten gegen den Arbeitgeber usw. Die außerordentliche Kündigung stellt jedoch die „ultima ratio“ dar, also das letzte mögliche Mittel. Ihr voran geht eine Abmahnung. Für die außerordentliche Kündigung als auch die Abmahnung gilt, dass sie nur bis zu zwei Wochen nachdem der Arbeitgeber von dem Fehlverhalten erfahren hat, ausgesprochen werden kann.

Gründe für eine außerordentliche Kündigung müssen nicht unbedingt im Verhalten am Arbeitsplatz liegen. So hat das LAG Hamm im Jahr 2013 (Az. 13 Sa 6/13) entschieden, dass auch geschäftsschädigende Äußerungen über den Arbeitgeber im Internet, zu einer außerordentlichen Kündigung führen können. Daher ist Vorsicht geboten, bei den Dingen, die man über seinen Arbeitgeber, auch auf seinem privaten Profil postet oder in Chatgruppen.

Gegen die außerordentliche Kündigung muss man sofort etwas unternehmen, wenn man sie für unberechtigt hält.

Im Fall einer Kündigung ist Eile geboten. Sollte eine außerordentliche Kündigung ausgesprochen werden, sollten unverzüglich die Gründe beim Arbeitgeber erfragt werden. Gleichzeitig erscheint es sinnvoll, sich Rat bei einem Rechtsbeistand oder der Rechtsschutzversicherung einzuholen. Sollte sich die Kündigung als unberechtigt darstellen kann man nur innerhalb von drei Wochen nach Zugang der Kündigung (Aushändigung durch den Arbeitgeber oder Einwurf in den Briefkasten) eine Kündigungsschutzklage anstreben. Mit dieser soll die Rechtmäßigkeit der Kündigung überprüft werden.

Sollte noch ein Anspruch auf Resturlaub bestehen, wird dieser im Fall einer Kündigung entweder ausgezahlt oder im Falle einer Freistellung auf die Freistellungszeit angerechnet. Der Arbeitgeber muss zudem eine Entgeltabrechnung erstellen. Ansprüche auf Sonderzahlungen wie Urlaubs- oder Weihnachtsgeld sind nur in Ausnahmefällen geltend zu machen. Zurückzuzahlen sind solche Leistungen nur, wenn dies konkret arbeitsvertraglich geregelt ist.

Einzelheiten des sehr differenzierten und teilweise auch komplizierten Kündigungsrechtes kann man bei seiner Gewerkschaft, teilweise auch beim Arbeitsamt oder beim Anwalt erfahren.

7. Das Zeugnis

Für das Zeugnis gelten die gleichen Grundsätze, wie für die Zeugnisse von Ausbildungsverhältnissen (vgl. dort).

III. Ferien- und andere Jobs

Meistens reicht das Taschengeld nicht. Man braucht Geld, um sich Computer, Internet, Handy, Führerschein, Auto/Motorrad, Klamotten und Zeitschriften leisten zu können. Deshalb wollen die meisten jungen Leute jobben, um das Taschengeld aufzubessern.

1. Kinder- und Jugendarbeitsschutz

Nicht selten wird der gute Wille von Kindern und Jugendlichen, selbst Geld verdienen zu wollen, durch Kinder- und Jugendarbeitsschutzbestimmungen gebremst. Diese sind aber wichtig, sollen Kinder doch vor Ausbeutung geschützt werden und sich vorrangig auf ihre schulische Ausbildung konzentrieren. Das war nicht immer so. In früheren Zeiten mussten Kinder oft Tag und Nacht am Fließband stehen. In vielen Ländern auf der Erde ist das auch heute noch der Fall. Schaut man sich die gesetzlichen Bestimmungen aber genauer an, so stellt man fest, dass darin noch genug Raum für vernünftige Freizeit- und Ferienjobs gegeben ist.

1.1 Kann man Geld verdienen, wenn man noch nicht 13 ist?

Junge Leute unter 13 haben es schwer. Bis man 13 ist, darf einem niemand einen Job geben. Bietet man Dienste im Haushalt an, werden die Eltern vermutlich sagen, dass man bereits gesetzlich verpflichtet ist, im Haushalt zu helfen. Für Schuheputzen oder Staubwischen gibt es kein extra Geld. Vielleicht kann man mit seinen Eltern oder Großeltern noch mal eine neue Taschengeld-Tarifrunde einläuten und ihnen klar machen, dass man mit dem Geld so kaum auskommt.

Ausnahmen: Mit Genehmigung des Jugendamtes, einer Aufsichtsbehörde und der Eltern können schon Kinder über sechs Jahre bei Theatervorstellungen als Schauspieler, bei Musik- und anderen Aufführungen, bei Werbeveranstaltungen sowie bei Aufnahmen im Rundfunk (Hörfunk und Fernsehen), auf Ton- und Bildträger sowie bei Film- und Fotoaufnahmen gestaltend mitwirken (§ 6 JArbSchG). Hier gelten vor allem hinsichtlich der Arbeitszeiten wichtige Einschränkungen.

1.2 Jobs für Kinder ab 13

Kinder ab 13 und vollschulzeitpflichtige Jugendliche (wer noch nicht 18 ist) dürfen gemäß § 2 der Kinderarbeitsschutzverordnung (KindArbSchV) mit folgenden Tätigkeiten beschäftigt werden:

(1) mit dem Austragen von Zeitungen, Zeitschriften, Anzeigenblättern und Werbeprospekten,
(2) in privaten und landwirtschaftlichen Haushalten mit
  a) Tätigkeiten in Haushalt und Garten,
  b) Botengängen,
  c) der Betreuung von Kindern und anderen zum Haushalt gehörenden Personen,
  d) Nachhilfeunterricht,
  e) der Betreuung von Haustieren,
  f) Einkaufstätigkeiten mit Ausnahme des Einkaufs von alkoholischen Getränken und Tabakwaren,
(3) in landwirtschaftlichen Betrieben mit Tätigkeiten bei
  a) der Ernte und der Feldbestellung,
  b) der Selbstvermarktung landwirtschaftlicher Erzeugnisse,
  c) der Versorgung von Tieren,
(4) mit Handreichungen beim Sport,
(5) mit Tätigkeiten bei nichtgewerblichen Aktionen und Veranstaltungen der Kirchen, Religionsgemeinschaften, Verbänden, Vereinen und Parteien,

wenn die Beschäftigung leicht und für sie geeignet ist.

Ungeeignet sind alle Tätigkeiten, die mit schwerer physischer Anstrengung, insbesondere Lastentragen (über 7,5 kg oder gelegentlich max. 10 kg), verbunden sind. Beschäftigungen, die durch eine ungünstige Körperhaltung physisch belastend sind, wie etwa Erntehelfer und solche, die eine Unfallgefahr durch die Arbeit mit Maschinen oder Tieren verbunden sind, von denen man ausgeht, dass diese Gefahr wegen mangelnden Sicherheitsbewusstsein noch nicht korrekt eingeschätzt werden kann.

Dabei dürfen Kinder nicht mehr als zwei Stunden täglich, in landwirtschaftlichen Familienbetrieben nicht mehr als drei Stunden täglich, nicht zwischen 18 und 8 Uhr, nicht vor dem Schulunterricht und nicht während des Schulunterrichts beschäftigt werden (§ 5 Abs. 3 JArbSchG).

1.3 Ferienjobs für 15-jährige

Wer noch der Vollzeitschulpflicht unterliegt, darf, wenn er mindestens 15 Jahre alt ist, in den Schulferien einen Ferienjob für höchstens insgesamt vier Wochen im Kalenderjahr annehmen (§ 5 Abs. 4 JArbSchG). Dabei darf man nicht länger als 40 Wochenstunden beschäftigt werden.

1.4 Jobs für 16-jährige

Jugendliche, die nicht mehr vollzeitschulpflichtig sind (i. d. R. ab dem 16. Lebensjahr) dürfen in Berufsausbildungsverhältnissen beschäftigt werden. Daneben können diese Jugendlichen nur mit leichter und für sie geeigneter Tätigkeit von bis zu sieben Stunden täglich und 35 Stunden wöchentlich beschäftigt werden (§ 7 JArbSchG).

1.5 450 € Minijobs

Ideal für Schüler und Studenten ist die zum 1.4.2003 eingeführte Regelung über die Minijobs. In diesem Arbeitsverhältnis verdient man max. 450 € im Monat. Hinsichtlich der Arbeitszeiten ist darauf zu achten, dass der Stundenlohn nicht den gesetzlichen Mindestlohnt (Stand 2020: 9,35 €/h) unterschreitet. Hinsichtlich der Urlaubsansprüche gelten die obigen Ausführungen.

Schüler

Schüler können in den Schulferien eine versicherungsfreie kurzfristige Beschäftigung ausüben. Gleiches gilt für Beschäftigungen zwischen Schulentlassung und Aufnahme eines Studiums – auch wenn dies z. B. durch einen freiwilligen Wehr- oder Zivildienst hinausgeschoben wird.

Von einer – nicht mehr versicherungsfreien – Berufsmäßigkeit wird aber ausgegangen, wenn die Beschäftigung zwischen Schulentlassung und Aufnahme eines versicherungspflichtigen Beschäftigungs- und Ausbildungsverhältnisses ausgeübt wird.

Studierende

Studierenden, die während der Vorlesungszeit eine kurzfristige Beschäftigung ausüben, bleiben sozialversicherungsfrei, wenn sie nicht eine bestimmte wöchentliche Arbeitszeit überschreiten.

Ist der Studierende jedoch innerhalb eines Jahres (nicht Kalenderjahres) an insgesamt mehr als 26 Wochen Beschäftigungen mit einer wöchentlichen Arbeitszeit von mehr als 20 Stunden nachgegangen, gilt die Beschäftigung als berufsmäßig ausgeübt. Er ist mithin kranken-, pflege- und altersversicherungspflichtig.

Rentenversicherungspflichtig ist er hingegen schon, wenn er innerhalb des jeweiligen Kalenderjahres mehr als zwei Monate bzw. 50 Arbeitstage arbeitet.

2. Seriöse und unseriöse Jobs

Hat man endlich das Alter erreicht, in welchem man einen Job ausüben darf, muss man aufpassen, nicht durch einen zu niedrigen Stundenlohn ausgebeutet zu werden oder Gefährdungen durch rücksichtslose Zeitgenossen ausgesetzt zu sein. Für erstes wurde der Mindestlohn eingeführt, welcher besagt, dass man mindestens 9,35 € pro Stunde verdienen muss. Bei letzterem hilft meist nur der gesunde Menschenverstand.

Besonders sollte man darauf achten, dass man nicht Opfer seiner Unerfahrenheit wird und in schlechte Gesellschaft gerät. Grundsätzlich sollte man die Finger von Jobs lassen, die einem von unbekannten „Talentsuchern" in einer Disco, auf dem Jahrmarkt, auf der Straße oder und das kommt immer stärker vor, im Internet angeboten werden.

Das Geld liegt nie auf der Straße

Besonders wenn solche Leute mit dicken Brieftaschen, einem Superschlitten und angeblich guten Drähten zur Werbebranche, zu Film und Fernsehen angeben und das große Geld versprechen. Natürlich ist man stolz, wenn einem eine Karriere, viel Geld usw. versprochen werden. Wenn man endlich zu hören bekommt, dass man so schön und so gut gebaut ist, dass man unbedingt zum Film muss. Solche Angebote sind in 99,9 % aller Fälle faul. Videos, in denen man Versprechungen hört wie „10.000 € in zwei Monaten durch diesen Trick" oder „100.000 € in sechs Monaten, ich muss nie mehr Arbeiten, dank dieser Trading-App" spülen am Ende nur das Geld in die Taschen der Anbieter.

Ebenso werden gerade junge Menschen in sozialen Medien von Personen angeschrieben, die durch den Verkauf von vermeintlichen Wundermitteln (Fitnessernährung, Energydrinks oder Nahrungsergänzungsmittel sowie Trading-Apps) das schnelle Geld versprechen.

Wer es ehrlich meint, kann einen Tag warten

Wer solide ist, hat eine ordentliche Visitenkarte und Internetpräsenz. Die Visitenkarte sollte man sich geben lassen und nachprüfen, ob es die angegebene Firma mit der Nummer wirklich gibt. Ein kurzer Anruf bei der Firma kann bereits Aufschluss geben, ob das Unternehmen seriös ist. Die Webseite der Firma sollte man ebenfalls untersuchen. Sind die Angaben im Impressum unvollständig, oder nicht vorhanden, ist das ein deutliches

Warnsignal. Meist hilft auch eine kurze Suche nach Erfahrungen im Internet, um zu erkennen, ob man gerade einem Betrüger aufgesessen ist. Ein Anruf bei der örtlichen Polizei, mit der Frage ob über die Firma negative Erfahrungen bekannt sind, kann auch helfen. Zudem hilft auch eine Suche nach dem Firmenstandort, so kann man erkennen, in welchem Viertel die Firma ihren Sitz hat. Ist das alles o. k., dann steht einem unverbindlichen Treffen zunächst nichts im Wege. Seriöse Unternehmen vereinbaren ein solches erstes Kennenlernen immer für die nächsten Tage und nicht spontan beim ersten Aufeinandertreffen.

Die Metapher vom wendigen „Talentsucher" in der Disco kann genauso auf das Internet übertragen werden. Vorsicht ist geboten, wenn Personen einen ungewollt anschreiben oder anrufen und mit mutmaßlich „kostenfreien Coachings" einen zum neuen Star am Vertrieblerhimmel ausbilden wollen. Meist steckt dahinter ein verstecktes kostenpflichtiges Coachingprogramm oder eine Mindestabnahme eines Produkts, dass seinen Preis nicht wert ist. In diesem Zusammenhang spricht man auch von sog. Multi-Level-Marketing oder Pyramidensystem, in dem nur die an der Spitze tatsächlich Geld verdienen. Gleiches gilt auch für Anzeigen im Internet, in denen vermeintlich Promis in kurzer Zeit unheimlich reich geworden sind. Diese zum Teil sehr gut gefälschten Anzeigen bieten ebenfalls Anlass zur Skepsis.

Vorsichtsmaßnahmen

Wenn man meint, man müsse unbedingt zu dem unbekannten Typen ins Auto steigen oder auf sozialen Medien auf Lockangebote eingehen, dann sind wenigstens einige Vorsichtsmaßnahmen zu treffen. Sprecht vorher mit Freunden, Verwandten und Bekannten aus dem Arbeitsleben über das Angebot. Holt unbedingt Erfahrungsberichte aus dem Internet zu dem Unternehmen ein und prüft sie genau. Bei einem Treffen mit einem solchen „Personaler" sollte man vorher Freunden oder Familie Bescheid geben, wo das Treffen stattfindet und am besten sendet, man seinen Standort via Smartphone an eine Vertrauensperson. Wichtig ist bei einem Treffen mit Unbekannten vor allem, das Personen aus dem Umfeld wissen, wo man sich gerade aufhält.

Tödliche Jobs

Sollte man einmal auf einen „Talentsucher" im Internet oder in einer Bar treffen, kann dies ein böses Erwachen haben. Die „Talentsucher" sind häufig Zuhälter, die junge Frauen und Männer als weibliche oder männliche Prostituierte oder als Darsteller für perverse Pornofilme – oft mit gespritzten Drogen – gefügig machen; manche „Talentsucher" sind auch Menschenhändler, die junge Menschen schlichtweg in das Ausland verkaufen, wohin diese auf Nimmerwiedersehen verschleppt werden. Zwar sind solche

Fäll in Deutschland zum Glück selten. In den USA wurden jedoch in den letzten Jahren junge Collegestudentinnen gezielt im Internet angesprochen und zum Sex vor der Kamera überredet. Die Videos fanden sich dann im Internet wieder, ohne das die jungen Mädchen dazu ihr Einverständnis gegeben haben.

Wie kann man seriöse und unseriöse Jobangebote erkennen?

Ein seriöses Jobangebot zeichnet sich vor allem dadurch aus, dass alle wichtigen Informationen offen liegen und nachprüfbar sind.

Ein unseriöses Angebot erkennt man meist daran, dass sich der Jobanbieter kaum outet und märchenhafte Verdienste oder großartige Model- oder Starkarrieren verspricht, für die man eigentlich kaum etwas tun muss.

seriöser Job	unseriöser Job
Der Jobanbieter bietet in sachlicher Form eine relativ exakt beschriebene Tätigkeit an.	Der Jobanbieter offeriert ein Superangebot mit so großen Verdienstmöglichkeiten, dass man sich bei der hohen Zahl von Arbeitslosen fragt, warum solche Jobs noch „auf der Straße liegen".
Der Jobanbieter inseriert sein Angebot mit seinem Namen, seiner Anschrift mit Straße und Hausnummer sowie Festnetznummer	Der Jobanbieter offeriert sein Angebot mit einer Handynummer, einer 0900er oder 0800er Nummer oder einer E-Mail-Adresse, ohne seinen Namen und seine Anschrift zu nennen. Manchmal werden Postfachadressen im Ausland angegeben.
Man kann eine normale Festnetznummer anrufen und erhält Auskunft von einer Person.	Man erhält bei deinem Anruf einer 0900er oder 0800er Nummer belanglose Informationen vom Band und wird in eine Endloswarteschleife geschickt. Der Jobanbieter profitiert von den Telefonkosten, die schnell 30 bis 50 € erreichen können. Alternativ wird einem in dem Gespräch mehrfach ein kostenpflichtiges Coaching oder Trainingsprogramm versprochen.
Spätestens beim ersten Kontakt weiß man, mit wem man es bei dem Jobanbieter zu tun hat, und man kann dies durch einen Blick ins Internet, Telefonbuch usw. überprüfen. (Eine existierende Firma ist zudem im Handelsregister des Amtsgerichts am Firmensitz mit seinen haftenden Personen eingetragen. Da kann man sich erkundigen.)	Man weiß selbst nach dem hoffentlich nicht zu teuren Telefonat oder dem Videocall nicht, mit wem man es eigentlich zu tun hat; ob es sich um eine Einzelperson handelt, wie diese heißt, wo sie sich aufhält, wo der Sitz des Jobanbieters ist usw. Deine Frage nach der Adresse wird mit blumenreichen Vertröstungen offen gelassen.

seriöser Job	unseriöser Job
Man erfährt schon beim Angebot, spätestens beim ersten Kontakt, für welche konkreten Aufgaben ein Mitarbeiter gesucht wird, z. B. sechsmal in der Woche morgens Zeitung im Bezirk Süd austragen; jeden Samstagabend in Brauereigaststätte Bier zapfen	Man weiß eigentlich auch nach dem Telefongespräch gar nicht genau, was für eine Tätigkeit überhaupt von einem verlangt wird. Die Tätigkeit kann nicht oder nur kaum beschrieben werden.
Die Bezahlung ist meist nicht überschwänglich; Man muss oft sogar versuchen, einen 50 Cent höheren Stundenlohn herauszuhandeln.	Es wird ein – meist fett gedruckt – sensationell gutes Einkommen für wenig Arbeit ohne spezielle Qualifikationen versprochen. Wunder gibt es immer wieder …
Ein Vorstellungsgespräch wird vereinbart. Man kann sich den (Firmen-)Sitz oder eine Filiale des Jobanbieters ansehen.	Es wird nur über Handy, E-Mail, soziale Medien oder schriftlich über Postfachadresse korrespondiert. Allenfalls wird man zum Vorstellungsgespräch in die Kneipe eingeladen oder zu einem Videocall. Der Jobanbieter hat oft kein Büro, um nicht von der Polizei gefunden zu werden oder sitzt im Ausland.
Man wird – wenn auch bei kleinen Jobs nur kurz – nach seinen Fähigkeiten, Schullaufbahn, Klassenabschluss usw. befragt.	Es interessiert nicht, ob und was man kann. „Mit diesem Programm bekommst du alles an die Hand, was du brauchst! GARANTIERT!“
Bei einem korrekten Jobangebot wird man nach deiner Steueridentifikationsnummer befragt.	Die Entlohnung soll hauptsächlich auf Provisionsbasis mit Verdienstspannen von 250 € bis 25.000 € monatlich erfolgen.
Wird ein schriftlicher Arbeitsvertrag geschlossen, wird einem genügend Zeit gegeben, ihn nochmals zu prüfen. Es wird nach einer Einverständniserklärung der Eltern gefragt.	Man soll einen Vertrag unterschreiben, indem man sich verpflichtet, Vorleistungen zu erbringen. Zugleich soll man darin seine Kontonummer angeben, damit die zukünftigen Provisionen auf das Konto gezahlt werden können.
Es werden keine Vorleistungen erwartet	Es werden „Vorleistungen“ erwartet, z. B. – mehrere hundert Euro für die Übernahme von Waren, die dann verkauft werden sollen, – hunderte Euro für „Produkt-Infomappen“, – bis zu mehreren hundert Euro Teilnahmegebühren für Schulungslehrgänge, – bis zu mehreren hundert € für „Präsentationsvideos“ und „Fotomappen“ für Modelagenturen – Überhöhte Telefonkosten bei Anruf von 0900er Nummern oder 0800er Nummern, um „Strategiegespräche“ zu führen – Zahlungen bar per Nachnahme oder per PayPal.

seriöser Job	unseriöser Job
Der Arbeitgeber oder Personalberater tritt sachlich und seriös auf und beschreibt die Tätigkeit detailliert.	Das Angebot wird durch einen übermotivierten, meist jugendlich wirkenden Verkäufer angepriesen. Details sind Nebensache, was zählt ist das Große Ganz, die finanzielle Unabhängigkeit.
	Das Abzocken dieser „Vorleistungen" ist der eigentliche Zweck des gesamten Jobangebotes. Und das lohnt sich für den „Jobanbieter". (Denn wenn sich nur 100 Personen auf ein solches Angebot melden; und jeder zahlt 200 € derartiger Startkosten, hat die betrügerische Briefkastenfirma 20.000 € verdient.)
	Sobald man „Einlage gezahlt hat, wird man von der „Firma" nie wieder etwas hören; es sei denn, das Konto wird noch mal richtig leer geplündert. Immerhin hat man seine Kontonummer bekannt gegeben.

3. Ist ein Ferienjob sozialversicherungs- und steuerpflichtig?

Egal welchen Job man annimmt: Man sollte sich immer bei der Lohnsteuerstelle des zuständigen Finanzamtes erkundigen, ob man eine Steueridentifikationsnummer braucht und ob man sozialversicherungspflichtig (= Beiträge zur Renten-, Kranken- und Arbeitslosenversicherung) ist. Dazu muss man dem Sachbearbeiter genau angeben, wie viele Wochen bei wie vielen Wochenstunden man im Jahr arbeiten wird und wie viel man verdient. Am besten macht man sich zu dem Gespräch eine Notiz mit den wichtigsten Inhalten des Gesprächs und dem Namen des Sachbearbeiters sowie Ort, Zeit und Datum des Gesprächs.

4. Achtung! Wer jobbt, haftet!

Woran viel zu selten gedacht wird: Wenn man jobbt, haftet man, wenn man nicht aufpasst oder zu leichtsinnig war, wenn man fahrlässig oder vorsätzlich gehandelt hat. Das bedeutet, dass man bei Sach- oder Personenschäden, die man verursacht hat, Schadensersatz zahlen und darüber hinaus mit einer strafrechtlichen Haftung rechnen muss, wenn jemand ernsthaft verletzt wurde.

Im Arbeitsverhältnis ist die Haftung jedoch durch die Rechtsprechung eingeschränkt worden. Das gilt soweit man auf Anweisung seines Arbeitgebers in dessen Betrieb tätig wird. Die Pflicht zum Schadensersatz wird dann wie folgt begrenzt.

1. Vorsatz – Volle Haftung für den Arbeitnehmer für den gesamten Schaden,
2. Grobe Fahrlässigkeit (Faustformel – jeder andere greift sich auf Grund des Verhaltens an den Kopf) – in der Regel volle Haftung, aber in Ausnahmefällen kann die Ersatzpflicht gemindert werden,
3. mittlere Fahrlässigkeit (weniger Leute greifen sich an den Kopf) – der Schaden wird meist zwischen Arbeitnehmer und Arbeitgeber aufgeteilt,
4. leichte Fahrlässigkeit (Schussligkeit, Versehen) – Arbeitnehmer haftet nicht.

Bevor man einen Job annimmt, erkundigt man sich bei seinen Eltern, ob eine Haftpflichtversicherung besteht. Am besten teilen die Eltern der Haftpflicht mit, dass man jetzt hin und wieder als Babysitter, als Hundebetreuer oder sonst wie jobbt. Im Berufsleben kann es sich auch lohnen, bereits frühzeitig selbst eine Haftpflichtversicherung abzuschließen.

4.1 Wann haftet der Babysitter?

Den wenigsten ist bewusst, dass die Übernahme des Babysitterjobs der Abschluss eines Vertrages ist, durch den sie die Führung der Aufsicht über eine zu beaufsichtigende Person übernommen haben. Das hat zur Folge, dass die Haftung besonders groß ist, und zwar sowohl dann, wenn dem zu beaufsichtigenden Kind etwas passiert, als auch dann, wenn dieses Kind Schaden bei einem anderen anrichtet.

Verschulden

Die Haftung setzt zwar Verschulden, also Fahrlässigkeit oder Vorsatz des Babysitters voraus. Das liegt aber meistens auf der Hand. Denn ob das Baby vom Wickeltisch oder das Kleinkind in den Teich fällt, ob der Zweijährige einen Kessel kochendes Wasser vom Herd reißt oder der Dreiradfahrer auf die Straße fährt und einen Unfall verursacht, ob der Siebenjährige zündelt oder ob es beim Kindergeburtstag drunter und drüber geht: Stets konnte das nur passieren, weil die Aufsichtsperson nicht richtig aufgepasst hat. Schon 13-jährige Babysitter werden in solchen Fällen meist vollen Umfangs haften, denn auch bei ihnen wird man in der Regel Grundkenntnisse der Vorsicht voraussetzen müssen.

Hohe Haftungssummen

Es kann um sehr hohe Haftungssummen gehen. Nicht nur, dass man von den Krankenkassen im Wege des Rückgriffs für die ganzen Behandlungskosten in Anspruch genommen wird. Man muss auch mit Schmerzensgeldforderungen rechnen. Behält ein

Kind entstellende Brandnarben oder nach einem Sturz vom Wickeltisch schwere Schädelhirnverletzungen zurück, kommt sogar die Zahlung einer Jahrzehnte dauernden Schmerzensgeldrente in Betracht.

Nur wer nachweisen kann, dass ihn kein Verschulden trifft, kann der Haftung entgehen. Dazu braucht man in der Regel einen guten Anwalt.

Strafrechtliche Verantwortung

Gleichzeitig muss man mit einer strafrechtlichen Verurteilung wegen Körperverletzung, oder wenn ein Kind ums Leben gekommen, z. B. ertrunken ist, wegen fahrlässiger Tötung rechnen.

Unterlassene Hilfeleistung

Ist das Kind nun tatsächlich vom Tisch gefallen, hat es etwas Gefährliches gegessen oder getrunken, dann hilft nur eins: Sofort den Arzt rufen oder mit ihm ins Krankenhaus fahren!

Keinesfalls etwas vertuschen!

Leider gibt es immer wieder Fälle, in denen Babysitter versuchen, Stürze oder ähnliches zu vertuschen. Es merkt ja keiner. Das Kind kann noch nichts sagen. Das Kind kann aber innere Blutungen haben und am nächsten Tag tot sein und dann?

Merke
Hat sich ein Kind verletzt, ist man als Babysitter gesetzlich verpflichtet, entweder sofort die Eltern zu benachrichtigen oder ärztlichen Rat einzuholen. Sonst macht man sich mindestens wegen unterlassener Hilfeleistung strafbar!

4.2 Trümmer beim Kindergeburtstag. Haftet der Babysitter, wenn ein fremdes Kind Anderen Schaden zufügt?

Ja, jeder der den gastgebenden Eltern unmittelbare Hilfe bei der Durchführung eines Kindergeburtstages leistet, haftet für die Schäden, die durch Gastgeber- oder Gastkinder verursacht werden. Entscheidend ist allerdings, ob mit der Hilfe Aufsichtspflichten übernommen werden, oder ob man nur „untergeordnete" Dienste verrichtet, zum Beispiel in der Küche die Waffeln und die Pommes zubereitet und die Kinder eigentlich kaum zu Gesicht bekommt. Im letzteren Fall haftet man nicht, wenn ein Kind einen Blumenkübel auf Nachbars Auto wirft oder mit dem Fußball dessen Wohnzimmerscheibe zertrümmert.

Unternimmt man mit den Kindern aber auch Spiele oder hilft, für Ordnung zu sorgen, ist man im Falle eines Falles dran (§ 832 BGB).

Besonders hart hatte das einen 21 Jahre alten Berufsschüler getroffen, der im Rahmen seines Praktikums einen Kindergeburtstag für acht Kinder gestaltet hatte: Obwohl er sich der weitreichenden Haftungsfolgen nicht bewusst war, nahm das OLG Celle an, dass er stillschweigend die Aufsichtspflicht für die an der Feier teilnehmenden Kinder vertraglich übernommen hatte. Das hatte zur Folge, dass er für die von den Kindern verursachten Schäden haften musste (OLG Celle, Urteil – 9 U 36/86 – v. 1.7.1987, NiedersRpfl. 1987 Nr. 10 S. 232).

4.3 Haftung bei Musik-, Sport- und Nachhilfeunterricht

Wenn man sich als Nachhilfelehrer engagiert, schließt man mit den Eltern des Schülers, oder mit seinem Schüler selbst einen Dienstleistungsvertrag (§ 611 BGB).

Durch diesen Vertrag ist man verpflichtet, dem Schüler einen Stoff beizubringen und er, bzw. seine Eltern, haben sich verpflichtet, dafür die vereinbarte Vergütung zu zahlen. Ist nichts vereinbart, ist die übliche Vergütung zu zahlen.

Von dem Nachhilfelehrer wird verlangt, dass er den Stoff auf dem neuesten Stand vorbereitet hat und dem Schüler in pädagogisch langsamen Schritten diesen Stoff vermittelt. Es wird jedoch kein Erfolg geschuldet. Das heißt, man ist nicht dafür verantwortlich, wenn der Schüler trotzdem eine Fünf in Mathe schreibt. Allerdings sollte man ihn oder seine Eltern darauf hinweisen, wenn man merkt, dass ihm der Unterricht nichts bringt.

Ist man während des Unterrichts ohne eine andere Aufsichtsperson mit einem Kind zusammen, so kann ein solcher Unterrichtsvertrag auch die Übernahme der Aufsicht für die Zeit des Unterrichtes beinhalten. Erteilt man Sportunterricht, sollte man darauf achten, dass das Kind nicht vom Sportgelände läuft usw.

4.4 Haftung bei der Betreuung kranker und alter Menschen

Mit der Betreuung kranker und alter Menschen sind in der Regel viel weniger Haftungsrisiken verbunden als mit der Betreuung kleiner Kinder. Ausnahmen bestehen nur, wenn der Mensch so krank ist, dass er nicht mehr orientiert ist, z. B. bei Ohnmacht oder bei Geisteskrankheit.

Hat ein erwachsener Mensch nur ein körperliches Gebrechen, kann er selbst Gefahren erkennen und Anweisungen geben, was zu tun ist, reicht es in der Regel aus, wenn man sich nach diesen Anweisungen richtet, solange diese nicht völlig unsinnig oder für den Kranken gar gefährlich sind.

4.5 Haftung als Tierbetreuer

Hat man ein eigenes Tier, haftet man fast immer, wenn dieses einen anderen schädigt. Man spricht hier von der Tierhalterhaftung (§ 833 BGB).

Was aber ist, wenn man den kleinen Terrier der Nachbarin Gassi führt und dieser beißt plötzlich einen Mann ins Bein? Ganz einfach. Dann haftet grundsätzlich derjenige, der den Hund ausführt als sogenannter Tierbetreuer (§ 834 BGB)! Denn dann hat man durch Vertrag die Führung der Aufsicht über den Hund übernommen.

Aber:

Man kann sich entlasten. Kann man nachweisen, dass der Hund an der Leine geführt und darauf geachtet wurde, dass er niemanden anspringen konnte und der Mann plötzlich mit der Bemerkung: „Ich hasse alle Terrier“ bedrohlich auf den Hund zugesprungen ist, dann ist einem kein Vorwurf zu machen. Dann hat man nämlich den sogenannten Entlastungsbeweis geführt und haftet nicht.

IV. Arbeitslosigkeit

Nicht immer läuft der Einstieg ins Berufsleben wie erwartet. Zum Teil kann es dazu kommen, dass man entweder keine Ausbildungsstelle findet oder von seinem Ausbildungsbetrieb nicht übernommen wird. In beiden Fällen droht dann die Arbeitslosigkeit. Die kann auch eintreten, wenn man aus welchem Grund auch immer seinen Arbeitsplatz verliert und keine neue Stelle findet. Insgesamt ist das kein Beinbruch, aber einige Dinge müssen hierbei berücksichtigt werden.

1. Gibt es ein Recht auf Arbeit?

Nein. Anders als in der früheren DDR sieht das Grundgesetz der Bundesrepublik Deutschland einen Rechtsanspruch auf Arbeit nicht vor.

2. Meldung bei der Bundesagentur für Arbeit und das zur Verfügung stellen der Arbeitskraft

Wer arbeitslos ist, muss sich bei der Bundesagentur für Arbeit melden und seine Arbeitskraft zur Verfügung stellen. Diese muss tatsächlich jederzeit zur Verfügung stehen. Möchte der Arbeitslose in den Urlaub fahren, muss er sich vom Arbeitsamt beurlauben lassen, sonst kann er seinen Hartz II oder Hartz-IV-Anspruch verwirken. Als Arbeitsloser ist man auch gezwungen, angebotene Arbeitsstellen aufzusuchen.

Im Falle einer Kündigung durch den Arbeitgeber, ist schnellstmöglich die Meldung beim Arbeitsamt und bei der Krankenkasse zu erfolgen. Sollte eine Eigenkündigung durch den Arbeitnehmer erfolgen, kann es zu einer Sperrfrist hinsichtlich der Arbeitslosenbezüge kommen.

3. Warten allein reicht nicht

Die Erfahrung zeigt, dass es nicht ausreicht, sich nur die Stellen anzusehen, die vom Arbeitsamt mitgeteilt werden. Teilweise ist Schrott dabei. Das können die Arbeitsamtsmitarbeiter natürlich nicht wissen. Besser, man unternimmt selbst etwas, indem man aktiv im Internet nach Jobangeboten sucht, Anzeigen aufgibt, zumindest dort, wo es kein Geld kostet und sich auf Anzeigen bewirbt usw.

4. Arbeitsmarkt und Flexibilität

Man muss auch zu einem Ortswechsel bereit sein und flexibel reagieren, wenn man plötzlich aus einem anderen Berufsbereich ein Angebot erhält und ggfls. über Umschulung nachdenken. Darüber informiert das Arbeitsamt.

5. Warnung vor Schwarzarbeit!

Dringend sei vor Schwarzarbeit gewarnt. Fliegt sie auf, kann man einen Haufen Probleme bekommen. Man verliert den Anspruch auf Arbeitslosenunterstützung, muss Gelder zurückzahlen und kann wegen Steuerhinterziehung und vielem anderen mehr verurteilt werden.

V. Existenzgründung. Kann man sich als Jugendlicher selbstständig machen?

Grundsätzlich ja.

Pro und contra: Die Führung eines selbständigen Betriebes

Ist man arbeitslos oder ist man mit seiner jetzigen Arbeit von Grund auf unzufrieden, sollte man durchaus darüber nachdenken, sich – auch vorübergehend und eventuell als „Ich-AG“ – selbständig zu machen. Ein Onlineshop, oder kleines Dienstleistungsbüro, durch das morgens die Auslieferung frischer Brötchen und Milch, tagsüber Einkäufe und Postgänge für Alte und Kranke, das Gassigehen mit dem Hund oder Gartenarbeiten übernommen werden, ist sicherlich der peinigenden Arbeitslosigkeit vorzuziehen, zumal man endlich wieder die fehlenden sozialen Kontakte hat. Wichtig ist nur, ganz bescheiden anzufangen, damit man nicht auf einem großen Schuldenberg sitzt, wenn das Geschäft nicht so gut läuft, wie erhofft. Zum Teil gibt es für die Gründung eines solchen Einzelunternehmens auch staatliche Zuschüsse in Form des sogenannten Gründerzuschusses.

Ist die Führung eines eigenen Betriebes rechtlich zulässig?

Ja. Erforderlich ist dazu die Zustimmung des gesetzlichen Vertreters. Damit der gesetzliche Vertreter nicht bei jedem einzelnen Rechtsgeschäft, das der Minderjährige im Rahmen seiner Erwerbstätigkeit schließt, zustimmen muss, besteht die Möglichkeit, dass der gesetzliche Vertreter mit Genehmigung des Vormundschaftsgerichts den Minderjährigen zum selbständigen Betrieb eines Erwerbsgeschäftes ermächtigt.

Man spricht hierbei von einer erweiterten Geschäftsfähigkeit eines erwerbstätigen Minderjährigen. Der Minderjährige wird damit für diejenigen Geschäfte, die der Geschäftsbetrieb mit sich bringt, unbeschränkt geschäftsfähig (§ 112 BGB). Er kann also selbständig kaufen und verkaufen, Leute einstellen und dergleichen mehr.

Das Ermächtigungsschreiben der Eltern eines Minderjährigen zum selbständigen Betrieb eines Erwerbsgeschäfts kann wie folgt aussehen:

Absender: Kyra u. Josha Bayer, Heinestr. 11, Erfurt

An unseren Sohn
Raoul Bayer
Heinestraße 11
Erfurt

Erfurt, den 30.07.2020

Ermächtigung zum selbständigen Betrieb eines Erwerbsgeschäftes

Lieber Raoul,

hiermit ermächtigen wir dich als deine gesetzlichen Vertreter zum selbständigen Betrieb eines Verkaufsstandes auf dem Flohmarkt von Erfurt. Die Genehmigung des Vormundschaftsgerichts liegt uns vor. Gemäß § 112 BGB bist du somit für solche Rechtsgeschäfte unbeschränkt geschäftsfähig, die der Betrieb des Verkaufsstandes mit sich bringt.

Kyra Bayer Josha Bayer

Die erweiterte Geschäftsfähigkeit macht den Jugendlichen aber keineswegs vollständig geschäftsfähig – auch nicht im Rahmen seines Geschäftsbetriebs.

So erstreckt sich die betriebsbezogene Geschäftsfähigkeit des Minderjährigen nicht auf Rechtsgeschäfte, zu denen die Eltern ihrerseits die Genehmigung des Vormundschaftsgerichts brauchen, wie bei Grundstücksgeschäften, Geschäftsveräußerungen oder einem Geschäftserwerb, bei der Eingehung langfristiger Verbindlichkeiten, einer Kreditaufnahme, der Ausstellung von Schuldverschreibungen, der Übernahme von Bürgschaften und bei der Erteilung von Prokura. In solchen Fällen bedarf es stets der Genehmigung des Vormundschaftsgerichts.

Ähnliches gilt für Arbeits- und Dienstverhältnisse. Ermächtigt der gesetzliche Vertreter den Minderjährigen, ein Arbeits- oder Dienstverhältnis einzugehen, gilt die unbeschränkte Geschäftsfähigkeit für diejenigen Rechtsgeschäfte, die das Eingehen oder die Aufhebung des Arbeitsverhältnisses sowie die Erfüllung der sich daraus ergebenden Verpflichtungen betreffen.

Das Geld aber, das der Jugendliche bei dem Arbeits- oder Dienstverhältnis oder gar in seinem eigenen Geschäftsbetrieb verdient, darf er jedoch nicht nach Belieben auf den „Kopp hauen". Beim Geldausgeben haben die Eltern weiterhin ein Wörtchen mitzureden. Will sich der jugendliche Firmenboss eine Stereoanlage für sein häusliches Zimmer kaufen, muss er seine Eltern um Zustimmung bitten, denn es handelt sich dabei um eine „rechtsnachteilige" Verfügung.

H. Freizeit, Hobby, Jugendschutz

I. Freizeit und Hobby

1. Recht auf Freizeit

Kinder und Jugendliche haben gemäß Artikel 31 der UN-Kinderrechtskonvention das Recht auf Ruhe und Freizeit, auf Spiel und altersgemäße aktive Erholung sowie auf freie Teilnahme am kulturellen und künstlerischen Leben. Entsprechend sieht auch § 11 Abs. 3 SGB VIII (Kinder- und Jugendhilfegesetz) Kinder- und Jugenderholung im Rahmen von außerschulischen Maßnahmen vor. Auch nach Artikel 24 der Allgemeinen Erklärung der Menschenrechte hat jeder Mensch das Recht auf Erholung und Freizeit und insbesondere auf eine vernünftige Begrenzung der Arbeitszeit und regelmäßigen bezahlten Urlaub.

Freizeit darf individuell gestaltet werden. Das folgt aus der grundgesetzlich garantierten allgemeinen Handlungsfreiheit und der personellen Selbstbestimmung (Art. 2 Abs. 1 und 1 Abs. 1 GG).

Die beliebtesten Freizeitbeschäftigungen sind Fernsehen, Radio hören, Internetnutzung, Telefonieren, sich mit Freunden treffen, ein Lokal besuchen, Shopping.

Fragen zur Internetnutzung werden in Kap. D (IT- und Internetrecht) behandelt.

Informationen zu Diskothek, Kino und Festival findet man in diesem Kapitel unten unter II („Rund um das Jugendschutzrecht").

Viele junge Menschen nutzen ihre Freizeit von der Schule auch dazu, um sich zusätzliches Taschengeld zu verdienen. Auskünfte dazu findet man im Kapitel G Arbeitsrecht, Kap. III Ferien- und andere Jobs.

Immer wieder nutzen junge Menschen ihre Freizeit auch, um sich ehrenamtlich zu engagieren, sei es im sozialen Bereich (z. B. Hilfe für Senioren oder Behinderte), sei es im zivilgesellschaftlichen Bereich (so etwa in der Klimaschutzbewegung nach Vorbild Greta Thunberg, Fridays for Future) oder im politischen Bereich (so etwa eine Tätigkeit im Jugendparlament (vgl. Kap. I) oder in einer Partei).

Zahlreiche Menschen nutzen ihre Freizeit wiederum, um ein Hobby auszuüben. Unter Hobby versteht man eine Freizeitbeschäftigung, die freiwillig und meist für eine gewisse Dauer betrieben wird, die der eigenen Neigung und/oder der Entspannung dient. Das Hobby erwirtschaftet i. d. R. kein Einkommen und ist kein Beruf. Beispiele sind Aktivitäten wie Sammeln, Handarbeiten, Basteln, Schreiben, Musikmachen, Imkern,

Kunst, Weiterbildung, Sport, Modellbau, Drohnen, Reisen und Sprachen lernen. Wir können in diesem Jugendrechtsberater nur auf einige Hobbys eingehen.

2. Sport

Sport gehört zu den wichtigsten, gesündesten und meist auch preiswertesten Freizeitaktivitäten überhaupt. Es stärkt die körperlichen Kräfte und damit Selbstvertrauen und Erfolg. Neben Fußball gibt es ein großes Spektrum an beliebten Sportarten wie Basketball, Billard, Fahrradfahren, Football, Inlineskaten, Kampfsport, Judo, Kanusport, Karate, Kartsport, Kraftsport, Paddeln, Rudern, Schwimmen, Segeln, Squash, Tanzen und Tennis.

2.1 Trendsportarten

Es gibt immer wieder Sportarten, die besonders im Trend liegen. Dazu gehören:

2.1.1 Surfen

Da Surfen erstmals bei den (verlegten) Olympischen Spielen 2020 zu den olympischen Disziplinen gehört, ist diese Sportart wieder besonders im Trend.

2.1.2 Trailrunning – Joggen abseits der Wege

Beim Trailrunning joggt man nicht auf festen, dafür eingerichteten Wegen, sondern sieht einen Reiz darin, befestige Wege zu verlassen und über Stock, Wurzeln und Stein oder einen Berg hinauf zu joggen.

2.1.3 Jump Line – Radfahren abseits der Wege

Beim Jump Line wird ebenfalls versucht, nicht auf festen, dafür eingerichteten Wegen zu fahren, sondern eine Fläche so umzugestalten, dass artistische Übungen auf dem Fahrrad möglich sind.

2.1.4 Skitouring – Skifahren abseits der Wege

Ebenso wird beim Skitouring versucht, abseits der eingerichteten Pisten neue Strecken kennen zu lernen. Nur für gute Skifahrer geeignet, die einen Lawinenkurs besucht haben.

2.1.5 Sportklettern

Eine für die Persönlichkeitsbildung pädagogisch sinnvolle Sportart ist das Sportklettern. Dieses wird meist in sogenannten „Klettergärten" oder in „Kletterhallen" mit guter technischer Ausstattung angeboten. Dabei spielen die Intensität von Körpererfahrung und der Spaß am eigenen Bewegungs-Können eine zentrale Rolle.

2.1.6 Skateboarding

Skaten hatte sich zu einer höchst beliebten Szenesportart im Rahmen der Jugendkultur entwickelt, die viel Beweglichkeit, Kreativität und Können erfordert. Ziel ist die Beherrschung möglichst vieler und möglichst schwieriger Einzelaktionen an unterschiedlichsten Orten im öffentlichen Raum oder in „Skate-Hallen" sowie „Skate-Parks". Zwar ist Skating nicht mehr so „in" wie vor einigen Jahren. Noch immer gibt es aber „echte" Skater, für die Skateboarding wesentlich mehr als nur die Ausübung einer bestimmten Sportart ist. Vielmehr drückt Skateboarding ein bestimmtes Lebensgefühl aus, das im Rahmen der „Skaterszene" wesentliches Sinn- und Identität stiftendes Element bildet.

Tipp: Kollisionen vermeiden!

Bei fast allen Sportarten kann es zu Kollisionen mit Passanten kommen. Für manche Passanten sind rüpelhafte Skater im Fußgängerbereich gar zum Angstfaktor geworden. Auch Sachbeschädigungen an parkenden Fahrzeugen aufgrund von Kollisionen sind nicht selten. Aus diesem Grund finden einige Sportarten nicht überall Akzeptanz. Zwar haften Sportler, wie Skater ab Vollendung des 7. Lebensjahres für alle schuldhaft angerichteten Schäden. In der Praxis gehen aber viele Opfer leer aus.

2.2 Pfadfinder

Nicht ganz so „trendy" und nicht nur auf Sport bezogen ist das Pfadfinderwesen. Es bietet jungen Menschen schon sehr früh die Möglichkeit, mit Gleichaltrigen Abenteuer zu erleben, viele handwerklichen Fähigkeiten zu erlernen, die man notfalls zum Überleben braucht, „nebenbei" seine körperliche Fitness und Geschicklichkeit zu trainieren, mit anderen schon als Kind ins Ausland zu kommen usw. Näheres über den Bund der Pfadfinderinnen und Pfadfinder e. V. erfährt man im Internet: www.pfadfinden.de.

2.3 Regeln im Sport

Im Sport wird besonders schnell deutlich, dass es ohne Regeln nicht geht. Je nach Sportart gibt es sehr unterschiedliche Regelungen.

Sehr wichtig sind die **Regeln des Deutschen Fußballbundes** (DFB). Einzelheiten: www.dfb.de.

Regeln des internationalen Skiverbandes

Auch der internationale Skiverband hat Verhaltensregeln für Skifahrer und Snowboarder (FIS-Regeln) veröffentlicht. Sie gelten für den Gebrauch aller Wintersportgeräte, die durch Gleiteigenschaft eine Abfahrt ermöglichen. Dazu gehören z. B. das Fahren auf Sicht (FIS-Regel 2), Wahl der Fahrspur (FIS-Regel 3) und Überholen (FIS-Regel 4). Einzelheiten: Deutscher Skiverband: www.ski-online.de.

2.4 Soll man Mitglied in einem Sportverein werden?

Begeistert man sich schon längere Zeit für eine Sportart, z. B. Fußball, Tennis, versteht man sich mit den Leuten aus dem Verein, besteht die reale Möglichkeit, dort regelmäßig zu trainieren, gibt es eine eigene Jugendabteilung und sind die Mitgliedsbeiträge akzeptabel, ist der Beitritt in einen Sportverein empfehlenswert. Man trainiert dann in Gemeinschaft, unternimmt oft gemeinsame Turniere und manchmal gemeinsame Freizeitfahrten. Außerdem ist man im Fall des Unfalls in wesentlichen Bereichen über die gesetzliche Unfallversicherung abgesichert.

Bevor man sich zu einer Mitgliedschaft entschließt, sollte man sich umhören, ob der Verein „solide" ist. So sollte man in die Satzung schauen, sich erkundigen, wer die Vorstandsmitglieder und die Trainer sind, ob andere Mitglieder mit dem Verein zufrieden sind, ob Mitgliedsbeiträge immer für die Zwecke des Vereins verwendet worden sind usw. Günstig ist es, wenn der Sportverein Mitglied in einem größeren Dachverband ist. Er steht dann unter einer gewissen Aufsicht. Man kann sich dazu zum Beispiel beim Deutschen Olympischen Sportbund oder der Deutschen Sportjugend erkundigen.

- Der Deutsche Olympische Sportbund ist die Dachorganisation aller deutschen Sportaktivitäten und Vereine. Er hat sich die Förderung des Breitensports sowie eines humanen Spitzensports zur Aufgabe gemacht. Einzelheiten: https://www.dosb.de/
- Zum Deutschen Sportbund gehört auch die Deutsche Sportjugend: https://www.dsj.de/
- Deutscher Schwimmverband: www.dsv.de
- Deutscher Schützenbund: www.dsb.de

Hat man sich entschlossen, Mitglied in einem Sportverein zu werden, wird die Aufnahme beantragt. Minderjährige bedürfen der Zustimmung der Eltern.

Eltern dürfen ihre Zustimmung nur aus sachlichen Gründen verweigern; z. B. Sportart zu teuer (Tennis, Golf, Reiten), Sportart für die Gesundheit oder die individuelle körperliche oder geistige Entwicklung des Kindes ungeeignet (Boxen, Karate). Wird keine Einigung mit den Eltern erzielt, kann man sich als Jugendlicher vom Jugendamt oder, falls vorhanden, von einem Jugendrechtshaus beraten lassen.

Ist man als Mitglied in einem Verein aufgenommen worden, erkennt man die Einhaltung der dort geltenden Regeln an und erklärt sich auch mit den Sanktionen einverstanden, die auf den Regelverstoß folgen. Das können Abmahnung, Disqualifizierung, Vertragsstrafe oder im schlimmsten Fall Ausschluss aus dem Verein sein.

2.5 Sportunfälle und Haftung

In jedem Jahr ereignen sich zahlreiche Sportunfälle. Schnell kann es um hohe Behandlungs- und Folgekosten gehen. Bevor man eine gefährliche Sportart ausübt, sollte man sich bei seiner Unfall- und Krankenversicherung vergewissern, ob man im Falle eines Unfalls ausreichend versichert ist; wer also Krankentransport-, Behandlungs-, Rehabilitationskosten und den Verdienstausfall zahlt. Ebenso sollte die Haftpflichtversicherung informiert werden, damit etwaige Schäden abgedeckt sind, die man fahrlässig selbst verursacht.

2.5.1 Wer foult, haftet

Darüber hinaus bestehen Schadensersatz- und Schmerzensgeldansprüche, wenn man durch ein erhebliches Verschulden eines Mitsportlers verletzt worden ist, etwa durch ein schweres Foul im Fußball oder einen erheblichen Regelverstoß eines anderen auf der Skipiste.

2.5.2 Erlaubtes Risiko beim Wettkampfsport

Nicht jedes Verschulden führt zu einer Haftung. Bei den meisten Wettkampfsportarten darf der Sportler ein sog. *erlaubtes Risiko* eingehen. Um z. B. beim Fußball in den Ballbesitz zu kommen, ist nach den offiziellen Fußballregeln des Deutschen Fußballverbandes ausdrücklich auch körperlicher Einsatz („Rempeln“) erlaubt, der darin besteht, dass mit dem Körper der Ball spielende Mitspieler weggedrängt wird. Auch bei Verletzungen, die bei einem geringfügigen Regelverstoß aus Spieleifer oder Unüberlegtheit entstehen können, führen in der Regel nicht zur sog. „Deliktshaftung“. Als unerlaubt gilt ein „Rempeln“ aber dann, wenn ein Gegner in heftiger oder gefährlicher Weise, von hinten oder wenn der Ball nicht in der Spielnähe ist, gerempelt wird. Wird der Mitspieler durch eine derart unfaire Attacke verletzt, haftet der „Rempler“.

2.5.3 Die strenge Haftung von Aufsichtspersonen

Aufsichtspersonen, die die sportliche Betätigung auf Gefahrensituationen überwachen sollen, unterliegen strengen Haftungsregeln, weil sie eine *Garantenpflicht* übernommen haben. So hat der Bundesgerichtshof auf volle Haftung zweier Bademeister erkannt, die, während sie das Schwimmbecken zu überwachen hatten, gemeinsam im Bademeisterhaus Kaffee tranken, und während dieser Zeit ein zehn Jahre altes Mädchen längere Zeit im Mehrzweckbecken des Hallenbades unter Wasser lag, die dadurch schwere Gesundheitsschäden erlitt.

2.5.4 Sportrecht

Es gibt ein eigenes Sportrecht, eine Sportgerichtsbarkeit, eine ausführliche Sport-Rechtsprechung und eine „Zeitschrift für Sport und Recht", die sich als Informationsbörse für alle Rechtsfragen rund um den Sport und seine Organisationen versteht und auch für Nichtjuristen verständlich ist.

2.6 Sport im kommerziellen Fitnessstudio

Viele Trendsportarten werden nicht von Sportvereinen, sondern von kommerziellen Unternehmen, insbesondere Fitnessstudios, angeboten.

2.7 Vorsicht vor Verträgen mit langfristiger Bindung

Will man das oftmals verlockende Angebot annehmen, wird in der Regel die Unterzeichnung eines umfassenden Vertrages verlangt, durch den man sich lange binden soll. Kann man den Sport aus gesundheitlichen, beruflichen, finanziellen oder privaten Gründen nicht mehr ausüben, wohnt vielleicht gar nicht mehr in der Stadt, ist es sehr ärgerlich, wenn man aus dem Vertrag nicht rauskommt und noch eine lange Zeit für eine Leistung zahlen soll, die man gar nicht in Anspruch nimmt.

Zwar ist die von einem Betreiber eines Sport- und Fitness-Studios in seinen allgemeinen Geschäftsbedingungen benutzte Klausel: „Der Beitrag ist auch dann regelmäßig zu zahlen, wenn das Mitglied die Einrichtungen nicht nutzt" vom Bundesgerichtshof für unwirksam erklärt worden (Urteil vom 23. Oktober 1996, Az: XII ZR 55/95, veröffentlicht in NJW 1997, 193–195). Man kann sich aber viel Ärger, Zeit und Kosten ersparen, wenn man einen solchen Vertrag erst gar nicht unterschreibt.

Tipp: Man sollte sich nicht zur Unterschrift überreden lassen, sondern die schriftlichen Vertragsformulare nach Hause nehmen und alles in Ruhe mit den Eltern besprechen. Als Minderjähriger benötigt man für Verträge mit Langzeitbindung ohnehin ihre Unterschrift. Ist man schon 18, sollte man das Vertragsformular durch die Verbraucherzentrale prüfen lassen. Ein solides Studio wird im übrigen Schnupperstunden und Verträge mit kurzen Kündigungsfristen anbieten.

2.8 Sport als Zuschauer

2.8.1 Zuschauervertrag

Mit dem Erwerb einer Eintrittskarte zu einem Fußballspiel oder zu einem sonstigen Sportereignis schließt man einen sog. Zuschauervertrag ab. Man erlangt damit die Berechtigung, sich das Spiel als Zuschauer anzusehen. Der Veranstalter ist verpflichtet, den vereinbarten (Sitz-)Platz auf dem Sportgelände zur Verfügung zu stellen, von dem aus man das Spiel auch tatsächlich sehen kann. Fällt das Spiel wegen schlechten Wetters oder aus organisatorischen Gründen aus, weil eine Mannschaft nicht kommt, muss der Veranstalter das Eintrittsgeld zurückzahlen.

2.8.2 Pflichten des Veranstalters

Der Veranstalter ist auch für die Sicherheit der Zuschauer verantwortlich. So müssen Sitzflächen und Bauten stabil sein. Durch Einsatz von ausreichend Sicherheitskräften und durch rechtzeitige Zusammenarbeit mit der Polizei muss versucht werden, Ausschreitungen von Störern zu verhindern. So werden die Fans von gegnerischen Mannschaften oft in getrennten Feldern untergebracht.

2.8.3 Pflichten des Zuschauers

Zuschauer müssen sich so verhalten, dass möglichst kein anderer geschädigt und der Spielverlauf nicht gestört wird. Sie dürfen deshalb keine Waffen, Flaschen oder sonstigen harten Gegenstände mit ins Stadion nehmen und sollen sich möglichst nur auf ihrem Platz aufhalten.

2.8.4 Hooligans und andere Störer

Zahlreiche Zuschauerausschreitungen und Ausschreitungen besonders konfliktbereiter Personen, der gefürchteten sog. „Hooligans“, haben dazu geführt, dass große Fußballspiele zwecks Gefahrenabwehr fast nur noch unter polizeilichem Einsatz stattfinden. Zu den polizeilichen Maßnahmen gehören neben der Observation bei begründetem Verdacht von Gewaltbereitschaft oder bei Gewalttätigkeit: Identitätsfeststellung, das Verbringen auf die Dienststelle, Durchsuchung von Personen, Sicherstellung von Gegenständen mit Gefährdungspotential (z. B. Pressluftfanfaren, die als Flammenwerfer eingesetzt werden können) sowie Gewahrsam.

Ist es zu Sachbeschädigungen oder gar Körperverletzungen gekommen, müssen die Störer Schadensersatz und Schmerzensgeld zahlen und mit einer Verurteilung durch den Jugend- oder Strafrichter rechnen.

Wer schon durch Störungen aufgefallen ist, kann mit einem Stadion- bzw. Platzverbot belegt werden.

3. Modellfliegen und Drohnen

Ein sehr schönes Hobby, an dem sich viele Familienmitglieder von klein auf beteiligen können, ist das Modellfliegen.

In § 21a Luftverkehrs-Ordnung (LuftVO) – Erlaubnisbedürftiger Betrieb von unbemannten Luftfahrtsystemen und Flugmodellen – ist im Einzelnen geregelt, welches Modell eine Zulassung benötigt. Nach § 21e Abs. 2 LuftVO muss man das 14. Lebensjahr vollendet haben, um einen Kenntnisnachweis erlangen zu können. Bei Minderjährigkeit ist die Zustimmung des gesetzlichen Vertreters nachzuweisen.

Über Einzelheiten informiert der Deutsche Modellflieger Verband e. V. https://www.dmfv.aero/ und https://www.modellfliegen.de/.

Drohnen

Immer mehr Menschen begeistern sich für die Nutzung von Drohnen. Je mehr Drohnen aufsteigen, desto größer wird die Gefahr von Kollisionen, Abstürzen oder Unfällen. Für die Nutzung von Drohnen sind deshalb klare Regeln nötig, um die Sicherheit im Luftraum zu erhöhen und um den Schutz der Privatsphäre zu verbessern. Darüber informiert das Bundesministerium für Verkehr und digitale Infrastruktur in dem Infoflyer: „Drohnen. Ein Überblick über die wichtigsten Regeln".

Drohnen auf Modellflugplätzen

Wer seine Drohne ausschließlich auf einem Modellfluggelände fliegen lässt, muss eine Plakette mit Namen und Adresse des Besitzers anbringen. Außerdem ist nach § 43 des Luftverkehrsgesetzes (LuftVG) das Abschließen einer Drohnenversicherung gesetzlich vorgeschrieben. Eine solche Drohnen-Haftpflichtversicherung (kurz Drohnen-Versicherung) kommt im Schadenfall für verursachte Sach- und Personenschäden auf.

Zu beachten: Drohnen oder Modellflugzeuge müssen stets bemannten Luftfahrzeugen ausweichen.

Verboten ist:

- Jegliche Behinderung oder Gefährdung,
- der Betrieb von Drohnen oder Modellflugzeugen in und über sensiblen Bereichen wie Einsatzorten von Polizei und Rettungskräften, Menschenansammlungen, Hauptverkehrswegen, An- und Abflugbereichen von Flugplätzen,
- der Betrieb einer Drohne oder eines Modellflugzeugs mit einem Gewicht von mehr als 0,25 Kilogramm über Wohngrundstücken. Das Gleiche gilt, wenn das Flugobjekt (unabhängig von seinem Gewicht) in der Lage ist, optische, akustische oder Funksignale zu empfangen, zu übertragen oder aufzuzeichnen.

Darf ein Grundstückseigentümer eine Drohne abschießen, wenn eine fremde Drohne über seinem Grundstück fliegt?

Das Amtsgericht Riesa hat dazu im Urteil vom 24. April 2019 (9 Cs 926 Js 3044/19 –, juris) entschieden: „Wenn der Grundstückseigentümer eine über seinem Grundstück in einer Höhe von 5 bis 15 Metern fliegende und mit einer Kamera ausgestattete Drohne mit dem Luftgewehr abschießt, ist die Sachbeschädigung (§ 303 StGB) durch einen Defensivnotstand gemäß § 228 BGB gerechtfertigt, weil eine Verletzung des allgemeinen Persönlichkeitsrechts und des durch Art. 14 Abs. 1 GG geschützten Eigentumsrechts des Grundstückseigentümers vorliegt, ein milderes, gleich geeignetes Mittel nicht ersichtlich ist und der Abwehrschaden zu der drohenden Gefahr nicht außer Verhältnis steht."

4. Reisen und Sprachen

Wer eine Reise tut, der kann viel erleben. Und selbstverständlich tummelt er sich in einem Pool von deutschen und zunehmend auch ausländischen und übergreifenden europäischen Rechtsvorschriften. Um keine Unannehmlichkeiten zu haben, sollte man sich vor einer Reise über die wichtigsten Bestimmungen erkundigen, die man beachten muss. Unabdingbar ist, dass man im Ausland ausreichend gegen Unfall und Krankheit versichert ist und einen umfassenden Verkehrs(rechts)schutz hat, wenn man mit einem Kraftfahrzeug fährt.

Man unterscheidet Pauschalreisen und Individualreisen

4.1 Pauschalreise

Bucht man eine **Pauschalreise** bei einem Reiseunternehmer, gilt das in den §§ 651 ff. BGB geregelte Reisevertragsrecht. Eine Pauschalreise liegt rechtlich vor, wenn eine

Bündelung von mindestens zwei verschiedenen Arten von Reiseleistungen (z. B. Beförderung + Beherbergung) für den Zweck derselben Reise, also ein Reisepaket vorliegt. Dazu können insbesondere gehören:

- die Beförderung von Personen (Flug, Bustransfer, Fähre)
- die Beherbergung einschließlich Verpflegung (Halbpension, Vollpension oder all inclusive),
- die Vermietung von Kraftfahrzeugen (vierrädrige Kraftfahrzeuge mit einer Höchstgeschwindigkeit von mehr als 25 km/h sowie Krafträdern der Fahrerlaubnisklasse A),
- eigenständige touristische Leistungen, wie etwa Eintrittskarten für Sportveranstaltungen, Konzerte, Ausflüge, Besuche von Freizeit- oder Themenparks, Stadtführungen, Skipässe, Vermietung von Tauch- u. sonstigen Sportausrüstungen, Wellnessbehandlungen. Das ist nicht der Fall, wenn eine Reiseleistung nur Bestandteil einer anderen ist, wie etwa ein Transfer vom Flughafen zum Hotel oder eine Personenbeförderung im Rahmen einer Besichtigungsreise. Es liegt aber nur dann eine Pauschalreise vor, wenn die touristischen Leistungen einen Anteil von mind. 25 % am Gesamtwert der Zusammenstellung betragen.

Ist man mit bei einer Pauschalreise mit den Reiseleistungen nicht zufrieden, haftet der Reiseveranstalter. Allerdings muss man sofort reklamieren, Mängel – unter Umständen durch Lichtbilder und Zeugen – beweisen und die Abstellung des Mangels verlangen.

Während der Corona Pandemie 2020 gab es häufig die Frage, ob man als Kunde seine Anzahlung zurückerhält, wenn die Reise ausfällt oder ob man im Gegenteil noch den restlichen Preis bezahlen muss. Das Recht zur kostenfreien Stornierung sowohl für den Reiseveranstalter als auch für den Reisenden besteht, wenn höhere Gewalt bzw. ein außergewöhnlicher Umstand vorliegt. Im Fall einer Pandemie gelten dabei die Reisewarnungen des Auswärtigen Amtes als entscheidendes Indiz. Ein außergewöhnlicher Umstand bzw. höhere Gewalt kann zwar auch dann vorliegen, wenn es keine Reisewarnung des Auswärtigen Amtes gibt. Dann aber muss man als Kunde die Einzelheiten nachweisen.

4.2 Individualreise

Die Individualreise ist hingegen eine Reise, bei welcher der Reisende entweder lediglich eine Reiseleistung bei einem Reisevermittler bucht oder die Reise antritt, ohne zuvor Reiseleistungen zu buchen.

4.3 Flugverspätungen

Kommt es zu **Flugverspätungen**, einem Flugausfall oder einer Überbuchung, werden die Rechte der Passagiere in der EU-Fluggastrechteverodnung 261/2004 (https://www.flugrecht.de/fluggastrechte/eu-fluggastrechteverordnung) geregelt.

4.4 Sprachen lernen und Recht

Sprachkurse werden häufig in der Volkshochschule zu fairen Bedingungen angeboten. Daneben gibt es eine große Anzahl privater Anbieter, die versprechen, Sprachkenntnisse besonders schnell und effektiv zu vermitteln. Der Haken dabei ist manchmal, dass der Kunde dies nicht vorher prüfen soll, sondern dass die Sprachschule von ihm den Abschluss eines den Kunden lange bindenden Vertrages verlangt, aus dem er, wie beim kommerziellen Sportanbieter, oft nicht so schnell rauskommt. Auch hier gilt: lieber ein anderes Institut aufsuchen.

II. Rund um das Jugendschutzrecht

Zwar hat man als Kind und Jugendlicher die grundsätzlich gleichen Rechte und Pflichten wie ein Erwachsener. Es gibt aber zum Schutz junger Menschen Vorschriften, die verhindern sollen, dass diese in ihrer Unerfahrenheit betrogen werden oder gesundheitlichen und sonstigen Schaden erleiden.

In anderen Kapiteln wurden schon das Jugendarbeitsschutzgesetz und die Kinderarbeitsschutzverordnung sowie Teile des Sozialgesetzbuchs VIII (SGB VIII, Kinder- und Jugendhilfe) angesprochen. Im Kapitel Strafrecht wird das Jugendgerichtsgesetz vorgestellt.

In diesem Teil geht es um wichtige Regelungen für den Alltag aus dem Jugendschutzgesetz (JuSchG) sowie dem Jugendmedienschutz-Staatsvertrag (JMStV).

1. Wie lange und mit wem darf man als Kind und als Jugendlicher in die Disco?

Die Disco ist oft der zentrale Treffpunkt für junge Menschen. Unsicherheiten bestehen darüber, ab wann man allein in die Disco gehen darf.

§ 5 des Jugendschutzgesetzes (JuSchG) erlaubt

- Jugendlichen ab 16 Jahren ohne Begleitung und
- Kindern und Jugendlichen bis 16 Jahren, wenn sie in Begleitung einer personenberechtigten oder erziehungsbeauftragten Person sind,

den Besuch von Tanzveranstaltungen bis 24 Uhr.

Eine erziehungsbeauftragte Person ist eine Person, die mindestens 18 Jahre alt ist, und die, wenn man noch nicht 18 ist, mit den Eltern vereinbart, dass sie auf einen aufpasst, wenn man in die Disko oder in eine ähnliche Einrichtung geht.

Luca kann also, wenn er 16 ist, allein bis Mitternacht in der Disko bleiben. Bis Mitternacht in der Disko bleiben darf aber auch die 14 Jahre alte Naja, wenn sie

- von einer personensorgeberechtigten Person (Mutter, Vater) oder
- einem Erziehungsbeauftragten, also z. B. ihrem 18 Jahre alten Bruder Noah begleitet wird.

Wird die Tanzveranstaltung von einem anerkannten Träger der Jugendhilfe (z. B. dem Jugendclub der Stadt) veranstaltet, dürfen ohne Begleitung teilnehmen:

- Kinder bis 22 Uhr und
- Jugendliche unter 16 Jahren bis 24 Uhr.

Gleiches gilt für künstlerische Betätigungen (Konzert, Ballettaufführung, Kabarett, Zirkus, Theater) und Veranstaltungen, die der Brauchtumspflege dienen (Heimatfest, Rottweiler Narrensprung).

Über Ausnahmen entscheidet die zuständige Behörde.

2. Wie ist der Aufenthalt von Kindern und Jugendlichen in Gaststätten geregelt?

Nicht selten sieht man bei Burger King, McDonalds und ähnlichen Einrichtungen auch noch nach Mitternacht Jugendliche oder gar Kinder sitzen. Ist das erlaubt?

§ 4 JuSchG erlaubt den Aufenthalt in Gaststätten

- jungen Menschen unter 16 Jahren von 5 bis 23 Uhr zur Einnahme eines Getränks/einer Mahlzeit oder jederzeit in Begleitung eines Erziehungsbeauftragten,
- Jugendlichen ab 16 Jahren von 24 bis 5 Uhr nur in Begleitung eines Erziehungsbeauftragten.

3. Gibt es Einschränkungen beim Besuch von Konzerten und Festivals?

Das Jugendschutzgesetz enthält keine Regelung zu der Frage, ab wann Kinder und Jugendliche ein Konzert oder ein Festival besuchen dürfen. Soweit dabei getanzt wird, geltend die oben in § 5 genannten Altersbeschränkungen. Handelt es sich um jugendgefährdende Veranstaltungen oder Orte, sind diese für Kinder und Jugendliche tabu.

Ansonsten können Kinder und Jugendliche Konzerte allein besuchen, ohne dass das Jugendschutzgesetz Beschränkungen setzt. Allerdings bestimmen Eltern im Rahmen ihrer Personensorgepflicht, in welchem Alter und wie lange sie ihren Kindern Ausgang gewähren.

Warnung!
Niemals in einer Disco, in einer Gaststätte, bei einem Konzert, Festival oder auch bei einer privaten Fete Getränke unbeaufsichtigt offenstehen lassen!

Leider gibt es immer wieder Mitmenschen, die anderen Besuchern Drogen, Schlafmittel oder KO-Tropfen in ihr Getränk kippen, um sie zu bestehlen oder sie aus den verschiedensten Gründen gefügig zu machen.

4. Ab wann darf man rauchen und Alkohol trinken?

4.1 Rauchen

§ 10 JuSchG bestimmt, dass in Gasstätten, Verkaufsstellen, Versandhandel oder sonst in der Öffentlichkeit (Automaten) Tabakwaren an Kinder und Jugendliche weder abgegeben noch ihnen das Rauchen gestattet werden darf. Das gilt also auch, wenn Daddy daneben sitzt.

Gemäß § 11 Abs. 5 JuSchG dürfen Werbefilme für Tabak- und Alkohol unbeschadet ihrer Altersfreigabe in Kinos erst nach 18 Uhr vorgeführt werden.

4.2 Alkohol

a) Ab wann darf man ....?

§ 9 Abs.1 JuSchG bestimmt:

In Gaststätten, Verkaufsstellen oder sonst in der Öffentlichkeit (Automaten) dürfen

1. Bier, Wein, weinähnliche Getränke oder Schaumwein oder Mischungen von Bier, Wein, weinähnlichen Getränken oder Schaumwein mit nichtalkoholischen Getränken an Kinder und Jugendliche unter 16 Jahren,
2. andere alkoholische Getränke oder Lebensmittel, die andere alkoholische Getränke in nicht nur geringfügiger Menge enthalten, an Kinder und Jugendliche (unter 18 Jahren)

weder abgegeben noch darf ihnen der Verzehr gestattet werden.

Dies gilt nicht, wenn Jugendliche von einer personensorgeberechtigten Person begleitet werden. Soll heißen:

- Solange man noch nicht 16 ist, darf man kein Glas Bier in der Kneipe trinken; es sei denn Daddy leistet Gesellschaft.
- Leichte alkoholische Getränke wie Wein, Bier oder Sekt darf man ab Vollendung des 16. Lebensjahres kaufen; ist der Erziehungsberechtigte dabei, schon früher.
- Alkopops, Schnaps, Rum, Korn, Weinbrand, Wodka und alles, was sonst hochprozentig ist, darf man erst mit 18 erwerben und im Lokal trinken. Sowohl der Wirt als auch die Eltern handeln ordnungswidrig, wenn sie dem noch nicht 18 Jahre alten Jugendlichen in der Gastwirtschaft einen Klaren ausschenken und müssen mit einer erheblichen Geldbuße rechnen.

b) Darf man ab 18 beliebig viel Alkohol trinken?

Grundsätzlich darf sich jeder bis zur Besinnungslosigkeit oder gar zu Tode trinken.

Allerdings hat er Konsequenzen zu tragen, wenn er am unpassenden Ort und zur unpassenden Zeit trinkt. So kann er von der Schule, der Ausbildungs- oder Arbeitsstelle oder aus der Bundeswehr „fliegen", wenn er dort zur Flasche greift. Erst recht darf er in diesem Zustand kein Fahrzeug, auch kein Fahrrad, kein E-Bike, kein Schiff, keine Eisenbahn und kein Flugzeug führen. Er muss dann mit hohen Strafen und Fahrerlaubnisentzug rechnen (vgl. Kapitel Verkehr).

c) Ein Vollrausch kann strafbar sein!

Ist man schon einmal dadurch aufgefallen, dass man im alkoholischen Zustand andere schlägt, mit dem Auto fährt oder sonstige Straftaten begeht, sollte man sich generell mit dem Trinken zurückhalten. Wird man wieder aggressiv, kann man sich nicht damit herausreden, „sinnlos betrunken" gewesen zu sein und nicht gewusst zu haben, was man tut. Im Gegenteil.

Wenn man seine Neigung kennt, unter Alkohol straffällig zu werden, darf man nichts mehr trinken oder muss alles absichern, dass nichts passieren kann, z. B. Autoschlüssel einem anderen in Verwahrung geben, sich nicht mit dem Rivalen in einen Raum setzen usw. Passiert nämlich etwas, kann man wegen „Vollrausch" (§ 323 a StGB) verurteilt werden, auch wenn man bei der Tat selbst so betrunken war, dass man wirklich nichts mitbekommen hat.

5. Jugendmedienschutz

Der Jugendmedienschutz ist im Wesentlichen in den §§ 11–26 Jugendschutzgesetz (JuSchG), in der Durchführungsverordnung zum Jugendschutzgesetz (DVO JuSchG) und dem Jugendschutzmedienstaatsvertrag (JMStV) geregelt. Danach soll verhindert werden, dass Kindern und Jugendlichen durch Medien fast jedweder Art Inhalte vermittelt werden, die geeignet sind, ihre Entwicklung oder ihre Erziehung zu eigenverantwortlichen und gemeinschaftsfähigen Persönlichkeiten zu gefährden.

5.1 Träger- und Telemedien

- Trägermedien sind gegenständliche Träger mit jedweder Art von Informationen (Texte, Bilder, Filme, Töne), die zur unmittelbaren Wahrnehmung bestimmt, zum Transport oder zur Weitergabe geeignet oder in einer Vorführ- oder Spielkonsole eingebaut sind. Dazu gehören Bücher, Zeitschriften, Filme, Festplatten, Tonträger, CDs, CD-ROMs, DVDs, Videokassetten, USB-Sticks, Spielautomaten.
- Telemedien sind elektronische Informations- und Kommunikationsdienste, insbesondere Internetdienste.

5.2 Kennzeichnungspflicht für Filme, Film- und Spielprogramme

Bei diesen Trägermedien ist eine altersgerechte Kennzeichnung verbindlich. Das soll verhindern, dass Kindern und Jugendlichen jugendgefährdende Inhalte zugänglich gemacht werden (§ 14 JuSchG).

5.3 Liste jugendgefährdender Medien

Gemäß § 18 JuSchG sind Träger- und Telemedien, die geeignet sind, die Entwicklung von Kindern und Jugendlichen oder ihre Erziehung zu eigenverantwortlichen und gemeinschaftsfähigen Persönlichkeiten zu gefährden, von der Bundesprüfstelle für jugendgefährdende Medien in eine Liste jugendgefährdender Medien aufzunehmen.

5.4 Beleg mit Abgabe-, Vertriebs- und Werbeverboten

Auch ohne Indizierung durch die Bundesprüfstelle werden Trägermedien mit weitreichenden Abgabe-, Vertriebs- und Werbeverboten belegt, wenn sie einen in §§ 86, 130, 130 a, 131, 184, 184 a, 184 b oder § 184 c StGB bezeichneten Inhalt haben, den Krieg verherrlichen, Menschen zeigen, die sterben oder schweren körperlichen oder seelischen Leiden ausgesetzt sind oder waren, in einer die Menschenwürde verletzenden Weise darstellen und ein tatsächliches Geschehen wiedergeben, ohne dass ein überwiegendes berechtigtes Interesse gerade an dieser Form der Berichterstattung vorliegt, besonders realistische, grausame und reißerische Darstellungen selbstzweckhafter Gewalt beinhalten, die das Geschehen beherrschen oder Kinder und Jugendliche in unnatürlicher, geschlechtsbetonter Körperhaltung darstellen oder offensichtlich geeignet sind, die Entwicklung von Kindern und Jugendlichen oder ihre Erziehung zu eigenverantwortlichen und gemeinschaftsfähigen Persönlichkeiten schwer zu gefährden (§ 15 Abs. 2 JuSchG).

5.5 Kinobesuche durch Kinder und Jugendliche

In § 11 JuSchG ist Kindern und Jugendlichen die Anwesenheit bei Filmveranstaltungen gestattet,

- wenn die Filme von der obersten Landesjugendbehörde oder einer Organisation der freiwilligen Selbstkontrolle freigegeben wurden (Altersfreigabe) oder
- wenn sie vom Anbieter mit „Infoprogramm" oder „Lehrprogramm" gekennzeichnet sind, z. B. die vielen Instruktionsprogramme in Baumärkten.

In folgenden Fällen müssen Kinder und Jugendliche von einer erwachsenen Person (Mutter, Vater oder Erziehungsbeauftragter) ins Kino begleitet werden:

- Kinder unter 6 Jahren,
- Ältere Kinder, soweit die Vorführung erst nach 20.00 Uhr beendet ist,
- Jugendliche bis 16 Jahre, wenn die Vorführung nach 22.00 Uhr beendet ist und
- Jugendliche ab 16 Jahre, wenn die Vorführung nach 24.00 Uhr beendet ist.

Altersfreigaben für Filme, Film- und Spielprogramme (§ 14 JSchG)

Die Altersfreigaben erfolgen in folgenden Kategorien:

- Freigegeben ohne Altersbeschränkung
- Freigegeben ab 6 Jahren
- Freigegeben ab 12 Jahren
- Freigegeben ab 16 Jahren
- Keine Jugendfreigabe

Die „PG-Regelung" im Kino

Filme mit einer Altersfreigabe „ab 12 Jahre" dürfen von Kindern ab 6 Jahren besucht werden, wenn sie von Personensorgeberechtigten begleitet werden (§ 11 Abs.2 JuSchG. PG = parental guidance).

Weitere Fragen rund um den Kinobesuch

Kinobesucher stellen häufig folgende Fragen:

- Darf der Einlass verwehrt werden, wenn man zwar zu spät kommt, sein Ticket aber vorher bezahlt hat?
  Ja, der Mitarbeiter darf den verspäteten Besucher vom Film ausschließen, denn die anderen Besucher sollen nicht gestört werden.
- Darf man, nachdem man eine Kinokarte gekauft hat, nachher auf einen teureren Sitzplatz wechseln?
  Nein. Denn man hat nur für den Platz, den man zugewiesen bekommen hat, bezahlt. Ist der Kinosaal allerdings nicht ausverkauft, wird ein Sitzplatzwechsel von den Kinobetreibern oftmals toleriert.
- Ärgernis Popcorn und Getränke:
  Kippt versehentlich der volle Colabecher um und wird das Getränk auf die Kleidung des Sitznachbarn verschüttet, muss man dem Geschädigten die Reinigungskosten bezahlen.
- Ärgernis schlechter Film:
  Ist man als Kinobesucher vom Film enttäuscht, kann man den bezahlten Eintritt nicht, auch nicht teilweise, zurückverlangen.

I. Rechte und Pflichten für junge Einwohner im offenen, freiheitlich demokratischen und sozialen Rechtsstaat Deutschland im 21. Jahrhundert

I. Staatsprinzipien und Aufbau unseres Staates

Die Bundesrepublik Deutschland ist ein demokratischer und sozialer Rechts- und Bundesstaat, in dem das Zusammenleben der Menschen grundlegend durch das Grundgesetz (GG) als Verfassung geregelt wird.

1. Verfassungsstaat Deutschland und die Teilung der Gewalten

Das Grundgesetz ist zwar nicht die Verfassung von Schlaraffia. Es werden keine Berge aus Kuchen, keine Flüsse von Fruchtsaft, keine Tischlein deck dich, kein Dauerschulfrei, kein Dauerurlaub unter Palmen und kein unermesslicher Reichtum für jeden garantiert. Dafür garantiert das Grundgesetz aber handfeste Grundrechte, die zuverlässig jedermann und jederzeit vor Willkür und Gewaltherrschaft schützen. Sie können sogar gerichtlich durchgesetzt werden.

Damit das funktioniert, wurde die Gewalt im Staat aufgeteilt. Es gibt

- die gesetzgebende Gewalt (Legislative). Das sind die Parlamente, die die Gesetze machen, z. B. Bundestag, Landtag, Stadtrat, Gemeinderat.
- die vollziehende Gewalt (Exekutive). Das sind die Regierungen, die die von den Parlamenten verabschiedeten Gesetze ausführen, z. B. Bundesregierung, Landesregierung, Bürgermeister
- die richterliche Gewalt (Judikative). Das sind die Gerichte, die prüfen, ob ein von einem Parlament verabschiedetes Gesetz dem Grundgesetz widerspricht, ob eine Regierung einen Fehler gemacht hat oder ob ein Bürger in seinen Grundrechten beinträchtig worden ist (z. B. zu Unrecht verhaftet wurde).

Dann gibt es die Medien, die im Rahmen der ihnen gewährten Pressefreiheit alle drei Staatsgewalten durch ihre Berichterstattung kontrollieren, selbst aber wiederum auch durch Gerichte kontrolliert werden.

2. Die fünf Staatsprinzipien der Bundesrepublik Deutschland

Im Grundgesetz sind fünf Staatsprinzipien festgelegt, die der Gewährleistung der sozialen und verfassungsmäßigen Demokratie dienen:

2.1 Das Republikprinzip

Dieses Prinzip besagt, dass es kein monarchisches Staatsoberhaupt geben darf (Art. 20 Abs. 1, Art. 28 Abs. 1 Satz 1 GG).

2.2 Das Demokratieprinzip

Demokratie heißt wörtlich übersetzt „Volksherrschaft". Die Herrschaft im Staat geht nicht von einem Monarchen, einer Gruppe, einem Verband oder einer Partei aus, sondern vom Volk.

Das ist in Artikel 20 Absatz 1, Absatz 2, Satz 1, Artikel 28 Absatz 1, Satz 1 GG niedergelegt:

„Alle Staatsgewalt geht vom Volke aus."

Ein schöner Gedanke. Darf jetzt jeder in unserem 80-Millionen Volk mitregieren?

Im Prinzip schon. Doch welches Chaos entstünde, wenn jeder versuchen würde, mitzuregieren. Also wählt das Volk Vertreter, die die Regierungsgeschäfte in ihrem Sinne erledigen. Aus diesem Grund ist wichtig, dass die Bürger vor einer Wahl erfahren, wie ein solcher Vertreter die Regierungsgeschäfte wahrnehmen will.

Ob er lieber Wälder stehen lässt oder im großen Umfang Industrie ansiedeln will, ob er für Einsätze der Bundeswehr im Ausland ist oder nicht.

2.3 Das Rechtsstaatsprinzip

Rechtsstaat bedeutet, dass alles mit rechten Dingen zugehen muss (Artikel 20 Absätze 2 und 3, Artikel 28 Absatz 1 Satz 1 GG).

Jeder, auch Bundespräsident, Bundeskanzler, Minister, Gerichtspräsident und Abgeordneter muss die bestehenden Gesetze einhalten. Jeder Amtsträger kann jederzeit kontrolliert werden. Willkür soll verhindert werden.

Beispiele:

- Der Bundeskanzler darf niemanden aus dem Gefängnis entlassen, nur weil er glaubt, die Richter hätten ein zu hartes Urteil gesprochen.
- Ein Richter darf einen Menschen nicht zur Zwangsarbeit verurteilen, denn eine solche Strafe sehen unsere Gesetze nicht vor.
- Die Schulbehörde darf nicht den Neffen des Behördenchefs als Lehrer einstellen, wenn dieser ein schlechteres Abschlusszeugnis als sein Mitbewerber hat.
- Das Bauamt darf nicht demjenigen den Auftrag zum Bau des neuen Verwaltungsgebäudes geben, der die Mitarbeiter „geschmiert", ihnen also wertvolle Geschenke gemacht hat.
- Ein Lehrer darf dem Schüler Mark für eine gleich gute Arbeit wie die des Ismael nicht eine bessere Note geben, nur weil er ihn lieber mag.

Jeder soll umfassenden und effektiven Rechtsschutz genießen (Art. 19 Abs. 4 GG). Wir brauchen ausreichend Gerichte und Richter. Armen Bürgern sind kostenlose anwaltliche Beratung (Beratungshilfe) und Prozessführung (Prozesskostenhilfe) zu ermöglichen.

2.4 Das Sozialstaatsprinzip

Aus dem Sozialstaatspostulat (Artikel 20 Absatz 1, Artikel 28 Absatz 1 Satz 1 GG) ergibt sich ein Anspruch für jedermann gegen den Staat auf Sicherung des Existenzminimums im Falle einer unverschuldeten und verschuldeten Bedürftigkeit. In Deutschland muss niemand verhungern und niemand obdachlos sein (wenn es genügend Wohnraum gibt). Sog. soziale Grundrechte, wie ein Recht auf Arbeit oder auf Wohnung gibt es nicht.

2.5 Das Bundesstaatsprinzip und die 16 Bundesländer

Das Bundesstaatsprinzip bedeutet eine Aufteilung der Staatsgewalt zwischen Bund und Ländern (Artikel 20 Absatz 1, Artikel 28 Absatz 1 Satz 1 GG). In Deutschland gibt es folgende 16 Bundesländer:

1. Baden-Württemberg
2. Bayern
3. Berlin
4. Brandenburg
5. Bremen
6. Hamburg
7. Hessen
8. Mecklenburg-Vorpommern
9. Niedersachsen
10. Nordrhein-Westfalen
11. Rheinland-Pfalz
12. Saarland
13. Sachsen
14. Sachsen-Anhalt
15. Schleswig-Holstein
16. Thüringen

3. Der Aufbau unseres Staates im Überblick

Die folgende Tabelle gibt eine Übersicht über die in Art. 20 GG geregelte Gewaltenteilung, den Aufbau des Bundesstaates und die jeweiligen Aufgabenbereiche.

Grundgesetz

Gesetzgebende Gewalt = Legislative	**Vollziehende Gewalt = Exekutive**	**Rechtsprechende Gewalt = Judikative**	
Bundestag (Volksvertretung) / **Bundesrat** (Ländervertretung)	**Bundesregierung** (Bundeskanzler, Bundesminister)	**Bundesverfassungsgericht**	*Bundesebene*
Ausschließliche Gesetzgebung Bund hat alleiniges Gesetzgebungsrecht, wenn einheitliche Regelung erfolgt z. B. Auswärtige Angelegenheiten, Verteidigung, Wehrpflicht, Staatsangehörigkeit, Währung, Luftverkehr	**Bundeseigene Verwaltung** Bund verwaltet seine Angelegenheiten selbst, z. B. Auswärtiger Dienst, Bundesfinanzwesen, Bundesverteidigung, Bundesgrenzschutz	**Oberste Bundesgerichte** (Bundesgerichtshof, Bundesarbeitsgericht, Bundesverwaltungsgericht, Bundessozialgericht, Bundesfinanzhof)	
Konkurrierende Gesetzgebung Länder haben Gesetzgebungsrecht, wenn Bund keinen Gebrauch macht, z. B. Bürgerliches -, Straf- und Strafvollzugsrecht, Straßenverkehr, Abfallbeseitigung, Waffen- u. Sprengstoff-, Arbeitsrecht **Parlamente der Länder** **Gesetzgebung der Länder** Bund hat kein Gesetzgebungsrecht, z. B. Schule	**Auftragsverwaltung** Länder verwalten im Auftrag des Bundes, z. B. Bundesautobahnen, Bundesstraßen, Wehrersatzwesen, Zivilschutz **Länderregierungen** (Ministerpräsidenten, Landesminister) **Länderverwaltungen** z. B. Schulverwaltung	**Obergerichte der Länder** (Oberlandes-, Oberverwaltungs-, Landesarbeits-, Landessozial-, Finanzgerichte) **Gerichte der Länder** Landgerichte, Amtsgerichte; Verwaltungs-, Arbeits-, Sozialgerichte	*Länder-Ebene*
Kreistage, Stadtverordnetenparlamente, Gemeinderäte können in eigenen, räumlich bedingten u. begrenzten Angelegenheiten Satzungen erlassen, z. B. Müllabfuhr, Gemeindestraßen, Schulbezirke	Kreisverwaltungen Stadtverwaltungen Gemeindeverwaltungen (Gemeinde-, Stadtdirektor, Oberstadtdirektor)	Schiedsmann	*Gemeinde-Ebene*

Alle Staatsgewalt geht vom Volke aus

II. Der Staat und seine Bürgerinnen und Bürger. Grundrechtskollisionen

1. Der Staat als Dienstleister für seine Bürger

Der Staat hat die Aufgabe, die in ihm lebenden Bürger gegen Störungen von außen und innen (Kriminalität) so wirksam zu schützen, dass diese in Würde, Freiheit, Gleichheit und in Frieden (über-)leben können und bei Krankheit und Not eine Grundversorgung erhalten.

2. Das Grundgesetz als Lebensversicherung für Bürger

Damit der Staat als Dienstleister für seine Bürger funktioniert, werden dem Staat im Grundgesetz durchgreifende Pflichten im Verhältnis zu seinen Bürgern auferlegt.

3. Die Grundrechte als stärkste subjektive Rechte, die vom Staat einzuhalten sind

Die stärksten Rechtspositionen ergeben sich für die Bürger aus den Grundrechten (Art. 1–19 GG). Grundrechte sind verfassungsrechtlich gesicherte und unverbrüchlich gewährte stärkste subjektive Rechte, die vom Staat einzuhalten sind.

Es wurde schon mehrfach darauf hingewiesen, dass Eltern und Lehrer ihre Kinder/Schüler weder schlagen noch einsperren dürfen, weil sie damit bereits zwei Grundrechte der Minderjährigen verletzen würden: Das Recht auf körperliche Unversehrtheit und das Recht auf Freiheit der Person.

Die wichtigsten Grundrechte sind in den Art. 1 bis 19 des Grundgesetzes (GG) geregelt.

3.1 Die Unterteilung der Grundrechte in Menschen- und Bürgerrechte

- Das Grundgesetz unterscheidet zwischen Menschen- und Bürgerrechten.
- Menschenrechte stehen jedem Menschen von Geburt an zu. Sie gewähren jedem Schutz und sind von jedermann einklagbar, also auch von einem ausländischen Urlauber, der seinen Urlaub in Deutschland verbringt.
- Bürgerrechte können nur deutsche Staatsbürger (Art. 116 GG) in Anspruch nehmen, wie etwa das Grundrecht der allgemeinen Vereinigungs- und der Versammlungsfreiheit sowie das Wahlrecht.

Bürgerpflichten treffen ebenfalls nur Bürger des Staates, wie z. B. die Schöffenpflicht.

Nachstehend ist in Klammern vermerkt, ob das jeweilige Grundrecht in unserem Staat von jedem Menschen (sog. Menschenrecht) oder nur von Deutschen (sog. Bürgerrecht) geltend gemacht und notfalls gerichtlich durchgesetzt werden kann.

3.2 Der Grundrechtekatalog des Grundgesetzes

In Artikel 1 wird die Unantastbarkeit der Würde des Menschen vorangestellt. Die Würde bzw. die Achtung des anderen Menschen ist, worauf in Kap. A schon hingewiesen wurde, das Generalgrundrecht bzw. das Fundament unserer Rechtordnung schlechthin. Alle anderen Grundrechte sind praktisch Unterfälle.

1. Freie Entfaltung der Persönlichkeit, körperliche Unversehrtheit (Art. 2 Abs. 1, 2; Jeder Mensch).
2. Freiheit der Person (Art. 2 Abs. 2, 104; Jeder Mensch).
   Das beinhaltet Bewegungsfreiheit, Gedankenfreiheit, Entscheidungsfreiheit, Religionsfreiheit, Berufswahlfreiheit, Meinungsfreiheit, Reisefreiheit, Wahlfreiheit, Vertragsfreiheit und vieles mehr.
3. Gleichheit aller Menschen vor dem Gesetz (Art. 3 Abs. 1; Jeder Mensch).
4. Gleichberechtigung von Mann und Frau (Art. 3 Abs. 2; Jeder Mensch).
5. Keine Benachteiligung wegen Geschlecht, Rasse, Sprache, Heimat, Herkunft, Glauben, religiöser und politischer Anschauung (Art. 3 Abs. 3; Jeder Mensch).
6. Glaubens-, Bekenntnis- und Gewissensfreiheit (Art. 4 Abs. 1, 2; Jeder Mensch).
7. Kein Zwang zum Kriegsdienst mit der Waffe gegen das eigene Gewissen (Art. 4 Abs. 3; Jeder Mensch).
8. Freiheit der Meinungsäußerung einschließlich Presse-, Kunst- und Wissenschaftsfreiheit (Art. 5; Jeder Mensch).
9. Schutz von Ehe und Familie (Art. 6; Jeder Mensch).
10. Staatliche Ordnung von Schule und Religionsunterricht (Art. 7; Jeder Mensch).
11. Versammlungsfreiheit (Art. 8; Jeder Deutsche)
12. Vereinigungsfreiheit (Art. 9; Jeder Deutsche. Vereinigungen zur Wahrung u. Förderung d. Arbeitsbedingungen z. B. Gewerkschaften: Jeder Mensch).
13. Unverletzlichkeit des Brief- und Postgeheimnisses (Art. 10; Jeder Mensch).
14. Freizügigkeit im gesamten Bundesgebiet (Art. 11; Jeder Deutsche).
15. Freie Arbeitsplatz- und Berufswahl (Art. 12; Jeder Deutsche. Aber: Niemand darf zu einer bestimmten Arbeit gezwungen werden).
16. Unverletzlichkeit der Wohnung (Art. 13; Jeder Mensch).
17. Gewährleistung von Eigentum und Erbrecht (Art. 14; Jeder Mensch).

18. Auslieferungsverbot (Art. 16; Jeder Deutsche); Asylrecht (Art. 16 a) (Jeder Mensch).
19. Bitt- und Beschwerderecht = Petitionsrecht (Art. 17; Jeder Mensch).
20. Anrufung der Gerichte bei Rechtseingriffen durch die öffentliche Gewalt (Art. 19 Abs. 4; Jeder Mensch).
21. Gewährung des gesetzlichen Richters (Art. 101; Jeder Mensch).
22. Einräumung rechtlichen Gehörs (Art. 103; Jeder Mensch).

3.3 Der Rechtsstaat als starker Partner bei Verteidigung der Grundrechte gegenüber Dritten

Kaum ein Mensch hat die Kraft, seine Rechte stets allein gegen jedermann zu erhalten und durchzusetzen. Da hilft der Staat, wie das Beispiel von Rudi zeigt.

3.3.1 Autobauer zerstört Rudis kleines Tier- und Pflanzenparadies

Ein Hybrid-Autowerk möchte sich vergrößern. Nach und nach hat der Autobauer alle Grundstücke in seiner Umgebung aufgekauft. Nur das mitten in den erworbenen Flächen liegende, 2.000 qm große Öko-Paradies von Hobbytierzüchter und Hobbygärtner Rudi hat der Autobauer nicht bekommen. Obwohl Rudi nur eine kleine Rente bezieht, hat er sich bisher standhaft geweigert, sein Grundstück zu verkaufen; sogar das Höchstangebot von 3.000 € pro qm im Außenbereich nicht angenommen. Wohin sollte er sein Paradies auch verlagern? Es gibt keine Flächen, wo er Tiere züchten und halten darf. Schließlich spielen die meisten Mitmenschen schon verrückt, wenn morgens mal ein Hahn kräht. Den wunderbaren Baumbestand und weitere teilweise seltenen Pflanzen hat er 30 Jahre lang in mühevoller Kleinarbeit aufgezogen; einen kleinen Teich angelegt, über die eine kleine Holzbrücke führt.

Als Rudi eines Morgens aufwacht, traut er seinen Augen nicht. Sein gesamtes Grundstück ist dem Erdboden gleich gemacht. Alle Hühner, Gänse, Enten, Kaninchen tot, die Ziegen, Esel und die Kuh verschwunden, Blumen- und Gemüsebeete sowie der Froschteich platt gewalzt. Selbst die hohen, seltenen Bäume abgeholzt. Sein gesamtes Lebenswerk zerstört.

Was kann Rudi tun?

3.3.2 Gesetzesrecht statt Faustrecht

Wir leben nicht mehr im Wilden Westen; Selbstjustiz durch persönliche Rache also nicht erlaubt. Außerdem hätte der friedliebende Rudi gar nicht die körperliche und finanzielle Kraft, sich mit gleichen Mitteln zu rächen. Hinzu kommt: Er weiß nicht einmal, wer ihm das alles angetan hat.

3.3.3 Staatliche Hilfe durch Polizei, Justiz und Übernahme der Kosten für einen Rechtsanwalt

Rudi hat zum Glück noch sein Handy. Er wählt den Notruf der Polizei: 110.

Die Polizei kommt. Sie hat die Aufgabe, die Bürger zu schützen und Straftaten aufzuklären.

Die Polizei leistet Rudi seelischen Erstbeistand, sichert alle Beweise und fordert die Spurensicherung an.

Da der Verdacht nahe liegt, dass der Autobauer diese Katastrophe verursacht hat, informiert die Polizei die Staatsanwaltschaft. Diese wiederum beantragt beim Amtsgericht einen Durchsuchungsbeschluss hinsichtlich aller Räume und Geräte des Autobauers. Und siehe da: Die Polizei findet zwei Maschinen mit demselben Reifenprofil wie sie es auf Rudis Grundstück festgestellt hat. Und an beiden Maschinen sind noch Rest der Erde von Rudis Grundstück, wie die Analyse im Labor ergibt. Die Maschinen werden beschlagnahmt.

Mit Hilfe guter Ermittler kann nach und nach auch ermittelt werden, wer die Anordnung getroffen hatte, Rudis Grundstück zu vernichten. Die Verdächtigen werden angeklagt und später auch verurteilt.

Rudi stehen hohe Schadensersatz- und Schmerzensgeldbeträge zu. Da er diese nicht selbst geltend machen kann, gewährt ihm der Staat Beratungs- und Prozesskostenhilfe. So kann er sich einen Rechtsanwalt nehmen, der die Beträge gegen den Autobauer anfordert, und wenn dieser nicht zahlen will, einklagt.

3.4 Schadensersatz und Schmerzensgeld gegen den Staat, wenn die Polizei unzulässigerweise Grundrechte verletzt

Beim Spitzenfußballspiel zwischen Deutschland und den Niederlanden im Münchner Olympiastadion kommt es am Sonntag zu nie da gewesenen Gewaltausschreitungen. Zwei Menschen wurden zu Tode getrampelt, Brandbomben geworfen. Die völlig überraschte und überforderte Polizei nahm erst einmal jeden fest, den sie auf dem Fußballgelände gerade packen konnte und brachte ihn in Polizeigewahrsam. Die Feststellung der

Personalien zog sich länger hin als erwartet, zumal viele nicht bereit waren, ihre Personalien anzugeben. Am Sonntag wurde man schon gar nicht fertig. Aber auch am Montag kurz vor Mitternacht zum Dienstag hatte die Polizei immer noch nicht alle Festgenommenen aktenmäßig erfasst. Die Polizeibeamten legten deshalb eine Reihenfolge fest, damit sie niemanden zu lange in Gewahrsam hielten. Bis Mitternacht erfassten und entließen sie fast alle deutschen Staatsangehörigen, die bereit waren, ihre Personalien anzugeben.

- Alle anderen blieben in folgender Reihenfolge auch nach Mitternacht, also am Dienstag und teilweise sogar am Mittwoch solange in Gewahrsam, bis die Polizei die Personalien eines jeden festgestellt hatte. Dazu gehörten
- der 17-jährige deutsche Staatsangehörige Markus Groß, der schon einschlägig wegen Körperverletzung und Raub vorbestraft war und der sich dieses Mal weigerte, seinen Namen anzugeben,
- mehrere Niederländer, die ganz brutal im Stadion geprügelt hatten,

mehrere Afrikaner, die illegal in die Bundesrepublik eingereist waren.

Freiheitsberaubung

Durfte die Polizei diese Personen festhalten?

In Art. 104 GG heißt es: „Die Polizei darf aus eigener Machtvollkommenheit niemanden länger als bis zum Ende des Tages nach dem Ergreifen in eigenem Gewahrsam halten. Er ist spätestens am Tage nach der Festnahme dem Richter vorzuführen…"

Jeder dieser Personen, auch der illegal eingereiste Afrikaner, hätte nach Art. 104 GG bis Montagabend 24 Uhr entweder entlassen oder dem Haftrichter vorgeführt werden müssen. Jeder von ihnen – auch der Afrikaner ohne Aufenthaltsgenehmigung – kann vom Gericht feststellen lassen, dass er rechtswidrig seiner Freiheit beraubt wurde.

Verhaftung nur durch einen Richter

Nur ein Richter hätte entscheiden dürfen, ob die Personen länger gegen ihren Willen festgehalten werden durften. Der Richter ist dabei an strenge gesetzliche Vorschriften gebunden und muss seine Entscheidung begründen. Entscheidet sich der Richter nicht für die Entlassung des Festgehaltenen, verkündet er entweder einen Haftbefehl oder einen Unterbringungsbefehl. Ein Haftbefehl kommt in Betracht, wenn jemand dringend verdächtig ist, eine Straftat begangen zu haben und bestimmte Voraussetzungen, wie etwa Flucht- oder Verdunkelungsgefahr, vorliegen. Ein Unterbringungsbefehl (zur Unterbringung in einem psychiatrischen Krankenhaus) kann gegen denjenigen erlassen werden, der dringend verdächtig ist, eine Straftat im Zustand der Schuldunfähigkeit begangen zu haben – z.B. aufgrund einer Geisteskrankheit – und der weiterhin eine Gefahr für die Allgemeinheit darstellt, wie etwa ein Triebtäter.

Schadensersatz und Schmerzensgeld

Alle, die länger als erlaubt von der Polizei festgehalten worden waren, können beim Zivilgericht Anspruch auf Schadensersatz und Schmerzensgeld gegen den Staat geltend machen.

4. Die Schranken der Grundrechte

Da die eigene Freiheit dort endet, wo die des anderen beginnt, können die Grundrechte schon rein denktechnisch Niemandem schrankenlos zustehen.

Beispiele:

- Mike wird von Jannis verprügelt. Darf sich Jannis auf das Recht der freien Entfaltung seiner Persönlichkeit berufen?
- Jacek wird von Lelli nachgerufen: „Verpiss dich du altes Arschloch!" Darf sich Lelli auf ihr Recht der freien Meinungsäußerung berufen?

Ein Frauenmörder flüchtet in seine Wohnung. Muss die Polizei die Verfolgung vor seiner Wohnungstür abbrechen, weil die Unverletzlichkeit der Wohnung im Grundgesetz garantiert ist?

In allen drei Fällen ist richtigerweise mit „nein" zu antworten. Die Grundrechte können nicht schrankenlos gelten. Wer sie massiv missbraucht, kann sie sogar verwirken (Art. 18 GG).

Weitere Beispiele:

4.1 Beispiel 1: Die Grundrechte der Freiheit der Meinungsäußerung und der Pressefreiheit (Art. 5 Grundgesetz) und ihre Grenzen

In der rechtsradikalen Zeitung „Widerstandsfront" wird dazu aufgerufen, das Vermächtnis Adolf Hitlers fortzusetzen und endlich am 1.000-jährigen Reich weiterzubauen. An der Spitze müsse ein starker Mann stehen. Das Führerprinzip sei wieder einzuführen. Die Vertreter der laschen Demokratie, Ausländer und sonstiges linkes Gesindel seien zu liquidieren oder in Konzentrationslager zu bringen.

Dürfen sich die Redakteure auf Meinungs- und Pressefreiheit berufen?

Hier haben die Redakteure ihre eigenen Grundrechte auf Meinungs- und Pressefreiheit massiv zum Kampf gegen die freiheitlich demokratische Grundordnung missbraucht. Sie haben damit diese Grundrechte verwirkt (Art. 18 GG). Die Verwirkung und ihr Ausmaß werden vom Bundesverfassungsgericht ausgesprochen.

4.2 Beispiel 2: Holocaust-Leugnung unterfällt nicht der Meinungsfreiheit

Das BVerfG hat am 03.08.2018 entschieden, die Verfassungsbeschwerde einer 89-jährigen Holocaust-Leugnerin, die gegen eine Verurteilung wegen Volksverhetzung im Zusammenhang mit den Morden im Vernichtungslager Auschwitz-Birkenau gerichtet war, nicht zur Entscheidung anzunehmen (BVerfG 1 BvR 673/18 -juris).

4.3 Beispiel 3: Bekenntnis zur Reichsbürgerbewegung unterfällt nicht der Meinungsfreiheit und führt zur Aberkennung des Ruhegehalts.

Das Verwaltungsgericht Ansbach hat durch Urteil vom 06.11.2019 gegen eine Polizeibeamtin im Ruhestand auf die Disziplinarmaßnahme der Aberkennung des Ruhegehalts erkannt, weil sich diese aufgrund der Identifizierung mit der Reichsbürgerbewegung gegen die freiheitlich demokratische Grundordnung betätigt habe und deshalb ein schwerwiegendes Dienstvergehen vorliege, welches in der Regel die Aberkennung der Versorgungsbezüge rechtfertige (VG Ansbach AN 13b D 18.00529 –, juris).

4.4 Beispiel 4: Demonstrationsfreiheit und seine Grenzen bei Schülerdemonstrationen

Fall 1: Etwa 20.000 Schülerinnen und Schüler demonstrieren friedlich vor dem Bundestag in Berlin im Rahmen der **Fridays for Future** Bewegung für mehr Klimaschutz.

Die Personen nehmen ihr Grundrecht auf Demonstrationsfreiheit wahr. Das Grundrecht auf Demonstrationsfreiheit wird als eine Ausprägung der **Versammlungsfreiheit** gemäß Art. 8 GG und der **Meinungsfreiheit** gemäß Art. 5 GG angesehen. Alles ist in Ordnung.

Fall 2: Etwa 5.000 Schülerinnen, Schüler und Lehrkräfte führen einen friedlichen Sternmarsch zu ihrem Bildungsministerium durch, um gegen Unterrichtsausfall zu demonstrieren. Nach und nach meinen einige Demo-Teilnehmer aus den höheren Klassen, die Demo sei doch viel zu langweilig. Man würde nirgends gehört. Die Presse habe kein Interesse. So könne man nichts erreichen. Ohne Krawall ginge es nicht. Nach und nach warfen mehrere Schülerinnen und Schüler Flaschen, holten Pflastersteine aus der Verankerung und warfen sie in Schaufensterscheiben sowie gegen herannahende Polizeibeamte. Außerdem schrien sie „Ihr Scheißbullen. Fickt euch selbst!" Mehrere Polizeibeamte wurden verletzt. Die mitdemonstrierenden Lehrkräfte versuchten zwar, die Schülerinnen und Schüler vom weiteren Tun abzuhalten, konnten aber nichts ausrichten.

Die Demonstration wird von der Polizei zu Recht sofort verboten, etliche Demonstranten vorläufig festgenommen. Die Demonstranten haben hier die Grenzen der Demonstrationsfreiheit zum Begehen von Straftaten missbraucht.

Die Rädelsführer und Handelnden werden später wegen Landfriedensbruchs (§ 125 StGB), besonders schweren Landfriedensbruchs (§ 125 a StGB), Widerstands gegen Vollstreckungsbeamte, Körperverletzung, Beleidigung und Sachbeschädigung zu Jugendstrafen verurteilt.

4.5 Beispiel 5: Massiver Missbrauch des Grundrechts auf Versammlungsfreiheit durch Sturm rechtsextremer Demonstranten auf den Reichstag am 29. August 2020

Zehntausende von Menschen demonstrierten am Wochenende 29./30. August 2020 in Berlin gegen die Corona-Politik in Deutschland. Diese Demonstration war, soweit die Vorschriften des Versammlungsgesetzes eingehalten wurden, grundsätzlich zulässig; was das Berliner Oberverwaltungsgericht zuvor entschieden hatte.

Allerdings missbrauchten einige hundert protestierende „Reichsbürger" und Rechtsextreme ihr Grundrecht auf Versammlungsfreiheit zum Sturm auf den Bundestag, das zentrale Gebäude der deutschen Demokratie, und schwenkten dabei unter großem Jubel von Sympathisanten schwarz-weiß-rote Flaggen des Kaiserreichs und die Reichskriegsflagge.

Nach diesen Ausschreitungen gab es laut Tagesspiegel vom 31. August insgesamt 316 Festnahmen, 33 verletzte Beamte und 131 Strafanzeigen.

5. Die Einschränkung von Grundrechten

In Ausnahmefällen können Grundrechte eingeschränkt werden.

5.1 Zulässige Einschränkung von Grundrechten eines Straftäters zum Schutz der Gesellschaft

Soll etwa die Gesellschaft vor einem Straftäter geschützt werden, darf dessen Freiheitsrecht aus Art 2 Abs.2 S. 2 Grundgesetz zwar eingeschränkt werden. Das ist aber nur aufgrund eines allgemeinen und nicht nur für den Einzelfall geltenden Gesetzes zulässig (Art. 19 Grundgesetz). Solche Gesetze sind das Strafgesetzbuch und die Strafprozessordnung. Darin ist bestimmt, wann generell gegen einen Beschuldigten Untersuchungshaft, die vorläufige Unterbringung in einer psychiatrischen Anstalt oder Freiheitsstrafe verhängt werden darf. Nur ein Richter aber darf freiheitsentziehende Maßnahmen anordnen.

5.2 Unzulässige Einschränkung von Grundrechten Minderjähriger und Schülern durch Hausarrest und Nachsitzen

Hingegen darf von Eltern kein Hausarrest und von der Schule kein Nachsitzen angeordnet werden, weil es dazu keine allgemeinen Gesetze gibt und nur ein Richter derartige Maßnahme anordnen dürfte. Das gilt auch dann, wenn der Schüler absichtlich ein Fenster vom Klassenraum mit einem Stein zertrümmert hat. Ausnahme: Durch das Nachsitzen in der Schule soll versäumter Unterricht nachgeholt werden. Das muss aber vom Lehrer vorher genau und nachprüfbar mitgeteilt werden.

5.3 Zulässige kurzfristige Einschränkung von Grundrechten durch Erzwingungshaftbefehl gegen einen Schuldner

Nach § 802 g Zivilprozessordnung (ZPO) darf gegen einen Schuldner, der dem Termin zur Abgabe der Vermögensauskunft unentschuldigt fernbleibt oder der die Abgabe der Vermögensauskunft ohne Grund verweigert, von einem Richter ein Erzwingungshaftbefehl zur Erzwingung der Abgabe erlassen werden.

5.4 Zulässige kurzfristige Einschränkung von Grundrechten zum Eigenschutz der Bevölkerung bei großen Unglücken, Naturkatastrophen und kriegsähnlichen Zuständen

Eine vorübergehende Einschränkung von Grundrechten ist auch zulässig bei großen Unglücken (z. B. großes Zugunglück, Austritt von Radioaktivität bei einem Atommeiler), Naturkatastrophe (Erdbeben, Überschwemmungen, Waldbrände) oder kriegsähnlichen Zuständen (Terroranschlag): Wenn die Bevölkerung sich nicht mehr selbst helfen kann, greift das staatliche System des Zivil- und Katastrophenschutzes (vgl. Art. 35 Abs.2, 3 GG). So sind die in diesem Zusammenhang behördlich angeordneten Evakuierungen für die betroffenen Bürger verpflichtend. Auch volljährigen Personen wird regelmäßig keine Wahl gelassen, ob sie der Evakuierungsaufforderung Folge leisten oder aber das mit dem Verbleiben in der Gefahrensituation verbundene Risiko auf eigene Verantwortung tragen wollen. Wer sich weigert, das betroffene Gebäude oder Gebiet zu verlassen, kann von der Polizei unter Anwendung von Zwangsmitteln auch gegen seinen Willen aus der Gefahrenzone verbracht werden. Dieser staatliche Zwang, bei dem vorübergehend Grundrechte eingeschränkt werden, fußt auf dem allgemeinen Gefahrenabwehr- bzw. Polizeirecht und ist rechtlich zulässig, wenn für den jeweiligen Bürger eine gegenwärtige erhebliche Gefahr besteht.

6. Grundrechtskollisionen am Beispiel der Corona-Pandemie

Seit Mitte März 2020 stuft die Weltgesundheitsorganisation (WHO) die Verbreitung des neuen Coronavirus Sars-CoV-2 als Pandemie ein. Als Pandemie wird eine Situation bezeichnet, in der die ganze Weltbevölkerung einem Erreger potenziell ausgesetzt ist und „potenziell ein Teil von ihr erkrankt". Darüber, wie ansteckend oder tödlich die jeweilige Krankheit ist, sagt der Pandemie-Begriff jedoch nichts. Die Einstufung als sog. Corona-Pandemie führte zu weltweiten, offiziellen Auswirkungen.

Auch in Deutschland wurden in kürzester Zeit riesige Gesetzesänderungen und Verordnungen durch die Parlamente des Bundes und der Länder gebracht, wie etwa das „Gesetz zur Abmilderung der Folgen der COVID-19-Pandemie im Zivil-, Insolvenz- und Strafverfahrensrecht" vom 27. März 2020.

In § 5 Infektionsschutzgesetz (IfSG) stellt der Deutsche Bundestag eine epidemische Lage von nationaler Tragweite fest und beschließt, die Feststellung der epidemischen Lage von nationaler Tragweite wieder aufzuheben, wenn die Voraussetzungen für ihre Feststellung nicht mehr vorliegen. Zugleich wurde das Bundesministerium für Gesundheit unbeschadet der Befugnisse der Länder zu massiven Grundrechtseingriffen ermächtigt. Darüber hinaus erließen – gestützt auf die sich aus den §§ 28–32 Infektionsschutzgesetzes (IfSG) ergebende gemeinsame Ermächtigungsgrundlage – alle Bundesländer spezielle „SARS-CoV-2-Infektionsschutzverordnungen", die ebenfalls teilweise massive Grundrechtseingriffe enthalten. Nach § 28 Abs. 1 Satz 2 IfSG dürfen staatliche Stellen zur Abwehr drohender Seuchen oder Infektionskrankheiten generell die notwendigen Schutzmaßnahmen ergreifen, um die Gefahr für die Gesundheit der Bevölkerung zu beseitigen.

Beispiele für die Einschränkungen von Grundrechten:

- Mit Quarantäneanordnungen greift der Staat in das Recht der Freiheit der Person gemäß Art. 2 Abs. 2 Satz 2 GG sowie das Recht auf körperliche Unversehrtheit gemäß Art. 2 Abs. 2 Satz 1 GG ein.
- Mit der Anordnung in einigen Bundesländern, dass Bürger zeitweise nur noch aus triftigem Grund die Wohnung verlassen dürfen, werden die allgemeine Handlungsfreiheit, die persönliche Freiheit und damit das Recht auf freie Entfaltung der Persönlichkeit erheblich eingeschränkt.
- Ebenfalls wird das Grundrecht auf freie Entfaltung der Persönlichkeit (Art. 2) durch Schließung von Kinos, Theater, Museen, Schwimmbäder und viele weitere Einrichtungen eingeschränkt.
- Versammlungsverbote, bzw. Zulassung von Demonstrationen nur, wenn die Corona-Regeln eingehalten werden können, und Gottesdienstverbote schränken das Versammlungsrecht gemäß Art. 8 GG sowie die durch Art. 5 GG garantierte Religionsfreiheit ein.
- Mit der Sperrung von Wegen zu bestimmten Sehenswürdigkeiten, Sperrung von Stränden und einem Einreiseverbot von Personen aus anderen Bundesländern wird das durch Art. 11 Abs. 1, Abs. 2 GG garantierte Recht der Freizügigkeit außer Kraft gesetzt.
- Mit dem Verbot der Ausübung körpernaher Berufe in Friseursalons, Kosmetik- und Fitnessstudios sowie dem Gaststättenverbot wird in die verfassungsrechtlich geschützte Berufsfreiheit gemäß Art. 12 GG eingegriffen. Auch die strenge Reglementierung der Art der Berufsausübung (Maskenpflicht, Hygienevorschriften) ist ein Eingriff in die Berufsfreiheit gemäß Art. 12 GG.

Das Recht auf Unverletzlichkeit der Wohnung gemäß Art. 13 Abs. 1 GG wird dadurch beschränkt, dass ein Amtsarzt bei entsprechender Ermächtigung unter Anwendung von Zwang die Wohnung von infizierten Personen betreten darf.

Die Frage ist, ob derart einschneidende Grundrechtsbeschränkungen geeignet, erforderlich, angemessen und erlaubt sind und dem Verhältnismäßigkeitsprinzip entsprechen. Denn nur dann sind sie zulässig. Hier wird eine Abwägung schwierig, denn die Beurteilung mitten in einer derartig neuen Pandemie ist praktisch nicht möglich, weil es keine Erfahrungen damit gibt. Niemand möchte auf Grund von Leichtfertigkeit Berge von Leichen riskieren, wie es aus Italien und Spanien übertragen wurde. Nach der Rechtsprechung ist ein Eingriff verhältnismäßig, wenn bei einer Gesamtabwägung (zwischen der Schwere des Eingriffs und dem Gewicht und der Dringlichkeit der rechtfertigenden Gründe) die Gründe für den Eingriff überwiegen.

Vor diesem Hintergrund dürfte die Verhältnismäßigkeit, also die Zumutbarkeit drastischer Grundrechtseingriffe, weitgehend gerechtfertigt sein.

Auch die meisten Gerichte einschließlich der Obergerichte vertreten die Auffassung, dass beim Auftreten neuer Gefahren, die beim Erlass des Gesetzes nicht erkennbar waren, auch intensive Beschränkungen der Freiheitsrechte auf eine Generalklausel gestützt werden können, um damit noch größere Einschnitte in andere überragende Rechtsgüter wie das der Gesundheit und der körperlichen Unversehrtheit zu verhindern.

Die bisher getroffenen Maßnahmen ordnen dem Schutz des Lebens alles andere unter. Ob sich das lange Zeit durchhalten lässt, wird inzwischen vielfach bezweifelt.

Für junge Menschen, ihre Eltern und Lehrkräfte gibt es sehr viel Diskussionsstoff.

7. Die Absicherung unserer Grundrechte durch eine Beschwerde beim Europäischen Gerichtshof für Menschenrechte in Straßburg

Jeder, der durch den Staat in einem seiner Grundrechte verletzt wird und den Rechtsweg in seinem Land ausgeschöpft hat, kann beim Europäischen Gerichtshof für Menschenrechte in Straßburg Beschwerde einlegen.

Beispiel: So hat der Europäische Gerichtshof für Menschenrechte durch Urteil vom 31. März 2020 entschieden, dass die mangelnde medizinische Versorgung und Betreuung eines psychisch kranken Betroffenen (hier: mit paranoider Persönlichkeitsstörung und Borderline-Syndrom), der bereits mehrere Suizidversuche unternommen hatte, während zwei Perioden von Untersuchungshaft und Anordnung von Disziplinarmaßnahmen wie die (dreitätige) Unterbringung in einer Einzelzelle eine erniedrigende Behandlung i. S. d. Art. 3 EMRK darstellt. Dem Betroffenen stehe dann gem. Art. 41 EMRK eine gerechte Entschädigung von 15.000 € als immaterieller Schadenersatz und 8.000 € als Kosten- und Auslagenersatz zu (Art 2 EMRK, Art 3 EMRK, Art 34 EMRK, Art 41 EMRK; Europäischer Gerichtshof für Menschenrechte, Urteil vom 31. März 2020 – 82248/17 –, juris).

III. Die UN-Kinderrechtskonvention und ihre praktische Bedeutung im Alltag

1. Die Kinderrechte in der UN-Kinderrechtskonvention

Wenn man von Kinderrechten spricht, so meint man damit in erster Linie ein Dokument, welches unter der Bezeichnung UN-Kinderrechtskonvention weltweit bekannt ist.

Die UN-Kinderrechtskonvention (KRK) wurde am 20.11.1989 als eine zwischen allen Staaten der Welt verabredete Übereinkunft verabschiedet, in der alle Rechte aufgelistet worden sind, die Kindern zustehen.

Es war das erste Mal in der Menschheitsgeschichte, dass man diese Rechte konsequent aus der Perspektive der Kinder heraus aufgeschrieben hat. Also nicht vom Selbst- und Weltverständnis der Erwachsenen her, sondern in Respekt und Würdigung von Kindern als handlungsfähige und mit der Befähigung zur Selbstbestimmung ausgestattete menschliche Individuen.

Die KRK ist auch deswegen bedeutsam, weil sie beansprucht, nicht nur einzelne, sondern die Gesamtheit aller Rechte, die Kindern zustehen, aufzuschreiben und in einem zentralen Schriftstück festzuhalten. Es werden sogenannte bürgerliche Rechte, Persönlichkeitsrechte, soziale Rechte, politische Rechte, wirtschaftliche Rechte und kulturelle Rechte des Kindes benannt.

2. Die Einzelrechte in der UN-Kinderrechtskonvention

Die UN-Kinderrechtskonvention gilt im Verbund der anderen humanitären Vereinbarungen als das Übereinkommen, welches weltweit von den meisten Staaten ratifiziert worden ist. Es werden 27 Einzelrechte für Kinder aufgelistet.

Die einzelnen Rechte sind im Originaltext nicht in systematischer Ordnung aufgeführt worden. Die Interpreten und Kommentatoren entwickeln daher jeweils unterschiedliche Raster, um sinnvolle Überbegriffe anzuwenden.

Aus der Lebensperspektive des Kindes betrachtet, ergibt sich folgende Zuordnung:

- Persönlichkeitsrechte: Recht auf Leben, Recht auf Auskunft über die eigene Abstammung, Recht auf Umgang mit beiden Elternteilen, Recht auf Gesundheit, Schutz der Privatsphäre, Gewissens- und Religionsfreihit, Recht auf Freizeit und Erholung

- Soziale Rechte: Erziehung durch die Eltern, Recht auf Beteiligung, freie Meinungsäußerung, rechtliches Gehör im gerichtlichen Verfahren
- Schutz-Rechte: Schutz vor Ausbeutung, Schutz vor sexuellem Missbrauch, Schutz vor Gewalt
- Bildung: Recht auf Bildung, Entwicklung, auf kulturelle Identität
- Kindeswohl: Recht der Ausrichtung aller handelnden Einflussnahmen von Erwachsenen auf Kinder am Leitziel „Kindeswohl".
- Politische Rechte: Vereinigungs- und Versammlungsfreiheit

Kinder sind von Geburt an vollwertige und mit der unhintergehbaren Menschenwürde ausgestattete menschliche Individuen – zur Ausbildung und Entwicklung ihrer selbstbestimmten und verantwortungsbewussten Handlungsfähigkeit brauchen sie aber den besonderen Schutz und die Zuwendung der Erwachsenen. Sie müssen sich darauf verlassen können, dass diese ihre Aufgaben verantwortungsbewusst von den Bedürfnissen der Kinder her wahrnehmen und sich dabei an deren Wohl orientieren.

Da Kinder im sozialen Alltag mit Erwachsenen ihre berechtigten Wünsche und Interessen oft noch nicht mit gleichen Mitteln zum Ausdruck bringen können, droht immer der Missstand, dass sie übersehen oder untergeordnet werden. Um dem vorzubeugen wird in der UN-KRK gefordert, dass das Kindeswohl „vorrangig" zu beachten sei.

3. Die Kinderrechte im deutschen Rechtssystem

Die KRK repräsentiert „übernationales Recht", also ein Recht, welches nicht in einem bestimmten Staat beheimatet ist, sondern das weltweit die Menschen in ihrer Gemeinsamkeit der Humanität anspricht. Davon muss unterschieden werden das Rechtssystem, welches in jedem einzelnen Nationalstaat rechtsverbindlich erlassen worden ist.

Im deutschen Recht gilt seit 1990 das Kinder- und Jugendhilfegesetz (KJHG), welches bereits in seiner Bezeichnung ausdrücklich die Kinder und Jugendlichen in den Mittelpunkt rückt. Dieses Gesetz enthält insgesamt 106 einzelne Paragrafen, aber im Paragraf 1 hat der erste Satz folgenden Wortlaut:

„Jeder junge Mensch hat ein Recht auf Förderung seiner Entwicklung und auf Erziehung zu einer eigenverantwortlichen und gemeinschaftsfähigen Persönlichkeit".

Den über 100 Einzelparagrafen im Kinder- und Jugendhilfegesetz wird also zu Beginn das Recht des Kindes vorangestellt. Dies ist wohlüberlegt erfolgt, man will damit zum

Ausdruck bringen, dass es in erster Linie nicht um die Interessen des Staates oder die Interessen der Eltern, sondern um die Bedürfnisse von Kindern geht.

Es gibt noch eine zweite bedeutsame Festlegung im deutschen Recht, die folgendermaßen lautet:

„Pflege und Erziehung der Kinder sind das natürliche Recht der Eltern und die zuvörderst ihnen obliegende Pflicht. Über ihre Betätigung wacht die staatliche Gemeinschaft".

Dieses Recht der Eltern wird als Artikel 6 im deutschen Grundgesetz – also dem Gesetz mit der höchstrangigen Wertigkeit im Gesamtgefüge aller Einzelgesetze –, formuliert.

Es ist Bestandteil der Grundrechte, das ist ein Katalog fundamentaler menschlicher Freiheitsrechte, die dem staatlichen Handeln verpflichtend vorgelagert sind.

Im deutschen Recht sind das Recht der Kinder und das Recht der Eltern untrennbar miteinander verwoben. Das Recht der Kinder auf Erziehung und Entwicklung ihrer Persönlichkeit wird zuallererst von den Eltern ausgefüllt, die hierbei die Freiheit und Selbstbestimmung eines Grundrechts in Anspruch nehmen.

Da es sich dabei aber um die Sorge und Pflege eines anderen menschlichen Individuums handelt, spricht man von einem „fremdnützigen Recht". Man will damit unterstreichen, dass es sich in seiner Ausrichtung nicht an den jeweiligen Vorlieben und Einzelinteressen der Erwachsenen orientiert, sondern an den Bedürfnissen der Kinder. Aus dieser eigentümlichen Mischung aus Freiheitsrechten und Pflichten ergibt sich der Begriff der „Elternverantwortung". Diese soll sich an den Kindern orientieren, also als Leitziel das „Kindeswohl" als richtungsweisend für alle Handlungen der Erziehung und Pflege stellen.

4. Das staatliche Wächteramt

Im Grundgesetz ist den Eltern das Recht zugeordnet worden, ihre Kinder in Selbstverantwortung und Selbstbestimmung zu erziehen. Allerdings heißt es im Gesetzestext zum Handeln der Eltern auch: „Über ihre Betätigung wacht die staatliche Gemeinschaft" (Art. 6 Abs.2 GG).

Dieses „staatliche Wächteramt" ist fundamental für das deutsche Rechtssystem. Denn es stellt sich die Frage, wie genau die staatliche Gemeinschaft dieses Wächteramt ausübt.

Kennzeichnend dafür ist, dass man den Staat nicht als kontrollierende, von oben herab agierende Instanz versteht, die etwa in regelmäßigen Abständen das Handeln der Eltern überprüft oder einen „Elternführerschein" verlangt, bevor man Kinder pflegen und erziehen darf.

Stattdessen wird im Kinder- und Jugendhilfegesetz ein anderer Weg gewählt. Der Grundgedanke ist, dass man durch vielfältige Angebote der Hilfe, Unterstützung und Beratung – bereits im alltäglichen Leben von Familien, Kindern und ihren Eltern – präventiv darauf hinwirken kann, dass schwerwiegende Krisen und Konfliktsituationen gar nicht erst entstehen.

Selbst wenn es zur Krise oder ernsthaften Schwierigkeiten im Zusammenleben einer Familie kommt, will man zunächst alles dafür tun, dass diese ihre Selbstheilungskräfte und Selbstbestimmungsfähigkeiten wieder ausbilden kann.

Erst wenn auch diese Maßnahmen nicht fruchten, greift der Staat ein und schränkt das Freiheitsrecht der Eltern zur Erziehung ihrer Kinder ein oder aber entzieht es ihnen komplett. Zuständig hierfür ist das Familiengericht.

5. Kinder und Jugendliche vor Gefahren für ihr Wohl schützen

Es gilt im deutschen Recht die Annahme, dass Hilfen, Unterstützungsangebote und Leistungen, die man den Eltern zur Wahrnehmung ihrer erzieherischen Verantwortung zukommen lässt auch eine unmittelbare positive und entwicklungsförderliche Wirkung für ihre Kinder haben.

Jedoch sollen Eltern ihr Erziehungshandeln am Kindeswohl ausrichten, so dass im Rahmen des staatlichen Wächteramtes nicht nur die Eltern unterstützt und gestärkt, sondern auch Kinder und Jugendliche vor Gefahren für ihr Wohl geschützt werden müssen.

Die entsprechenden Aufgaben werden im Verständnis einer „Verantwortungsgemeinschaft" vom Jugendamt und dem Familiengericht wahrgenommen.

In beiden Instanzen geht man vom Prinzip der Prävention aus. Der Schadensfall „Kindeswohlgefährdung" soll also möglichst gar nicht erst eintreten; wenn die allerersten Anzeichen dafür sichtbar werden, soll verhindert werden, dass sich eine Beeinträchtigung weiter verstärken kann.

5.1 Schwangerschaft und Geburt

Im Bundeskinderschutzgesetz (BuKSchG) wurden 2012 etliche Vorkehrungen geschaffen, die bereits die schwangere Frau betreffen.

Sie kann in der Phase mit dem noch ungeborenen Kind von einer Familienhebamme unterstützt und beraten werden. Nach der Geburt hat die Familie Anspruch auf die sogenannten „Frühe Hilfen", die jeweils regional orientiert ausgerichtet und zugänglich sind.

In dem Gesetz ist auch geregelt, dass alle Berufsgruppen, die in dieser frühen Lebensphase des Kindes mit diesem in Kontakt kommen, miteinander vernetzt sein sollen. Sie sollen die Anzeichen einer möglichen Kindeswohlgefährdung frühzeitig erkennen und jeweils nach einem gleichen Handlungsmuster zur Abwendung der Gefahr tätig werden. Eine besondere Verantwortung tragen die Kinderärzte, haben sie doch kontinuierlich bereits Kontakt zum ungeborenen Kind und später bei den medizinischen Untersuchungen in den Entwicklungsphasen seiner allerersten Lebensjahre einen Einblick in sein Wohlergehen.

5.2 Hilfe zur Erziehung

Wenn es dennoch Anzeichen einer Kindeswohlgefährdung gibt, haben die Eltern einen Rechtsanspruch auf Hilfe zur Erziehung (§§ 27 KJHG ff.). Zuständig für die Gewährung, Planung und Umsetzung dieser Hilfen ist das Jugendamt. Die konkrete Art der Hilfe soll zwischen Eltern und der sozialpädagogischen Fachkraft in einem Hilfeplanverfahren (§ 36 KJHG) vereinbart werden, die betreffenden Kinder und Jugendlichen sind daran zu beteiligen. Die Hilfe wird nicht etwa im Verständnis einer Bestrafung oder der Gewährung eines Almosens, sondern als eine staatliche Leistung erbracht.

Sie kann in der Familienwohnung umgesetzt werden, oder aber auch außerhalb, etwa in einer Tagesgruppe, die das Kind nach der Schule verpflichtend besucht oder in einer „Fremdunterbringung". Dies ist eine Hilfe außerhalb des Elternhauses in einer Einrichtung über Tag und Nacht (Heimerziehung), oder in einer sonstigen betreuten Wohnform" (§ 34 KJHG).

5.3 Gefährdungseinschätzung

Wenn sich Hinweise auf eine mögliche Kindeswohlgefährdung verstärken, ist das Jugendamt verpflichtet, eine sogenannte Gefährdungseinschätzung vorzunehmen (§ 8a KJHG).

Hierbei werden vorab entwickelte Kriterien, die auf eine mögliche krisenhafte Eltern-Kind-Beziehung hindeuten, für den konkreten Einzelfall erhoben und schriftlich aufgelistet. Diese Aufzeichnungen werden sodann in einem sorgfältigen Prüfverfahren fachlich bewertet und gewichtet.

Daran anschließend wird der Kontakt mit den Eltern aufgenommen, um mit ihnen die erhobenen Beobachtungen und deren fachliche Bewertung zu besprechen. Das Ziel hierbei ist es, den Eltern zu ermöglichen, konkrete Mängel bei der Erziehung ihrer Kinder zu erkennen und benennen zu können, damit sie wieder – auch mit der Unterstützung durch entsprechende Hilfen – befähigt werden, ihre elterliche Verantwortung frei und selbstbestimmt wahrzunehmen.

5.4 Inobhutnahme

Schließlich muss bei weiter zugespitzten Anzeichen der Kindeswohlgefährdung das Jugendamt das Kind in Obhut nehmen (§ 42 KJHG). Das Kind wird dann kurzzeitig aus dem Eltern-Kind-Verbund herausgelöst und in einer dafür vorgesehenen Einrichtung der öffentlichen Jugendhilfe untergebracht. Das Ziel ist es, möglichst zeitnah zusammen mit dem Kind und seinen Eltern die akute Krisensituation zu besprechen und sorgfältig zu planen, welche Hilfen, Maßnahmen und Handlungen im Einzelnen Abhilfe schaffen können.

5.5 Familiengericht

Wenn das soeben beschriebene schrittweise Handeln nicht zielführend ist, muss geprüft werden, ob den Eltern das Recht zur Erziehung der eigenen Kinder teilweise oder komplett entzogen werden muss. Dieses Prüfverfahren darf nur durch das Familiengericht vorgenommen werden, denn schließlich geht es um einen möglichen Eingriff in ein Grundrecht.

Der Familienrichter ist dazu verpflichtet, in einem gesetzlich genau geregelten Ablaufverfahren zu prüfen, ob die Eingriffsschwelle in das Elternrecht vorliegt und welche Folgehandlungen dies im Einzelnen auslöst. Möglich ist es, den Eltern die Pflicht zu einem bestimmten Handeln aufzuerlegen, ihnen nur teilweise oder aber komplett das Recht der elterlichen Sorge für ihre Kinder zu entziehen. Im ersten Fall werden sie dazu verpflichtet, Hilfen durch das Jugendamt anzunehmen. Beim Entzug einzelner Teilbereiche der elterlichen Sorge wird die Befugnis zu deren Ausübung auf einen „Ergänzungspfleger“ übertragen, bei ihrem kompletten Entzug bestellt das Gericht einen „Vormund“.

6. Kinderrechte im deutschen Recht

Die UN-Kinderrechtskonvention wurde in Deutschland im Status eines Bundesgesetzes zunächst mit Vorbehalten angenommen, seit 2010 wurden diese ausgeräumt und zurückgenommen. Jedoch gilt das Kindschaftsrechtsreformgesetz von 1998 als erster wichtiger Meilenstein bei der Umsetzung von Kinderrechten aus der KRK im deutschen Rechtssystem. Diese betreffen Kinderrechte im Eltern-Kind-Bezug, im Verwaltungsverfahren der öffentlichen Jugendhilfe und im Verfahren vor dem Familiengericht.

6.1 Kinderrechte im Eltern-Kind-Bezug

Die Einzelheiten der rechtlichen Regelungen im Eltern-Kind-Bezug werden im deutschen Recht überwiegend im Bürgerlichen Gesetzbuch (BGB) geregelt. Dort heißt es, dass Eltern ihre gesamten erzieherischen Impulse an der Zielsetzung des Kindeswohls ausrichten sollen (§ 1627 BGB). Sie sollen je nach dem Entwicklungsstand des Kindes ihre erzieherischen Absichten mit diesem besprechen und die wachsende Selbstbestimmungsfähigkeit des Kindes einbeziehen (§ 1626 BGB). Kinder haben ein Recht auf gewaltfreie Erziehung (§ 1631 BGB).

Im Falle der Trennung und Scheidung der Eltern hat der Gesetzgeber die rechtlichen Folgewirkungen überwiegend aus der Perspektive der Kinder geregelt. Unterschieden wird zwischen der Paar- und der Elternebene. Als Paar ist das Zusammenleben zwischen Mann und Frau beendet, doch dauert ihr Elternsein als Vater und Mutter für das betreffende Kind weiter fort. Aus der Perspektive des Kindes ist es geradezu lebensnotwendig, dass auch nach einer Trennung dennoch die wichtigen Beziehungen zu beiden Elternteilen erhalten bleiben und diese auch gemeinsam die elterliche Sorge wahrnehmen.

Ein Sonderfall dieses Grundsatzes wird im „Umgangsrecht" geregelt. Dieses Recht wird nicht mehr wie bisher üblich, vorrangig als Recht der Erwachsenen in Bezug zu ihren Kindern interpretiert, sondern als Rechtsanspruch des Kindes auf Umgang mit demjenigen Elternteil, der nach einer Trennung oder Scheidung den bisherigen familiären Lebensmittelpunkt verlassen hat: „Das Kind hat das Recht auf Umgang mit jedem Elternteil; jeder Elternteil ist zum Umgang mit dem Kind verpflichtet und berechtigt" (§ 1684 BGB).

Im Kinder- und Jugendhilfegesetz wird dieser Anspruch des Kindes auf Umgang weiterer Nachdruck verliehen: „Kinder und Jugendliche haben Anspruch auf Beratung und Unterstützung bei der Ausübung des Umgangsrechts nach § 1684 Abs.1 des Bürgerlichen Gesetzbuches. Sie sollen darin unterstützt werden, dass die Personen, die…zum Umgang mit ihnen berechtigt sind, von diesem Recht zu ihrem Wohl Gebrauch machen" (§ 18 KJHG).

6.2 Kinderrechte im Jugendhilfeverfahren

Kinder sind Träger von Grundrechten, sie haben einen eigenen, nicht vom Elternrecht abgeleiteten Anspruch auf den Schutz des Staates. Dies wird im KJHG im § 8 „Beteiligung von Kindern und Jugendlichen" umgesetzt. Dort ist geregelt, dass Kinder und Jugendliche

- das Recht haben, sich in allen Angelegenheiten der Erziehung und Entwicklung an das Jugendamt zu wenden,
- Anspruch darauf haben, auch ohne Kenntnis des Personensorgeberechtigten beraten zu werden, wenn die Beratung auf Grund einer Not- und Konfliktlage erforderlich ist und solange durch die Mitteilung an den Personensorgeberechtigten der Beratungszweck vereitelt würde,
- in geeigneter Weise auf die ihnen zustehenden Rechte im Verwaltungsverfahren sowie im Verfahren vor dem Familiengericht und dem Verwaltungsgericht hinzuweisen sind,
- entsprechend ihrem Entwicklungsstand an allen sie betreffenden Entscheidungen der öffentlichen Jugendhilfe zu beteiligen sind.

In einem Kommentar zum Recht auf Beteiligung betont Reinhard Wiesner, der als „Urheber" des Kinder- und Jugendhilfegesetzes gilt, die Bedeutung dieser Vorschrift, denn

> „im Hinblick darauf, dass es bei allen Aufgaben der KJ-Hilfe um die unmittelbare oder mittelbare Wahrnehmung der Interessen junger Menschen geht, Kinder und Jugendliche jedoch nur hinsichtlich bestimmter Leistungen materiell berechtigte und selbst dann nur begrenzt handlungsfähige Personen sind, kommt ihrer Beteiligung zentrale Bedeutung zu".

6.3 Kinderrechte in der Kindestagesstätte

Der Betreiber einer Kindertagesstätte muss nach den gesetzlichen Bestimmungen zur Erteilung einer Betriebserlaubnis (§ 45 ff. KJHG) bei der Erlaubnisbehörde ein pädagogisches Konzept einreichen. Dieses soll umfassend Auskunft über die pädagogischen Ziele und deren Umsetzung geben. Seit 2012 muss darin zusätzlich auch ausführlich dargelegt werden, wie das Recht der Kinder auf Beteiligung in der Kita umgesetzt werden soll.

Dieses Recht zur Beteiligung von Kindern in der Kindertagesstätte knüpft an die vielen Alltagsaktivitäten an, in die Kinder bei ihrem täglichen Aufenthalt dort eingebunden sind. Aus sozialpädagogischer Sicht wurde folgender Fragenkatalog zum möglichen Umfang solcher Beteiligungsrechte entwickelt:

- Spiel und pädagogische Angebote: Dürfen sich Kinder an der Entscheidung beteiligen, was sie spielen, mit wem sie spielen, wie lange sie spielen, wo sie spielen oder an welchen Angeboten sie teilnehmen:
- Raumgestaltung: Dürfen sich die Kinder an der Entscheidung beteiligen, wie Innen- und Außenräume gestaltet werden, welche Möbel gekauft werden, wo die Möbel stehen, wie die Wände gestrichen werden, welche Spielgeräte im Außenbereich angeschafft werden, wo diese stehen, was gepflanzt werden soll?
- Versorgung und Pflege: Dürfen sich die Kinder an der Entscheidung beteiligen, wie die Mahlzeiten gestaltet sind, was es zu essen gibt, wann gegessen wird, wie die Wickelrituale sind?
- Finanzielle Angelegenheiten: Dürfen sich die Kinder an der Entscheidung beteiligen, wofür die Sachmittel ausgegeben werden, welche Spiele gekauft werden etc.?
- Personalangelegenheiten: Dürfen sich die Kinder an der Entscheidung beteiligen, wer eingestellt wird?
- Leitlinien und pädagogische Konzeption: Dürfen sich Kinder bei der Fortentwicklung der pädagogischen Konzeption insbesondere bei der Implementierung der eigenen Beteiligungsrechte, beteiligen?

6.4 Kinderrechte in der Heimerziehung

Wenn Kinder längere Zeit in einer Einrichtung außerhalb des Elternhauses untergebracht worden sind, muss besonders sorgfältig ihr Recht auf Beteiligung gewahrt und umgesetzt werden. Die Erfahrung hat gezeigt, dass gerade in solchen Einrichtungen, in welchen Kinder eigentlich mittels pädagogischer und psychologischer Angebote und Hilfen gefördert werden sollen, eben auch ihr Wohl und ihre elementarsten Rechte missachtet werden können. In jeder Einrichtungs-Konzeption müssen daher Hinweise enthalten sein, wie solche Gefährdungen im Rahmen eines „Schutzkonzeptes“ verhindert werden sollen. Bei besonderen Vorkommnissen der Kindeswohlgefährdung müssen diese der Heimaufsichts-Behörde gemeldet werden.

Kinder in der Kindertagesstätte verlassen diese jeweils am Ende des Tages und haben dann die Möglichkeit, die Tagesgeschehnisse mit ihren wichtigsten Bezugspersonen in ihrem vertrauten Lebensumfeld zu besprechen.

Diese Möglichkeiten gibt es für Kinder und Jugendliche in „Fremdunterbringung" nur eingeschränkt. Daher sollen in der jeweiligen Einrichtungs-Konzeption auch solche Verfahren und Abläufe benannt werden, die ihnen die Möglichkeiten der Beschwerde und auch kritischen Meinungsäußerung geben. Eine solche Ombudsstelle kann entweder innerhalb der Einrichtung oder als eine im Außenbereich angesiedelte unabhängige Anlaufstelle gestaltet werden.

6.5 Kinderrechte bei der Inobhutnahme

Bei einer schwerwiegenden Beeinträchtigung des Kindeswohls haben auch die betroffenen Kinder und Jugendlichen selbst das Recht, beim Jugendamt um Inobhutnahme zu bitten. Dieser Bitte muss das Jugendamt nachkommen, um sodann „die Situation, die zur Inobhutnahme geführt hat, zusammen mit dem Kind oder dem Jugendlichen zu klären und Möglichkeiten der Hilfe und Unterstützung aufzuzeigen. Dem Kind oder Jugendlichen ist unverzüglich die Gelegenheit zu geben, eine Person seines Vertrauens zu benachrichtigen. Das Jugendamt hat während der Inobhutnahme für das Wohl des Kindes oder des Jugendlichen zu sorgen und dabei den notwendigen Unterhalt und die Krankenhilfe sicherzustellen" (§ 42 Abs. 2 KJHG).

Aus rechtlicher Perspektive ist die Inobhutnahme erst dann beendet, wenn in einem sorgfältigen Prozess der Hilfeplanung zwischen dem Jugendamt, den Eltern und den Kindern verbindlich festgelegt wurde, welche weiteren Maßnahmen zu treffen sind.

6.6 Kinderrechte im Verfahren vor dem Familiengericht

Wenn eine dringende Gefahr für das Wohl eines Kindes oder Jugendlichen weiter andauert und die sorgeberechtigten Erwachsenen nicht dazu bereit oder in der Lage sind, diese Gefahr abzuwenden, muss das Familiengericht tätig werden.

Die einzelnen Verfahrensschritte vor dem Familiengericht sind gesetzlich geregelt im Gesetz über das Verfahren in Familiensachen und in den Angelegenheiten der Freiwilligen Gerichtsbarkeit (Familienverfahrensgesetz FamFG).

Im § 158 FamFG ist festgelegt, dass das Gericht dazu verpflichtet ist, dem minderjährigen Kind „Kindschaftssachen, die seine Person betreffen, einen geeigneten Verfahrensbeistand zu bestellen, soweit dies zur Wahrnehmung seiner Interessen erforderlich ist".

Ein Verfahrensbeistand wird insbesondere in solchen Lebenssituationen bestellt, in welchen es zu schwerwiegenden Interessensgegensätzen zwischen dem Kind und seinen gesetzlichen Vertretern gekommen ist. Typische Beispiele dafür sind gerichtliche Verfahren bei Trennung und Scheidung, im Verfahren zu einem möglichen Entzug der elterlichen Sorge oder bei der Entscheidung, ob das Kind von seinen Pflegeeltern zurück zu seinen Herkunftseltern wechseln soll.

Der Verfahrensbeistand ist dazu befähigt, diese jeweils für die Kinder belastenden Situationen aus deren Erleben und Empfinden heraus zu verstehen. Die Kinder sollen ebenso wie die anderen am Verfahren Beteiligten ihre Wünsche, Vorstellungen und Anliegen bei Gericht zu Gehör bringen. Im Verlauf des Verfahrens vermittelt der Verfahrensbeistand zwischen diesen Positionen des Kindes und den anderen Verfahrensbeteiligten, indem er diesen die subjektiven und objektiven Interessen des Kindes erläutert. Zielsetzung dabei ist es, dass letztlich eine Entscheidung getroffen wird, die nicht nur den Interessen der Erwachsenen, sondern auch oder sogar vorrangig dem Wohl des Kindes gerecht wird.

7. Kinderrechte – warum sie so wichtig sind

Kinderrechte sind Ausdruck der Menschenwürde, die jedem Menschen von Geburt an unhintergehbar zugeordnet ist. Nicht etwa erst, nachdem sie den Erziehungsprozess durchlaufen haben sind Kinder vollwertige Individuen, sondern von Beginn an stehen ihnen die Subjektstellung und das Recht zur Entwicklung ihrer Befähigung zur Selbstbestimmung und Selbstwirksamkeit zu.

Wenn Kinder über die weltweit und im nationalen Rechtssystem verbindlich verabredeten Kinderrechte Bescheid wissen, können sie daraus Stärke und Handlungsfähigkeit für ihre Lebenssituation und ihre weitere Lebensperspektive beziehen.

Die UN-Kinderrechtskonvention verpflichtet die einzelnen Nationen dazu, die weltweit beschlossenen Kinderrechte jeweils im eigenen Rechtssystem zu verankern und umzusetzen.

Im deutschen Rechtssystem hat man diesen Auftrag angenommen und zentrale Kinderrechte – Beispiele: Vorrang des Kindeswohls, Recht auf Beteiligung, Recht auf rechtlichen Beistand vor Gericht, Recht auf Umgang mit beiden Elternteilen – umgesetzt.

Doch sind die entsprechenden Reformen noch nicht abgeschlossen. Im nächsten Schritt steht die Verankerung von Kinderrechten im deutschen Grundgesetz an. Eine entsprechende Forderung wird – zusammen mit konkreten Formulierungsvorschlägen – seit dem Inkrafttreten der UN-Kinderrechtskonvention erhoben, also mittlerweile seit über 30 Jahren.

Am 14.04.2014 ist in einer Zusatzvereinbarung zur UN-Kinderrechtskonvention die Möglichkeit eines Individualbeschwerdeverfahrens in Kraft getreten. Es eröffnet sich damit die Perspektive, im Falle der schwerwiegenden Verletzung oder Missachtung von

Kinderrechten beim „Ausschuss für die Rechte des Kindes" vorstellig zu werden, der auf übernationaler Ebene die Fortschritte bei der Umsetzung der Kinderrechte überwachen und prüfen soll (Art. 43 KRK).

Damit wird die umfassende Absicherung der Kinderrechte rechtlich-institutionell abgerundet: Sie wurden in einem umfassenden Dokument mit weltweiter Anerkennung aufgelistet, sie sollen in den jeweils nationalen Rechtssystemen verankert werden und bei Zuwiderhandlung und Missachtung die Vorkehrungen dafür geschaffen werden, um sie auch auf internationaler Ebene einzuklagen.

IV. Wahlrecht – Staatsbürgerliches Recht auch für junge Bürger

Das Wahlrecht ist ein wichtiges Bürgerrecht, das nur den deutschen Staatsangehörigen zusteht. Bei der Wahlberechtigung wird zwischen der aktiven und der passiven Wahlberechtigung unterschieden.

1. Das aktive Wahlrecht. Teilweise schon mit 16 Jahren wahlberechtigt!

Unter der aktiven Wahlberechtigung ist das Wählen eines Kandidaten für den Bundestag, einen Landtag oder eine Kommune zu verstehen. Aktiv wahlberechtigt ist jeder deutsche Staatsbürger, der das 18. Lebensjahr vollendet hat und seit mindestens drei Monaten im Bundesgebiet wohnt.

In den Ländern Brandenburg, Bremen, Hamburg und Schleswig-Holstein dürfen Jugendliche schon mit 16 Jahren bei den Landtagswahlen wählen.

Auch bei den Kommunalwahlen in Baden-Württemberg, Brandenburg, Mecklenburg-Vorpommern, Nordrhein-Westfalen, Niedersachsen und Sachsen-Anhalt dürfen Jugendliche ab 16 wählen. Das gilt auch in Hamburg, Berlin und Bremen, wo diese Stadtbürgerschaftswahl oder Bezirksverordnetenversammlungswahl heißt.

2. Das passive Wahlrecht – ab 18

Passiv wahlberechtigt, d. h. in den Bundestag wählbar, ist jeder aktiv Wahlberechtigte, der am Wahltag das 18. Lebensjahr vollendet hat und seit mindestens einem Jahr die deutsche Staatsangehörigkeit besitzt.

3. Bürger ohne Wahlrecht

Kein Wahlrecht haben Personen, für die zur Besorgung aller Angelegenheiten ein Betreuer bestellt worden ist, Personen, denen infolge Strafurteils das Wahlrecht aberkannt wurde und Personen, die wegen einer im Zustand der Schuldunfähigkeit begangenen Straftat in einem psychiatrischen Krankenhaus untergebracht worden sind.

V. Kinder- und Jugendparlamente. Frühzeitig Verantwortung und Demokratie im Staat üben

Wir leben in einer immer komplizierter werdenden Welt. Schon heute ist in einem Staat niemand mehr in der Lage, alle Bereiche des Lebens zu übersehen und allein verantwortlich zu lenken. Jeder Regierungschef ist auf eine Vielzahl von Spezialisten angewiesen, die ihrerseits wieder von Spezialisten abhängig sind. Es gibt technische Bereiche, in denen schon der kleinste Fehler zu Katastrophen für die Menschheit führen kann. Aus diesem Grund ist es wichtig, dass möglichst viele Bürger gut informiert sind und möglichst früh gleichberechtigt an der Verantwortung partizipieren, um gegebenenfalls frühzeitig auf Fehlentwicklungen hinweisen zu können. Diese Verantwortung muss so früh wie möglich geübt werden. Derjenige, für den immer vorgedacht und der nur gegängelt wurde, wird Probleme haben, mit 20 plötzlich Verantwortung für sich und die Gesellschaft zu übernehmen. In einigen Bereichen haben junge Leute ohnehin schon faktisch die Verantwortung übernommen, denn in vielen technischen Bereichen kennen sich Jugendliche besser aus als Erwachsene und unterrichten nicht selten ihre Eltern und Lehrer.

Gesetzliche Rahmenbedingungen von Mitbestimmungsmöglichkeiten für Kinder und Jugendliche

Artikel 12 Abs. 1 UN-Kinderrechtskonvention

Die Kinderrechtskonvention regelt in Art. 12 Abs.1: „Die Vertragsstaaten sichern dem Kind, das fähig ist, sich eine eigene Meinung zu bilden, das Recht zu, diese Meinung in allen, das Kinder berührenden Angelegenheiten frei zu äußern, und berücksichtigen die Meinung des Kindes angemessen und entsprechend seinem Alter und seiner Reife." Die Mitgliedsstaaten sind verpflichtet, die Konvention in entsprechende Gesetze umzusetzen.

Mitbestimmung in der Familie

Für viele Erwachsene ist es noch ungewohnt, wenn Kinder und Jugendliche früh die Spielregeln der Demokratie lernen und mitbestimmen wollen. Davon sollte man sich als junger Mensch nicht irritieren lassen. Am besten äußert man sein Anliegen zuerst in der Familie, später in der Schule und schließlich im Stadtparlament: sachlich, aber mit Nachdruck.

Junge Menschen haben in allen Fällen das Gesetz auf ihrer Seite. In der Familie ergibt sich Mitbestimmung aus § 1626 Abs. 2 des Bürgerlichen Gesetzbuchs (BGB): „Bei der Pflege und Erziehung berücksichtigen die Eltern die wachsende Fähigkeit und das wachsende Bedürfnis des Kindes zu selbständigem und verantwortungsbewusstem Handeln. Sie besprechen mit dem Kind, soweit es nach dessen Entwicklungsstand angezeigt ist, Fragen der elterlichen Sorge und streben Einvernehmen an."

Mitbestimmung von Kindern im Kindergarten und in der Schule

Aus Art 12 UN KRK ergibt sich auch ein Mitbestimmungsrecht für Kinder im Kindergarten und in der Schule. In den Schulgesetzen der Länder sind zahlreiche Mitbestimmungsrechte verankert (vgl. Kap. Schulrecht).

Auch Kommunen sind verpflichtet, Kinder- und Jugendparlamente einzurichten.

Die Bürgerrechte des Grundgesetzes

Da Kinder volle Grundrechtsträger sind, stehen ihnen auch aus dem Grundgesetz Partizipationsrechte zu.

Kinder und Jugendhilfegesetz, SGB VIII

Ebenfalls enthält das Kinder und Jugendhilfegesetz partizipatorische Elemente: So besagt § 8, dass Kinder und Jugendliche entsprechend ihrem Entwicklungsstand an allen sie betreffenden Entscheidungen der öffentlichen Jugendhilfe zu beteiligen sind. Nach § 11 sollen die Betroffenen über Angebote zur Jugendarbeit mitbestimmen und sie mitgestalten. Nach § 80 Abs. 1 Nr. 3 müssen u. a. die Wünsche, Bedürfnisse und Interessen der jungen Menschen von den Trägern der öffentlichen Jugendhilfe bei der Festlegung des Bedarfs an Einrichtungen und Diensten berücksichtigt werden.

Mitbestimmungsrechte aus Landesgesetzen

In vielen Bundesländern gibt es inzwischen Kinder- und Jugendparlamente und in einigen Ländern dazu feste Bestimmungen:

- In Art. 21 Abs. 2 der Landesverfassung des Landes Brandenburg ist das „Recht auf politische Mitgestaltung“ geregelt. Danach haben „alle Menschen das Recht, sich in Bürgerinitiativen oder Verbänden zur Beeinflussung öffentlicher Angelegenheiten zusammenzuschließen.“
- In § 7 des Volksabstimmungsgesetzes des Landes Brandenburg ist ausdrücklich die „Beteiligung Jugendlicher“ ab sechzehn Jahren bei Volksinitiativen vorgesehen, die vornehmlich Jugendliche betreffen.
- In § 100 der Gemeindeordnung des Landes Brandenburg steht „jedem“ ein Petitionsrecht zu.
- In § 4 c der Hessischen Gemeindeordnung heißt es: „Die Gemeinde soll bei Planungen und Vorhaben, die die Interessen von Kindern und Jugendlichen berühren, diese in angemessener Weise beteiligen.“ § 8 c derselben Gemeindeordnung räumt Kindern und Jugendlichen in ihrer Funktion als Vertreter von Kinder- und Jugendinitiativen Anhörungs-, Vorschlags- und Redemöglichkeiten ein.

VI. Das junge Miteinander in Staat und Gesellschaft mit Menschen aus aller Welt. Migration, Asylbewerbung und Integration auf Augenhöhe

1. Das junge Miteinander in Staat und Gesellschaft mit Menschen aus aller Welt

Ob wir wollen oder nicht. Die Welt wächst zusammen. Die technische Revolution hat eine Lawine von Folgebedingungen ausgelöst, die wir nicht mehr zurückdrehen können. Die wichtigsten Dinge, die uns Menschen betreffen, werden inzwischen weitgehend global geregelt: ob in der Medizin, ob in der Ernährung, ob in der Wirtschaft, ob in der Mode, ob in den Wissenschaften, ob in der Umweltpolitik, ob in den Medien, ob in der Musik und in der Kunst überhaupt, ob in der Reisebranche, ob in der gesamten Elektronikbranche. Spätestens mit der Geburtsstunde des World Wide Web am 13. März 1989 in der Schweiz war die gesamte Welt – sozusagen mit einem Schlag – miteinander verbunden. Es entwickelten sich soziale Medien wie Facebook, Instagram, YouTube. Selbst Sprachbarrieren sinken dank vorinstallierter Übersetzungsprogramme. Die Verknüpfung auf so vielen Ebenen bedingt, dass Menschen weltweit miteinander kommunizieren, sich über ihre Kulturen und Religionen austauschen und natürlich auch zu einander reisen oder ganz hinziehen, um dort zu leben, wo sie am besten arbeiten oder forschen oder einfach bei ihrem Lebenspartner sein können.

Einige hunderttausend Deutsche leben und arbeiten inzwischen im Ausland, Tendenz steigend vgl. https://www.deutsche-im-ausland.org/. Umgekehrt leben und arbeiten immer mehr Menschen aus dem Ausland in Deutschland. Im Jahr 2018 hatte etwa jede vierte Person in Deutschland einen Migrationshintergrund. Davon kamen rund zwei Drittel der Personen selbst nach Deutschland. Gut ein Drittel wurden bereits in Deutschland geboren.

Nicht alle Menschen kommen freiwillig nach Deutschland. Man unterscheidet zwischen Migranten und Flüchtlingen.

Migranten siedeln aus eigenem Antrieb in das neue Land, weil sie sich dort familiär binden möchten oder einen interessanten Arbeitsplatz oder sonst bessere Lebensbedingungen erhoffen. Häufig geschieht das auch aufgrund großer Not, politischer Krisen, schlechter Klima- und Umweltbedingungen sowie bewaffneter Konflikte.

Flüchtlinge sind laut Genfer Flüchtlingskonvention Menschen, die „aus der begründeten Furcht vor i. d. R. staatlicher Verfolgung wegen ihrer Rasse, Religion, Nationalität, Zugehörigkeit zu einer bestimmten sozialen Gruppe oder wegen ihrer politischen Überzeugung" ihr Land verlassen haben. Ob eine staatliche Verfolgung vorliegt, wird in nationalen Asylverfahren festgestellt.

Die Zahl der Flüchtlinge steigt weltweit an. Nach Erhebungen der UNO-Flüchtlingshilfe (https://www.uno-fluechtlingshilfe.de) lag die Zahl der Menschen, die Ende 2019 weltweit vor Krieg, Konflikten und Verfolgung auf der Flucht waren, bei 79,5 Millionen. Das sind fast doppelt so viele Menschen wie 2010 (41 Mio. Menschen).

Nicht immer sind beide Gruppen klar voneinander abzugrenzen. Jedenfalls ist diese Entwicklung so rasant erfolgt, dass sich Menschen oft erst daran gewöhnen müssen, beinahe plötzlich mit verschiedenen Kulturen unter – sozusagen einem Dach – zu wohnen. Kein Wunder, dass das nicht immer konfliktfrei funktioniert. Die einheimische Bevölkerung reagiert nicht selten mit Ablehnung, hat Angst vor Überfremdung, Verdrängung und Kriminalität durch Ausländer. Viele glauben, dass der Zuzug von Ausländern durch eine andere Politik hätte verhindert werden können. Sie wissen nicht, dass die meisten Staaten festen internationalen Regelungen unterliegen und gezwungen sind, diese Regelungen so in nationalen Gesetzen umzusetzen, dass die nationalen Behörden verpflichtet sind, Menschen aus anderen Staaten aufzunehmen, wenn diese in Not geraten. Das gilt auch in Deutschland.

2. Internationale Abkommen, Verfassungsaufträge und Gesetze zur Asylgewährung von Menschen in Not

Wichtige internationale Abkommen und Verfassungsaufträge:

1. UN-Menschenrechtserklärung vom 10.12.1948.
   Art. 14: (1) Jeder hat das Recht, in anderen Ländern vor Verfolgung Asyl zu suchen und zu genießen.
2. Genfer Flüchtlingskonvention („Abkommen über die Rechtsstellung der Flüchtlinge") vom 28. Juli 1951. Ziel der Konvention ist ein möglichst einheitlicher Rechtsstatus für Menschen, die keinen diplomatischen Schutz ihres Heimatlandes mehr genießen.
3. Charta der Grundrechte der Europäischen Union vom 7.12.2000
4. Grundgesetz für die Bundesrepublik Deutschland vom 23 5.1949 (GG)
   Art. 16 a GG: (1) Politisch Verfolgte genießen Asylrecht.
5. Verfassung der Länder, z. B. des Landes Brandenburg vom 20.8.1992

Gesetze zur Asylgewährung

Die sich aus den internationalen Abkommen und Verfassungen ergebenden Pflichten zur Umsetzung des Asylrechts wurden in Deutschland unter anderem in folgenden Gesetzen umgesetzt.

1. Asylgesetz i. d. F. v. 2.9.2008, aktualisiert am 19. Juni 2020
2. Asylbewerberleistungsgesetz vom 5. August 1997, zuletzt geändert am 12. Juni 2020
3. „Gesetz zur Verbesserung der Unterbringung, Versorgung und Betreuung ausländischer Kinder und Jugendlicher" vom 30.10.2015
4. Aufenthaltsgesetz (Gesetz über den Aufenthalt, die Erwerbstätigkeit und die Integration von Ausländern im Bundesgebiet) vom 30.7.2004

3. Junge Flüchtlinge und das Asylverfahren in Deutschland

Der 18 Jahre alte Kamal aus Syrien ist einer von hunderttausenden Menschen, die aus der Region Idlib vor der syrischen Armee geflohen sind. Seine Mutter ist auf der Flucht gestorben. Nach Monaten schlimmster Strapazen ist Kamal in Deutschland angekommen. Weil sein Leben in seinem Heimatstaat in Gefahr ist, beabsichtigt Kamal, in Deutschland einen Asylantrag zu stellen. Nun liegt ein langer Weg vor ihm, der sich ausschließlich nach den engen und strengen Vorschriften des Asylgesetzes bestimmt.

Erfassung in der Erstaufnahme-Einrichtung in Deutschland und Arztbesuch

Kamal wird zusammen mit anderen in das Erstaufnahmelager Eisenhüttenstadt gebracht. Hier muss er sich ärztlich – insbesondere auf Tuberkulose – untersuchen lassen. Außerdem wird der Impfstatus geklärt und notwendige Impfungen nachgeholt.

Erstverteilung der Asylbegehrenden in die Bundesländer nach dem EASY-System

Bevor der eigentliche Asylantrag gestellt wird, muss ermittelt werden, in welchem Bundesland das Asylverfahren in Kamals Fall abgewickelt werden soll. Um Manipulationen auszuschließen, insbesondere eine gleichmäßige Verteilung der Asylbewerber im Bundesgebiet zu gewährleisten, erfolgt die Ermittlung automatisiert durch einen Computer.

Der Computer ermittelt, dass Kamal in das Flüchtlingsheim von Musterstadt in Niedersachsen muss, um dort das Asylverfahren zu durchlaufen. Er erhält ein Zugticket sowie ein Lunchpacket für die Reise.

Wohnen in der Einrichtung, von der aus Kamals Asylantrag bearbeitet wird

In Musterstadt angekommen, muss sich Kamal in der dortigen Erstaufnahme-Einrichtung melden und während der Bearbeitung seines Asylantrags wohnen.

Verfahren zur Klärung der Identität von Kamal

- Noch vor Stellung des eigentlichen Asylantrags wird über das Bundesamt für Migration und Flüchtlinge (BAMF) versucht, die Identität von Kamal festzustellen.
- Dazu dürfen Passfotos von ihm angefertigt und alle Fingerabdrücke gemacht werden. Diese Daten werden zum Abgleich in die europäische Datenbank Eurodac eingegeben. Durch die erhobenen Fingerabrücke können die Behörden feststellen, ob derjenige bereits in einem Asylverfahren im europäischen Ausland involviert ist oder dort sogar abgewiesen wurde. In diesen Fällen werden Flüchtlinge entweder an den zuständigen Staat überwiesen oder in ihr Heimatland zurück abgeschoben.

- Führen Flüchtlinge Urkunden, wie Pass, Geburts- oder Heiratsurkunde mit, werden diese vom Bundeskriminalamt auf ihre Echtheit geprüft.
- Hat ein Flüchtling keine Dokumente, wird meist mittels einer Sprachanalyse versucht, sein Herkunftsland zu ermitteln.
- Wer keinen gültigen Ausweis oder Pass mit sich führt, hat den Behörden auf Verlangen alle Datenträger, die für die Feststellung von Identität und Staatsangehörigkeit von Bedeutung sein können, auszuhändigen (§ 15 Abs. 2 Nr. 6 und § 15 a AsylG).

Beginn des Asylverfahrens. Den eigentlichen Asylantrag stellen

Die Überprüfung hat ergeben, dass Kamal hat noch keinen **Asylantrag** in Europa gestellt hat. Deshalb darf er jetzt einen Asylantrag in Deutschland stellen. Diesen muss er persönlich stellen. Da er schlecht deutsch spricht, ist ein Dolmetscher ebenfalls dabei. Zuständig für die Entscheidung ist die örtliche Niederlassung des Bundesamts für Migration und Flüchtlinge (BAMF).

Während der Antragsbearbeitung vor der persönlichen Anhörung

Nachdem Kamal einen Asylantrag gestellt hat, erhält er einen Termin für eine Anhörung beim BAMF. Außerdem erhält er eine Aufenthaltsgestattung und Tickets für öffentliche Verkehrsmittel sowie Leistungen nach dem Asylbewerberleistungsgesetz (AsylbLG), wie Taschengeld und einen Bezugsschein für kleine Dinge des täglichen Lebens.

Die persönliche Anhörung (§ 25 AsylG)

Die wichtigste Station im gesamten Asylverfahren ist die persönliche Anhörung. Kamal muss sich sehr gut vorbereiten, sehr ausgeruht sein und den Termin unbedingt einhalten. Außerdem sollte er unbedingt einen Dolmetscher beantragen. Dieser steht ihm rechtlich zu.

Bei diesem Termin hat Kamal seine Situation genau und wahrheitsgemäß darzustellen. Das betrifft seine Fluchtgründe, die gewählte Fluchtroute und seine persönliche Situation, wie etwa der Tod der Mutter unterwegs. Seine Aussagen werden durch gezielte Nachfragen – auch in seinem Heimatland – überprüft.

Während der Antragsbearbeitung nach der persönlichen Anhörung

Meist vergehen 6–12 Monate, bis über den Asylantrag entschieden worden ist. Während dieser Zeit darf Kamal als Asylbewerber nicht arbeiten und seinen zugewiesenen Bezirk in Musterstadt nicht ohne Genehmigung verlassen.

Die Entscheidung des Bundesamts für Migration und Flüchtlinge (BAMF)

Kamal hat Glück! Er wird vom Bundesamt für Migration und Flüchtlinge als sogenannter „Konventionsflüchtling" nach der Genfer Flüchtlingskonvention oder als asylberechtigt nach Art 16 a Grundgesetz anerkannt! Er erhält deshalb eine Aufenthaltserlaubnis für bis zu drei Jahre und einen sogenannten Flüchtlingspass.

Während dieser Zeit darf Kamal nicht abgeschoben werden. Nach Ablauf dieser Zeit prüft die zuständige Behörde (BAMF), ob sich die Umstände und Verhältnisse in seinem Herkunftsland Syrien geändert haben und ob ggf. eine Rückkehr in Betracht kommt. Wenn eine Rückkehr nicht in Betracht kommt, wird die Aufenthaltserlaubnis verlängert. Ist Kamal dann sprachlich und wirtschaftlich gut integriert und hat keine Vorstrafen, hat er sogar die Chance auf Erteilung einer Niederlassungserlaubnis. Diese berechtigt ihn zur Erwerbstätigkeit in Deutschland.

Zudem muss Kamal spätestens jetzt an einem Deutschkurs bzw. Integrationskurs teilnehmen, denn er spricht noch immer wenig deutsch und erhält Sozialleistungen. An diesem Kurs muss Kamal regelmäßig teilnehmen, andernfalls droht die Kürzung der Leistungen. Der Integrationskurs besteht aus einem Sprachkurs (600 Stunden) und einem Orientierungskurs (60 Stunden) (§ 43 Abs.2 Aufenthaltsgesetz).

Kamals Freund wurde vom BAMF nicht als Asylberechtigter oder Flüchtling anerkannt. Was nun?

Kamal hat sich im Flüchtlingsheim mit dem 25 Jahre alten Yahya angefreundet, der auch aus Syrien geflüchtet war. Sein Asylantrag wurde jedoch abgelehnt. Yahya sollte sich jetzt sehr schnell einen Rechtanwalt suchen. Es besteht zwar kein Anwaltszwang. Das Verfahren ist aber formal und in der Begründung kompliziert. Deshalb sollte er einen Anwalt beauftragen, der sich auf Asylrecht spezialisiert hat. Da Yahya wenig Einkommen hat, kann er beim Amtsgericht für die anwaltliche Erstberatung einen Beratungshilfeschein beantragen.

Klage beim Verwaltungsgericht

Sollte der Anwalt eine Erfolgsaussicht für eine Klage beim Verwaltungsgericht sehen, sollte Yahya beim Verwaltungsgericht auch einen Prozesskostenhilfeantrag stellen. Sollte das Verwaltungsgericht die Erfolgsaussicht ebenfalls bejahen, wird es seinem Antrag stattgeben, damit seine Anwaltskosten beglichen werden können. Das Gerichtsverfahren selbst ist in Streitigkeiten nach dem AsylG gerichtskostenfrei.

Beispiel für Abschiebungsschutz: Das Verwaltungsgericht Potsdam hat durch Urteil vom 01. Juli 2020 entschieden, dass die humanitäre Lage in Afghanistan für eine dreiköpfige Familie mit einem dreijährigen Kind, die bereits als Kinder in den Iran kamen oder dort erst geboren wurden (Eltern) und in Afghanistan inzwischen über kein belastbares familiäres oder soziales Netzwerk verfügen, derart schlecht ist, dass von einer Abschiebung zwingend abzusehen ist (§ 60 Abs 5 AufenthG 2004; VG Potsdam– 13 K 4460/16.A – juris).

4. Unbegleitete minderjährige Geflüchtete sowie Kinder- und Jugendmigranten

Zahlreiche Flüchtlinge kommen als unbegleitete Minderjährige nach Deutschland, weil sie oder Familienmitglieder von ihnen staatlich verfolgt worden sind.

Vielfach reisen Kinder und Jugendliche als unbegleitete Migranten ein, sei es aus eigenem Antrieb oder weil sie zur Migration gezwungen wurden: Dazu gehören Flüchtlingskinder, Opfer von Menschenhandel, Kindersoldatinnen und -soldaten.

Jedenfalls müssen Kinder- und Jugendliche, die als sog. „unbegleitete minderjährige Ausländer" einreisen, von den Jugendämtern in Obhut genommen und in Einrichtungen der Jugendhilfe untergebracht werden. Da sie rechtlich nicht geschäftsfähig sind, muss ihnen ein Vormund bestellt werden. Meist bestellt das Familiengericht für diese Kinder und Jugendliche das Jugendamt zum Amtsvormund (§ 1791b Absatz 1 Satz 1 BGB). Der Amtsvormund übernimmt dann die elterliche Sorge, die sich in die Personensorge und in die Vermögenssorge aufteilt.

Minderjährige Ausländer unterliegen der Schulpflicht, und zwar auch dann, wenn sie in Deutschland lediglich geduldet werden und bisher keine Schule besucht haben. Jeder junge Mensch habe ein Recht auf Bildung und Erziehung, beschied das Verwaltungsgericht Berlin den Schulträger.

Weitere Informationen

Das Bundesamt für Migration und Flüchtlinge (BAMF) gibt zu den meisten Fragen weiterführend Auskunft https://www.bamf.de:

- Migration & Aufenthalt
- Integration
- Asyl- und Flüchtlingsschutz
- Rückkehr

5. Integration in Deutschland. Wie aus Fremden Freunde werden können

Wenn es ein Asylbewerber, wie Kamal aus Syrien, geschafft hat, vom Bundesamt für Migration und Flüchtlinge anerkannt zu werden, wird er in der Regel in einer Dauer-Flüchtlingsunterkunft untergebracht. Derartige Flüchtlingsunterkünfte befinden sich teilweise außerhalb, teilweise mitten in einem Stadtteil oder in einem Dorf.

Für Teile der einheimischen Bevölkerung ist das häufig mit Vorbehalten und Ängsten verbunden. Insbesondere gibt es immer wieder von Fremdenhass gesteuerte Gewalttäter, die gefährliche bis gar tödliche Anschläge auf Asylbewerber-Aufnahmestellen und auf Flüchtlingsheime verüben. Wie in Sachverständigengutachten festgestellt wurde, handelt es sich bei diesen Tätern meistens um Kriminelle, die ein extrem geringes Selbstwertgefühl haben. Sie glauben, sich bei Gleichgesinnten „Ansehen" und „Respekt" verschaffen zu können, wenn sie Menschen, die sozial noch schwächer sind als sie selbst, gegenüber primitive, sadistische und rohe Macht ausüben (s im Einzelnen Kapitel L Kriminalität).

Aufgrund der zahlreichen Übergriffe auf Flüchtlingseinrichtungen hat das Bundesfamilienministerium gemeinsam mit weiteren Trägern die Bundesinitiative „Schutz von geflüchteten Menschen in Flüchtlingsunterkünften" ins Leben gerufen. Danach sind sechs Mindeststandards zu beachten:

1. einrichtungsspezifisches Schutzkonzept,
2. Personal und Personalmanagement,
3. interne Strukturen und externe Kooperationen,
4. Umgang mit Gewalt- und Gefährdungssituationen/Risikomanagement,
5. menschenwürdige, schützende und fördernde Rahmenbedingungen (einschließlich kinderfreundlicher Räume) und
6. Monitoring der erzielten Fortschritte.

Natürlich kann es nicht Dauerziel einer internationalen Gesellschaft sein, dass Einheimische und Fremde aus Sicherheitsgründen streng getrennt voneinander wohnen müssen. Ziel einer internationalen offenen Politik ist es vielmehr, dass Menschen aller Kulturkreise auf Augenhöhe miteinander leben, ja, dass aus Fremden Freunde werden. Dazu braucht es aber den Willen auf beiden Seiten, sich gegenseitig besser kennen und achten zu lernen.

Manche gut meinende Einheimische sind enttäuscht, wenn sie im Rahmen der „Willkommenskultur" für Fremde einen Kuchen backen, ein paar Tänze aufführen und etwas gebrauchte Wäsche und Spielzeug schenken und manchmal statt eines Dankeschöns nur Verachtung ernten. Sie wissen nicht, dass ein Teil der Fremden in historischen Dimensionen aufrechnet, also der Überzeugung ist, auf alles hier einen Rechtsanspruch in voller Höhe zu haben, weil ihre Vorfahren jahrzehntelang durch Europäer während der Kolonialzeit ausgebeutet worden seien. Wieder andere wollen „Ungläubige" missionieren, so wie die Christen seit der Zeit der Christianisierung.

An der Brandenburgisch-technischen Universität Cottbus-Senftenberg (Btu) wurde im Rahmen der Vorlesung „Rechtspädagogik II: Schnelle und nachhaltige Integration von Flüchtlingen durch Rechtspädagogik/Human Law" systematisch erarbeitet und mit Hilfe von Rollenspielen eingeübt, „wie aus Fremden Freunde werden können". Die Studierenden stammten aus zahlreichen Ländern; dazu gehörten auch ehemalige Flüchtlinge.

Zielvorgabe: Es geht nicht nur darum, dass die Flüchtlinge menschenwürdig untergebracht werden, sondern dass sie möglichst zügig und nachhaltig so integriert werden, dass sie von der einheimischen Bevölkerung bald nicht mehr als lästige Bittsteller oder gar als Bedrohung sondern als kulturelle und soziale Bereicherung (i. S. einer Win-Win-Situation) empfunden werden. Dabei sollen viele Aspekte angesprochen werden: Lage und Art der Gebäude sowie Größe und Einrichtung des Wohnraums, Möglichkeiten der sprachlichen und kulturellen Integration sowie der sozialtherapeutischen, ärztlichen und psychotherapeutischen Versorgung, Unterrichts- und Arbeitsmöglichkeiten, Möglichkeiten der Annäherung mit der örtlichen Bevölkerung und schließlich Integration in der Gemeinde. Bei jedem der angedachten Schritte sollen auch die Kosten geschätzt und geprüft werden, ob es eine preiswertere Alternative gibt.

Das vierteilige gemeinsam und sorgsam erarbeitete, im Ergebnis für alle Beteiligten nachhaltige Rollenspiel berücksichtigte die rechtlichen Rahmen, die kulturellen Besonderheiten und die mentalen Besonderheiten bei jedem der Teilnehmer/-innen. Außerdem vereinbarten sie Verhaltensregeln: Jeden Redner aussprechen lassen, den Redner nicht lächerlich machen und kritisieren: Ausnahme, Rede enthält Beleidigungen. Gleiche Redezeit für jeden uvm.

Rollenspiel Teil I:

Die systematische Vorbereitung von Flüchtlingen/Migranten auf das Leben in Deutschland

Ausgangssituation: Die Flüchtlinge leben in einer Erstaufnahme-Einrichtung und haben ihren Asylantrag gestellt. Sie sollen auf das Leben in Deutschland vorbereitet werden und lernen, die Welt mit den Augen und mit dem Herzen eines Bewohners der einheimischen Bevölkerung zu sehen und zu verstehen.

Die Studierenden spielen eine kleine Versammlung in einer Flüchtlingseinrichtung, die Elemente aus Sachinfo, Meditation und Diskussion enthält.

Sachinformation ergänzend zum Integrations- und Orientierungskurs (§ 43 Abs.2 Aufenthaltsgesetz) über das Grundgesetz, wichtige Gesetze und Verhaltensregeln in Deutschland sowie über Ängste und Befürchtungen der Bevölkerung, wenn fremde Menschen in ihre Nachbarschaft ziehen.

Meditation für Flüchtlinge und weitere Menschen mit Migrationshintergrund: Die Welt mit den Augen und dem Herzen eines Bewohners der einheimischen Bevölkerung sehen und verstehen lernen.

- Welche Ängste haben viele Mitglieder der einheimischen Bevölkerung, wenn Flüchtlinge zu Nachbarn werden (sollen)?
- Die Urangst vor allem und vor allen Unbekannten.
- Die Angst, alles zu verlieren.
- Wie real sind die Ängste?
- Wie gut ist die einheimische Bevölkerung auf einen „Teilen-Modus" eingestellt?

Diskussion der teilnehmenden Flüchtlinge

Auf was sollte man vor dem Hintergrund der neuen Informationen als Ausländer beachten, damit die Integration in Deutschland gelingt?

Rollenspiel Teil II:

Die systematische Vorbereitung von Einwohnern aus einem Stadtteil/Dorf auf den Zuzug von Flüchtlingen

Ausgangssituation: Die einheimische Bevölkerung reagiert zum großen Teil mit Ablehnung, hat Angst vor Überfremdung, Verdrängung und Kriminalität durch Ausländer.

Die Studierenden spielen eine Einwohnerversammlung, die Elemente aus Sachinfo, Rollenspiel, Meditation, Interview und Diskussion enthält.

Sachinfo: Vermittlung von Fakten von einem Vertreter des BAMS: Die Flüchtlinge sind teilweise nach Verfolgungen und Misshandlungen in ihrer früheren Heimat sowie nach dem gewaltsamen Tod naher Angehöriger traumatisiert. Insbesondere ist die Situation minderjähriger Flüchtlinge aus psychologischer Sicht bedenklich.

Rollenspiel: Die Anhörung nach § 25 Asylgesetz.

- Flüchtling (Vardan H.)
- Anhörungsperson des Bundesamtes (Raphael H.)

Meditation für die einheimische Bevölkerung unter Anleitung

Das Hineinversetzen in die Gefühlswelt eines Flüchtlings

(1) Die Welt mit den Augen und dem Herzen eines ankommenden Flüchtlings sehen und verstehen lernen.

- Wie kann es gelingen, die Gefühle und wahren Bedürfnisse eines ankommenden Flüchtlings besser wahrzunehmen?
- Krieg hinterlässt Spuren: Flucht und Traumata, die Situation (minderjähriger) Flüchtlinge aus psychologischer Sicht
- Nach erfolgreicher Ankunft in Europa/in Deutschland:
- Was erwarten Menschen, die nur ihr nacktes Leben retten konnten?

(2) Die Welt mit den Augen und dem Herzen eines Flüchtlings im Flüchtlingsheim sehen und verstehen lernen.

Auch das Flüchtlingsheim hinterlässt Spuren

- Das Zusammenleben auf engstem Raum
- Überwindung kultureller Unterschiede auf engstem Raum
- Körperliche Nähe auf engsten Raum
- Die Erfahrung, nicht erwünscht zu sein
- Den Stolz abgeben müssen, Bittsteller sein, aber nicht arbeiten dürfen

Interview: Ein Zwiegespräch über die Inhalte der Meditation

- Einwohner(in) (Agnes M.)
- Psychologe/in (Anna Z.)

Diskussion der Teilnehmer: Wie könnte vor dem Hintergrund der neuen Informationen die Integration der Flüchtlinge gelingen?

Rollenspiel Teil III: Vorbereitung und Organisation des „Runden Tisches" als Brückenschlag zwischen Einwohnern und Flüchtlingen

Eine Vertreterin der Gemeinde/Stadt/des Landkreises (Fazilet M.) und eine Vertreterin eines Flüchtlingshilfevereins (Agnes M.) moderieren die Vorbereitung und die Organisation eines Round-Tables.

Alle Teilnehmer sind als aktive Ideengeber beteiligt.

Rollenspiel Teil IV: Round Table Gespräch zwischen Bewohnern und Flüchtlingen im Gemeindehaus

- Wie können die festgestellten Gemeinsamkeiten Bewohnern und Flüchtlingen besser bewusst gemacht werden?
- Wie können die festgestellten Unterschiede im Alltag des neuen Zusammenlebens mit den neuen Nachbarn überbrückt werden?
- Abstimmung mit den Methoden der Human Law Meditation und der Human Law Mediation über eine konkrete Frage, bei der unterschiedliche ethisch-moralische Überzeugungen aufeinandertreffen. Thema hier: Sollen wir die Homo-Ehe der Hetero-Ehe gleichstellen?

Moderation (Raphael H. und Anna Z.)

Akteure: Alle Teilnehmer

Schlussrunde: Die Studierenden führen aus, wie sie die Erfahrungen aus diesem Rollspiel in die Praxis umsetzen. Sie gaben später gute Rückmeldungen über ihre Arbeit in der Flüchtlingshilfe, wenn sie mit diesem rechtspädagogischen Rollenspiel gearbeitet haben.

6. Beispiel aus der Praxis für eine schnellere und nachhaltigere Integration im Alltag einer kleinen Gemeinde

In den Kindergarten- und Grundschulgruppen vieler Orte in Deutschland kommen die Spielgefährten inzwischen aus zahlreichen Ländern: Frankreich, Indien, Türkei, Irak, Nigeria, England, Syrien, Japan, Libanon, Eritrea, Australien, Bangladesch, Italien, Pakistan, Südamerika, Somalia, Afghanistan, Marokko. Schon im Kindergarten bringt jeder abwechselnd einen Teil seiner Kultur in die Gruppe, ob beim gemeinsamen Kindergarten-Frühstücksbüffet, ob bei der gemeinsamen Morgenandacht, ob beim „Blitzlicht", ob bei Sport und Spiel. Die Kinder und deren Eltern laden sich gegenseitig privat ein und kochen Gerichte aus ihrer Heimat. Wo das Geld nicht reicht, stellt die Gemeinde einen Raum und die benötigten Nahrungsmittel zur Verfügung. Bei Kindergarten- und Schulfesten bereiten sich die Eltern verschiedener Kulturkreise gemeinsam vor. Es gibt mehr Spiele, mehr interessante Aufführungen, mehr verschiedene Speisen und Getränke. Alle empfinden es als Bereicherung, gegenseitig voneinander zu lernen. Das gilt auch in Erziehungsfragen. Möglich ist das, weil die Erziehung im Kindergarten zuvor mit allen Eltern besprochen wird. Die Kinder wechseln i. d. R. gemeinsam vom Kindergarten in die Grundschule. Mit einer Bildungspolitik, die generell darauf abzielt, dass Eltern, Erzieher und Lehrkräfte nicht nur lustlos Kopf gesteuert entsprechende Rahmenpläne buchstabengetreu umsetzen, sondern emotional verinnerlichen und begeistert weitergeben, wie segensreich das Miteinander von Kulturen im ganz normalen Alltag ist, und zwar schon in der Kita, im Kindergarten und in der Schule, ließen sich dogmatische Rechthaberei, Fundamentalismus, Rassismus, Fremdenfeindlichkeit und Gewalt nachhaltig reduzieren.

VII. Deutschland als europäischer und internationaler Bündnispartner

Die Welt rückt spürbar zusammen. Viele Aufgaben können nur von der Gemeinschaft der Weltstaaten gemeinsam geregelt werden. Deutschland ist Mitglied in vielen Bündnissen, z. B.:

1. Die Europäische Union

Die Europäische Union (EU) ist ein Verbund aus z.Zt. 27 europäischen Staaten. Darin leben ca. 450 Mio. Einwohner, die mit der Unionsbürgerschaft zahlreiche Rechte und Pflichten haben.

Das Leitorgan der EU ist der Europäische Rat. Er setzt sich aus den Regierungschefs aller Mitgliedsländer sowie deren Außenministern zusammen. Gesetzgebendes Organ ist der Rat der Europäischen Union (Ministerrat). In ihm sitzen die jeweiligen Fachminister. So gibt es etwa den ECOFIN-Rat, dem die Wirtschafts- und Finanzminister sowie die Notenbankchefs angehören. Der Rat arbeitet zunehmend mit dem Europäischen Parlament zusammen. Die Europäische Kommission ist die „Regierung" der Europäischen Union, die die Verträge umsetzt. Sie ist ein vollständig von den Mitgliedstaaten unabhängiges, supranationales Organ.

Die bestehende Wirtschafts- und Währungsunion ist bemüht, zu einer starken politischen Union mit einer gemeinsamen Verfassung zusammen zu wachsen. Das bedeutet Anstrengungen um eine gemeinsame Außen- und Sicherheitspolitik, eine intensive Zusammenarbeit auf den Gebieten der Asylpolitik, der Einwanderungspolitik, der Drogenbekämpfung, der Bekämpfung der internationalen Kriminalität, wie etwa durch das Europäische Amt für Betrugsbekämpfung und der Terrorismuskriminalität. Es besteht ein Europäischer Gerichtshof in Luxemburg. Das Gemeinschaftsrecht findet direkt oder indirekt in der Bundesrepublik Anwendung. Unsere Gesetze dürfen nicht dem überstaatlichen Gemeinschaftsrecht widersprechen.

2. Die NATO

Die NATO ist die Abkürzung für „North Atlantic Treaty Organisation“ – Nordatlantikpakt-Organisation. Sie ist ein Verteidigungsbündnis von z.Zt. 29 europäischen und nordamerikanischen Mitgliedsstaaten, das Hilfe leistet, wenn einer der Mitgliedsstaaten angegriffen wird.

3. Die Vereinten Nationen

Den Vereinten Nationen gehören z.Zt. 193 Staaten der Erde an. Ziel der Vereinten Nationen ist die Wahrung des Weltfriedens und der internationalen Sicherheit auf Grundlage der UN-Menschenrechtskonvention durch freundschaftliche Zusammenarbeit aller Mitglieder, durch friedliche Schlichtung aller Streitigkeiten, durch Verzicht auf Gewaltanwendung und durch Unterstützung von Maßnahmen zur Erhaltung des Friedens.

J. Straßenverkehr

Jeder muss Straßen und Wege benutzen, wenn er zu einem anderen Menschen gelangen oder sich Dinge des täglichen Lebensbedarfes besorgen möchte. Die Straße ist zwangsläufig jener Bereich, in der alle Mitglieder einer Gesellschaft zusammentreffen, ob sie wollen oder nicht.

Das kann nur funktionieren, wenn alle optimal Rücksicht nehmen. Was hat ein Unfallopfer davon, wenn auf seinem Grabstein steht: „Er hatte recht."

Entsprechend lautet die Grundregel des Fairplay im Straßenverkehr: Jeder Verkehrsteilnehmer hat sich so zu verhalten, dass kein anderer geschädigt, gefährdet oder mehr, als nach den Umständen unvermeidbar, behindert oder belästigt wird (§ 1 Abs. 2 StVO).

I. Verantwortungsbereiche im Straßenverkehr

1. Haftungsträger

Jede Person im Straßenverkehr ist ab Vollendung des siebten Lebensjahres auch potenzieller Haftungsträger im Straßenverkehr. Man unterscheidet:

1.1 Haftung wegen schuldhaften Verhaltens (Tun oder Unterlassen)

- Fußgänger, Kinder- und Einkaufswagen- sowie Rollatorenschieber
- Fahrer eines Fahrzeuges; also Dreirad-, Rollstuhl-, Fahrrad-, Skateboard-, Mofa-, Elektroroller-, Motorrad-, Pkw- oder Lkw-Fahrer

Haftung im Straßenverkehr ab Zehn, und manchmal auch ab Sieben!

Kinder ab Vollendung des 10. Lebensjahres und Jugendliche haften im Straßenverkehr stets dann, wenn sie „bei Begehung der schädigenden Handlung die zur Erkenntnis der Verantwortlichkeit erforderliche Einsicht hatten" (§ 828 Abs. 2 BGB). Haben sie einen anderen dabei vorsätzlich verletzt, oder ist der Schaden nicht im Rahmen des üblichen Verkehrsgeschehens und der damit verbundenen typischen Gefahren des Straßenverkehrs mit seiner Geschwindigkeit und teilweisen Unübersichtlichkeit entstanden, haften Kinder auch schon ab Vollendung des 7. Lebensjahres. Fährt also ein Achtjähriger mutwillig mit seinem Skateboard gegen ein in einer Wohnstraße parkendes Auto, haftet er für die Beseitigung der dadurch verursachten Schramme.

Da mithin auch ein kindlicher oder jugendlicher Fußgänger, Rad- oder Skateboardfahrer manchmal für beträchtliche Schäden haftet, wenn er einen Unfall verursacht hat, ist der Abschluss einer allgemeinen Privathaftpflichtversicherung für das Kind oder den

Jugendlichen unabdingbar. Schließlich soll es ihm nicht wie dem 15 Jahre alten armen Kai ergehen, der einmal übermütig war und deshalb ein Leben lang wird zahlen müssen, weil keine Privathaftpflichtversicherung bestand (vgl. Kap. C V.6)[3].

1.2 Haftung aus Gesetz und aus Versicherungsvertrag

- Verschuldensunabhängige Haftung des Halters des Unfall beteiligten Kraftfahrzeugs
- Kfz-Versicherung aufgrund Versicherungsvertrags
- Haftung aus Verkehrssicherungspflicht, z. B. Grundstückseigentümer mit winterlicher Streupflicht
- Dienst- und sonstige Aufsichtspflichtige, z. B. Schule, wenn Schüler erstmalig mit fremdem Rad auf Straße fährt.
- Tierhalter, z. B. Tierhalter, wenn Tier auf Straße läuft.
- Andere Versicherungen (Unfall-, Kranken-)
- Verkehrsopferhilfe , wenn Unfallverursacher nicht auffindbar ist.

2. Anmerkungen zu einzelnen Arten von Verkehrsteilnehmern:

2.1 Fußgänger

Fußgänger haften als Verkehrsteilnehmer, wenn es aufgrund ihres Verhaltens zu einem Unfall im Straßenverkehr kommt und ein ausgleichpflichtiger Schaden entstanden ist.

Gehwege benutzen!

Fußgänger müssen Gehwege benutzen (§ 25 StVO). Laufen sie auf der Fahrbahn, können sie mithaften, wenn sie von einem Fahrzeug angefahren werden; insbesondere plötzlich auf die Straße springen.

Dunkle Kleidung bei Dunkelheit meiden!

Ein Fußgänger haftet bis zu 60 %, wenn er dunkel gekleidet bei Nacht und Nebel mitten auf der Fahrbahn einer engen und kurvenreichen Straße läuft und von einem Auto angefahren wird.

3 Weitere Beispiele findet man oben Teil C V Schadenswiedergutmachungspflicht. 2. „Haftungsprivileg“ im Straßenverkehr.

Unfallflucht als Fußgänger

Fluchtfahrzeug Einkaufswagen: Immer wieder gibt es rücksichtslose Mitmenschen, die einfach abhauen, wenn sie mit dem Einkaufswagen eine Beule am Fahrzeug eines anderen verursacht haben. Wer sich so schofelig verhält, hat es sich selbst zuzuschreiben, wenn er wegen unerlaubten Entfernens vom Unfallort bestraft wird (§ 142 StGB).

2.2 Radfahrer und rücksichtslose Rempler

In der Regel wird schon bei Kindern ab zehn die Einhaltung der Grundregeln des verkehrsgerechten Verhaltens erwartet. Das hat zur Folge, dass sie bei groben Verstößen zumindest mithaften, z. B. wenn sie einen Fußgänger anfahren, obwohl sie bequem anhalten oder ausweichen konnten.

Beispiele:

- **Thekla verletzt Janine.** Die zehnjährige Thekla fährt mit ihrem Fahrrad Janine an und verletzt sie. Janine stand zwar auf dem Fahrradweg; sie war aber von weitem zu sehen. Thekla haftet also.
- **Steffen, der Fahrradschreck.** Der zwölfjährige Steffen versucht immer wieder, Gleichaltrige während der Fahrt vom Fahrrad auf die Straße zu schubsen. Würde ein Kind umfallen, unter ein Auto geraten und sich verletzen, müsste Steffen nicht nur Schadensersatz leisten. In Betracht kämen auch Maßnahmen des Jugendamtes, z. B. soziale Gruppenarbeit.
- **Markus, der Radfahrer, der aus dem Abseits kam.** Der vierzehnjährige Markus rast mit seinem Fahrrad völlig unverhofft über eine lebhaft befahrene Hauptstraße. Der aufmerksame Skoda-Fahrer kann zwar dank einer Vollbremsung (ABS) verhindern, dass Markus überfahren wird. Der ihm nachfolgende Opelfahrer hat kein ABS, kann nicht mehr rechtzeitig bremsen und fährt auf den schon stehenden Skoda auf. Markus haftet hier – jedenfalls zum Teil – für die an beiden Pkws entstandenen Schäden mit.

2.3 Mofafahren – Mofa frisieren?

Ab 16 darf man ein Mofa führen, wenn man eine Prüfbescheinigung nach § 5 FeV vorweisen kann. Auch wenn es noch keine Rakete ist und man damit nicht schneller als 25 km/h fahren darf, kann man schon so viel Unheil anrichten, dass man bereits eine Haftpflichtversicherung abschließen muss. Im Fall eines Unfalls haftet man als Halter dieses Kraftfahrzeugs sogar dann, wenn einem persönlich kein Verschulden trifft.

Sind 25 km/h nicht schnell genug?

Wer Mofas frisiert, macht sich strafbar und riskiert seinen Versicherungsschutz!

Grund: Solange man nicht schneller als 25 km/h fährt, braucht man für das Mofa keine Fahrerlaubnis. Damit man nicht schneller fahren kann, werden die Fahrzeuge schon entsprechend gebaut. Wird das Mofa nun „getunt", kann man also 40 oder gar 50 km/h fahren, liegt man in einem Geschwindigkeitsbereich von über 25 km/h, für den man eine Fahrerlaubnis benötigt. Wenn man eine solche Fahrerlaubnis nicht hat, macht man sich wegen Fahrens ohne Fahrerlaubnis strafbar.

Als junger Mensch kann man dann vom Jugendstaatsanwalt wegen Fahrens ohne Fahrerlaubnis (§ 21 StVG) angeklagt, vom Jugendrichter verurteilt und im Straf- und im Verkehrszentralregister eingetragen werden. Man muss damit rechnen, die Verfahrenskosten tragen zu müssen. Auf jeden Fall muss man das Mofa auf eigene Kosten vom Fachhändler wieder in den Originalzustand zurückbauen lassen.

Gleichzeitig besteht kein Versicherungsschutz mehr. Kommt es zum Unfall, muss man – je nach Sachverhalt – sämtliche Unfallschäden möglicherweise allein tragen. Wird man mehrere Male erwischt, ist man sein Mofa los! Es kann eingezogen werden.

2.4 Elektroroller

Alle Elektroroller, die schneller als 6 km/h fahren, benötigen eine Betriebserlaubnis und sind versicherungspflichtig. Sie benötigen ein Versicherungskennzeichen. Hat man keine Betriebserlaubnis, besteht auch keine Straßenzulassung.

Jeder E-Scooter, der nicht schneller als 20 km/h fährt, darf von einer Person gefahren werden, die mindestens 14 Jahre alt ist. Ein Führerschein ist nicht notwendig, nicht einmal eine Mofa-Prüfbescheinigung. Eine Helmpflicht besteht ebenfalls nicht.

Für E-Scooter bis 25 km/h benötigt man mindestens eine Mofa-Prüfbescheinigung.

Wenn die Höchstgeschwindigkeit des E-Scooters bei 45 km/h liegt, braucht man einen Führerschein der Klasse AM. Hat man einen Pkw-Führerschein, ist diese Klasse darin enthalten.

2.5 Die große Verantwortung des Auto- und Motorradfahrers

2.5.1 Einmal Gasdurchtreten und lebenslängliche Folgen

Auto- und Motorradraser sind potenzielle Mörder

Wer mit dem Auto sinnlos rast, nimmt den Tod von anderen Menschen möglicherweise billigend in Kauf. So etwa, wenn Autofahrer Joffrey mit über 100 km/h durch ein Dorf rast, um Spaß zu haben, obwohl er damit rechnet, dass dort spielende Kinder, ältere Menschen, Rollstuhlfahrer, Hunde und schnatternde Gänse schnell mal auf die Fahrbahn gelangen. Läuft tatsächlich ein fünfjähriges Kind auf die Fahrbahn und wird es von Joffreys Fahrzeug tödlich erfasst, hat sich die für Joffrey voraussehbare Gefahr verwirklicht. Er hat sich deshalb wegen eines Tötungsdeliktes (Mord oder Totschlag) zu verantworten.

Autorennen

Entsprechend verurteilen immer mehr Gerichte in Deutschland Teilnehmer illegaler Autorennen wegen Mordes. So hat das Landgericht Berlin im Urteil vom 27. Februar 2017 (535 Ks 251 Js 52/16 (8/16 juris) festgestellt, dass ein Kraftfahrer, der bei einem illegalen Autorennen in einer Ortschaft mit deutlich überhöhter Geschwindigkeit einen anderen Menschen tötet, sich wegen Mordes durch Tötung mit einem gemeingefährlichen Mittel strafbar machen kann. Auch der Bundesgerichtshof hat sich mehrfach mit dieser Frage befasst, z. B. im Urteil vom 18. Juni 2020 (– 4 StR 482/19 – juris).

Anzumerken ist, dass jegliche Art von Wettfahrt verboten ist (29 Abs. 1 StVO). Wird das Rennen nachgewiesen, kann man seinen Versicherungsschutz verlieren, auch dann, wenn es nicht zum tödlichen Unfall kommt.

Diskounfälle

Trotz intensivster Warnungen rasen junge Leute immer wieder von der Disko in den Tod. An dieser Stelle kann nur noch einmal an die Vernunft appelliert werden.

2.5.2 Kinder, alte Menschen und Hilfsbedürftige

§ 3 Abs. 2 a StVO bestimmt, dass man sich als Fahrzeugführer gegenüber Kindern, älteren Menschen und Hilfsbedürftigen (z. B. Betrunkenen) durch Verminderung der Geschwindigkeit bis zur Bremsbereitschaft so zu verhalten hat, dass eine Gefährdung dieser Verkehrsteilnehmer ausgeschlossen ist.

Wenn kindlicher Radfahrer und Autofahrer rasen, hat der Autofahrer das Nachsehen ...

Das OLG Braunschweig hat unter Hinweis auf § 3 Abs. 2a StVO eine Haftungsverteilung von 80 % zu 20 % zulasten einer Autofahrerin in einem Fall angenommen, in welchem einerseits ein nach dem Gesetz zur Haftung verpflichtetes Kind achtlos mit dem Fahrrad (Überquerung einer vorfahrtsberechtigten Straße in einem Wohngebiet, ohne auf den Verkehr zu achten) und gleichzeitig die Autofahrerin zu schnell gefahren ist (statt der erlaubten 50 km/h waren es 68 km/h). (OLG Braunschweig, Urteil vom 7.3.1994 – 2 U 165/93 = DAR 1994, 277).

3. Die Halterhaftung

Der Halter eines unfallbeteiligten Kraftfahrzeugs haftet fast immer, wenn sein Fahrzeug in einen Verkehrsunfall verwickelt ist, und zwar auch für Schäden, für die er, bzw. der Fahrzeugführer, nichts kann (§ 7 Abs.1 StVG). Begründung: Der Betrieb eines Kraftfahrzeuges ist so gefährlich (sog. Betriebsgefahr), dass jeder, der einen solch gefährlichen Gegenstand in den Verkehr bringt, grundsätzlich für die von diesem ausgehenden Gefahren haftet (sog. Gefährdungshaftung).

II. Wenn man den Führerschein machen möchte

1. Unterschied zwischen Fahrerlaubnis und Führerschein

Die Fahrerlaubnis ist die Genehmigung, bestimmte Fahrzeuge im öffentlichen Straßenverkehr fahren zu dürfen.

Dagegen ist der Führerschein nur das Stück Papier, die diese Erlaubnis beurkundet, also ausweist.

2. Fahrerlaubnisklassen

Will man ein Kraftfahrzeug lenken, das schneller als 6 km/h fährt, braucht man eine Fahrerlaubnis. Ausnahme: Mofa, das nicht schneller als 25 km/h fährt.

In § 6 der Fahrerlaubnis-Verordnung (FeV) sind zahlreiche Fahrerlaubnisklassen genannt, die aus Platzgründen hier nicht aufgeführt werden können. Am wichtigsten: Mit 16 darf man die Fahrerlaubnis für Leichtkrafträder (Klasse A1), Kleinkrafträder (Klasse M) und landwirtschaftliche Zugmaschinen (Klasse T) erwerben; mit 18 die Fahrerlaubnis für Pkw (Klasse B) und Fahrzeuge der Klassen C, C1, BE, CE und C1E sowie der Klasse A bei stufenweise Zugang. Mit 21 darf man die Fahrerlaubnis für die Klassen D, D1, DE und D1E machen und mit 25 Jahren die Fahrerlaubnis für schwere Motorräder (Zweiräder auch mit Beiwagen, Hubraum mehr als 50ccm oder mit einer Bauart bestimmten Geschwindigkeit von mehr als 45 km/h (Klasse A), wenn diese nicht stufenweise erworben wird.

3. Begleitetes Fahren ab 17

Mit 16,5 Jahren können Jugendliche mit dem Fahrunterricht beginnen, zum 17. Geburtstag den Führerschein erhalten und bis zur Vollendung des 18. Lebensjahres in Begleitung eines erfahrenen Beifahrers einen Pkw (auch mit Anhänger) im öffentlichen Straßenverkehr führen (§ 48 a FeV). Die begleitende Person

1. muss das 30. Lebensjahr vollendet haben,
2. muss mindestens seit fünf Jahren Inhaber einer gültigen Fahrerlaubnis der Klasse B oder einer entsprechenden deutschen, einer EU/EWR- oder schweizerischen Fahrerlaubnis sein; die Fahrerlaubnis ist durch einen gültigen Führerschein nachzuweisen, der während des Begleitens mitzuführen und zur Überwachung des Straßenverkehrs berechtigten Personen auf Verlangen auszuhändigen ist,
3. darf zum Zeitpunkt der Beantragung der Fahrerlaubnis im Verkehrszentralregister mit nicht mehr als drei Punkten belastet sein.
4. darf nicht unter Alkohol (0,25 mg/l), Drogen, Medikamenten oder eines sonst berauschenden Mittels stehen.

4. Antrag auf Erteilung einer Fahrerlaubnis (§ 21 FeV)

Will man zum ersten Mal einen „Führerschein machen“, also eine Fahrerlaubnis erwerben, reicht es, wenn man sich an eine Fahrschule wendet. Dort erfährt man Einzelheiten. Hier nur eine Orientierung:

Der Antrag ist an die zuständige örtliche Behörde (Ordnungsamt oder Führerscheinstelle) zu richten. Beizufügen sind: Geburtsurkunde, Lichtbild, Bescheinigung über Sehtest, eventuell gesonderte ärztliche Bescheinigungen, Bescheinigung über Erste Hilfe-Ausbildung und andere Urkunden in einigen Fällen.

Die Behörde prüft die generelle Eignung: z. B. ob Bedenken wegen schwerer oder wiederholter Vergehen gegen Strafgesetze, Neigung zur Trunksucht, Rauschgiftsucht, zu Ausschreitungen, insbesondere Rohheitsvergehen sowie gegen die körperliche oder geistige Eignung bestehen. Ein Prüfer prüft, ob der Antragsteller (nach Durchlaufen der Fahrschule) zum Führen von Kraftfahrzeugen der beantragten Art befähigt ist (sog. Führerscheinprüfung) und ob er die Grundzüge der energiesparenden Fahrweise beherrscht.

Die Erteilung der Fahrerlaubnis

Die Fahrerlaubnis wird durch Ausfertigung des Führerscheins erteilt.

III. Alkohol, Medikamente und Drogen im Straßenverkehr

1. Die gesetzlichen Promillegrenzen

0,0 Promille-Grenze im Straßenverkehr für Fahranfänger während ihrer Probezeit oder vor Vollendung des 21. Lebensjahres. Verstoßen sie dagegen, handeln sie gemäß § 24c Abs. 1 StVG ordnungswidrig.

0,3 Promille-Grenze: Wer mit 0,3 Promille Ausfallerscheinungen zeigt (z. B. Schlangenlinien, Gefährdung von Fußgängern, Verursachung Unfall, falsches Einbiegen in Einbahnstraße) gilt als relativ fahruntüchtig und kann sich sogar wegen Trunkenheit im Verkehr (§ 316 StGB) oder Straßenverkehrsgefährdung (§ 315c StGB) strafbar machen. Je höher die Blutalkoholkonzentration, desto geringer müssen die Ausfallerscheinungen sein, um eine relative Fahruntüchtigkeit festzustellen. Neben Geld- oder Freiheitsstrafe wird i. d. R. die Fahrerlaubnis für mindestens sechs Monate entzogen (§§ 69,69 a StGB).

0,5 Promille: Wer – auch als E-Scooter-Führer – mit mehr der 0,5 Promille im Straßenverkehr unterwegs ist, handelt in jedem Fall ordnungswidrig i. S. d. § 24a StVG. Er braucht keine Ausfallerscheinungen gezeigt zu haben.

1,1 Promille: Ab 1,1 Promille gilt jeder Kraftfahrer als absolut fahruntüchtig. Es liegt in jedem Fall – auch ohne jede Ausfallerscheinung – eine Straftat der Trunkenheit im Verkehr (§ 316 StGB) oder der Straßenverkehrsgefährdung (§ 315c StGB) vor. Neben der Geld- oder Freiheitsstrafe wird auf jeden Fall die Fahrerlaubnis für mindestens sechs Monate entzogen (§§ 69,69a StGB).

1,6 Promille: Ab 1,6 Promille gelten auch Radfahrer als absolut fahruntüchtig. Außerdem wird, wenn man als Kraftfahrer mit 1,6 Promille oder mehr erwischt wird, regelmäßig eine bestandene medizinisch-psychologische Untersuchung für die Neubeantragung der Fahrerlaubnis verlangt. Die Untersuchung kann auch bei Werten unter 1,6 Promille angeordnet werden.

Wegen einer Straftat der Straßenverkehrsgefährdung hat man sich verantworten, wenn man als Kraftfahrer mit weniger als 1,1 %o einen Fahrfehler begeht, z. B. einen Unfall verursacht (sog. relative Fahruntüchtigkeit).

2. Verhaltensregeln

2.1 Das Oder-Prinzip

Grundsätzlich gilt das Oder-Prinzip. Trinken oder Fahren! Medikamente oder Fahren! Kiffen oder Fahren!

„Kiffen oder fahren" ist natürlich keine echte Alternative. Wer jedoch meint, Haschisch nehmen oder sich mit anderem Rauschgift zugrunde richten zu müssen, darf aber keinesfalls zusätzlich andere gefährden! Das gilt nicht nur für die klassischen Drogen wie Cannabis, Heroin, Kokain, Amphetamine und LSD, sondern auch für die sog. Designerdrogen wie Ecstasy. Die meisten dieser Produkte werden auf der Basis von Amphetaminen hergestellt. Sie steigern die Kommunikationsbereitschaft und den Bewegungsdrang. Über längere Zeit genommen können sie schizophrenieähnliche und paranoide Zustände (Persönlichkeitsspaltung und Verfolgungswahn) hervorrufen, ja sogar das Gehirn schädigen[4].

2.2 Niemals zu einem Angetrunkenen ins Fahrzeug setzen!

Wer sich als Beifahrer neben einen Angetrunkenen setzt, kann selbst bestraft werden. Das ist insbesondere der Fall, wenn der Beifahrer dem Fahrer zuvor noch Alkohol verabreicht hat, obwohl er wusste, dass dieser noch fährt oder wenn er ihm hilft, den Autoschlüssel zu suchen oder beim Lenken „hilft", weil er weiß, dass der andere das infolge Trunkenheit nicht kann.

Hat der Trunkenheitsfahrer einen Unfall verursacht, kann man als Beifahrer ebenfalls haftbar gemacht werden, wenn man wusste, dass der andere nicht mehr fahrtüchtig war.

3. Beschlagnahme des Führerscheins und vorläufige Entziehung der Fahrerlaubnis

Wird man mit mehr als 1,1 ‰ BAK (Blutalkoholkonzentration) am Steuer eines Kfz auf öffentlicher Straße erwischt, darf die Polizei sofort den Führerschein sicherstellen (§ 94 StPO) und das Gericht die vorläufige Entziehung der Fahrerlaubnis beschließen (§ 111a StPO).

Was kann man gegen die vorläufige Entziehung der Fahrerlaubnis unternehmen?

Gegen die vorläufige Entziehung der Fahrerlaubnis kann man Beschwerde bei dem Gericht einlegen, das diese angeordnet hat und ihre Aufhebung beantragen. Hier ein Beschwerdeschreiben als Beispiel:

4 Ulf Kartte, Drogen und Medikamente im Straßenverkehr, Verkehrswacht aktiv, 5/95, S. 19, 20.

Absender: Thomas Blau | Datum

An das
Amtsgericht
– Jugendrichter –
– **Adresse** –

Aktenzeichen 2 Gs 341/11

Hiermit lege ich gegen den Beschluss des Amtsgerichts Delitzsch vom ...., durch den meine Fahrerlaubnis vorläufig entzogen wurde,

Beschwerde

ein.

Begründung

Es ist zwar richtig, dass ich in der Nacht vom 10. zum 11. März .... mit meinem Pkw von der Diskothek „Blanker Hans“ nach Delitzsch zurückgefahren bin.

Ich habe aber den ganzen Abend keinen Tropfen Alkohol getrunken.

Ich kann überhaupt nicht glauben, dass ich einen Blutalkoholgehalt von 1,6 ‰ gehabt haben soll.

Die Blutprobe muss vertauscht worden sein.

Wir haben vor der Fahrt ausgelost, wer fährt. Das Los ist auf mich gefallen.

Alle können bestätigen, dass ich in der Disco nur Cola getrunken habe. Zum Beweis benenne ich folgende Zeugen:

1. Artus Deckert, Brennerstr. 3 , Delitzsch
2. William Stafford, Hauptstr. 18, Delitzsch
3. Gianluca Gallo, Schumannstr. 5, Delitzsch

Ich bin auf meinen Führerschein angewiesen, weil ich schon um 5.30 Uhr bei meiner Arbeitsstelle, der Firma Brotback in … sein muss. Zu dieser Zeit fahren noch keine öffentlichen Verkehrsmittel. Ein Taxi kann ich mir nicht leisten. Schließlich ist eine Strecke 32 km lang. Es kann mich auch keiner meiner Kumpels mitnehmen; keiner arbeitet dort. Diese Woche hat mein Vater Urlaub. Da konnte er mich morgens hinbringen. Ab Montag geht das nicht mehr. Wenn ich nicht pünktlich bei der Arbeit erscheine, fliege ich. Das hat der Chef schon gesagt.

Hochachtungsvoll

Unterschrift

Die vorläufige Entziehung der Fahrerlaubnis ist aufzuheben, wenn ihr Grund weggefallen ist (z. B. weil kein Tatverdacht mehr besteht) oder wenn das Strafgericht im Urteil die Fahrerlaubnis nicht entzieht. Ein beschlagnahmter Führerschein ist dem Beschuldigten zurückzugeben, wenn der Richter im Ermittlungsverfahren die vorläufige Entziehung der Fahrerlaubnis ablehnt, aufhebt oder wenn das Gericht im Urteil die Fahrerlaubnis nicht entzieht.

4. Was einem Fahrer nach einer Sauftour noch alles blühen kann!

4.1 Ordnungswidrigkeit (0,5-Promille-Grenze)

Wird man mit „nur" 0,25 mg/l oder mehr Alkohol in der Atemluft oder mit 0,5 bis 1,09 Promille Alkohol im Blut oder anderen berauschenden Mitteln (Drogen, Psychopharmaka, Medikamente oder sonst berauschende Mittel) erwischt und

- hat man **keine** Auffälligkeiten beim Fahren (z. B. Schlangenlinien) gezeigt,

ist es nicht zu einem Unfall gekommen,

- muss man mit
- Bußgeld von bis zu 3.000 € (§ 24 a Abs. 3 StVG) und
- Fahrverbot bis zu drei Monaten (§ 25 StVG) sowie
- zwei Punkten in Flensburg (Anlage 13 FeV)

rechnen.

4.2 Straftaten

Eine Straftat der Trunkenheit im Verkehr (§ 316 StGB) liegt vor, wenn man

- als Radfahrer, Skateboard- und Inline-Skate-Fahrer mit einer Blutalkoholkonzentration (BAK) von mehr als 1,6 Promille oder
- als Kraftfahrer (einschließlich Mofa- und Baggerfahrer) mit einer Blutalkoholkonzentration (BAK) von 1,1 ‰ und mehr

im Straßenverkehr erwischt wird, ohne dass irgendetwas passiert ist! (sog. absolute Fahruntüchtigkeit)

Keine Ausnahme beim Fahren mit einem Elektroroller

Nachdem die E-Roller im Straßenverkehr zugelassen worden waren, bestand bei vielen Verkehrsteilnehmern die Vorstellung, dass die Kfz-Promillegrenzen nicht gelten. Sie besuchten die Party deshalb mit dem E-Roller und wunderten sich, dass sie auf der Rückfahrt von der Polizei zur Blutprobe angehalten wurden, die Weiterfahrt untersagt und ihr Führerschein beschlagnahmt wurde.

Man kann sich schon mit einem Gläschen Sekt strafbar machen!

Warum? Es gibt Menschen, die nur wenig Alkohol vertragen. Hat jemand bereits nach einem Glas Sekt, Wein oder Bier einen Schwips und baut auf Grund dieses Zustands einen Unfall, dann liegt nicht nur eine Ordnungswidrigkeit, sondern eine Straftat der trunkenheitsbedingten Straßenverkehrsgefährdung vor!

Folgen bei Verkehrsstraftaten

Bei sämtlichen unter Alkohol, Medikamenten oder Drogen begangenen Verkehrsstraftaten muss man neben der Beschlagnahme des Führerscheins und der vorläufigen Entziehung der Fahrerlaubnis mit folgenden Maßnahmen rechnen:

- Geldstrafe (§§ 40 ff. StGB) bei erwachsenen Ersttätern in leichten Fällen.
- Freiheitsstrafe (§§ 38, 39, 46 ff., 56 ff. StGB) bei erwachsenen bzw. Jugendstrafe (§§ 17 ff. JGG) bei jugendlichen und heranwachsenden Mehrfachtätern sowie in schweren Fällen, wenn es z. B. auf Grund der Alkohol bedingten Fahruntüchtigkeit zu einem Unfall mit Schwerverletzten und Toten kommt.
- Maßnahmen nach dem Jugendgerichtsgesetz bei Jugendlichen und Heranwachsenden, denen die erforderliche Reife fehlt (vgl. Kap. J4).
- Fahrverbot (§ 44 StGB) insbes. bei Mofafahrern.
- Entziehung der Fahrerlaubnis (§ 69 StGB).
- Führerscheinsperre (§ 69 a StGB) bei allen, die keine Fahrerlaubnis haben.
- Einziehung des Fahrzeugs (§ 74 StGB) bei besonders schweren Fällen und hartnäckigen Mehrfachtätern.
- Eintragung im Bundeszentralregister für Straftaten in Bonn (§§ 3 ff. BZRG).
- Eintragung im Verkehrszentralregister in Flensburg (§§ 28 ff. StVG).
- Medizinisch-psychologische Untersuchung („Idiotentest“) nach Ende der Sperrfrist und vor Neuerteilung einer Fahrerlaubnis (§ 20 FeV).

Achtung!

Man ist als Trunkenheitsfahrer in der Regel auch dran, wenn plötzlich ein (ebenfalls) betrunkener Fußgänger ins Auto torkelt. Das Mitverschulden eines Fußgängers wird dann meist nicht als Strafmilderungsgrund angesehen. Das hat das Bayerische Oberste Landesgericht in einem Fall entschieden, in dem einem angetrunkenen Autofahrer (1,85 ‰) auf einer unbeleuchteten Straße ein angetrunkener Fußgänger (1,65 ‰) auf dem Fahrbahnrand entgegengekommen war. Diesen hatte er übersehen; der Fußgänger war bei der Kollision mit dem Pkw gestorben (BayObLG Beschluss v. 25.1.1994, NJW 1994, 1358).

5. Fahrverbot – Garagenarrest für das Mofa!

Ist gegen einen selbst ein Fahrverbot verhängt worden, muss man für ein bis drei Monate sein Kraftfahrzeug in der Garage lassen. Wird man trotz Fahrverbotes beim Fahren auf einer öffentlichen Straße erwischt, macht man sich strafbar.

6. Endgültige Entziehung der Fahrerlaubnis

Die für die meisten Fahrerlaubnisklassen auf Lebenszeit erteilte Fahrerlaubnis kann von der Verwaltungsbehörde (nach § 46 FeV) oder dem Gericht (nach §§ 69, 69 a StGB) für die Dauer von sechs Monaten bis zu fünf Jahren – in Ausnahmefällen für immer entzogen werden, wenn jemand zum Führen von Kraftfahrzeugen ungeeignet ist. Man sollte sich anwaltlich beraten und vertreten lassen.

K. Sexualität, Aids, Schwangerschaft

I. Vor dem Sex zum Aidstest?

HIV ist vor allem in Blut, Sperma und Scheidensekret enthalten. Die Ansteckung erfolgt hauptsächlich durch ungeschützten Geschlechtsverkehr – dagegen können Kondome schützen – und durch infiziertes Blut, vor allem beim gemeinsamen Gebrauch von Spritzen.

1. Kann man von seinem Partner verlangen, dass Kondome benutzt werden oder dass beide zum Aidstest gehen?

Zwar hat ein Partner keinen Rechtsanspruch darauf, dass beim Geschlechtsverkehr ein Kondom benutzt oder zuvor ein Aidstest durchgeführt wird. Es ist eine Sache des Vertrauens. Kennt man sich noch nicht lange, weiß nicht, in welchen Kreisen der/die andere verkehrt, wie oft er/sie den/die Partner(in) wechselt, ist aber Vorsicht angesagt. Kondome dienen dem Schutz beider. Dafür hat jeder verantwortungsbewusste Mensch Verständnis. In der Regel will man möglichst lange leben, gesund bleiben, später vielleicht eine Familie gründen und gesunde Kinder haben. Will der andere partout nichts von Kondomen wissen, ist Misstrauen angesagt.

Insbesondere kann sich der andere strafbar machen, wenn er das Kondom während des GV heimlich weglässt. Denn erfolgt der GV nur deshalb einvernehmlich, weil der Partner zugesagt hat, ein Kondom zu benutzen, entfernt dann das Kondom heimlich während des GV und ejakuliert in den Körper des bzw. der Geschädigten, dann liegt – nach der Entscheidung des Kammergerichts Berlin vom 27. Juli 2020 (4 Ss 58/20 , juris) – ein sexueller Übergriff nach § 177 Abs. 1 StGB vor, der mit Freiheitsstrafe von sechs Monaten bis zu fünf Jahren bestraft wird. In einem solchen Fall hat man als geschädigte Person Anspruch auf Schadensersatz und Schmerzensgeld.

2. Welche Rechte kann man gegen seinen Sexualpartner und andere geltend machen, wenn man sich infiziert?

Wer einen anderen Menschen mit Aids durch Geschlechtsverkehr oder auf andere Art – z.B. durch eine infizierte Nadel bei Drogensüchtigen oder durch eine Bluttransfusion im Krankenhaus – infiziert, obwohl er weiß oder damit rechnen muss, dass er selbst infiziert ist oder dass das von ihm benutzte Gerät oder das übertragene oder Blut infiziert ist, begeht eine Körperverletzung. Er kann

1. zu einer hohen Freiheitsstrafe und
2. zur Zahlung von Schadensersatz, Schmerzensgeld bis zu 100.000 € und monatlichen Rentenzahlungen

verurteilt werden.

Schwierig ist häufig die Beweissituation. So muss man bei Übertragung durch Geschlechtsverkehr als Geschädigte(r) beweisen, dass der andere zum Zeitpunkt des Verkehrs Aids hatte, dies wusste oder zumindest ahnte. Man wird darüber hinaus glaubhaft darstellen müssen, dass man seit dieser Zeit mit niemanden Verkehr hatte, der infiziert war.

Hat man den begründeten Verdacht, von einem anderen wissentlich infiziert worden zu sein, sollte man bei der Polizei oder der Staatsanwaltschaft Strafanzeige wegen Körperverletzung stellen. Das ist schon deshalb wichtig, damit weitere Menschen geschützt werden.

II. Dringend empfohlen: Vor dem Sex zum Frauenarzt!

Um Risiken auszuschließen – insbesondere das Risiko der ungewollten Schwangerschaft – sollte man als Mädchen vor dem ersten Sex unbedingt einen Frauenarzt aufsuchen. Nur dieser kann nach der Untersuchung das individuell beste Verhütungsmittel vorschlagen und praktische Tipps zum Geschlechtsverkehr und zur Verhinderung von Aids geben.

1. Der Arztbesuch – müssen die Eltern davon erfahren?

Viele Mädchen scheuen sich davor, zum Frauenarzt zu gehen, weil sie neugierige Fragen der Eltern fürchten. Hier kann es ein gewisses Dilemma geben. Grundsätzlich darf eine Minderjährige nämlich nicht allein einen Arztvertrag abschließen. Sie müsste also vorher ihre Eltern um Erlaubnis bitten, zum Arzt gehen zu dürfen.

2. Keine Probleme bei der gesetzlichen Krankenversicherung

Ist die Familie in einer gesetzlichen Krankenkasse versichert, gibt es das Problem nicht. Dann kann die Minderjährige als Kassenpatientin nach Vollendung des 15. Lebensjahres selbständig Leistungen der gesetzlichen Krankenversicherung gegen Vorlage ihrer eigenen Krankenkassen-Chipkarte in Anspruch nehmen, ohne dass die Eltern hiervon etwas erfahren müssen, wenn es keine Besonderheiten gibt. Eine solche Besonderheit bestünde, wenn der Arzt bei der Routineuntersuchung eine schlimme Krankheit entdeckt, die dringend behandelt werden muss. Hier darf er nicht ohne Rücksprache mit den Eltern lebenswichtige Entscheidungen treffen; sich zum Beispiel für oder gegen eine Operation entscheiden. Abgesehen von einem solchen – hoffentlich nicht vorkommenden Ausnahmefall – kann eine Minderjährige ihren Arzt frei wählen und sich beraten lassen, ohne dass die Eltern dies direkt oder indirekt erfahren. Der Arzt steht unter ärztlicher Schweigepflicht. Selbst wenn ein Mädchen zum Frauenarzt der Mutter gehen würde, dürfte dieser der Mutter nichts von dem Besuch der Tochter erzählen. Der Arzt rechnet zudem direkt mit der Krankenkasse ab, so dass die Eltern auch keine Rechnung sehen.

3. Was ist, wenn die Eltern privat versichert sind?

Sind die Eltern in einer privaten Krankenkasse versichert, ist es unter Umständen schwieriger. Eltern müssen bei jedem Arztbesuch einen Vertrag mit dem Arzt schließen. Dieser schickt ihnen nach der Behandlung eine Rechnung. Die Eltern müssen die Rechnung bezahlen und können die Rechnung ihrer Krankenkasse und, wenn sie im öffentlichen Dienst tätig sind, der sog. Beihilfestelle einreichen. Sie erhalten dann von zwei verschiedenen Stellen Ersatz. Auf der Rechnung des Arztes ist die Diagnose vermerkt.

Hat man als Mädchen ein gutes Verhältnis zu den Eltern, dürfte es keine Schwierigkeiten geben, wenn man allein zum Frauenarzt möchte. Dann teilt man der Mutter etwa mit: „Ich melde mich beim Frauenarzt an. Du hast doch nichts dagegen?“ Ist die Mutter o. k., wird sie nicken und keine Fragen stellen.

Kann man voraussehen, dass sie tausend Fragen stellt, dann sollte man sich vorbereiten: Am besten besorgt man sich beim Gesundheitsamt, bei einer Krankenkasse oder beim Frauenarzt Informationsmaterial, aus dem sich ergibt, dass ein Mädchen spätestens dann, wenn die Regel begonnen hat, regelmäßig vom Frauenarzt untersucht werden sollte. Diese Informationsschriften sollte man der Mutter zeigen und ihr erklären, dass man als Mädchen jetzt mit regelmäßigen Frauenarztbesuchen beginnen möchte. Darauf hat man einen Anspruch. Wenn die Mutter das mit der Bemerkung vom Tisch fegt, sie selbst sei zum ersten Mal beim Frauenarzt gewesen, als die Tochter unterwegs gewesen sei, sollte man ihr klarmachen, dass man eben Angst um seine Gesundheit habe. Da Eltern verpflichtet sind, ihrer Tochter die übliche Vorsorge zukommen zu lassen, werden sie die Zustimmung zum Arztbesuch nicht verweigern können. Wenn alle Stricke reißen, muss sich der Arzt mit ihnen in Verbindung setzen.

Ist eine solche Auseinandersetzung zu nervig, kann man, wenn man vom Arzt nur die übliche Untersuchung und eine Beratung über Schwangerschaftsverhütung haben möchte, einen etwas unüblichen Weg wählen. Man erkundigt sich vorher bei ihm, was eine derartige Beratung kostet und bringt das Geld in bar mit. Vor Beginn der Untersuchung erklärt man ihm die Situation und bittet darum, die Beratung mit ihm sofort in bar abzurechnen. Dann handelt man innerhalb des „Taschengeldparagraphen“ (§ 110 BGB) und bewirkt die Leistung aus Mitteln, die einem zur freien Verfügung gestellt worden sind. Der Arzt darf dann den Eltern keine Rechnung schicken und sie erfahren nicht, dass man überhaupt beim Arzt war (Ausnahme: es wird eine schwere Erkrankung festgestellt und man hat eine Schweigepflichtsentbindung unterschrieben).

III. Was tun bei Schwangerschaft?

Ist die Schwangerschaft ärztlich festgestellt, dann heißt es erst einmal: Ruhe bewahren! Selten im Leben geht es um so wichtige Fragen wie jetzt. Ein neuer Mensch ist entstanden, der schon mit allen Körperteilen im Mutterleib lebt, Empfindungen hat und bereits alle Anlagen trägt, die du und dein Partner ihm vererbt haben. Sie müssen nur noch wachsen.

Die gesetzliche Situation

Ist eine Schwangerschaft eingetreten, ist das Kind auch auszutragen. § 218 StGB schützt dieses Leben. Er lautet: „Wer eine Schwangerschaft abbricht, wird mit Freiheitsstrafe bis zu drei Jahren oder mit Geldstrafe bestraft.“

Der Schwangerschaftsabbruch kann aber unter folgenden Voraussetzungen straflos sein (§ 218 a StGB):

- Die Schwangere verlangt den Abbruch und hat dem Arzt durch eine Bescheinigung einer nach dem Schwangerschaftskonfliktgesetz anerkannten Schwangerschaftskonfliktberatungsstelle nachgewiesen, dass sie sich mindestens drei Tage vor dem Eingriff hat beraten lassen;
- Der Schwangerschaftsabbruch von einem Arzt vorgenommen wird;
- Seit der Empfängnis nicht länger als zwölf Wochen vergangen sind.

Ein Schwangerschaftsabbruch ist ausnahmsweise nicht rechtswidrig (§ 218 a StGB), wenn

- die Austragung der Schwangerschaft ein erhebliches gesundheitliches Risiko für die Schwangere darstellt (medizinische Indikation).
- die Schwangerschaft auf Grund einer Vergewaltigung entstanden ist.

- der Schwangerschaftsabbruch nach Beratung durch eine nach dem Schwangerschaftskonfliktgesetz anerkannte Schwangerschaftskonfliktberatungsstelle von einem Arzt vorgenommen wird und seit der Empfängnis nicht mehr als 22 Wochen verstrichen sind. Das kann der Fall sein, wenn sich während der Schwangerschaft herausstellt, dass das Kind behindert ist.

Ist Abtreibung wirklich die Alternative?

Wie man sich in dieser Situation auch entscheidet: Es ist eine Entscheidung mit lebenslangen Auswirkungen; und zwar nicht nur, wenn das Kind zur Welt kommen soll. Viele Frauen – und mancher Mann – werden oft lange von Schuldgefühlen und Angstträumen verfolgt, wenn sie abgetrieben haben. Je jünger ein Mädchen ist, umso eher kann indes die medizinische Notwendigkeit bestehen, die Schwangerschaft abzubrechen.

Zwei wichtige Fragen, die immer wieder von betroffenen Jugendlichen gestellt werden:

Jessica möchte das Kind unbedingt behalten. Darf man es ihr nehmen?

Nein! Wer die Schwangerschaft gegen den Willen der Schwangeren abbricht, macht sich strafbar und wird mit Freiheitsstrafe von sechs Monaten bis zu fünf Jahren bestraft (§ 218 Abs. 2 StGB)!

Wenn Jessica mindestens 16 Jahre alt ist, gilt das ausnahmslos.

Ist Jessica jünger, können sich ihre gesetzlichen Vertreter ausnahmsweise dann über ihren Willen hinwegsetzen, wenn ihr bei Austragung schwerste Gesundheitsschäden oder gar der Tod drohen.

Kann keine Einigung erzielt werden, sollte am besten das Vormundschaftsgericht angerufen werden. Die Entscheidung des Vormundschaftsgerichts wird unter anderem von dem Eindruck abhängen, den Jessica als Mutter macht. Hat sie eine Vorstellung, wie das Leben mit dem Kind aussehen kann, oder was es tatsächlich bedeutet, große Gesundheitsschäden in Kauf zu nehmen, wird das Gericht Jessicas Willen respektieren. Hat das Gericht aber den Eindruck, dass Jessica doch noch nicht alles überblickt, was auf sie zukommt, dann wird es eine eigene Entscheidung treffen.

Jessica hat sich nach einer Beratung für den Schwangerschaftsabbruch entschieden, ihre Eltern sind aber dagegen.

Lehnen die Eltern im Gegensatz zur Schwangeren und trotz Vorliegens einer Indikation den Eingriff ab, kann das Vormundschaftsgericht den Eltern das Entscheidungsrecht für den konkreten Fall entziehen und es einem Pfleger übertragen.

L. Drogen, Gewalt und andere Kriminalität. Grundzüge des Jugendstrafverfahrens

I. Drogen machen dich nicht an, sondern nur fertig

1. Was sind Drogen?

Drogen sind laut Duden „pflanzliche, tierische oder mineralische Rohstoffe für Heilmittel, Stimulanzen oder Gewürze" und „Rauschgifte". Rauschgift ist ein Stoff, der einen Rausch erzeugt.

2. Legale und illegale Drogen

Legale Drogen, wenn auch nicht immer für jede Altersgruppe und für jedermann zugänglich, sind in der Gesellschaft integriert. Obwohl sie missbraucht werden und abhängig machen können, ist ihr Gebrauch nicht strafbar. Zu den legalen Drogen gehören:

- Nikotin;
- Koffein, z. B. Kaffee, Cola;
- Alkohol, z. B. Alkopops, Bier, harte Spirituosen;
- Medikamente, z. B. schmerzstillende Mittel (Analgetica), Beruhigungsmittel (Tranquilizer), Schlaf- und Beruhigungsmittel (Barbiturate), Ritalin (Leistungssteigerung; Hirndoping) und Medikamente gegen Depressionen (Antidepressiva).

Bei den illegalen Drogen handelt es sich überwiegend um Rauschgifte bzw. Betäubungsmittel, die allenfalls unter strengsten staatlichen Kontrollen in der Medizin als Arzneimittel eingesetzt werden dürfen. Zu den illegalen Drogen gehören

- Opiate, z. B. Opium, Orpheum, Heroin und Methadone;
- Aufputschmittel, z. B. Kokain, Crack, Amphetamine (Speed);
- Halluzinogene, z. B. Cannabis (Haschisch), Marihuana, LSD, Designerdrogen (Ecstasy).

3. Einmal Drogen, immer Drogen!

Ob legal oder illegal. Die meisten Drogen können im Übermaß genossen

- süchtig machen.
- arm machen und in die Verschuldung treiben.
- furchtbare Unfälle verursachen.
- die Gesundheit schädigen; u. a. Leber, Herz und Gehirnzellen zerstören.
- das Wesen verändern, insbesondere aggressiv, manisch oder depressiv machen.
- kriminell machen. Eine starke Sucht kann Hemmungen so weit herabsetzen, dass der Süchtige selbst vor Kriminalität nicht zurückschreckt (Beschaffungskriminalität). Wer drogenabhängig ist und „einen Affen schiebt", d. h. der sich „auf Entzug" befindet, weil er seine Spritze braucht, tut **alles**, um erst an Geld und damit an Stoff zu kommen.
- Familiendramen verursachen.
- arbeitslos machen.
- den unaufhaltsamen Abstieg in die Prostitution, Kriminalität, Unterwelt und Gosse bewirken.
- tödlich sein.
- manchmal schon beim ersten Mal abhängig machen.
- Dealer reich machen.

4. Erste Hilfe, Tod und unterlassene Hilfeleistung!

Jährlich gibt es viele Alkohol- und Drogentote. Oftmals sterben nicht die „ohnehin kaputten Typen", sondern die, die es mal probieren wollen. Ursache können Kreislaufzusammenbrüche und Schocks auf Grund zu hoher Dosierung sein.

Sofort Arzt rufen!

Wenn man sieht, dass es einem anderen nach Alkohol- oder Drogenkonsum dreckig geht, muss man dringend einen Arzt rufen!

Alkohol und Drogen sind unberechenbar. Der Tod kann verdammt schnell eintreten!

Was tun beim Alkohol- oder Drogentod des Freundes?

Neben der Trauer hat man einen ganzen Sack voller Probleme.

Muss man sich wegen unterlassener Hilfeleistung verantworten?

In der Regel wird ein Ermittlungsverfahren eingeleitet und diejenigen als Beschuldigte wegen Verdachts der unterlassenen Hilfeleistung eingetragen, die beim Ableben des Freundes anwesend waren und nicht rechtzeitig einen Notarzt verständigt haben.

Beim Drogentod wird die Polizei intensive Ermittlungen darüber anstellen, woher die Drogen stammen, wer von wem wie viel zu welchem Preis besorgt hat, woher das Geld für die Drogen stammt und vieles mehr.

Braucht man einen Anwalt?

Ein Anwalt ist empfehlenswert.

5. Weitere Infos zu illegalen Betäubungsmitteln

5.1 Gibt es ein Recht auf Rausch?

Nein. Das hat das Bundesverfassungsgericht in seinem Beschluss vom 9. März 1994 ausdrücklich verneint (2 BvL 43/92 = NJW 1994,1577).

5.2 Gibt es ungefährliche Drogen?

Bei Haschisch streiten sich die Experten. Ecstasy kann nachgewiesenermaßen gefährlich sein. Es hat Ecstasytote gegeben, weil der Kreislauf zusammengebrochen war. Im Kap. Straßenverkehr wurde bereits auf weitere Gefahren von Ecstasy hingewiesen.

Der BGH hat in seinem Beschluss vom 20. Dezember 1995 – 3 StR 245/95 (= NJW 1996, Heft 5, Seite XII) "auf die mögliche nachhaltige Störung der Persönlichkeitsentwicklung von Jugendlichen durch den Haschischgenuss und auf die durch den Cannabisgebrauch entstehenden Gefahren für den Straßenverkehr hingewiesen. Hinsichtlich des sog. „Umsteigeeffekts“ hat er ausgeführt, dass nach neueren Schätzungen insgesamt ca. 5 % aller Jugendlichen, die Erfahrung mit Cannabis haben, zu härteren Drogen greifen. Dem entspricht, dass in den dem BGH vorgelegten Strafakten immer wieder „Drogenkarrieren“ festgestellt werden, in denen vor dem Gebrauch harter Drogen Haschisch genommen wurde. Schließlich muss berücksichtigt werden, dass gerade Jugendliche in Versuchung kommen, Haschisch zu konsumieren und sich so an den Gebrauch verbotener Drogen zu gewöhnen.“

5.3 Was ist strafbar?

In den §§ 29 ff. Betäubungsmittelgesetz (BtMG) ist in langen Listen aufgeführt, was beim Umgang mit Betäubungsmitteln strafbar ist und wie viel Strafe dafür verhängt werden kann.

Mit Freiheitsstrafe bis zu fünf Jahren kann bestraft werden, wer Betäubungsmittel unerlaubt anbaut, herstellt, mit ihnen Handel treibt, sie, ohne Handel zu treiben, einführt, ausführt, veräußert, abgibt, sonst in den Verkehr bringt, erwirbt oder sich in sonstiger Weise verschafft. Wer das gewerbsmäßig macht oder als Person über 21 Jahren Betäubungsmittel an eine Person unter 18 Jahren abgibt, muss mit Freiheitsstrafe zwischen einem und fünfzehn Jahren rechnen.

5.4 Kann beim Eigengebrauch von der Strafverfolgung abgesehen werden?

Nach § 29 Abs. 5 und § 31 a Abs. 1 S. 2 BtMG **kann** – aber muss nicht – von der Strafverfolgung bzw. der Bestrafung abgesehen werden, wenn ein Probierer oder Gelegenheitskonsument Betäubungsmittel lediglich zum Eigengebrauch in geringer Menge anbaut, herstellt, einführt, ausführt, durchführt, erwirbt, sich in sonstiger Weise verschafft oder besitzt.

5.5 Was ist eine geringe Menge?

Es gibt in Deutschland keine einheitlichen Richtlinien darüber, was unter einer geringen Menge Betäubungsmittel bei Eigenverbrauch zu verstehen ist. Die meisten Staatsanwaltschaften sehen bei Ersttätern bis zu 10 Gramm Cannabis von einer Verfolgung ab. Einige Länder haben ihren Staatsanwaltschaften in einer Richtlinie die Einstellung des Verfahrens bei Mengen bis zu 6 Gramm Cannabis und bis zu 1 Gramm Heroingemisch vorgeschrieben[5].

II. Gewaltdelikte

1. Gewalt ist nicht geil, nur teuer

Wann gilt man als Schwächling?

- Wenn man sich nicht traut, über seine Wünsche zu sprechen, deshalb Frust schiebt und zuschlägt.
- Wenn man dem Cliquenzwang folgt und zuschlägt, um als „mutig“ zu gelten.

5 im Einzelnen vgl. Körner, Betäubungsmittelgesetz, § 31 a RN 28–33

Wann gilt man als dumm?

- Wenn einem nichts Besseres einfällt, als die Faust zu benutzen.
- Wenn man sich zur Gewalt provozieren lässt.

Wann ist man unfair?

- Wenn man Schwächere angreift.

Wann muss man Schadensersatz und Schmerzensgeld zahlen?

- Wenn man mindestens 7 Jahre alt ist und einen anderen durch Unachtsamkeit oder vorsätzlich verletzt.

Wann macht man sich strafbar?

- Wenn man mindestens 14 Jahre alt ist und einen anderen durch Unachtsamkeit oder vorsätzlich verletzt.

Was tun bei Aggressionen, Hass und Wut?

Auch wenn's dich treibt vor Wut zu kochen,
sei dir empfohlen, gut zu kochen! ***(Eugen Roth)***

Umorientierung:

Wenn man trotzdem nicht mehr an sich halten kann, dann sollte man laut schreien; und wenn das nicht hilft, dann

- lieber die Flasche auf dem Fußboden zertrümmern, als auf dem Kopf des Kumpels.
- lieber die Sau auf dem Schrottplatz rauslassen, als auf der Straße.
- lieber in vulgären Worten schwelgen, als in brutalen Taten.

Was tun bei Langeweile?

Konstruktion statt Destruktion:

Bevor man vor Langeweile eingeht und vor Kraft platzt, sollte man etwas Sinnvolles tun.

- besser mit Ausländern kochen, statt gegen sie zu hetzen.
- besser die Kraft zur Rettung, als zum Überfall einsetzen.
- besser mit dem Fußball ins Tor, als in die Fensterscheibe schießen.

2. Strafrechtliche und zivilrechtliche Folgen von Gewalt im Überblick

Gewalt hat meist teure strafrechtliche und zivilrechtliche Folgen. Der Täter wird vom Strafrichter bzw. vom Jugendrichter zu einer Kriminal-/Jugendstrafe und vom Zivilrichter zu Schadensersatz und Schmerzensgeld verurteilt. Es erfolgt bei

- Gewalt gegen Personen: Geld- oder Freiheitsstrafe wegen Körperverletzung bzw. wegen schwererer Delikte wie Raub, Totschlag usw.; Verurteilung zu Schadensersatz, Schmerzensgeld und Rente, wenn ein Mensch aufgrund der Verletzung nicht mehr voll arbeiten kann.
- Gewalt gegen Tiere: Geld- oder Freiheitsstrafe wegen Verstoßes gegen das Tierschutzgesetz und eventuell wegen Jagdwilderei; Verurteilung zu Schadensersatz.
- Gewalt gegen Sachen: Geld- oder Freiheitsstrafe wegen Sachbeschädigung; Verurteilung zu Schadensersatz.

3. Gewalt mit Waffen und Sprengstoffen

Werden Gewalttaten mit Gegenständen begangen, die nach dem Waffen- oder nach dem Sprengstoffgesetz verboten sind, steigt die Strafe meist um ein Vielfaches an.

Oft ist schon der Besitz derartiger Gegenstände strafbar, selbst wenn man sie nur zum „Selbstschutz“ angeschafft hat, wie folgendes Beispiel zeigt.

Elias (16) will nicht zur Schule gehen. Seine Mutter hat gerade den Elektroschocker, das Butterflymesser und die Feuerwerkskörper in seiner Schultasche entdeckt und einfach weggenommen. Lange hatte er darauf gespart. Endlich wollte er in der Klasse als stark gelten. Wollte sich wehren können, wenn er von Kai und dessen Leuten auf dem Schulweg vom Fahrrad geholt und um Geld erpresst würde. Wollte dazugehören, wenn die anderen einen Papierkorb auf dem Schulhof „so aus Spaß“ in die Luft sprengen würden. Was tun? Durfte die Mutter ihm die Sachen überhaupt wegnehmen? Ist es denn verboten, solche Gegenstände zu besitzen? Schließlich ist er schon 16!

Elias Mutter hat richtig gehandelt. Alle Gegenstände, die sie „beschlagnahmt“ hat, unterliegen den Bestimmungen des Waffengesetzes oder des Sprengstoffgesetzes und sind für junge Menschen unter 18 Jahren verboten.

Unter das Waffengesetz (WaffG) fallen Waffen, Munition, Geschosse und sonstige verbotene Gegenstände. Zu den Waffen gehören Schusswaffen, Hieb- und Stoßwaffen (z. B. Schlagring, Stahlrute, Nunchaku), Stichwaffen (z. B. Faustmesser, Stoßdolch,

Gürtelmesser, Spring- und Fallmesser, Butterflymesser, Springmesser mit folgenden Merkmalen: länger als 8,5 cm, in der Mitte schmaler als 20 % ihrer Länge, zweiseitig geschliffen, kein durchgehender Rücken, der sich zur Schneide hin verjüngt.). Zu den sonst verbotenen Waffen/Gegenständen gehören Präzisionsschleudern, Wurfsterne, Elektroschocker, Reizstoffsprühgeräte ohne Prüfzeichen.

Einige Gegenstände, wie etwa Gas- und Schreckschusspistolen mit **PTP-Kennzeichnung** dürfen ab 18 Jahren erworben und besessen werden.

Erlaubt ist auch das Üben mit bestimmten Waffen im Rahmen eines Sportschützenvereins unter Aufsicht.

Der vollständige Text des Waffengesetzes kann unter www.bmi.bund.de heruntergeladen werden. Bei weiteren Fragen sollte man sich bei der zuständigen polizeilichen Beratungsstelle erkundigen.

Das gilt auch für Gegenstände und Stoffe, die dem Sprengstoffgesetz unterliegen: Explosivstoffe, Zündmittel, Anzündmittel, pyrotechnische Gegenstände, Fundmunition und Sprengzubehör. Jedes Jahr passieren schreckliche Unfälle mit selbst gebastelten Böllern, bei denen junge Leute Hände oder das Augenlicht verlieren oder gar sterben.

Die Hausordnungen von Schulen, Diskotheken und Jugendclubs verbieten in der Regel die Mitnahme jeglicher Waffen. Dazu haben sie als Hausherr das Recht. So dürfen sie selbst die Mitnahme von Gegenständen verbieten, die nach dem Waffenrecht erlaubt sind, wie etwa Regenschirme, Glasflaschen usw.

Psychologen haben festgestellt: Wer es nötig hat, mit einer Waffe oder mit Feuerwerkskörpern in die Schule, in die Disco oder in den Jugendclub zu ziehen, outet sich zugleich als Feigling. Denn wer es nötig hat, eine Waffe zu tragen, gibt zu erkennen, dass er schwach und ängstlich ist. Elias wäre besser beraten, wenn er sich bei einer Selbstverteidigungssportgruppe anmeldet. Dort lernt er, wirklich stark zu sein. Er braucht Kai und dessen Leuten dann nicht mehr fürchten!

4. Warum rechte und sonst extremistische Gewalt so gefährlich ist

4.1 Als Schwacher auch mal Macht ausüben wollen

Viele junge Leute fühlen sich zu Neonazis, Skinheads und sonstigen „Rechten“ hingezogen, weil ihnen zunächst Gemeinschaftsgefühl vermittelt wird und das Gefühl, jemand zu sein. Schwache Persönlichkeiten genießen es, durch ein Furcht erregendes Outfit – Glatze, Bomberjacke und Springerstiefel mit z. T. eingearbeiteten Stahlkappen – und gewalttätiges Auftreten, Angst zu verbreiten und dadurch endlich einmal Macht über andere zu haben. Die meisten erkennen dabei aber nicht, dass sie in Wirklichkeit ihre eigene wirtschaftliche, soziale und gesellschaftliche Existenz massiv gefährden.

4.2 Was ist Rechtsextremismus eigentlich genau?

Rechtsextremisten verneinen die in den internationalen Menschenrechten festgehaltene fundamentale Gleichheit aller Menschen. So sind für sie Schwarze oder sonst Menschen anderer Hautfarben oft keine Menschen, sondern „Abschaum", denen man als „Herrenmensch" nicht einmal die Hand geben kann, will man sich nicht verunreinigen. Für sie sind Menschen durch biologische oder kulturelle Herkunft also soweit vorgeprägt, dass eine friedliche, gleichberechtigte und selbstbestimmte Koexistenz unter ihnen nicht möglich ist. Daraus werden bestimmte Freund-Feind-Haltungen als naturnotwendig abgeleitet, was praktisch immer zu einer Intoleranz gegenüber bestimmten Menschengruppen führt. In der weiteren Konsequenz folgt daraus die Ablehnung eines toleranten Meinungspluralismus als eine die „Volksgemeinschaft" „zersetzende" Institution, die durch autoritäre Führungsstrukturen zu ersetzen sei, wie dies im Nationalsozialismus praktiziert wurde. Weitere Konsequenzen sind u. a.:

- offener oder verdeckter Rassismus und Antisemitismus;
- Geschichtsverleugnung, die den NS-Staat verharmlost oder gar als Vorbild verherrlicht und seine Verbrechen, insbesondere den Holocaust, relativiert oder gar leugnet;
- Fremdenfeindlichkeit, oft als massiver, aktiver Hass gegen Ausländer;
- ein genereller Hang zur Gewaltbereitschaft, meist durch gewaltbereite Neonazis.

4.3 Hunger, Armut und Elend

Würden sich in Deutschland politisch rechtsextreme Kräfte mit diesem Gedankengut durchsetzen, würde Deutschland von der Weltgemeinschaft sofort isoliert. Der Wirtschaftsstandort Deutschland würde sofort zusammenbrechen, die weltweiten Handelsbeziehungen und technologischen Gemeinschaftsprojekte sofort eingefroren und die internationalen Datenautobahnen einfach vom Netz abgehängt. Deutschland könnte sich nicht allein ernähren. Hunger, Armut und Elend wären angesagt. Die Frage ist, ob man eine solche Selbstzerstörung anstrebt.

4.4 Kein Entrinnen aus rechten Gewaltgruppen

Wenn Mitglieder rechter Gruppen erst einmal merken, dass sie in der Gruppe selber eigentlich nichts zu sagen haben, sondern nur für die politischen Ziele bestimmter rechter Intellektueller ausgenutzt werden sollen, deren Ziel der „totale Angriff gegen Staat und Gesellschaft“[6] ist, ist es meist zu spät, sich aus dieser Falle zu befreien. Wer einmal in die rechte Szene geraten ist, kann sich daraus kaum noch gefahrlos verabschieden, weil er zu viel weiß. Er muss mit schlimmsten Repressalien gegen sich und seine Familie rechnen und wird in dieser Situation häufig gezwungen, brutale Straftaten, wie Raubüberfälle, zu begehen, damit er selbst erpressbar wird und nicht mehr aussteigen kann, ohne Gefahr zu laufen, eine hohe Strafe zu riskieren.

4.5 Wie Mitläufer Nico von seinen Kameraden fertig gemacht und dann vom Landgericht verurteilt wurde

Ein typisches Beispiel: Der 15-jährige Nico langweilte sich in seinem Heimatdorf in Brandenburg, hatte wenig Kontakt zu Gleichaltrigen und fühlte sich in seiner Familie nur rum-kommandiert. Auch die Schule nervte ihn mit schlechten Noten und Verweisen. Da wurde er eines Tages von einem Mitschüler angesprochen, ob er Lust hätte, mal mit in seine Clique zu kommen. Sie träfen sich meist abends, hörten gemeinsam Musik und hätten viel Spaß miteinander. Er brauche auch keine Angst zu haben, wegen seines kleinen Sprachfehlers gehänselt zu werden. Anfänglich fühlte sich Nico wohl. Die Cliquenmitglieder waren sofort nett zu ihm. Seine Umwelt schien mehr Respekt vor ihm zu haben, als er seinen Kopf glattrasieren ließ und auch sonst sein Outfit änderte. Irgendwann hieß es, es sollen „gefährliche“ Ausländer in ein Nachbardorf gezogen sein, die deutschen Frauen nachstellen, in Geschäften klauen und den Deutschen die wenigen Ausbildungs- und Arbeitsplätze wegnehmen. Natürlich war es für seine Kameraden „Ehrensache“ zu „helfen“. Am verabredeten Abend hörten alle erst einmal laute „rechte Musik“, tranken Alkohol und heizten sich gegenseitig auf. Gegen Mitternacht sprangen sie in Autos und auf Motorräder und fuhren unter Absingen lauter Hassparolen „Ausländer raus“ in das Nachbardorf. Als sie am Asylbewerberheim vorbeikamen, warfen sei mitgebrachte Steine und Feuerwerkskörper in die Fensterscheiben. Zwar entstanden nur Sachschäden; Nico war aber durch diesen Vorfall so schockiert, dass er sofort aus der Clique aussteigen wollte. Da änderte sich der Ton der Mitglieder plötzlich gewaltig. Nico wurde als Verräter beschimpft und geschlagen. Als er sich bei der nächsten „Hilfsaktion“ gegen Ausländer nicht beteiligen wollte, wurde ihm gedroht. Wenn er aussteige, könne er nirgends

6 Richard Stöss, Ideologie und Strategie des Rechtsextremismus, in: Rechtsextremismus in der Bundesrepublik Deutschland, Bundeszentrale für politische Bildung, Bonn 2000, S. 125 m. w.Nachw.

mehr sicher sein. Überall und zu jeder Zeit würde man ihm auflauern. Tatsächlich wurde er in der Folgezeit stets verfolgt, oder es stand plötzlich eine bedrohlich aussehende Gestalt mit einem geöffneten Messer vor ihm. Also wirkte er auch beim nächsten und übernächsten ausländerfeindlichen Anschlag mit. Als er nach einigen Monaten mit seinen Nerven fast am Ende und auf dem Weg zur Polizei war, um reinen Tisch zu machen, wurde er kurz vor dem Polizeigebäude abgefangen, auf die Straße geschubst, ins Gesicht getreten und mit einer Metallkette geschlagen. So und noch viel schlimmer gehe es Verrätern. Er solle nun endlich zur „Vernunft" kommen und mehr für die Gemeinschaft tun. Sie brauchten dringend Geld. Zigaretten und Alkohol. Das müsse erst mal wieder besorgt werden. Er sei dafür „ausgesucht", heute in die Tankstelle „einzureiten", um Kasse zu machen. Nico beteiligte sich also auch am Tankstellenüberfall, der „erfolgreich" lief, nachdem Nico vorher klargemacht wurde, dass er „dran glauben müsse", wenn etwas schief laufen sollte. Auch beim zweiten Raubüberfall wurde die Clique mit Nico nicht entdeckt. Als die Clique kurz darauf eine dritte Tankstelle überfallen wollte, wurde sie gefasst. Der inzwischen 17 Jahre alte Nico wurde von der großen Jugendstrafkammer des Landgerichts wegen einer Vielzahl von Delikten zu einer hohen Jugendstrafe verurteilt. Bestraft wurden u. a. seine Beteiligung an den Raubüberfällen, den ausländerfeindlichen Übergriffe wegen Landfriedensbruch (§ 125 Strafgesetzbuch = StGB) und Volksverhetzung (§ 130 StGB) einschließlich Sachbeschädigungen und Beleidigungen. Seine Eltern saßen weinend auf der Zuschauerbank.

4.6 Kann man auch bestraft werden, wenn man sich in einer rechten Gruppe nur aufhält?

Ja, wenn in der rechten Gruppe typische Straftaten begangen werden, die den demokratischen Rechtsstaat gefährden.

4.7 Mitgliedschaft in einer für verfassungswidrig erklärten Partei oder sonstigen Organisation

So sind Mitgliedschaft, Unterstützung oder Mitwirkung in einer verbotenen Vereinigung nach § 84 StGB (bei verbotenen Parteien) und nach § 85 StGB (bei anderen Organisationen) – bis zu fünf Jahren Freiheitsstrafe – strafbar.

Zu den verbotenen verfassungswidrigen Organisationen gehören[7]:

Aktionsfront Nationaler Sozialisten/Nationale Aktivisten ,einschl. Aktion Ausländerrückführung – Volksbewegung gegen Überfremdung und Umweltzerstörung <AAR> sowie Freundeskreis Deutsche Politik <FK»	ANS/NA
Bund Deutscher National-Sozialisten (Wille und Weg)	BDNS
Besseres Hannover	
Betreiberverein des Internetportals Altermedia Deutschland	
Blood & Honour Division Deutschland	
Bund Nationaler Studenten	BNS
Collegium Humanum e. V., einschließlich: Bauernhilfe e. V.	CH
Combat 18	
Deutsche Alternative	DA
Deutscher Kameradschaftsbund Wilhelmshaven	DKB
Europafront	
Europäische Befreiungsfront	
Fédération d'Action Nationale et Européenne	F. A. N. E.
Freiheitliche Deutsche Arbeiterpartei	FAP
Freundeskreis für Deutschland	FFD
Freies Netz Süd als Ersatzorganisation der verbotenen Vereinigung „Fränkische Aktionsfront" (F. A. F.)	FNS
Freie Kräfte Teltow-Fläming	
Frontbann 24	
Geeinte deutsche Völker und Stämme, einschließlich: Osnabrücker Landmark	GdVuSt
Hamburger Sturm	
Heimattreue Deutsche Jugend	HDJ
Heide-Heim e. V. und Heidenheim e.V	
Hilfsorganisation für nationale politische Gefangene und deren Angehörige	HNG
Heimattreue Vereinigung Deutschlands	HVD
Direkte Aktion Mitteldeutschland	JF

7 Quelle: Bundesamt für Verfassungsschutz. Rechtsextremismus. Symbole, Zeichen, verbotene Organisationen. 2018

Junge Front	JF
Kameradschaft Aachener Land	
Kameradschaft Hamm	
Kameradschaft Oberhavel	
Kameradschaft Walter Spangenberg	
Kampfgruppe Großdeutschland	
Kameradschaft „Mecklenburgische Aktionsfront“	M.A.F.
Nationale Sozialisten Döbeln alias Division Döbeln bzw. Initiative für Döbeln oder Freies Döbeln, einschließlich Band „Inkubation“	
Nationaler Widerstand Dortmund	
Nationaler Block	NB
Nationalistische Front	NF
Nationale Liste	NL
Nationale Offensive	NO
Nordadler	
Nationale Sammlung	NS
Nationale Sozialisten Chemnitz alias Interessengemeinschaft Chemnitzer Stadtgeschichte alias Aktionsgruppe Raus in die Zukunft	NSC
Nationalsozialistische Deutsche Arbeiterpartei sowie deren Gliederungen und angeschlossene Verbände, u. a.: SS, SA, HJ, DAF, NSV	NSDAP
Phalanx 18	
Skinheads Allgäu	
Sozialistische Reichspartei	SRP
Sturm 18 e.V.	
Verein zur Rehabilitierung der wegen Bestreitens des Holocaust Verfolgten	VRBHV
Volkssozialistische Bewegung Deutschlands/Partei der Arbeit	VSBD/PdA
Wehrsportgruppe Hoffmann	
Weisse Wölfe Terrorcrew	
Widerstandsbewegung in Südbrandenburg	
Wiking Jugend	WJ

4.8 Verbreitung von Propagandamitteln und Verwendung nationalsozialistischer Kennzeichen

Das Verbreiten von Propagandamaterial verfassungsfeindlicher Organisationen (§ 86 StGB), z. B. Naziparolen und Flugblätter, sowie das Verwenden von Kennzeichen verfassungswidriger Organisationen (§ 86 a StGB), z. B. Hakenkreuze, Sigrunen, Reichskriegsflagge und andere Nazisymbole, können mit Freiheitsstrafe bis zu drei Jahren bestraft werden.

4.9 Gewaltverherrlichende Musik

Die rechte Musikszene mit Rechtsrockfestivals, „NS-Rap" und dem „National Socialist Hardcore" liefert Sound für Hass und Hetze. Viele Titel sind nicht nur als Jugend gefährdend eingestuft, weshalb sie dem Herstellungsverbot, dem Vertriebsverbot, dem Veröffentlichungsverbot, dem Einführverbot und dem Werbeverbot i. S. d. § 15 JuSchG unterliegen, sondern ihre Verbreitung ist meistens auch nach dem Strafgesetzbuch strafbar (§§ 86 a, 130, 131 StGB).

4.10 Ausländerfeindliche Hetze und die Leugnung von Naziverbrechen

werden in § 130 StGB mit Freiheitsstrafe bis zu fünf Jahren bestraft. Wegen „Verunglimpfung des Andenkens Verstorbener" kann nach § 189 StGB mit Freiheitsstrafe bis zu zwei Jahren bestraft werden, werden u. a. die im Nationalsozialismus ermordeten Juden verleumdet.

5. Was tun, wenn man Opfer von Gewalt wird?

5.1 Darf man zurück hauen, wenn man geschlagen wird?

Bei Notwehr oder Nothilfe ja. Nach § 32 StGB handelt nicht rechtswidrig, wer eine Tat begeht, die durch Notwehr geboten ist. Notwehr ist die Verteidigung, die notwendig ist, um einen aktuellen Angriff von sich oder einem Dritten (z. B. deinem Freund = Nothilfe) abzuwenden.

Man darf demnach nicht zurückschlagen, wenn

- einem der Angreifer unterlegen ist;
- man etwas mit (Schimpf)Worten erreichen kann;
- der Angriff letzte Woche war.

Außerdem darf man nur so fest zurückschlagen, soweit es zur Abwehr des Angreifers erforderlich ist.

5.2 Was tun, wenn Skins brutal zuschlagen?

Der 16 Jahre alte türkische Junge Ali ist abends auf dem Weg vom Sportverein nach Hause. Da schlagen ihn fünf Skinheads mit den Worten „Du Ausländerschwein, du widerlich stinkender Parasit, hau ab, hier ist ausländerfreie Zone" brutal zusammen. Ali erleidet eine Gehirnerschütterung. Seine Jacke ist zerrissen, sein Handy, das ihm bei dem Überfall aus der Hosentasche gefallen ist, kaputt und sein Sportbeutel, den die Skins im hohen Bogen weggeworfen haben, verschwunden.

Schlimm zugerichtet wird auch der 17 Jahre alte Martin. Er ist zufällig vorbeigekommen und Ali während des Überfalls zur Hilfe geeilt. Ein Skin versetzt ihm einen derart heftigen Faustschlag, dass er einen Kiefernbruch erleidet und seine Brille und sein MP-3 Player zerbrechen.

Zwei Skinheads werden später festgenommen; drei können unerkannt fliehen.

Ali und Martin fragen: Haben wir Anspruch auf Wiedergutmachung? Wie können wir diese Ansprüche durchsetzen?

Antwort. Ja, beide haben Ansprüche. Zur Durchsetzung empfehlen sich folgende Schritte:

1) Sofort Polizei rufen, den genauen Hergang schildern und zur Aufklärung beitragen, z. B. genaue Täterbeschreibung geben, nach Zeugen suchen, Beweismittel sicherstellen, möglichst Fotos machen.

2) Strafanzeige erstatten und Strafantrag (Ali wegen Beleidigung und gefährlicher Körperverletzung; Martin wegen gefährlicher Körperverletzung) stellen, auch wenn die Täter unbekannt sind. Sich von der Polizei das Aktenzeichen und das Infoblatt über die Geltendmachung der Rechte als Nebenkläger und Entschädigung als Verletzter im Strafprozess geben lassen.

3) Die Sache sofort der eigenen Kranken-, Unfall- und Haftpflichtversicherung melden.

4) Sich von der Polizei Namen und Anschrift der Täter geben lassen und diese schriftlich (Einschreiben mit Rückschein) zu Schadensersatzleistungen auffordern. Es kommt nicht darauf an, dass alle Täternamen bekannt sind, denn jeder der – hier fünf – Täter des Überfalls haftet für den gesamten Schaden, egal, ob er selbst die Faust geführt hat oder nur dabei war. Er kann später von seinen Mittätern Ausgleich verlangen.
   Ali könnte verlangen: Ersatz für Jacke, Handy, Sportzeug; eventuell Verdienstausfall; Schadensersatz wegen Beleidigung; Schmerzensgeld wegen Gehirnerschütte-

rung und Krankenhausaufenthalt. Die Arzt- und Krankenhauskosten wird zunächst Alis Krankenversicherung übernehmen und wegen dieser gegen die Täter vorgehen.
Martin könnte verlangen: Ersatz für Brille und MP-3 Player, eventuell Verdienstausfall, z. B. Einnahmen aus Nachhilfe, Schmerzensgeld wegen Kiefernbruch.
Erfolgt von den Tätern keine Reaktion, können Ali und Martin, vertreten durch ihre Eltern, beim Zivilgericht Schadensersatzansprüche einklagen.

5) Sind diese durch Verletzungen so schlimm, dass das Opfer z. B. seinen Beruf nicht mehr ausüben kann, bestehen grundsätzlich auch Ansprüche aus dem Opferentschädigungsgesetz (OEG).

5.3 Erpressung auf dem Schulhof. Was kann man tun?

Es gibt viele Schüler, die sich kaum noch in die Schule wagen aus Angst, auf dem Schulweg von Mitschülern geschlagen, beraubt oder erpresst zu werden. Suchen diese Schüler dann bei Lehrern und Eltern Schutz und Hilfe für zukünftige Fälle, treffen sie häufig auf eine gewisse Abwehrhaltung. Der Vorgang wird hinuntergespielt und mit Worten abgetan wie: „Reiß dich mal zusammen. So schlimm wird's schon nicht gewesen sein. Schlag beim nächsten Mal zurück. Ich war auch mal in deinem Alter. Da musste ich mich auch durchboxen." Dass ein solcher Schüler manchmal einer organisierten Bande ausgeliefert ist, will kaum einer wahrhaben. Kaum einer unternimmt etwas.

Zu den Lehrkräften: Würden Lehrkräfte ihrer Aufsichtspflicht ordnungsgemäß nachkommen, gäbe es keine auf dem Schulgelände begangenen Körperverletzungen, die ungesühnt blieben. Bei den Ermittlungsbehörden entsteht manchmal der Eindruck, dass Lehrer hin und wieder entweder nicht richtig hinsehen oder im entscheidenden Moment wegsehen. Und dieser Eindruck täuscht nicht, wie Lehrer manchmal zugeben. Sie haben auch oft Angst. Angst vor Repressalien von den halbwüchsigen Schülern selbst, deren Familienangehörigen oder deren Freunden. Lehrer haben aber auch Angst vor Behörden und der vermeintlichen Arbeit, die mit einer Anzeige bei der Polizei oder der Staatsanwaltschaft, zu der sie eigentlich verpflichtet wären, angeblich verbunden sind. Lehrer haben letztlich Angst davor, dass man ihnen eine grob fahrlässige Aufsichtspflichtverletzung vorwirft und sie dann zu Schadensersatz herangezogen werden.

Eltern wiederum sehen von einer Anzeige oft ebenfalls aus Angst vor Repressalien gegenüber ihren Kindern ab. Vielfach wollen sie einfach nichts mit Ermittlungsbehörden zu tun haben. Manchmal glauben sie, dass eine Anzeige ohnehin nichts bringt und alles beim Alten bleibt. Manchmal wollen sie auch nicht das gute Verhältnis zur Schule trüben. Sie befürchten, wenn sie einen Mitschüler ihrer Kinder anzeigen, dann bringen sie damit auch gleich Lehrer und vielleicht die Schule in Misskredit.

Und die Polizei? Erfährt die Polizei oder die Staatsanwaltschaft durch eine Anzeige oder durch Zufall von einer solchen Tat, verhält sie sich ebenfalls nicht immer geschickt. Dabei wäre es z. B. nicht zwingend notwendig, dem Beschuldigten gleich mitzuteilen, wer ihn „verpfiffen" hat, wenn Repressalien zu befürchten sind.

5.4 An wen kann sich die Schülerin oder der Schüler wenden, wenn niemand hilft?

Liebe Leserin oder lieber Leser. Wenn du in deiner Gemeinde oder Stadt alle „Instanzen", nämlich deine Eltern, Lehrer, Schulsozialarbeiter, Jugendamt und Polizei „durchhast" und keiner dir helfen will, dann wende dich an die für deinen Wohnort zuständige Staatsanwaltschaft. Die Adresse findet man im Internet. Hier ein Beispiel, wie man einen Hilferuf schreiben kann:

Absender: Julian Bender, Schloßstraße 8, Kassel, (Tel. ....)

An
Frau oder Herrn
Jugendstaatsanwalt
bei der Staatsanwaltschaft
Kassel

Kassel, den

Betrifft: Anzeige von Gewalttaten, Bitte um Zusicherung der Vertraulichkeit

Sehr geehrte Frau Staatsanwältin, sehr geehrter Herr Staatsanwalt.

Ich bin 15 Jahre alt und Schüler der Klasse 8 b der Realschule Mühlenstraße. Jeden Morgen fuhr ich mit meinem Fahrrad zur Schule. Jetzt gehe ich zu Fuß. Seit einiger Zeit ist der Weg der reinste Horrortrip.

Vier Schüler meiner Klasse haben sich zur „Anarcho-Gang" zusammengeschlossen und beherrschen fast alle anderen in unserer Klasse.

Zunächst wurde ich während der Fahrt vom Fahrradweg auf die Fahrbahn gestoßen und fiel direkt vor ein bremsendes Auto. Michael, der Anführer, erklärte mir, beim nächsten Mal müsste ich damit rechnen, unter einen Lkw zu fliegen, wenn ich nicht jeden Tag 10 € Schutzzoll bringen würde. Dann würde ich durch sie beschützt. Meine Eltern meinten, ich hätte zuviel Krimis gesehen. Die Lehrer sagten, das sei nicht auf dem Schulgelände passiert. Sie könnten nichts machen.

Also brachte ich jeden Tag 10 € mit. Als meine 320 € Ersparnisse verbraucht waren und ich nichts mehr zahlen konnte, wurde ich wieder vom Fahrrad gestoßen. Tatsächlich kam ein Lkw. Ich konnte mich noch zur Seite rollen. Mein Fahrrad wurde zerquetscht.

Trotz meiner Verletzungen ging ich zu Michael und den anderen drei, die grölend am Straßenrand standen, und forderte Schadensersatz für mein Fahrrad.

Daraufhin verprügelten mich alle vier nacheinander. „Da hast du deinen Schadensersatz. Ab morgen zahlst du 20 €."

Meine Eltern glaubten mir nicht und machten mir Vorwürfe, dass ich zu unvorsichtig gefahren sei. Der Unfall sei ja nicht mal polizeilich aufgenommen worden.

Da wurde mir erst bewusst, dass der Lkw-Fahrer Fahrerflucht begangen hatte.

Nun musste ich jeden Morgen zur Schule laufen. Ein Bus fährt nicht. Ein paar Mal bin ich morgens einfach später losgegangen. Da hatte ich Ruhe vor Prügel.

Nur mit dem Lehrer hatte ich wegen des Zuspätkommens Ärger und mit der Gang in der Pause, weil ich natürlich kein Geld mehr mitbringen konnte.

Einmal bekam ich einen Stoß und flog die Steintreppe runter. Ein anderes Mal nahm mich Michael auf dem Schulhof in den Schwitzkasten und die drei anderen schlugen mir mit voller Wucht mit der Faust ins Gesicht.

Als ich mich bei der Aufsicht führenden Lehrerin beklagte, meinte sie nur, so schlimm sei es wohl nicht gewesen. Ich solle mir mal das Blut abwaschen, dann sähe schon wieder alles anders aus. Sie habe nichts gesehen.

Auch meine Eltern meinten, ich müsse endlich lernen, mich durchzusetzen und „ein Mann" werden.

Ich wage mich kaum noch aus dem Haus. Denn einer lauert mir fast immer auf. Auch nachmittags. Oder morgens, wenn ich später zur Schule aufbreche.

In meiner Verzweiflung wende ich mich an Sie. Bitte helfen Sie mir. So kann ich nicht weiterleben. Ich verstehe nicht, dass mir keiner hilft. Bei der Polizei war ich auch. Die wollten die Namen der vier und mich gleich zur Gegenüberstellung mitnehmen. Da bin ich lieber gleich weggelaufen. Ich will doch kein toter Mann sein. Mir ist bekannt, dass auch andere Klassenkameraden unter Druck gesetzt werden.

Ich vertraue darauf, dass Sie meinen Namen gegenüber den vier Beschuldigten nicht bekannt geben. Die Namen und Anschriften der vier Beschuldigten lauten:

Michael Grüppner, ...

....

Bitte antworten Sie mir schriftlich oder telefonisch. Ich bin auch bereit zu kommen. Schicken Sie mir nur kein Polizeiauto ins Haus. Das wird beobachtet und ich wieder durchgeprügelt.

Hochachtungsvoll
Julian Bender
(persönliche, handschriftliche Unterschrift)

5.5 Zehn Tipps gegen Gewalttätigkeiten von Mitschülern:

Auch Julian fürchtet sich davor, auf dem Schulweg, auf dem Schulhof oder im Klassenzimmer wieder von Mitschülern geschlagen, beraubt oder erpresst zu werden. Soll er die Schule schwänzen? Nein! Probleme werden nicht durch Weglaufen gelöst. Damit es nicht soweit kommt, dass man erpresst wird, sollte man folgende Regeln befolgen!

1. Erzähle nicht, dass du ein Sparbuch mit viel Geld oder sonstige Werte hast, auf die andere scharf sind. Du bist sonst schnell das nächste Erpressungsopfer.
2. Halte dich sportlich fit. Besuche einen Selbstverteidigungskurs.
3. Gib dich selbstbewusst. Wer in Opferhaltung auftritt, wird oft als Opfer behandelt. Das gilt nicht während eines Überfalls, wenn du körperlich unterlegen bist. Da ist es meist klüger, sich „tot" zu stellen.
4. Hilf Schwächeren. Schlichte Streitigkeiten von Mitschülern. Das gibt dir innerliche Stärke und verschafft Respekt nach außen.
5. Such dir Verbündete. Gründe eine Detektivgruppe.
6. Meide einsame Schulwege.
7. Sammele Beweise gegen die Täter. Schreib jeden Vorfall mit Tatort und Uhrzeit auf. Bitte einen Bekannten, dir als Zeuge heimlich zu folgen und Fotos oder Videoaufnahmen zu machen. Gib das Original-Beweismaterial nie aus der Hand!
8. Suche das Einzelgespräch mit denen, die dich überfallen und mit ihren Eltern.
9. Zeige den Vorfall dem Lehrer, Schulsozialarbeiter oder Schulleiter an und bitte ihn, dir bei der Verfolgung deiner Schadensersatz- und Schmerzensgeldansprüche behilflich zu sein.
10. Wird das abgelehnt oder kommst du trotzdem nicht klar: Wende dich ans Jugendrechtshaus.

6. Stalking – Gewalt durch Psychoterror

Stalking gibt es auf dem Schulhof genauso wie in der Erwachsenenwelt. Häufig ist verschmähte Liebe Auslöser von Stalking.

Beispiel: Die 17 Jahre alte Alina will sich nicht damit abfinden, dass Abiturient Tom jetzt die aufregende Natascha liebt. Sie verfolgt ihn und seine neue Freundin auf Schritt und Tritt, startet einen Telefonterror bei Tag und Nacht, hinterlässt obszöne Anrufe auf dem Anrufbeantworter, wirft Steine ins Fenster, schreibt jeden Tag einen „Liebesbrief" mit Einschreiben/Rückschein, legt tote Mäuse in den Briefkasten, zersticht Toms Autoreifen, veranlasst eine Sexangebotsanzeige mit Nataschas privater Telefonnummer in der örtlichen Zeitung, informiert Toms Schulleiter über angebliche Täuschungsmanöver bei seinen Abiturarbeiten, klingelt fast täglich bei Tom und Natascha Sturm, abonniert die „St. Pauli-Nachrichten" auf den Namen von Tom und verfolgt schließlich beide an ihren Urlaubsort, wo sie beiden wiederum auf Schritt und Tritt folgt. Tom und Natascha sind mit den Nerven völlig fertig. Können sie etwas tun?

Ja! Sie sollten Strafanzeige erstatten. Denn Stalking ist als sog. „Nachstellung" nach § 238 StGB strafbar.

III. Vermögensdelikte und Internet-Kriminalität

1. Rund um den Diebstahl

Einfacher Diebstahl (§ 242 StGB) wird bei Erwachsenen mit Geldstrafe oder mit Freiheitsstrafe bis zu fünf Jahren bestraft; bei Jugendlichen kommen jugendrichterliche Maßnahmen in Betracht.

1.1 Haus- und Familiendiebstahl

(§ 247 StGB), also ein Diebstahl, der in einer Wohnung oder im Familienkreis begangen wurde, wird nur auf Antrag des Geschädigten verfolgt.

1.2 Bei Ladendiebstahl = Diebstahl geringwertiger Sachen

(§ 248 a StGB) wird die Tat ebenfalls nur auf Antrag verfolgt, allerdings auch dann, wenn die Strafverfolgung einem besonderen öffentlichen Interesse entspricht.

Einzelfragen zum Ladendiebstahl

Ist erst der fünfte oder sechste Ladendiebstahl strafbar?

Nein. Schon der erste Ladendiebstahl ist strafbar.

Muss man sich beim Ladendiebstahl die Taschen vom Kaufhausdetektiv durchwühlen lassen?

Die Kontrolle der vom Kunden mitgeführten Taschen an der Kasse eines Supermarktes ist nur zulässig, wenn konkreter Diebstahlsverdacht vorliegt.

Muss man eine Fangprämie zahlen?

Das ist eine heftig diskutierte Frage. Man muss zwar von Gesetzes wegen keine solche Prämie zahlen. Der Geschäftsinhaber hat darauf an sich auch keinen Anspruch. Hat er aber überall von weitem gut lesbare Schilder mit der Aufschrift: „Jeder Ladendieb zahlt bei uns 50 €" aufgehängt, so kann man das als eine Art vereinbarte Vertragsstrafe zwischen dem Kunden und dem Geschäftsinhaber auslegen. Schließlich hat man als Kunde sein Geschäft betreten. Dann muss man auch seine Bedingungen im zulässigen Rahmen akzeptieren. Der BGH hat gegen die Zulässigkeit derartiger Fangprämien an sich keine Bedenken geäußert, wenn sie 50 € nicht übersteigen und keine Bürounkosten enthalten.

Ist es zulässig, dass dem Ladendieb eine Strafanzeige für den Fall angedroht wird, dass er ein Schuldanerkenntnis über den Diebstahl nicht unterschreibt?

Jeder Geschädigte kann einen Straftäter anzeigen. Will er davon für den Fall absehen, dass der Straftäter zivilrechtlich seine Schuld einräumt, ist dagegen nichts einzuwenden. Allerdings kann eine Täuschungshandlung vorliegen, wenn die Tat dann doch angezeigt wird.

1.3 EC- und Kredit-Kartendiebstahl und -betrug; Kreditkartenmissbrauch

- Stiehlt man eine EC-Karte oder eine Kreditkarte, ist das Diebstahl (§ 242 StGB).
- Bei der Verwendung von gestohlenen EC-Karten und Kreditkarten mit gefälschten oder ebenfalls gestohlenen PIN oder TAN Nummern handelt es sich um einen Computerbetrug nach § 263a StGB.
- Achtung! Man kann sich wegen Missbrauchs von EC- und Kreditkarten nach § 266 b StGB auch dann strafbar machen, wenn man seine eigene EC- oder Kreditkarte benutzt, auf dem Konto aber nicht ausreichend Deckung vorhanden ist.

1.4 Fahrraddiebstahl & Co.

Finger weg von fremden Fahrrädern, E-Bikes, Elektro-Scootern, Mofas und Autos

- Man macht sich wegen unbefugten Gebrauchs eines Kraftfahrzeuges strafbar (§ 248 b StGB), auch wenn man damit nur eine Probefahrt machen wollte und der Eigentümer nicht einverstanden war.

- Hatte man vor, das Fahrzeug nicht mehr zurückzubringen, dann liegt natürlich Diebstahl vor (§ 242 StGB), wenn der Schlüssel schon steckte.
- Hat man dagegen „nachgeholfen", also das Kraftfahrzeug kurzgeschlossen oder die Fahrradkette geknackt, dann ist das „Schwerer Diebstahl" (§ 243 StGB), der erheblich höher bestraft wird.
- Diebstahl liegt übrigens auch vor, wenn man das Fahrzeug zwar nicht für sich behalten wollte, es aber irgendwo abgestellt hat und es auf diese Weise der Verfügungsgewalt des Eigentümers entzogen hat.

1.5 Besonders schwerer Diebstahl

(§§ 243 244StGB), also Einbruchsdiebstahl, Nachschlüsseldiebstahl, Diebstahl aus einem besonders gesicherten Behältnis (z. B. Tresor), Diebstahl von dem Gottesdienst gewidmeten Gegenständen aus einer Kirche, Diebstahl nach einem Unglücksfall, Diebstahl mit Waffen, Bandendiebstahl und Wohnungseinbruchsdiebstahl wird bei Erwachsenen mit Freiheitsstrafe von drei bzw. sechs Monaten bis zu zehn Jahren bestraft; bei Jugendlichen mit jugendrichterlichen Maßnahmen belegt.

1.5.1 Manipulationen an Getränke-, Zigaretten- und Spielautomaten können schwerer Diebstahl sein.

Die Geräte sind so konstruiert, dass man sich nur mit Gewalt oder durch Überlistung des Gerätes in den Besitz von Waren oder Geld bringen kann, das einem nicht zusteht.

1.5.2 Wohnungseinbrüche können tödlich enden.

Werden Einbrecher vom Bewohner erwischt, reagieren sie meist mit Panik. Hierbei kann es zu Schießereien oder zu so heftigen Schlägen mit Gegenständen kommen, dass es auf der einen oder anderen Seite Tote geben kann. Dann heißt es für den Einbrecher nicht mehr „Einbruchsdiebstahl" sondern „Raubmord". Dafür erhält ein Erwachsener lebenslänglich; ein Jugendlicher die Höchststrafe von zehn Jahren, ein Heranwachsender, wenn noch Jugendstrafrecht angewendet wird, 15 Jahre Jugendstrafe.

1.5.3 Wer Schmiere steht, ist Mittäter

Wer „nur" aufpasst, ob die „Luft rein" ist, während der oder die anderen „Partner" die Waren aus dem Ladenregal stehlen oder gar einbrechen, ist genauso dran, wie diese anderen Partner.

2. Unterschlagung und Fundunterschlagung

Unterschlagung einschließlich der Fundunterschlagung (§ 246 StGB) wird mit Geldstrafe oder mit Freiheitsstrafe bis zu drei Jahren bestraft; bei Unterschlagung geringwertiger Sachen, § 248 a StGB, gilt dasselbe wie beim Diebstahl geringwertiger Sachen.

Gefundene Sachen gehören zum Fundamt

An die menschliche Ehrlichkeit wird auch appelliert, wenn man eine Geldbörse mit Geld, ein Fahrrad, ein Buch, ein teures Perlenkollier, einen Schirm oder sonst einen Gegenstand findet. Wenn ein Fund mehr als 10 € wert ist, darf man ihn nicht behalten. Man muss den Gegenstand entweder dem Eigentümer, oder wenn man diesen nicht kennt, zum Fundamt oder zur Polizei bringen (§ 965 BGB). Man hat allerdings Anspruch auf Finderlohn. Das sind 5 % bei Werten bis 500 €, bei darüber hinausgehenden Werten und bei Tieren 3 %.

Wer eine gefundene Sache behält, begeht eine Fundunterschlagung, strafbar nach § 246 StGB.

3. Hehlerei – auch im Internet. Nichts kaufen, was normalerweise ein Vielfaches kostet!

Wird einem in einer Gaststätte, auf dem Flohmarkt, bei Ebay oder an einem sonst ungewöhnlichen Ort ein Gegenstand angeboten, der sonst ein Vielfaches kostet, dann kann man fast sicher sein, dass er zuvor gestohlen wurde. Kauft man ein neuwertiges Smartphone, das im Laden (ohne Vertrag) um die 750 € Neupreis liegt, für 70 €, dann muss man damit rechnen, dass bald die Polizei erscheint, einem das gestohlene Smartphone wieder wegnimmt, an dem man kein Eigentum erwerben konnte und im Übrigen eine Menge unangenehmer Fragen stellt. Denn: Der Hehler ist so schlecht wie der Stehler.

4. Schwarzfahren

Keinesfalls ist Schwarzfahren straflos! Schwarzfahren = Erschleichen des Beförderns mit einem Verkehrsmittel (§ 265 a StGB) ist schon beim ersten Mal strafbar und kann bei Erwachsenen mit Geldstrafe oder mit Freiheitsstrafe bis zu einem Jahr bestraft werden; bei Jugendlichen kommen jugendrichterliche Maßnahmen in Betracht (vgl. Kap. L IV). Fährt man nur auf einer kurzen Strecke schwarz, z. B. mit der Straßenbahn im Innenstadtbereich, wird die Tat nur auf Antrag des geschädigten Verkehrsbetriebes und dann verfolgt, wenn die Strafverfolgung einem besonderen öffentlichen Interesse entspricht.

5. Internetkriminalität und Urheberrechtsverletzungen

5.1 Internetkriminalität

Die Internetkriminalität ist eine globale Kriminalität. Im deutschen Strafgesetzbuch (StGB) sind vor allem unter Strafe gestellt:

- Verbreiten von Propagandamitteln verfassungswidriger Organisationen (§ 86 StGB);
- Volksverhetzung (§ 130 StGB);
- Anleitung zu Straftaten (§ 130 a StGB);
- Gewaltdarstellung (§ 131 StGB);
- Verbreitung pornografischer, gewalt- und tierpornografischer Schriften (§§ 184, 184 a StGB);
- Verbreitung, Erwerb und Besitz kinderpornografischer Schriften (§ 184 b StGB);
- Ausspähen und Abfangen von Daten einschließlich Vorbereitungshandlungen und Datenhehlerei (§§ 202 a, 202b, 202c, 202d StGB);
- Computer- und Kreditbetrug (§ 263 a StGB);
- Missbräuchliche Nutzung von Telekommunikationsdiensten (§ 263a StGB);
- Betrügerisches Erlangen von Kraftfahrzeugen gem. § 263a StGB;
- Erschleichen von Leistungen (§ 265 a StGB);
- Fälschung beweiserheblicher Daten (§ 269 StGB);
- Datenveränderung (§ 303 a StGB);
- Computersabotage (§ 303 b StGB);
- Störung von Telekommunikationsanlagen (§ 317 StGB);
- Verbreitung oder öffentliche Zurschaustellungen von Bildnissen gegen oder ohne Einwilligung des Abgebildeten im Internet (§§ 22, 33 KUG).

5.2 Achtung beim Downloaden von Werken mit kinderpornografischem Inhalt!

Keinen Spaß verstehen der Gesetzgeber und die Justiz, wenn man Werke mit kinderpornografischem Inhalt herunterlädt; und zwar insbesondere Werke, die „den sexuellen Missbrauch von Kindern zum Gegenstand“ haben und „ein tatsächliches oder wirklichkeitsnahes Geschehen“ wiedergeben. Da macht man sich, selbst wenn man einen solchen Schrott nur auf die Festplatte geladen und nicht einmal angesehen hat, schon wegen Besitzes kinderpornografischer Schriften strafbar (§ 184 b Abs. 4 StGB)! Das bedeutet Freiheitsstrafe bis zu zwei Jahren oder Geldstrafe!

Gibt man derartige kinderpornografische Darstellungen dagegen weiter und verdient auch noch daran, dann muss man mit einer Freiheitsstrafe von sechs Monaten bis zu zehn Jahren rechnen (§ 184 b Abs. 3 StGB)!

Niemand sollte darauf vertrauen, dass man ihm nicht auf die Spur kommen kann! Die Landeskriminalämter sind technisch inzwischen so weit, dass sie in vielen Fällen genau feststellen können, wo kinderpornografische Darstellungen ins Netz gestellt worden sind, und vor allem, wer sich diese runtergeladen hat! Selbst wenn derartige Inhalte gelöscht sind, können Spezialisten sie auch später noch auf der Festplatte entdecken!

Was ist, wenn einem ungebetene E-Mails mit pornografischem Inhalt geschickt werden?

Auf jeden Fall löschen! Man weiß nicht, ob

- die Anlagen Viren enthalten,
- beim Anklicken oder Antworten automatisch ein kostenpflichtiger Abo-Vertrag „geschlossen“ wurde,
- der weitere Inhalt beim Anklicken kinderpornografische Darstellungen beinhaltet.

5.3 Urheberrechtsverletzungen

5.3.1 Was ist das Urheberrecht?

Als Urheberrecht bezeichnet man das ausschließliche Recht eines Urhebers an seinem Werk. Das Urheberrecht dient dem Schutz bestimmter kultureller Geistesschöpfungen (bzw. Werke). Dazu gehören literarische und wissenschaftliche Texte, musikalische Kompositionen, Tonaufnahmen, Gemälde, Fotografien, Filme, Rundfunksendungen und Computerprogramme. Es schützt dessen Urheber in Bezug auf das Werk in seinem Persönlichkeitsrecht und seinen wirtschaftlichen Interessen.

Das Urheberrecht muss nicht angemeldet werden und steht dem Urheber zu, sobald ein Werk einmal auf einem Medium festgehalten worden ist. Das Urheberrecht wird in der Regel nur dann gewährt, wenn die Schöpfung neu ist, eine gewisse Eigenleistung und eine Einmaligkeit aufweisen kann.

Im Einzelnen kann man das in den §§ 69 c ff und 106 ff. Urheberrechts-Gesetz (UrhG) nachlesen. Der Gesetzestext wird z. B. in der Internetpräsentation des Bundesministeriums der Justiz als PDF-Datei unter „Service“, „Gesetze im Internet“ bereitgehalten. Adresse: www.bmj.de.

5.3.2 Urheberrecht und Downloading

a) Die Gesetzeslage

In der Praxis wird täglich massenhaft gegen das Urheberrecht verstoßen. Das gilt vor allem im Internet. Denn grundsätzlich ist jeder Text, jedes Musikstück, jede grafische und sonst künstlerische Darstellung einschließlich jeder Filmszene, die man im Internet findet, urheberrechtlich geschützt. Sie dürfen also nur mit Zustimmung des Urhebers heruntergeladen und benutzt werden.

Lädt man sich urheberrechtlich geschützte Werke auf seinen PC oder auf eine CD, so kann das bestraft werden. Das gilt insbesondere dann, wenn man solche Werke vervielfältigt, verbreitet, öffentlich wiedergibt oder gar unerlaubt gewerblich verwertet (z. B. Verkauf einer Raubkopie).

Ausnahmen: Der Online-Anbieter erlaubt ausdrücklich, bestimmte Inhalte herunterzuladen.

b) Urheberrechtsverletzungen vor Gericht

Urheberrechtsverletzungen im Zusammenhang mit dem Internet beschäftigen zunehmend die Gerichte. Auf folgende drei Entscheidungen wird hingewiesen.

(1) Musikpiraterie: Strafbarkeit des Verbreitens nicht autorisierter Live-Mitschnitte von Konzerten.

Das Amtsgericht Donaueschingen im Strafurteil vom 23. November 1999 (Az: 13 Cs 33 Js 8253/98 AK 112/99):

1. Wer unautorisierte Live-Mitschnitte von Konzerten (sogenannte Bootlegs) durch Verkauf in Läden oder auf Flohmärkten verbreitet, verstößt gegen §§ 96 Abs 1, 106, 125 Abs 5 UrhG.
2. Wer illegal hergestellte oder erworbene CDs in einem Lagerraum aufbewahrt, macht sie noch nicht der Öffentlichkeit zugänglich. Wenn jedoch bis zum Verbreiten nur noch wenige Zwischenschritte erforderlich sind, wie das Herausholen der CDs zum Verkauf aus dem Lagerraum, ist das Versuchsstadium erreicht.
3. Als straflose Vorbereitungshandlung ist es aber zu werten, wenn zwischen dem Verladen der CDs in einen Transporter, um sie bereit zu stellen, und dem Verkauf ein Zeitraum von mindestens einem Tag liegt.

(2) Strafbare Urheberrechtsverletzung durch Zugänglichmachen von Musik über eine Online-Tauschbörse

Das Amtsgericht Cottbus hat in seinem Strafurteil vom 25. Mai 2004, Az: 95 Ds 1653 Js 15556/04 (57/04) entschieden:

1. Gemäß den §§ 106 Abs. 1, 17 UrhG, 52 StGB macht sich strafbar, wer ohne Erlaubnis des jeweiligen Rechteinhabers Lieder auf seinen Computer kopiert und diese unter Nutzung der Tauschbörse KaZaA allgemein zugänglich per Internet zum Download zur Verfügung stellt.

2. Von einer bewussten Verletzung von Urheberrechten ist auszugehen, wenn der Angeklagte die seit einiger Zeit öffentlich in den Medien geführte Debatte über die Strafbarkeit von Downloads von Online-Tauschbörsen zur Kenntnis genommen hat.

(3) Strafbare Softwarepiraterie

Verhängung von Freiheitsstrafe wegen Herunterladens raubkopierter Software und deren gewerbsmäßigen Verbreitens in Form von „Monatsabonnements".

Das Landgericht Braunschweig im Urteil vom 8. Juli 2003 (Az: 6 Kls 1/03):

1. Bereits das einmalige Herunterladen eines urheberrechtlich geschützten Werkes (z. B. PC-Spiele, Konsolenspiele, DVD-Spielfilme und Pornofilme sowie MP3-Musikaufnahmen und Anwenderprogramme) von einem FTP-Server in der Absicht, die Software (im Rahmen eines „Monatsabonnements") an verschiedene Abnehmer zu versenden, ist ein unerlaubtes Vervielfältigen urheberrechtlich geschützter Werke i. S. d. § 106 UrhG.

2. Der Verkauf raubkopierter Software in großem Umfang in Form eines „Monatsabonnements" als Paket auf CDs oder auf DAT-Bändern ist ein gewerbsmäßiges unerlaubtes Verbreiten urheberrechtlich geschützter Werke.

3. Unerlaubtes Vervielfältigen und gewerbsmäßiges unerlaubtes Verbreiten urheberrechtlich geschützter Werke steht dann in Tateinheit.

4. Im Rahmen der Schadensbewertung für die Strafzumessung ist auch die Verbreitungsabsicht der Software-Abnehmer zu berücksichtigen.

5. Hat der Täter Räumlichkeiten für seine strafbaren Aktivitäten angemietet und zur Verdeckung seiner Identität Passwörter (z. B. zur Abholung von Briefsendungen) verwendet, hat er die Tatbegehungen geschäftsmäßig und konspirativ organisiert. Dann ist die Verhängung einer Freiheitsstrafe angezeigt.

IV. Beruf Verbrecher: Eine Alternative zum trostlosen Alltag?

Viele hängen der Bonny & Clyde-Romantik nach, jenem Pärchen, das in den zwanziger Jahren des letzten Jahrhunderts seinen Lebensunterhalt durch Banküberfälle bestritt und schließlich im Kugelhagel der Polizei starb. Auch heute überlegen viele Menschen, ob sie mal ein richtig großes Ding drehen, um sich mit einem Schlag ihrer finanziellen Sorgen zu entledigen. Die meisten großen Verbrechen werden heute jedoch aufgrund modernster Kriminaltechnik aufgedeckt. Große „Dinger“ führen deshalb im Ergebnis fast nie zum Erfolg. Selbst der Haupttäter im Fall Reemtsma wurde durch Handyortung aus dem südamerikanischen Urwald geholt. Viele Kriminelle haben sich deshalb auf kleinere Delikte „spezialisiert“ und sich vorgenommen, ihr Leben dauerhaft durch Straftaten zu bestreiten.

Bevor man sich zu diesem Schritt entschließt, sollte man folgende Überlegungen anstellen:

- Schon nach dem ersten Delikt wird man in ständiger Angst leben müssen, erwischt, verhaftet und zu Freiheitsstrafe verurteilt zu werden.
- Man wird dauerhaft von seiner Familie und seinen bisherigen Freunden getrennt sein. Selbst im Ausland ist man nicht mehr vor Entdeckung sicher.
- Man wird in der bürgerlichen Gesellschaft nicht mehr anerkannt, denn man hat sich durch den Bruch der Spielregeln des Miteinanders selbst ins Abseits gestellt.
- Sucht man die Gesellschaft anderer Krimineller, insbesondere im Rahmen organisierter Kriminalität, lebt man schon mit dem kleinsten Wissen in ständiger Todesgefahr, weil die Mafia kein Entdeckungsrisiko eingehen will.
- Eine kriminelle Karriere rechnet sich betriebswirtschaftlich nicht. Meistens hat man nach einigen Jahren mindestens eine halbe Mio. € Schulden *(s. u.)*.
- Selbst wenn man die Strafe verbüßt hat, und es hätte jemand den Schuldenberg weggezaubert, wird man als Vorbestrafter später kaum wieder den Anschluss an ein bürgerliches Leben finden. Nur wenigen gelingt es überhaupt, unter größten Schwierigkeiten einen Arbeitsplatz, eine Wohnung und einen neuen Lebenspartner zu finden.

Warum sich eine kriminelle Karriere betriebswirtschaftlich nicht rechnet

Man kann es kaum glauben. Aber selbst der erfolgreiche Einbrecher schneidet auf Dauer schlechter ab als ein ehrlicher Hartz IV Empfänger. Der nachstehende Vergleich zeigt, dass über einen Zeitraum von zehn Jahren ein Facharbeiter ein Gesamtnettoeinkommen von etwa 300.000 € verdient, ein Hartz IV Empfänger eine „Gesamtstütze" von etwa 60.000 € empfängt und der erfolgreiche Serieneinbrecher einen Schuldenberg von mindestens 400.000 € (ohne Zins und Zinseszins) vor sich herschiebt. Hinzu kommt, dass die beiden ersten in Ruhe an ihrem Wohnort bleiben können, während der Serieneinbrecher auf der ständigen Flucht ist. Im Einzelnen:

Ronny, 30 Jahre alt, ist erfolgreicher Einbrecher. Pro Woche schafft er durchschnittlich 1,5 Autodiebstähle oder Hauseinbrüche. Das sind 6 pro Monat, also 72 Einbrüche pro Jahr. Sein durchschnittlicher „Nettoverdienst" pro Einbruch beträgt im Durchschnitt 500 €. Dieser Betrag errechnet sich aus dem Beutewert abzüglich 50 % – 90 % Kosten durch Teilung der Beute mit Mittätern, bzw. Nachlass bei Weitergabe an den Hehler, weil Ware „heiß" ist. Ronnys durchschnittliche Jahresnettoeinkünfte aus Einbrüchen betragen also 500 € × 72 Einbrüche = 36.000 €. Außerdem erhält Ronny Hartz IV mit Wohngeld in Höhe von 6.000 € pro Jahr und 3.600 € durch „ehrliche" Schwarzarbeiten, insgesamt also 9.600 € pro Jahr. Die „Stütze" erhält Ronny, weil er zu dieser Zeit nicht erwischt ist. Sein Gesamteinkommen pro Jahr beträgt also 36.000 € + 9.600 € = 45.600 €.

Da Ronny erfolgreich ist, schafft er nicht nur viele Einbrüche, sondern wird auch nur selten erwischt. Außerdem werden jeweils nur zwischen 33 % und 50 % der von ihm begangenen Straftaten aufgeklärt. Das führt dazu, dass er nicht zu so hohen Strafen verurteilt wird, und dass er auch nur bei den Straftaten auf Schadensersatz verklagt wird, die ihm nachgewiesen worden sind. Dennoch kann er während der Haftzeiten kein Einkommen erzielen, und hat dagegen enorme Prozesskosten und Schadensersatzleistungen zu zahlen.

Alter von Ronny	Urteil	Knast	Einbrüche pro Jahr	Einkommen	Schulden
1. Jahr, 21 J.	1, 5 Jahre Jugendstrafe wegen 30 Einbrüchen	1 J.	–	–	6.000 € Kosten f. Strafverfahren + Schadensersatzforderungen aus 30 entdeckten Einbrüchen à 5.000 € = 150.000 €
2. Jahr, 22 J.	–	½ J.	36 (= 72 :2) (2. Halbjahr)	18.000 € + 4.800 € = 22.800 €	–
3. Jahr, 23 J.	2,5 J. Freiheitsstrafe wegen 36 von 72 Einbrüchen (andere nicht aufgeklärt; Aufklärungsquote 50 %)	½ J.	36 (= 72 :2) (1. Halbjahr)	18.000 € + 4.800 € = 22.800 €	6.000 € Kosten f. Strafverfahren + Schadensersatzforderungen aus 36 entdeckten Einbrüchen à 5.000 € = 180.000 €
4. Jahr, 24 J	–	1 J.	–	–	–
5. Jahr, 25 J.	–	1 J.	–	–	–
6. Jahr, 26 J.		–	72	36.000 € + 9.600 € = 45.600 €	
7. Jahr, 27 J.	3 J. Freiheitsstrafe wegen 36 von 108 Einbrüchen (andere nicht aufgeklärt; Aufklärungsquote nur 33 %)	½ J.	36 (= 72 :2) (1. Halbjahr)	18.000 € + 4.800 € = 22.800 €	6.000 € Kosten f. Strafverfahren + Schadensersatzforderungen aus 36 entdeckten Einbrüchen à 5.000 € = 180.000 €
8. Jahr, 28 J.	–	1J	–	–	–
9. Jahr, 29 J.	–	1J	–	–	–
10. Jahr, 30 J.	–	½ J	36 (= 72 :2) (1. Halbjahr)	18.000 € + 4.800 € = 22.800 €	–
10 Jahre gesamt				136.800 € Einkommen	528.000 € Schulden

Bilanz nach zehn Jahren.

	Horst, Facharbeiter, 30 Jahre	Martin, Hartz IV Empfänger, 30 Jahre	Ronny, „erfolgreicher" Einbrecher, 30 Jahre
Regelmäßige durchschnittliche monatliche Netto-Einkünfte	Arbeitslohn 2.500 €	Hartz IV mit Wohngeld 500 €	–
Netto-Einkünfte pro Jahr	30.000 €	6.000 €	–
Netto-Einkünfte in 10 Jahren	300.000 €	60.000 €	136.800 € – 528.000 € Schulden = – 391.200 € Schulden

V. Der junge Mensch vor dem Jugendrichter

Hat ein Jugendlicher – nach Vollendung des 14. Lebensjahres und vor Vollendung des 18. Lebensjahres – eine Ordnungswidrigkeit oder eine Straftat begangen, muss er sich deshalb vor dem Jugendrichter im Bußgeldverfahren oder im Jugendstrafverfahren verantworten. Das kann auch für Heranwachsende zwischen 18 und 21 Jahren gelten, wenn diese noch Entwicklungsrückstände haben und in ihrer Reife eher einem Jugendlichen gleichzustellen sind, was jeweils innerhalb des Verfahrens vom Gericht geprüft wird. Im Jugendstrafverfahren sind Jugendstaatsanwälte und Jugendrichter eingesetzt, die über besondere pädagogische Kenntnisse verfügen sollen.

1. Das Bußgeldverfahren

Liegt nur ein leichterer Verstoß gegen Regeln vor, z. B. ein Verkehrsverstoß, wird eine Tat nur als sog. Ordnungswidrigkeit (OWi) verfolgt.

Das Verwarnungsgeldverfahren

Eine leichte Ordnungswidrigkeit, z. B. Parken trotz abgelaufener Parkscheibe, wird von einer Bußgeldstelle der zuständigen Verwaltungsbehörde mit einem Verwarnungsgeld, das je nach Fall zwischen 5 € und 55 € liegen kann, geahndet (§ 56 OWiG). Hat man den Verkehrsverstoß begangen, sollte man das ärgerliche Verwarnungsgeld gleich bezahlen. Zahlt man nicht, wird in das Bußgeldverfahren übergeleitet. Das kostet richtig Geld.

Ordnungswidrigkeiten- oder Bußgeldverfahren

Zum Bußgeldverfahren kommt es, wenn sich jemand ordnungswidrig verhalten hat. Jugendliche und Heranwachsende werden bis zum Erlass des Bußgeldbescheids durch die Verwaltungsbehörde wie Erwachsene behandelt.

Anhörung

Dem Betroffenen wird nach Anhörung (§ 55 OWiG) von der Verwaltungsbehörde ein Bußgeldbescheid zugestellt (§§ 65, 66 OWiG). Möchte sich der Betroffene gegen den Bußgeldbescheid wehren, kann er dagegen innerhalb von zwei Wochen Einspruch einlegen. Unterlässt er das, wird der Bußgeldbescheid rechtskräftig. Die Behörde kann daraus das festgesetzte Bußgeld samt Kosten vollstrecken.

Einspruch

Hat der Betroffene Einspruch eingelegt (§ 67 OWiG), gibt die Verwaltungsbehörde den Vorgang an die Staatsanwaltschaft ab, die ihn an das Amtsgericht weiterleitet, welches über den Einspruch entscheidet (§ 68 OWiG).

Jugendrichter

Im Verfahren gegen Jugendliche und Heranwachsende (18 – 21 Jahre) ist der Jugendrichter zuständig. Dieser entscheidet gegenüber Jugendlichen wie im sog. vereinfachten Jugendverfahren (§ 76 JGG).

Zwangsmaßnahmen

Wird das Bußgeld nicht gezahlt, drohen Erzwingungshaft oder jugendrichterliche Mittel, z. B. eine Arbeitsauflage (§ 98 OWiG).

Typische Ordnungswidrigkeiten

Typische Ordnungswidrigkeiten sind Verkehrsordnungswidrigkeiten (vgl. § 49 StVO; z. B. das Telefonieren mit Handy im Auto, §§ 23 Abs.1a, 49 Abs. 1 Ziff. 22 StVO). Weitere:

- Unzulässiger oder vermeidbarer Lärm, der geeignet ist, die Allgemeinheit oder die Nachbarschaft erheblich zu belästigen oder gesundheitlich zu beeinträchtigen (§ 117 OWiG; Geldbuße bis zu 5.000 €).
- Belästigung der Allgemeinheit durch grob ungehörige Handlungen (§ 118 OWiG) und durch grob anstößige Handlungen (§ 119 OWiG), insbesondere das Angebot

sexueller Handlungen durch Verbreiten von Schriften, Ton- und Bildträgern, Abbildungen, Darstellungen oder Gegenständen.

- Unbefugtes Benutzen von Wappen oder Dienstflaggen (§ 124 OWiG) des „Roten Kreuzes“ (§ 125 OWiG), sowie Missbrauch von Berufstrachten oder Berufsabzeichen (§ 126 OWiG; Hauptmann von Köpenick).
- Falsche Angabe seines Namens und seiner Personalien gegenüber einer zuständigen Behörde, z. B. dem Passamt, einem Amtsträger, z. B. einem Polizeibeamten, oder einem zuständigen Soldaten der Bundeswehr (§ 111 OWiG; Geldbuße bis zu 1.000 €).
- Mitwirken bei einer öffentlichen Versammlung trotz dreimaliger rechtmäßiger Aufforderung durch Hoheitsträger (z. B. Polizist), auseinander zu gehen (§ 113 OWiG; Geldbuße bis 1.000 €).
- Halten gefährlicher Tiere (§ 121 OWiG).
- Verbotene Ausübung der Prostitution (§ 120 OWiG).

2. Das Jugendstrafverfahren

Wenn man als Jugendlicher (14–17 J.) oder Heranwachsender (18–21 J.) eine Straftat begangen hat, kommt es zum Strafverfahren, das in folgenden Abschnitten verläuft:

1. Ermittlungs- oder Vorverfahren (= vorbereitendes Verfahren; §§ 158 ff. StPO);
2. Zwischenverfahren (= Eröffnungsverfahren, indem über die Eröffnung des Hauptverfahrens entschieden wird; §§ 198 ff. StPO);
3. Hauptverfahren einschließlich Rechtsmittelverfahren bis zur Rechtskraft (JGG u. §§ 213 ff. StPO);
4. Vollstreckungsverfahren (JGG; evtl. §§ 449 ff. StPO).

2.1 Das Ermittlungs- oder Vorverfahren

Besteht der Verdacht, dass eine Straftat begangen wurde, wird von der Staatsanwaltschaft ermittelt. Bei ihr laufen alle Ermittlungsfäden zusammen. Die Staatsanwaltschaft holt von überall Auskünfte ein – so etwa vom Strafregister und vom Verkehrsregister – und beauftragt die Polizei damit, alle für und gegen den Verdächtigen sprechenden Tatsachen zusammenzutragen. Die Jugendgerichtshilfe wird informiert. Sie ermittelt das persönliche Umfeld des Beschuldigten.

Vernehmung des Beschuldigten

Der Beschuldigte muss vernommen werden. Es wird ihm eröffnet, welcher Tat man ihn verdächtigt. Er hat Gelegenheit, sich dazu zu äußern, muss das aber nicht. Er kann einen Verteidiger beauftragen. Einen Pflichtverteidiger, also einen Verteidiger auf Staatskosten, erhält er aber nur, wenn er im Verdacht steht, ein schweres Delikt begangen zu haben, wenn die Angelegenheit kompliziert ist oder wenn er sich zum Zeitpunkt der Hauptverhandlung bereits drei Monate in Untersuchungshaft befunden hat (§ 140 StPO).

Einstellung des Strafverfahrens

Bestätigt sich der Verdacht nicht oder stellt sich nur eine Ordnungswidrigkeit heraus, kann die Staatsanwaltschaft das Verfahren einstellen. Im letzteren Fall gibt sie das Verfahren an die Verwaltungsbehörde ab, die – wenn noch keine Verfolgungsverjährung eingetreten ist[8] – ein Bußgeldverfahren einleitet.

Einstellung gegen Auflagen (§ 45 JGG)

Hat ein Jugendlicher oder ein Heranwachsender eine leichte Straftat begangen – so etwa Mofa frisieren beim ersten Mal (= Fahren ohne Fahrerlaubnis) – kann der Jugendstaatsanwalt von einer Anklage absehen und das Verfahren nach Erfüllung einer Arbeits- oder einer Geldauflage durch den Beschuldigten einstellen.

Strafbefehl: Diskret aber gefährlich

Besteht genügend Anlass zu der Annahme, dass der Beschuldigte verurteilt wird, beantragt die Staatsanwaltschaft in leichteren Fällen bei erwachsenen und heranwachsenden Ersttätern (18–21 Jahre) beim Amts-/bzw. Jugendrichter den Erlass eines Strafbefehls. Gegen Jugendliche, also unter 18-Jährige, darf ein Strafbefehl nicht erlassen werden (§ 79 JGG).

Durch Strafbefehl können u. a. auf Geldstrafe oder, wenn der Beschuldigte einen Verteidiger hat, auf Freiheitsstrafe mit Strafaussetzung zur Bewährung bis zu einem Jahr, Fahrverbot, Entziehung der Fahrerlaubnis und Führerscheinsperre erkannt werden (§ 407 StPO). Legt der Beschuldigte gegen einen ihm zugestellten Strafbefehl nicht binnen zwei Wochen Einspruch ein, steht dieser einem rechtskräftigen Strafurteil gleich (§ 410 StPO). Man ist dann vorbestraft!

8 Bei Verkehrs-Ordnungswidrigkeiten beträgt die Verfolgungsverjährung drei Monate, solange wegen der Handlung weder ein Bußgeldverfahren ergangen noch die öffentliche Klage erhoben ist, danach sechs Monate (§ 26 Abs. 3 StVG).

Anklage

Besteht hinreichender Tatverdacht des Beschuldigten und liegt ein schwieriger Sachverhalt zugrunde, sind wegen unklarer Beweislage noch viele Zeugen zu vernehmen, ist mit einer erheblichen Bestrafung zu rechnen oder ist der Beschuldige noch nicht 18 Jahre alt, erhebt die Staatsanwaltschaft Anklage. Die Anklage wird fast ausnahmslos beim Amtsgericht, und nur bei einem außergewöhnlich schweren Delikt beim Landgericht oder der Jugendkammer, erhoben.

Beim Amtsgericht ist für Jugendliche (14–17 Jahre) und Heranwachsende (18–21 Jahre) der Jugendrichter zuständig, bei höherer Straferwartung das Jugendschöffengericht; für Erwachsene ist der Strafrichter, bei höherer Straferwartung das Schöffengericht jeweils des Wohnortes zuständig.

2.2 Das Zwischenverfahren

Sobald der Staatsanwalt Anklage beim Gericht erhoben hat, entscheidet der Richter im Zwischen- bzw. Eröffnungsverfahren darüber, ob das Hauptverfahren eröffnet wird. In der Regel ist das Amtsgericht als Jugendgericht zuständig; in einfachen Fällen der Jugend-Einzelrichter, in komplizierteren und umfangreicheren Fällen das Jugendschöffengericht, das aus einem Berufsrichter und zwei Schöffen besteht und in ganz schweren Fällen die Jugendkammer des Landgerichts. Der zuständige Richter muss die Zustellung der Anklageschrift an den Angeschuldigten veranlassen und eventuell weitere Ermittlungen anstellen, die zur Aufklärung dienen. Kommt er nach Prüfung des Falles – eventuell auch nach Stellungnahme des Angeklagten oder seines Verteidigers – zu der Überzeugung, dass der Fall wohl gar nicht richtig aufklärbar ist und deshalb erhebliche Zweifel übrig bleiben werden, lehnt er die Eröffnung des Hauptverfahrens ab.

2.3 Das Hauptverfahren einschließlich Rechtsmittelverfahren bis zur Rechtskraft

Anberaumung des Hauptverhandlungstermins

Meistens kommt es nach der Zustellung der Anklage jedoch zum Hauptverfahren. Der Jugendrichter setzt einen Termin an. Hierzu lädt er den Angeklagten und dessen Eltern, wenn dieser noch minderjährig ist; seinen Verteidiger, wenn er einen hat oder bestellt ihm einen, wenn er einen braucht; die Jugendgerichtshilfe, Zeugen und eventuell Sachverständige vor.

Verlesung der Anklageschrift

Im Termin verliest der Staatsanwalt die Antrags- oder Anklageschrift, die der Angeklagte bereits kennt. Dann kann sich der Angeklagte zu dem Vorwurf äußern. Mit Ausnahme der Angaben zur Person kann er aber auch schweigen. Der Staat muss ihm die Straftat nachweisen. Bis zur rechtskräftigen Verurteilung gilt er als unschuldig (= Unschuldsvermutung). Ist der Angeklagte geständig, kann das strafmildernd berücksichtigt werden.

Beweisaufnahme

Nach der Vernehmung des Angeklagten werden Zeugen vernommen, eventuell ein Sachverständiger gehört und Gutachten verlesen, z. B. das Gutachten über die Blutalkoholkonzentration zur Zeit des Fahrens mit einem Kfz oder einem Fahrrad.

Stellungnahmen und Plädoyers

Jugendgerichtshilfe

Nach dem Schluss der Beweisaufnahme gibt die Jugendgerichtshilfe ihre Stellungnahme ab. Sie hat in der Zeit bis zur gerichtlichen Verhandlung das soziale Umfeld des Jugendlichen untersucht, also das Elternhaus besucht, mit Eltern und manchmal den Geschwistern Gespräche geführt, sich mit der Ausbildungssituation des Jugendlichen befasst, teilweise praktische Hilfe durch Vermittlung eines Ausbildungsplatzes geleistet. Im Prozess macht der Vertreter der Jugendgerichtshilfe einen Vorschlag dazu, welche Art von Ahndung für den Jugendlichen angemessen ist, z. B. Geld- oder Arbeitsauflage, Arrest oder Jugendstrafe.

Jugendstaatsanwalt

Danach fasst der Staatsanwalt in einem sog. Plädoyer den sich aufgrund der Hauptverhandlung ergebenden Sachstand zusammen und stellt fest, ob der Anklagevorwurf berechtigt ist oder ob Zweifel bestehen. Bestehen Zweifel, beantragt er Freispruch. Im Übrigen beantragt er die Verhängung einer bestimmten jugendrichterlichen Maßnahme oder Strafe.

Angeklagter oder sein Verteidiger

Dem Plädoyer des Staatsanwalts folgt das Plädoyer des Angeklagten oder seines Verteidigers. Der Angeklagte muss nichts sagen.

Letztes Wort

Nach den Plädoyers erhält der Angeklagte das letzte Wort.

Urteil

Aufgrund der Beweisaufnahme entscheidet der Richter, ob er den Angeklagten für schuldig hält.

Im Zweifel für den Angeklagten

Hält er ihn für unschuldig oder hat der Richter Zweifel an der Täterschaft des Angeklagten, muss er ihn freisprechen.

Anderenfalls stellt er die Schuld des Angeklagten fest und verhängt eine jugendrichterliche Maßnahme oder Jugendstrafe (dazu unten).

Rechtsmittel

Der Angeklagte kann „das Urteil annehmen". Das bedeutet, dass er auf Rechtsmittel verzichtet und keine Berufung oder Revision mehr einlegen kann. Bei Minderjährigen können nur die gesetzlichen Vertreter einen wirksamen Rechtsmittelverzicht aussprechen.

Verzichtet er nicht auf Rechtsmittel, kann der Jugendliche bzw. sein gesetzlicher Vertreter, gegen ein Urteil des Jugendrichters binnen einer Woche Berufung oder Revision – gegen ein Urteil der Jugendkammer des Landgerichts nur Revision – einlegen. Ihm wird vom Jugendrichter eine Rechtsmittelbelehrung erteilt und ein Merkblatt ausgehändigt, das alle Einzelheiten beinhaltet.

2.4 Welche Maßnahmen können im Jugendrecht verhängt werden?

Bei der Auswahl der möglichen Maßnahmen und für deren Bemessung soll allein der Erziehungsgedanke entscheidend sein. Die gegenüber Erwachsenen legitimen Strafzwecke der Sühne und der Abschreckung der Allgemeinheit sind nicht Sinn der Jugendgerichtsbarkeit. Ein weiterer wesentlicher Unterschied zum Erwachsenenstrafrecht besteht darin, dass der Richter bei mehreren Straftaten eines Jugendlichen nur eine einheitliche Maßnahme verhängt.

Je nach der Schwere der Tat und dem Entwicklungsgrad des Täters kann der Jugendrichter Erziehungsmaßnahmen (Weisungen, z. B. gemeinnützige Arbeit zu leisten; Hilfe zur Erziehung), Zuchtmittel (Verwarnung, Erteilung von Geld- oder Arbeitsauflagen, Jugendarrest) oder Jugendstrafe verhängen.

Jugendarrest kann als Freizeitarrest von einer oder zwei Wochenfreizeiten, als Kurzarrest bis zu vier Tagen oder als Dauerarrest von einer bis zu vier Wochen verhängt werden; Jugendstrafe für die Dauer von sechs Monaten bis zu fünf Jahren; für ganz schwere Verbrechen bis zu zehn Jahren.

In schweren Fällen können als sog. Maßregeln der Besserung und Sicherung (§§ 61 ff. StGB, 7 JGG) die Unterbringung in einem psychiatrischen Krankenhaus oder in einer Entziehungsanstalt, die Führungsaufsicht oder die Entziehung der Fahrerlaubnis angeordnet werden.

2.5 Das Vollstreckungsverfahren

Im Vollstreckungsverfahren werden die Maßnahmen vollstreckt, die der Richter verhängt hat. Der Verurteilte muss sich auf Ladung – entsprechend den Bestimmungen der Jugendarrest-Vollzugsordnung – zur Verbüßung des Jugendarrestes in eine bestimmte Vollzugseinrichtung begeben; zur Verbüßung von Jugendstrafe in eine Jugendhaftanstalt. Einzelheiten werden in einer Vielzahl von Vorschriften geregelt.

2.6 Zwangsmittel

In allen Verfahrensabschnitten (Vorverfahren, Zwischen-verfahren, Hauptverfahren, Vollstreckungsverfahren) muss die Durchführung des Verfahrens – u. U. durch Zwangsmittel – gewährleistet werden. Zwangsmittel bedürfen der richterlichen Anordnung, bei Gefahr im Verzug kann das Zwangsmittel von der Staatsanwaltschaft oder der Polizei angeordnet, und diese Anordnung vom Richter später bestätigt werden. Erwischt die Polizei z. B. nachts einen Alkoholsünder im Straßenverkehr, kann sie den Führerschein sofort vorläufig sicherstellen. Die Staatsanwaltschaft beantragt dann schnellstmöglich die richterliche Anordnung der Beschlagnahme (§ 98 StPO) und die vorläufige Entziehung der Fahrerlaubnis (§ 111 a StPO).

Was kann der Betroffene gegen Zwangsmittel tun?

Hat das Gericht das Zwangsmittel angeordnet (z. B. die Durchsuchung der Wohnung des Beschuldigten) oder eine vorläufige Maßnahme bestätigt, kann der Beschuldigte – bei Minderjährigen die gesetzlichen Vertreter – gegen die Anordnung des Rechtsmittels Beschwerde (§ 304 StPO) einlegen.

Abkürzungsverzeichnis

AEMR	Allgemeine Erklärung der Menschenrechte
AFG	Arbeitsförderungsgesetz
AG	Amtsgericht
Anm.	Anmerkung
APR	Allgemeines Persönlichkeitsrecht
BAföG	Bundesausbildungsförderungsgesetz
BAG	Bundesarbeitsgericht
BAK	Blutalkoholkonzentration
BBiG	Berufsbildungsgesetz
BeratungshilfeG	Beratungshilfegesetz
BerBiFG	Berufsbildungsförderungsgesetz
BFDG	Bundesfreiwilligendienstgesetz
BGB	Bürgerliches Gesetzbuch
BGH	Bundesgerichtshof
BGHZ	Entscheidungen des Bundesgerichtshofes in Zivilsachen
BtMG	Betäubungsmittelgesetz
BuKSchG	Bundeskinderschutzgesetz
BurlG	Bundesurlaubsgesetz
BVerfG	Bundesverfassungsgericht
BVJRH	Bundesverband der Jugendrechtshäuser Deutschland e. V.
DAR	Deutsches Autorecht (Zeitschrift)
DSGVO	Datenschutz-Grundverordnung
DVJJ	Deutsche Vereinigung für Jugendgerichte und Jugendgerichtshilfen e. V.
DVO JuSchG	Durchführungsverordnung zum Jugendschutzgesetz
EMRK	Europäische Konvention zum Schutze der Menschenrechte und Grundfreiheiten des Europarats aus dem Jahre 1950
EntGFG	Entgeltfortzahlungsgesetz
ErbStG	Erbschaftsteuer- und Schenkungssteuergesetz

EU	Europäische Union
FamFG	Familienverfahrensgesetz
FeV	Fahrerlaubnisverordnung
FGG	Gesetz über die Angelegenheiten der freiwilligen Gerichtsbarkeit
FÖJG	Gesetz zur Förderung eines freiwilligen ökologischen Jahres
GewO	Gewerbeordnung
GG	Grundgesetz
GVGA	Geschäftsanweisung für Gerichtsvollzieher
HIV	Humane Immundefizienz-Virus (i. d. R. Aids)
i. w. S.	im weiteren Sinn
IfSG	Infektionsschutzgesetz
JArbSchG	Jugendarbeitsschutzgesetz
JFDG	Jugendfreiwilligendienstegesetz
JGG	Jugendgerichtsgesetz
JMStV	Jugendmedienschutz-Staatsvertrag
JS	Aktenzeichen der Staatsanwaltschaft in Strafsachen
JuS	Juristische Schulung (Zeitschrift)
JuSchG	Jugendschutzgesetz
KDVNG	Kriegsdienstverweigerungs-Neuordnungsgesetz
KindArbSchV	Kinderarbeitsschutzverordnung
KJHG	Kinder- und Jugendhilfegesetz (= Sozialgesetzbuch VIII = SGB VIII)
KSchG	Kündigungsschutzgesetz
KUG	Kunsturhebergesetz
LAG	Landesarbeitsgericht
LG	Landgericht
LuftVO	Luftverkehrs-Ordnung
LV	Landesverband
LVJRH	Landesverband der Jugendrechtshäuser
MDR	Monatsschrift für deutsches Recht
MediationsG	Mediationsgesetz

MFM	Mittelstandsgemeinschaft Foto-Marketing
MietenWoG Bln	Gesetz zur Mietenbegrenzung im Wohnungswesen (sog. Mietendeckel)
MRK	Menschenrechtskonvention
MuSchG	Mutterschutzgesetz
NiedersRpfl.	Niedersächsische Rechtspflege (Zeitschrift)
NJW	Neue Juristische Wochenschrift
NJW-RR	Neue Juristische Wochenschrift – Rechtssprechungsreport Zivilrecht
NSchG	Niedersächsisches Schulgesetz
OEG	Opferentschädigungsgesetz
OLG	Oberlandesgericht
OWiG	Ordnungswidrigkeitengesetz
Palandt	Kommentar zum BGB
PflVG	Pflichtversicherungsgesetz
PKH	Prozesskostenhilfe
r+s	Recht und Schaden (Zeitschrift)
RG	Reichsgericht
RuG	Reichs- u. Staatsangehörigkeitsgesetz
S	Berufungssache gegen Zivilurteil des Amtsgerichts beim Landgericht (Gerichtsaktenzeichen)
SchKG	Gesetz zur Vermeidung und Bewältigung von Schwangerschaftskonflikten (Schwangerschaftskonfliktgesetz)
SCHUFA	Schutzgemeinschaft der Banken für allgemeine Kreditsicherung.
SGB VIII	Sozialgesetzbuch VIII (Kinder- und Jugendhilfe)
StAG	Staatsangehörigkeitsgesetz
StGB	Strafgesetzbuch
StPO	Strafprozessordnung
StVG	Straßenverkehrsgesetz
StVO	Straßenverkehrsordnung
StVZO	Straßenverkehrszulassungsordnung
TG	Tierschutzgesetz

TKG	Telekommunikationsgesetz
TMG	Tele-Mediengesetz
TOA	Täter-Opfer-Ausgleich
U	Berufung in Zivilprozesssachen beim Oberlandesgericht (Gerichtsaktenzeichen)
UN-KRK	UN-Kinderrechtskonvention
UrhG	Urheberrechts-Gesetz
VerbrKrG	Verbraucherkreditgesetz
VVG	Versicherungsvertragsgesetz
WaffG	Waffengesetz
WHO	Weltgesundheitsorganisation
WPflG	Wehrpflichtgesetz
WStG	Wehrstrafgesetz
ZDG	Zivildienstgesetz
ZPO	Zivilprozessordnung

Stichwortregister

Autorenverzeichnis

Prof. Dr. Christian Birnbaum. Rechtsanwalt, Fachanwalt für Arbeitsrecht, Fachanwalt für Verwaltungsrecht. Spezialisiert auf Schul- und Hochschulrecht. Fachautor. Siegburg.

Prof. Dr. Christian Birnbaum wurde 1969 in Duala (Kamerun) geboren. Er studierte Rechtswissenschaften in Bonn und Freiburg bis 1995, absolvierte anschließend bis 1997 das juristische Referendariat in Dresden.

Von 1995 bis 2000 war er als wissenschaftlicher Mitarbeiter und wissenschaftlicher Assistent an der Technischen Universität Dresden tätig, wo er Anfang 2000 promoviert wurde.

1998 folgte die Zulassung zur Rechtsanwaltschaft, seit 2002 ist Herr Professor Birnbaum Fachanwalt für Arbeitsrecht, seit 2005 ist er Fachanwalt für Verwaltungsrecht.

Im Bereich des Schul- und Hochschulrechts ist Rechtsanwalt Prof. Dr. Birnbaum durch zahlreiche wissenschaftliche Fachveröffentlichungen, u. a. als Autor der Bücher „Schulrecht Nordrhein-Westfalen“ (Boorberg-Verlag) und „Mein Recht bei Prüfungen“ (Verlag C.H. Beck) ausgewiesen. Herr Professor Birnbaum kommentiert die Vorschriften zum Studien- und Prüfungsrecht sowie zu den privaten Bildungseinrichtungen im nordrhein-westfälischen Hochschulgesetz im Beck'schen Online-Kommentar.

Er ist anerkannter Spezialist in den Bereichen Schulrecht und Hochschulrecht und einer der führenden Anwälte in diesen Bereichen in Deutschland.

Website: http://www.birnbaum.de/

Beitrag in diesem Jugendrechtsberater: Kap. E: „Schule, Studium, BaföG“

Sebastian Geidel. Rechtsanwalt, u. a. spezialisiert auf Arbeitsrecht, Datenschutzrecht und gewerblichen Rechtsschutz sowie Datenschutzbeauftragter nach DSGVO und BDSG (neu) und Autor. Leipzig.

Rechtsanwalt Sebastian Geidel wurde am 03.07.1989 in Leipzig geboren.

Studium der Rechtswissenschaft an der Friedrich-Schiller-Universität Jena und an der Universität Leipzig. Schwerpunkt Medien- und Rundfunkrecht sowie Urheberrecht.

2015 Abschluss als Diplom Jurist.

Referendariat im OLG-Bezirk Dresden, Einsatzorte u. a. Landgericht Leipzig, sächsischer Datenschutzbeauftragter und Staatsanwaltschaft Leipzig. Interessenschwerpunkt Datenschutzrecht.

2018 Abschluss als Volljurist.

Anschließende TÜV Zertifizierung als Datenschutzbeauftragter nach DSGVO und BDSG (neu).

Bis 2020 wissenschaftlicher Mitarbeiter & Consultant im Bereich Datenschutzrecht und Unternehmensberatung in Berlin.

Seit 2017 ist Rechtsanwalt Sebastian Geidel auch als freiberuflicher Autor tätig.

Schwerpunkt seiner anwaltlichen Tätigkeit liegt im Bereich des Datenschutzrechts, geistigen Eigentums- und Forderungsmanagement, vor allem im Bereich des Ghostwritings.

Website: https://www.ra-geidel.de/rechtsgebiete/

Beitrag in diesem Jugendrechtsberater: Kap. G: „Berufsausbildung, Arbeitswelt, Ferienjobs und Existenzgründung."

Dr. Lutz-Peter Gollnisch. Rechtsanwalt, Tätigkeitsschwerpunkt u. a. Allgemeines Zivilrecht, Vertragsrecht. Luckau.

Dr. Gollnisch schloss seine juristische Ausbildung 1986 als Diplom Jurist bei der Humboldt Universität zu Berlin ab.

1988 erhielt er an der TU Dresden das „Diploma of Environmental Management and Protection"; Abschluss des durch UNEP (Umweltprogramm der Vereinten Nationen) und UNESCO initiierten postgradualen Studiums.

1990 Zulassung als Rechtsanwalt; Anwalt in der Kanzlei Dr. Niemann & Walther in Lübben.

1991 Promotion Dr. iur.

Seit 1991 Rechtsanwalt in eigener Kanzlei in Luckau/Niederlausitz.

Seit dem 1.10.2019 auch als Partner der Internationalen Wirtschafts-Anwaltskanzlei Berg & Moll, International Lawyers.

Rechtsanwalt Dr. Lutz-Peter Gollnisch berät Privatpersonen sowie klein- und mittelständische deutsche und ausländische Unternehmen schwerpunktmäßig im nationalen und internationalen Familien- und Erbrecht, in der Unternehmensnachfolge sowie im allgemeinen Wirtschafts- und Zivilrecht. Darüber hinaus vertritt er seine Mandanten in Deutschland vor den zuständigen Gerichten.

Beratungsschwerpunkte: Familienrecht, Erbrecht, Arbeitsrecht, Gesellschaftsrecht, Vertragsrecht, Unternehmensnachfolge, Rechtsverfolgung.

Mitgliedschaften:

- Union Internationale des Avocats (UIA)
- Stellv. Vorsitzender und Schatzmeister der Arbeitsgemeinschaft Internationales Wirtschaftsrecht im Deutschen Anwalt Verein (DAV)

- Mitglied des Menschenrechtsausschusses im Deutscher Anwalt Verein (DAV)
- Landesvorsitzender der „Deutsche Gesellschaft für die Vereinten Nationen, Landesverband Berlin Brandenburg“ (DGVN BB)
- Vorstandsvorsitzender des Arbeiter Samariter Bundes (ASB) in Luckau/Dahme e. V.

Websites: http://www.dr-gollnisch.de; https://www.berg-moll.com/de/dr-lutz-peter-gollnisch/

Beitrag in diesem Jugendrechtsberater: Im Kap. C „Verbraucherrecht. Wichtige Verträge im Detail. Schadenswiedergutmachungspflichten. Schulden.“ Teil I: „Das Verbraucherrecht“

Sigrun von Hasseln-Grindel. Rechtsanwältin, Publizistin, Rechtspädagogin. Bad Saarow.

Studium der Rechtswissenschaften in Tübingen. Referendariat in Baden-Württemberg und Hamburg. Über 40 Jahre (Jugend-)Richterin und teilweise (Jugend-)Staatsanwältin in Hamburg, Niedersachsen und Brandenburg. Langjährige Vorsitzende Richterin der Jugendschwurgerichts- und Jugendschutzkammer des Landgerichts Cottbus. Seit Juli 2018 Rechtsanwältin mit eigener Kanzlei in Bad Saarow.

Langjährige Lehrbeauftragte der Btu Cottbus-Senftenberg und Gastdozentin an weiteren Universitäten im In- und Ausland für das von ihr begründete interdisziplinäre und inzwischen auch an den Universitäten Warschau (2009) und Medenine (Tunesien, 2015) gelehrte Studienfach Globale Rechtspädagogik/Human Law als ganzheitliches, nachhaltiges Konzept zur Bewältigung gemeinsamer komplexer Herausforderungen des 21. Jahrhunderts.

Langjährige Vorsitzende der AG „Kinder-, Jugend- und Gewaltdelinquenz; Kinder- und Jugendschutz“ des Landespräventionsrates Brandenburg.

Mitbegründerin und Vorsitzende der Akademie für Rechtskultur und Rechtspädagogik sowie Begründerin der auf der Rechtspädagogik basierenden Jugendrechtshausbewegung in Deutschland. Dafür wurde ihr 2006 das Bundesverdienstkreuz verliehen.

Mitglied der Ethikkommission und der Kommission SGB VIII (Kinder- und Jugendhilfe) des Deutschen Sozialgerichtstages.

Seit mehr als 35 Jahren Publizistin rund um „Ein neues Recht für eine neue Gesellschaft“ z. B.: „Justiz, Aufbruch in das 3. Jahrtausend“; „Das Offene Gericht“; „Für eine Offene Rechtsgesellschaft“; „Konzertierte Aktion gegen Kriminalität“; „Interkultureller Täter-Opfer-Ausgleich“; „Das Jugendrechtshaus 2000“; „Verantwortungsgesellschaft statt Bananenrepublik. Nachhaltige Korruptionsbekämpfung in Wirtschaft und Politik durch Human Law“ und „Innere Sicherheit in der VUCA-Welt durch Human Law“. Hauptwerk (Hrsg.): „Rechtspädagogik. Von der Spaß- in die Rechts- und Verantwortungsgesellschaft (2006)". Rechtsbücher für voll- und minderjährige Bürger zur Einübung in die Rechtskultur (z. B. „Der Justizirrtum oder Lebenslänglich für Ernst Janßen"; „Falken Rechtsberater"; „Verkehrsrechtsberater"; „Jugendrechtsberater" (1996 Erstauflage u. alle bish. Aufl. als Alleinautorin); „Tilly Timber auf Megaland. Geschichten rund um das Jugendrechtshaus." Hrsg. Buchreihe „Authentische Gerichtsfälle." u. a.).

Website: www.hasseln.de

Christel Henk. Rechtsanwältin, Fachanwältin für Familienrecht und Fachanwältin für Erbrecht. Königs Wusterhausen.

Seit 1990 zugelassene Rechtsanwältin mit eigener Kanzlei in Königs Wusterhausen

FOCUS Top Anwältin 2013 im Erbrecht

Mitgliedschaften:

- Kuratoriumsmitglied der Bürgerstiftung Königs Wusterhausen
- stellv. Vorsitzende der Akademie für Rechtskultur und Rechtspädagogik
- Deutscher Anwalt Verein (DAV e. V.)
- Deutscher Juristinnenbundes e. V. (langjährige Vorstandsarbeit)
- Advounion e. V. – Überregionale Gemeinschaft von Korrespondenzanwälten
- DVEV e. V. – Deutsche Vereinigung für Erbrecht und Vermögensnachfolge e. V.
- AG Familien- und Erbrecht

Website: https://www.erbrecht-kw.de

Beitrag in diesem Jugendrechtsberater: Im Kap. B. „Recht zuhause – Rund um Elternhaus & Co." Teil B 2: „Erbrecht. Wenn Kinder und Jugendliche erben."

Ilona Marhold-Blenk. Rechtsanwältin, spezialisiert auf das Recht der Immobilien mit allen Fragen rund um das Vertragsrecht, Wohnen und Bauen. Weitere Interessenschwerpunkte Erbrecht und Arbeitsrecht. Heidesee.

Studium der Rechtswissenschaften an der Freien Universität Berlin mit anschließender Referendarzeit im Kammergerichtsbezirk Berlin. 1980, 2. Juristischen Staatsexamen in Berlin.

1981–2015. Unternehmensjuristin in Berlins größter – ehemals landeseigener – Wohnungsbaugesellschaft und in deren Tochterunternehmen für Facility Management. Zu den Aufgaben gehörten die Bearbeitung aller mit Bau, Verwaltung und Erhaltung von Wohnungen sowie mit der Vermietung zusammenhängenden rechtlichen Fragestellungen und Falllösungen, außergerichtliche Bearbeitung von Rechtsstreitigkeiten und gerichtliche Vertretung in Bausachen und in mietrechtlichen Angelegenheiten; Schulung der technischen Mitarbeiter, die rechtliche Kontrolle von Bau- und Architektenverträgen, die Entwicklung von allgemeinen Vertragsbestimmungen und deren Anpassung an die Forderungen der Rechtsprechung oder an erfolgte Gesetzesänderungen sowie nicht zuletzt die tägliche baubegleitende Beratung und Sicherstellung der erfolgreichen Geltendmachung von Mängel- und Gewährleistungsrechten, die Beurteilung von Erschließungsverträgen mit den Kommunen, die Schaffung von Baurechten durch den Abschluss von Nachbarschaftsverträgen sowie die Überarbeitung von Handwerkerverträgen und Handlungsanweisungen in der Materie der Instandsetzung und Instandhaltung von Gebäuden, die Mitwirkung beim Abschluss von IT-Verträgen, die Abwehr von öffentlich-rechtlichen Forderungen von Aufsichtsbehörden, die Erfüllung handels- und gesellschaftsrechtlicher Pflichten eines Unternehmens, die Klärung steuerlicher oder sonstiger rechtlicher Fragen aus der Führung eines Unternehmens, Risikomanagement und Compliance.

Seit 2017 Rechtsanwältin mit eigener Kanzlei in Heidesee.

Mitgliedschaften:

- Vorstandsmitglied (Schatzmeisterin) der Akademie für Rechtskultur und Rechtspädagogik
- Bund der Wohnungs- und Grundeigentümer e. V.
- Amnesty International
- Tierschutzverein

Website: https://www.kanzlei-heidesee.de

Beitrag in diesem Jugendrechtsberater: Im Kap C. „Verbraucherrecht. Wichtige Verträge im Detail. Schadenswiedergutmachungspflichten. Schulden." Teil IV: „Im Detail: Rechte und Pflichten aus einem Wohnraum-Mietvertrag am Beispiel einer Wohngemeinschaft in Berlin".

Annette Rüb. Rechtsanwältin, Fachanwältin für Familienrecht. Münster.

Studium an der Justus-Liebig-Universität Gießen. Schwerpunkt: Zivilrecht & Internationales Privatrecht.

Referendarzeit im Landgerichtsbezirk Gießen, Schwerpunkt: Zivilrechtspflege.

Tätigkeit in einer Kanzlei in Toronto/Canada.

Korrekturassistenz 1994 an der Justus-Liebig-Universität Gießen, später an der Friedrich-Schiller-Universität Jena.

1994 Zulassung zur Rechtsanwältin.

1995–2000 Rechtsanwältin in Jena.

Seit 2000 Rechtsanwältin in Münster mit eigener Kanzlei, seit 2001 als Fachanwältin für Familienrecht .

Lehrtätigkeiten:

- FH Jena
- Euro Schule Jena
- Kreishandwerkerschaft Weimarer Land

Förderung junger Rechtsanwälte im FORUM Junge Anwaltschaft:

- bis 2000 Regionalbeauftragte für den Landgerichtsbezirk Gera
- bis 2006 Regionalbeauftragte für den Landgerichtsbezirk Münster

Mitgliedschaften

- Deutscher Anwalt Verein (DAV e. V.)
- Anwaltverein Münster e. V.
- Mitglied der Arbeitsgemeinschaft Familienrecht im Deutschen Anwalt Verein (DAV)
- Gewähltes Mitglied der Satzungsversammlung der Rechtsanwälte bei der Bundesrechtsanwaltskammer seit 2007

Website: http://www.familienrecht-ms.de

Beitrag in diesem Jugendrechtsberater: Im Kap. B. „Recht zuhause – Rund um Elternhaus & Co." Teil B 1: „Familien- und Kindschaftsrecht".

Prof. Dr. Gerda Simons. Professorin für Pädagogik, Fachrichtung Sozialpädagogik. Berlin.

- Studium der Erziehungswissenschaften an der Philipps-Universität in Marburg; Abschluss: Diplom-Pädagogin
- Aufbaustudium an der Deutschen Universität für Verwaltungswissenschaften in Speyer; Abschluss: magister rerum publicarum
- Promotion an der Freien Universität Berlin: Dr. phil.
- Referentin für Erziehungshilfe in einem Landesministerium
- Angestellte als Sozialpädagogin an einer Schule mit besonderen Förderangeboten für Kinder aus sozial benachteiligten Familien
- Wissenschaftliche Angestellte in einem unabhängigen Forschungsinstitut: Begleitforschung zur Umsetzung der Psychiatrie-Enquete
- Wissenschaftliche Mitarbeiterin am Fachbereich Erziehungs- und Gesellschaftswissenschaften der Universität der Künste Berlin
- Wissenschaftliche Mitarbeiterin im Rektorat der Evangelischen Hochschule Berlin: Entwurf und Umsetzung einer Studienordnung für die Neugründung des Studienganges Pflegemanagement
- Professur für Pädagogik, Fachrichtung Sozialpädagogik an der Evangelischen Hochschule Berlin; Arbeitsschwerpunkte: Kindeswohlgefährdung, sozialpädago-

gische und rechtliche Konzepte zur Umsetzung des staatlichen Wächteramtes, Inobhutnahme, Verfahrensbeistandschaft, die sozialpädagogischen Grundlagen von Sozialer Arbeit, Soziale Arbeit und Recht, Kinderrechte
- Professorin i. R. am Fachbereich Soziale Arbeit an der Evangelischen Hochschule Berlin; Lehrtätigkeit im Projekttag Vormundschaft und Verfahrensbeistandschaft

Mitglied der Kommission SGB VIII (Kinder- und Jugendhilfe) des Deutschen Sozialgerichtstages.

Beitrag in diesem Jugendrechtsberater: Im Kap. I. „Rechte und Pflichten junger Einwohner im offenen, freiheitlich demokratischen und sozialen Rechtsstaat Deutschland im 21. Jahrhundert." Teil III: „Die UN-Kinderrechtskonvention und ihre praktische Bedeutung im Alltag."

Markus Timm. Rechtsanwalt, Fachanwalt für IT-Recht. Kanzlei für IT-Recht, Datenschutzrecht und Wirtschaftsrecht. Potsdam.

Markus Timm, geb. 1974,

Studium der Rechtswissenschaften an der Universität Hamburg,

2004, 2. jur. Staatsexamen.

Zulassung als Rechtsanwalt.

2006 Fachanwalt für IT-Recht.

Gründung eigener Kanzlei für IT- und Wirtschaftsrecht. Tätigkeitsschwerpunkte: IT- und Datenschutzrecht.

Er berät Unternehmer und Existenzgründer bundesweit in allen wirtschaftsrechtlichen und IT-rechtlichen Fragen (Beratung von Start-Ups, rechtliche Begleitung bei IT-basierenden Geschäftsmodelle; Datenschutzrecht und externer Datenschutzbeauftragter).

Mitgliedschaften

- Deutscher Anwaltsverein (DAV)
- Berliner Anwaltsverein e. V., Potsdamer Anwaltverein e. V.
- Mitglied des Geschäftsführenden Ausschusses der davit (Arbeitsgemeinschaft für IT-Recht im Deutschen Anwaltsverein)
- Sprecher des Arbeitskreises IT-Recht des Berliner Anwaltsvereins
- Mitglied des Fachanwaltsausschusses für IT-Recht der Rechtsanwaltskammer des Landes Brandenburg

Website: https://digitales-recht.com/

Beitrag in diesem Jugendrechtsberater: Kap. D: „IT- und Internetrecht".